道路材料流变学

延西利　编著

人民交通出版社股份有限公司
China Communications Press Co.,Ltd.

内容提要

本书主要包括基础流变学、本构理论和道路材料的流变特性三部分内容。在简要介绍应力与应变分析、弹塑性和黏弹性本构理论的基础上，重点介绍了材料的黏性与黏度及黏性物质的流动、流变模型理论以及道路水泥混凝土、水泥稳定碎石混合料、沥青与沥青混合料的基本力学性质及流动变形行为，从力学原理上审视了道路材料的工程技术性能，有助于深化认识路面结构设计和力学参数的取值原理。

本书可供公路工程专业研究生教学和本科生拓展教学使用，也可供从事科学研究和工程技术人员参考。

图书在版编目(CIP)数据

道路材料流变学 / 延西利编著. — 北京 :人民交通出版社股份有限公司, 2019.10

ISBN 978-7-114-14210-9

Ⅰ. ①道… Ⅱ. ①延… Ⅲ. ①道路工程—工程材料—流变学 Ⅳ. ①U414

中国版本图书馆 CIP 数据核字(2019)第 030361 号

Daolu Cailiao Liubianxue

书　　名：道路材料流变学
著 作 者：延西利
责任编辑：李　瑞
责任校对：张　贺
责任印制：张　凯
出版发行：人民交通出版社股份有限公司
地　　址：(100011)北京市朝阳区安定门外外馆斜街 3 号
网　　址：http://www.ccpress.com.cn
销售电话：(010)59757973
总 经 销：人民交通出版社股份有限公司发行部
经　　销：各地新华书店
印　　刷：北京鑫正大印刷有限公司
开　　本：720×960　1/16
印　　张：19.5
字　　数：283 千
版　　次：2019 年 10 月　第 1 版
印　　次：2019 年 10 月　第 1 次印刷
书　　号：ISBN 978-7-114-14210-9
定　　价：75.00 元

前　言

流变学(rheology)是一门研究物质流动与变形的科学,主要是指物质的弹黏塑性及其流动变形的本构特性。材料的多样性和流变现象的普遍性,使流变学在当代材料科学技术的发展中成为一门重要的学科。流变学自1929年正式诞生以来,广泛应用于生物制品、石油化工、地球物理、建筑材料、管道运输、机械制造等各行各业,得到了蓬勃发展。流变学研究也从最初的流体物质逐渐发展到了固体材料,研究领域与研究内容日益扩大。但目前的流变学教材多集中于高分子材料,针对建筑材料的仅有一些零星的、松散的和专题性的文献资料。通过多年的专业教学与科研实践,我力图提供一本较为系统全面的道路材料流变学教材,以满足公路工程专业教学与科研的需要。道路材料流变学的主要内容包含了材料的基本力学性质(即弹黏塑性性质)、流动变形特性和应力应变本构特性三大方面。

编写一本适用于公路工程专业的流变学教材,是我多年来的梦想。早在二十多年前,我的老师、学长和朋友们便热情鼓励我着手此项工作,但我自感学识浅疏,掌握资料不够全面,课程内容不够系统,未敢轻易下笔。后来投身政府部门和工程实践十年,综合能力得到了锻炼和提高,可学术研究荒废了十年,更是无力静心再谈流变学的事了！回想1993年刚回国参加工作不久,西安公路学院张登良教授让我给博士研究生讲授流变学,由此西安公路学院开始开设流变学课程。感谢长安大学在2010年接纳我重返讲台,并让我一直给研究生讲授流变学概论课程。回归校园，经过两年多的心理转型，想着应该为学校的学科建设做点什么，便有了这本《道路材料流变学》教材。

道路材料流变学，顾名思义，就是针对道路材料的流变学，或基于流变学原理的道路材料的力学特性分析，主要包括三部分内容：基础流变学、本构理论和道路材料的流变特性。流变学是理性力学的一个分支，应力分析与应变分析是所有力学的基础内容；基础流变学重点介绍了材料的黏性与黏度、黏性物质的流动和流变模型理论，从“力学基因”角度认识材料的弹黏塑性；本构理论为传统的弹塑性和黏弹性本构理论，并结合道路材料进行举例说明；道路材料主要涉及道路水泥混凝土、水泥稳定碎石混合料、沥青与沥青混合料，其流变特性分析包括生产流动态和实体工作态的混合料力学特性。本书图文并茂，全部内容诸如文字撰写、公式推导和图表制作等均由作者一人独立完成，极个别试验结果图由研究生按要求整理而得。

在书稿付印之时，衷心感谢一些单位和专家学者。本书的编辑出版得到了长安大学和人民交通出版社“精品教材建设与专著出版基金”的大力支持，感谢相关部门工作人员的关怀与帮助，尤其是两位编辑郑蕉林女士和李瑞女士耐心细致的工作，为本书闪亮问世增添了几分色彩，在此表示诚挚的谢意。在本书撰写过程中，长安大学郑南翔教授审阅了第1章和第8章，郝宪武教授审阅了第2章和第5章，郑传超教授审阅了第3章和第6章，陈忠达教授审阅了第4章和第7章，全书大纲由王选仓教授审阅，他们认真细致地审阅、校核了书稿，并提出了许多宝贵意见，在此一并表示衷心感谢！最后感谢书中所列参考文献的所有作者，是你们精湛的作品让我获益匪浅，极大地丰富和完善了本书内容。

由于作者水平有限，且流变学为交叉学科，理论性较强，涉及的概念、公式、符号和图表繁多，书中错误、疏漏与不妥之处在所难免，敬请各位读者批评指正。

延西利

2018年5月于西安·长安大学

目　　录

第1章　绪　论

世间万物,皆流皆动,是一种哲学境界。认识物体在荷载作用下发生的流动与变形,则属科学视野。物体在荷载作用下,都会发生几何尺寸和形状的变化,这种变化一般不会瞬时发生,而是随着时间的流逝,逐渐发生变化,这种变化既是过程又是结果。流变学是理性力学的分支,是传统工科的基础科学,也是研究材料与结构的一门专业基础课。流变学研究从最初的流体物质逐渐发展到固体材料,广泛应用于生物制品、建筑材料、石油化工、地球物理、管道运输、机械制造等各行各业。本教材专述道路材料,本章主要介绍流变学的学科属性、研究内容、研究领域和研究方法,简要回顾流变学的发展历史,初步认识道路材料的流变行为。通过流变学学习,力图揭示道路材料的力学性质及本构定律,从力学原理上认识道路材料的技术性能和试验原理,以期得到正确或合理的技术评价。

§1.1　流变学及学科属性

关于流变学(rheology)的名称或定义,一般认为,**流变学是研究物质流动与变形的一门科学,主要是指物质的弹黏塑性及其流动变形的本构特性**。流变学是理性力学的一个分支,是继弹性力学、塑性力学之后,又一门重要的工程力学课程,是认识材料力学性质和力学行为的基础学科。对于公路工程专业,流变学是充分认识道路材料的力学性质、合理进行路基路面设计和病害防治的理论基础。

物质的流动与变形包涵液体物质的流动和固体物质的变形,如图1.1所示(具体分析见第3章3.1.1目)。对于建筑材料而言,一般分为固体和流体,其流变特性往往具有弹性、黏性和塑性的耦合效应。通过弹塑性力学学习可知:材料的弹性是指卸载时应力应变沿加载路径同步返回的特性,塑性表现为永久变形或屈服极限。关于材料的黏性及流动特性，将在本书的第3章中做较为系统的介绍，此处需要强调的是，黏性物质的流动与加载速率或时间有关，如果是线性黏性流，则服从牛顿黏性定律：

$$\tau = \eta\dot{\gamma}$$

式中：τ——剪切应力(Pa)；

$\dot{\gamma}$——剪切速率(s^{-1})；

η——动力黏度(Pa·s)。

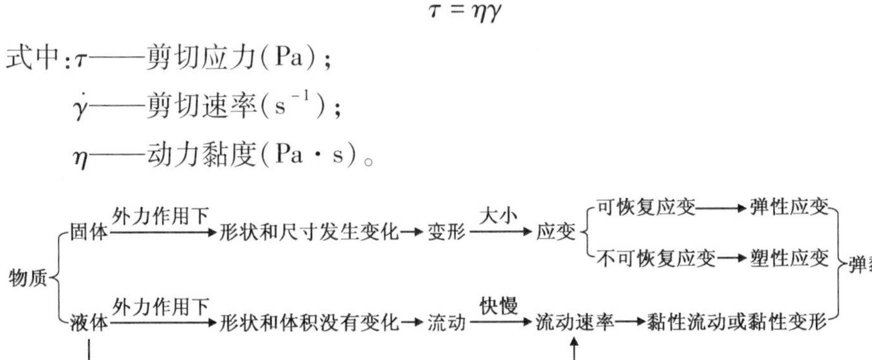

图1.1 黏性物质的流动与固体物质的变形及其力学性质

流变学研究的内容在有关文献或辞典词条中表述为：流变模型和本构方程、流变固体强度理论、流变流体力学、离散介质流变力学、实验流变力学等，可见内容广泛且分散。作者结合多年的教学与科研实践经验，认为道路材料流变学的研究内容或主要任务可以归纳为以下三个方面：

(1)研究材料的基本力学性质，即弹黏塑性性质；

(2)研究材料在外力作用下的流动变形特性及变化规律；

(3)研究材料的应力应变本构特性，即本构定律。

流变学在我国公路工程行业仍是一门年轻课程，普及程度相对较低，难免会产生一些理解和认识上的局限性甚至偏差或误区，如误以为流变学研究的仅是流体，或认为仪器加 Rheometer 标识的试验就是流变研究等，都不够全面，似有“以偏概全，以点带面”之嫌。事实上，以沥青与沥青混合料为例，不仅需要研究其高温流动态的黏性流动特性，还需要研究其常温工作态的黏弹性特性及本构特性，而且黏弹性分析还需要分为静态和动态，如目前常用的 DSR(Dynamic Shear Rheometer)试验仅是针对材料动态黏弹性的分析手段之一。通过流变学学习，要求掌握其基本概念、方法和原理，流变学是工程技术的基础理论。

另外,随着我国对外学术交流的不断深入和加强,涉及材料力学特性的大量英文词汇被广泛应用,但词不达意和用词不当现象时有发生,故下面列出一些有关“特性”方面的英文词汇,以助读者:

Characteristic——特性、特征,指表现出来的一些特性,如实验特性;

Behavior——性质、属性,通过表现出来的“特性”来认识材料的“性质”,类似于“透过现象看本质”之意,重在本构特性;

Property——属性、性状、性能,更强调属性的概念,如物理性能、化学性能等;

Performance——性能、性状,强调技术性能,如路面的技术性能;

Feature——一般意义上的特点、特征。

流变学的学科属性是指其在自然科学领域中的学科位置和任务。通常,自然科学可划分为五大类学科群组,即文科、理科、工科、农科和医科,每个大类学科都有其相应的处于第一位的基础科学,如:

- 历史,是文科(哲学、人类学、社会学、经济学、政治学……)的基础科学;
- 数学,是理科(数学、物理、化学、天文、生物、电子信息……)的基础科学;
- 力学,是工科(材料科学、机械工程、土木工程……,新工科的电子工程除外)的基础科学,等等。

公路工程属于传统工科类的土木工程,所以更应当强调其基础科学——力学。

力学是传统工科的基础科学,力学学科又以理性力学最为基本,理性力学如固体力学(mechanics of solids)、连续介质力学(continuum mechanics)、流变学(rheology)等,而流变学是理性力学的一个分支,可见流变学对传统工科的基础性意义。同时,在工程力学如材料力学、结构力学、弹塑性力学等中,三大力学方程(平衡方程、几何方程、物理方程)又最为基本,其中物理方程即为材料的本构方程,是流变学研究的重点内容之一,也是当前弹塑性力学研究的前沿问题之一。

公路工程属于土木工程,在土木工程的四大范畴中,即材料、结构、工艺、维修,材料是重中之重。用不同的材料,可以修筑成各种各样的结构类型,如板、梁、台、柱等,而修筑成这样的结构需要一定的工艺技术,而且后续的养护维修也需要一定的材料和工艺来实现。可见,土木工程中的材料选择与设计至关重要,其前提仍然是材料的力学特性及本构理论。

用于土木工程的主体材料,通常称为土工材料(geomaterials),如砖、石、土、稳定类材料、水泥混凝土、沥青混合料等,许多国家设有土工材料实验室或非金属材料研究所。道路材料是一种专用于修筑公路的建筑材料或土工材料,道路材料流变学是基于流变学理论来研究道路材料力学原理的一门课程,力图探讨道路材料的力学性质、本构特性和力学行为,为合理进行路基路面设计提供基础理论知识。

在教学课程的设置划分方面,若按通识课、专业基础课、专业课三大类来划分,流变学应是一门重要的专业基础课。我国公路工程专业有时将流变学划分为专业课或非学位课,在西欧国家,通常把流变学作为本科教学的穿插内容,如穿插于土力学、路面设计等课程中,对于研究生则作为专业基础课专门讲授。

§1.2 流变学发展简况

流变现象的发现始于19世纪60年代。学者们在研究橡胶、塑料、油漆、玻璃、陶瓷、水泥混凝土和金属等工业材料,以及研究岩石、土、石油、沥青和矿物等地质材料的物理性质过程中,发现古典弹性理论、塑性理论和牛顿流体理论已不能描述这些材料的复杂特性。麦克斯韦尔(J. C. Maxwell,1831—1879)和开尔文(L. Kelvin,1824—1907)在19世纪60年代就认识到材料力学特性的时间效应,具有应变徐变和应力松弛特性,材料可以是弹性的、塑性的,也可以是黏性的。经过长期探索,人们终于得知一切物质都具有时间效应,于是出现了流变学。

流变学(Rheology)一词正式命名于1928年,由美国物理化学家宾汉(E. C. Bingham,1878—1945)教授首次提出。在流变学的发展过程中,宾汉教授做出了划时代的贡献，他不仅建立了描述黏塑性流的“宾汉模型”，如润滑脂、水泥浆、巧克力浆、高浓度悬浮液等，而且把20世纪以前积累下来的有关流变学的零碎知识进行了系统归纳，于1928年正式命名了“流变学（rheology）”一词，并于1929年成立了美国流变学学会，创办了流变学学报（Journal of Rheology）会刊，标志着流变学学科的诞生。

流变学学科自诞生以来，得到了蓬勃发展，各行各业开展了深入研究并进行了广泛应用，很多国家相继成立了流变学学会，有力地推动了流变学的发展。如1932年荷兰成立了黏度协会，1939年荷兰皇家科学院成立以伯格斯（J. M. Burgers，1895—1981）教授为首的流变学小组，并于1950年改名为流变学学会。伯格斯教授串联了Maxwell模型和Kelvin模型，建立了Burgers黏弹性模型（方程），开展了广泛深入的黏弹性研究，他所领导的流变学研究在当时处于国际领先地位，为流变学发展做出了卓越贡献。随后，其他一些国家相继成立了流变学学会，例如：1940年英国成立流变学学会（最初为流变学家俱乐部，1950年改名）；1951年德国成立流变学学会；1964年法国成立流变学学会；1973年日本成立流变学学会；1985年中国成立流变学学会；1991年俄罗斯成立流变学学会，等等。

国际流变学委员会（International Committee of Rheology，简称ICR）正式成立于1953年，它的前身是1945年12月由国际科学联合会（International Council of Scientific Unions，简称ICSU）组建的流变学联合委员会。国际流变学委员会ICR分别于1973年、1974年被接纳为国际纯粹和应用化学联合会、国际理论和应用力学联合会的分支机构，这也是我国1985年成立中国流变学学会（Chinese Society of Rheology，简称CSR）同时隶属于两个一级学会（中国化学学会和中国力学学会）的国际背景和直接原因。

流变学学会隶属于化学学会，反映了流变学研究的起源，流变学研究最初涉及的领域是高分子化学工程，主要是液体或流体，如悬浮液、润滑油、油墨、聚合物等，后来随着工业化的进一步发展，逐渐推广应用于生物制品和食品等行业，诸如血液、生物胶体、巧克力、奶制品等。流变学学会隶属于力学学会，反映了流变学研究的拓展，在机械制造和土木建筑中得到更加广泛的推广应用,重点是材料的塑性成型和结构的力学性能,也即材料的弹黏塑性流动变形和本构特性。综合近年来国际和国内流变学会议的主题内容,主要包含以下研究主题:

- 流变本构理论与模型;
- 多相/多组分体系流变学;
- 工业流变学;
- 光-电-磁流变学;
- 聚合物及乳液流变学;
- 纳米和天然复合材料流变学;
- 石油、岩土与地质流变学;
- 建筑材料及颗粒性材料流变学;
- 材料加工流变学;
- 食品、医药与生物流变学;
- 流变学测试技术;
- 流变学教育与普及等内容。

流变学的发展同经济发展和工业进程密切相关,现代工业需要耐蠕变和耐高温的高质量的合金、陶瓷和聚合物,因此发展了固体流变学这一分支;核工业中核反应堆和粒子加速器的发展,为研究由核辐射产生的变形开拓了新的领域;在地球科学中,流变学为研究地壳的物理现象(如岩层褶皱、造山运动、地震成因、成矿作用等)提供了物理-数学工具,对岩浆运动、地幔热对流等可实现高温高压试验模拟,从而发展了地球动力学;在土木工程中,地基的沉降、地下工程及隧道的变形、沥青路面的车辙等均与时间有关,从而发展了土工材料流变学;纳米及功能材料、高能电池、电磁流体等也为流变学研究开拓了更广阔的领域。

总之,在流变学的发展史上,美国的宾汉教授为流变学的诞生做出了划时代的贡献,荷兰的伯格斯教授丰富和完善了流变学的内容和体系,由于当时荷兰的流变学研究处于国际领先地位,第一届国际流变学大会于 1948 年在荷兰举行,后来每 5 年举行一次国际会议,直至从 1968 起每 4 年举行一次

国际流变学大会。历届国际流变学大会的举办时间与地点见表1.1。

历届国际流变学大会(ICR)的举办时间与地点　　表1.1

届次	时间	地 点	届次	时 间	地 点
1	1948年9月	荷兰,席凡宁根	10	1988年8月	澳大利亚,悉尼
2	1953年7月	英国,牛津	11	1992年8月	比利时,布鲁塞尔
3	1958年9月	德国,巴德奥埃因豪森	12	1996年8月	加拿大,魁北克
4	1963年8月	美国,罗德岛	13	2000年8月	英国,剑桥
5	1968年10月	日本,京都	14	2004年8月	韩国,首尔
6	1972年9月	法国,里昂	15	2008年8月	美国,蒙特雷
7	1976年8月	瑞典,哥德堡	16	2012年8月	葡萄牙,里斯本
8	1980年9月	意大利,那不勒斯	17	2016年8月	日本,京都
9	1984年10月	墨西哥,阿卡普尔科	18	2020年8月	巴西,里约热内卢

中国流变学专业委员会成立于1985年11月,对外称为中国流变学学会(Chinese Society of Rheology,简称CSR),由北京大学陈文芳教授和湘潭大学袁龙蔚教授等人发起,并在长沙召开了第一届全国流变学学术会议。中国流变学专业委员会仿照国际做法,隶属于中国化学学会和中国力学学会,是其下设的一级专业委员会。尽管我国流变学专业委员会成立相对较晚,但有关流变学的介绍、研究和应用却早在20世纪50~60年代即已开始,并在某些领域卓有成效,如李四光(1889~1971)在地质力学中根据岩石体的蠕变现象研究了地壳运动规律;陈宗基(1922~1991)从宏观和微观两个方面提出了黏土的流变本构方程、二次时间效应及片架结构理论;1965年中国科学院岩土力学研究所翻译并出版了《理论流变学讲义》,等等。

流变学在我国形成专著论述比较晚,较早见于袁龙蔚编著的《流变学概论》(1961年,上海科学技术出版社),直至20世纪80年代才有针对性地翻译出版了一些聚合物流变学文献著作。1978年在北京制订全国力学规划时,也包括了流变学的发展规划,规划指出,流变学是必须重视和加强的薄弱领域。之后,各地的高等院校和研究院所相继成立了专门的流变学研究机构,同时中国流变学专业委员会也定期召开全国流变学大会(表1.2),有力地促进了我国流变学的发展。

全国流变学大会(CSR)的举办时间与地点　　表1.2

届次	时间	地　点	届次	时间	地　点
1	1985年11月	湖南,长沙	8	2006年9月	山东,济南
2	1987年11月	四川,成都	9	2008年9月	湖南,长沙
3	1990年11月	上海	10	2010年11月	浙江,杭州
4	1993年11月	广东,广州	11	2012年10月	河北,廊坊
5	1996年11月	北京	12	2014年12月	广东,广州
6	1999年10月	湖北,武汉	13	2016年10月	陕西,西安
7	2002年8月	河北,廊坊	14	2018年10月	湖南,湘潭

然而,流变学作为一门独立的学科起步较晚,约始于20世纪30年代。从现有文献资料来看,在西欧发达国家,流变学作为一门独立学科进入课堂教学是在20世纪60~70年代。而我国则在20世纪80年代才开始翻译并出版了一些国外的流变学教材,其真正进入课堂应该是在20世纪90年代,且主要涉及的是高分子流变学,在土木工程领域只是起步,零星地开始授课,如岩石流变学、岩土工程流变力学等。我国公路工程专业在20世纪90年代初期的博士研究生培养计划中,安排了流变学课程,但师资缺乏,更无教材,只作了粗略讲述,不成系统,直至现在都没有形成主流课程,仍然没有完整教材可用。

因此,撰写《道路材料流变学》教材,便是一种尝试,以期为公路工程学科贡献一点力量。需要说明的是,该教材主要包含了基础流变学、本构理论和道路材料三部分内容,各约占三分之一。

§1.3　流变学研究分类及研究方法

流变学研究分类

流变学是研究物质流动与变形规律的科学,但作为物质条件,也可以认为流动是变形的特例,或变形是流动的特例。当流动的速率足够小的时候(黏度无限大),便是物质的变形;当变形的程度足够大的时候(刚度无限小),便是物质的流动。从而使得流变学研究在液体与固体之间可以互换,也使得流变学研究更趋多样性。同时,从流变学研究所涉及的领域和所关联的理论来看,宏观上一般认为,流变学是介于物理、化学、力学、医学、生物和工程技术之间的一门边缘交叉学科,反映了流变学研究的广泛性、复杂性和多样性。纵观流变学研究现状,据不完全统计,由流变学所衍生的分支研究有二十多个。

由于流变学研究涉及领域很宽,各行各业的研究对象和研究方法也不尽相同,使得流变学研究的表述方式略显杂乱,因此,为了规范流变学研究类别,通常把流变学研究进行如下分类:

- 按所研究的流变对象划分有:非牛顿流体流变学,黏弹性流变学,高聚物流变学,多相流变学,含缺陷物体流变学,石油流变学,生物流变学,地质流变学,岩土流变学,食品、药品和化妆品流变学,血液流变学和电-磁流变学;
- 按物质的流变过程划分有:流变断裂学,流变冶金学,铸造流变学和材料加工流变学;
- 按研究方法划分有:理论流变学,计算流变学,实验流变学;
- 按行业划分有:工业流变学,化工流变学,农业流变学和岩土流变学;
- 按流变物质的尺度划分有:宏观流变学(唯象流变学),微观流变学(结构流变学),纳米流变学以及跨尺度流变学等。

道路材料流变学属于岩土流变学,一般采用宏观流变学的方法,通过力学实验来研究材料的生产工艺、力学特性和路用性能。道路材料作为一种固体材料,在工程实际应用中重在研究其本构关系(见本书第2章2.5节)。简单地讲,本构关系就是应力和应变之间的关系,是流变学研究的重点内容之一。

流变学研究方法

流变学研究方法也是流变学研究分类之一。广义上来讲,流变学研究方法一般分为唯象法和结构法两大类。**唯象法**一般不去考察材料的微观结构,而是强调宏观实验事实,用连续介质力学的数学方法进行研究,故利用唯象法的流变学研究也称为宏观流变学或唯象流变学。**结构法**则是从物质的内部微观结构出发，应用热力学和统计力学方法，构建能够描述物质结构内部特征的微观结构模型，来研究微观结构对材料宏观流变特性的影响，此时流变学研究也称为微观流变学或结构流变学。在本书第2章2.5节的本构理论概述中已有较为详细的介绍，可供参阅学习。

唯象法和结构法虽然研究的出发点和逻辑推理不同，但对于高分子材料而言，最终的结论却十分接近，表明这是一个正确的研究方法。目前除了高分子材料有时采用结构法外，大多数材料的本构特性研究都采用了唯象法，唯象法是目前流变学研究的主要方法。事实上，只有把宏观现象和微观机制结合起来，才能更好地认识材料的本构特性。对于道路材料而言，本构特性的研究本身起步较晚，现阶段研究仍以宏观流变学为主，但相信随着实验测试技术的进步，通过微观结构扫描和数字图形处理等手段，一定会在宏观与微观的关联方面取得令人瞩目的成果。

流变学研究总体上强调实验与理论并重。对于大多数固体材料而言，如金属材料和建筑材料等，一般采用力学实验方法，即宏观流变学研究方法，来研究材料的流动变形特性。如图1.2所示，当所研究的材料性质未知时，可以认为材料是一个“黑箱子”，实验研究时，给定一个加载，流变学称之为**激励**(solicitation)，在这个激励作用下考察这个材料“黑箱子”有何反应，流变学称之为**响应**(response)，通过激励与响应的关联性分析，来研究材料的流变特性及本构关系。

图1.2　实验流变学的研究方法

激励与响应是广义概念，可以是位移、压力、应变、应力、温度、辐射、电磁场等，同时激励也可以是静态的或动态的，如沥青混合料的回弹模量是静态力学参数，复数模量是动态力学参数。力学试验从制定试验方案到建立本构关系是一项系统性工作，需要理论与试验相结合，这就要求相关人员不仅要具备卓越的试验技能，而且要有丰富的数理力学知识。

值得注意的是，力学特性与流变特性的概念表述，有时会将二者混为一谈，但本质上它们还是有区别的。力学特性强调的是“结果”，如材料的力学参数（刚度、强度）、路面设计中的设计指标等，而流变特性强调的是“过程”，如激励路径、流变时间、应力应变的变化过程等，并用力学原理分析之。简言之，如果压缩试验测试的是材料的抗压强度（σ_{max}），是力学特性，那么流变特性则需要考察（$0 \to \sigma_{max}$）过程中的应力应变的变化规律，因此，可认为力学特性是流变特性的特例。

§1.4 道路材料的流变行为

道路材料一般是指用于道路修筑的原材料和成品料，原材料主要有砂、石、土、石灰、水泥、沥青等，成品料主要有水泥混凝土、稳定类混合料、沥青混合料等。道路材料在实体工程使用中通常为混合料，很少以单品原材料的形式出现。本教材重点研究新拌水泥混凝土、水泥混凝土、水泥稳定碎石混合料、沥青及沥青混合料的流变特性，并把它们归类为水泥类材料（见第7章）和沥青类材料（见第8章）。

道路材料是固体，但在生产过程中往往是流体，所以它们总体上会表现出弹性、黏弹性、弹塑性、黏塑性等力学性质和流变行为。同样是弹塑性，也有可能是标准弹塑性固体，或是具有应力强化的弹塑性固体。另外，有些道路材料的结构组成比较松散，由许多碎石颗粒组成，表现出明显的颗粒性（见第8章概述），如沥青混合料，属于松散介质体系。可见，道路材料从组成、生产到实体结构还是比较复杂的。

从现有实验研究结果来看（见第7章和第8章），新拌水泥混凝土和高温拌和时的沥青混合料为黏塑性流体，水泥混凝土为标准弹塑性固体，水泥稳定碎石为具有应力强化的弹塑性固体，沥青混合料以黏弹性变形为主，会发生非线性黏塑性破坏。

在力学实验中，对道路材料施加不同的激励方式或加载路径，会表现出不同的响应即实验现象，实验现象就是材料黏弹塑性的真实表现。如果设定激励方式为一次性加载至破坏、破坏前加卸载回路、徐变与松弛等，那么道路材料根据自身的结构组成特性，会有不同的实验现象或响应。可从以下几个方面来大致了解一下道路材料的力学性质及流变行为。

黏弹塑性的分段认识

在应力应变的全过程加载中，亦即一次性加载至破坏，应力由 $0 \to \sigma_{max}$ 变化时，道路材料的黏弹塑性力学性质在 σ-ε 坐标系中的变化特性(图 1.3)，可用三个阶段来描述：

- 第 I 阶段，当 $\varepsilon < \varepsilon_e$ 时，为初始弹性阶段；
- 第 II 阶段，当 $\varepsilon_e \leqslant \varepsilon \leqslant \varepsilon_{ve}$ 时，为黏弹性阶段；
- 第 III 阶段，当 $\varepsilon > \varepsilon_{ve}$ 时，为黏塑性阶段。

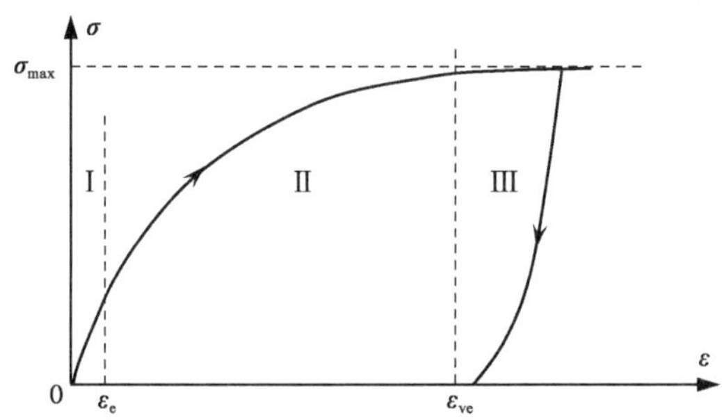

图 1.3　道路材料黏弹塑性的分段认识

但应注意，与塑性应变 ε_p 对应的永久变形不一定只是在第Ⅲ阶段发生，在 $\sigma < \sigma_{max}$ 时卸载会产生永久变形，从而有再加载时的应力强化现象。总变形可用弹黏塑性变形或可恢复变形和不可恢复变形表示，如：

$$\varepsilon = \varepsilon_e + \varepsilon_{ve} + \varepsilon_p = \varepsilon_r + \varepsilon_{nr}$$

式中：ε_e——弹性应变；

ε_{ve}——黏弹性应变；

ε_p——塑性应变；

ε_r——可恢复变形；

ε_{nr}——不可恢复变形。

黏弹塑性的分类认识

材料的基本力学性质就是弹性、黏性和塑性，这是材料力学性质的“三条基因”，材料的一切力学性质和流变行为都是这“三条基因”的耦合。如图 1.4所示，在 $\sigma \sim \varepsilon$ 坐标系中，等速加载和卸载情况下，当 $\sigma < \sigma_{max}$ 时，弹性在卸载时会沿原路径返回，分为线弹性和非线弹性；黏性在卸载时会有时间滞后现象发生，形成一个时间滞后闭合圈；塑性则表现为卸载后永久变形 ε_p 的产生或极限强度 σ_{max} 的出现。

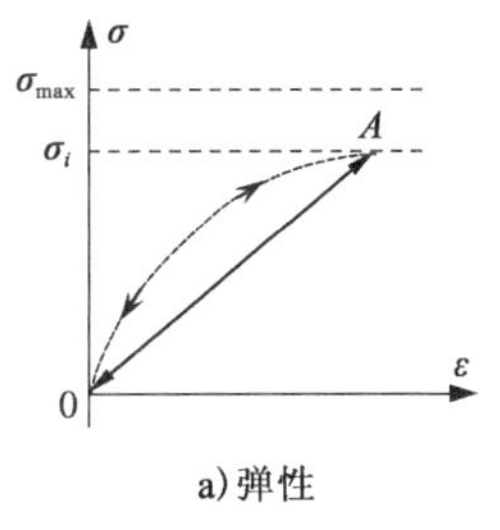

a）弹性

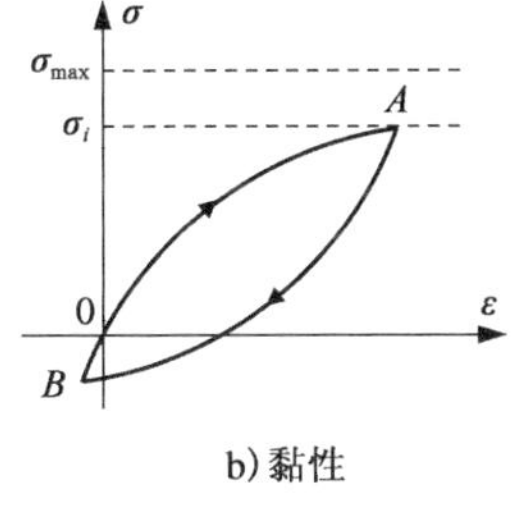

b）黏性

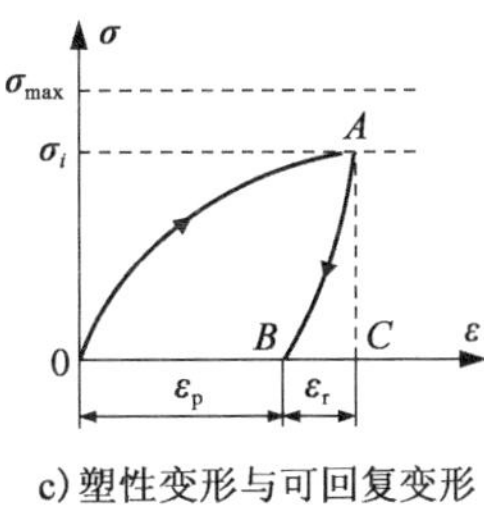

c）塑性变形与可回复变形

图 1.4　黏弹塑性的基本特性

沥青混合料的颗粒性

沥青混合料是一种十分重要的道路材料，广泛应用于路面工程。沥青混合料由沥青砂浆和碎石粒料组成，强度构成为内黏聚力 c 和内摩阻角 φ，力学特性表现为明显的二重性，即黏滞性和颗粒性。黏滞性主要表现为对激励速率 V 和试验温度 T 的依赖性，颗粒性主要表现为压实度 K 和三轴试验围压 σ_3 对应力应变特性的影响，如图 1.5 所示。

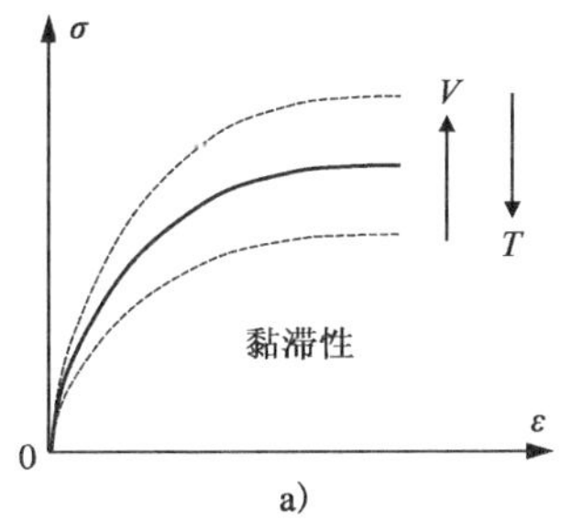

a）

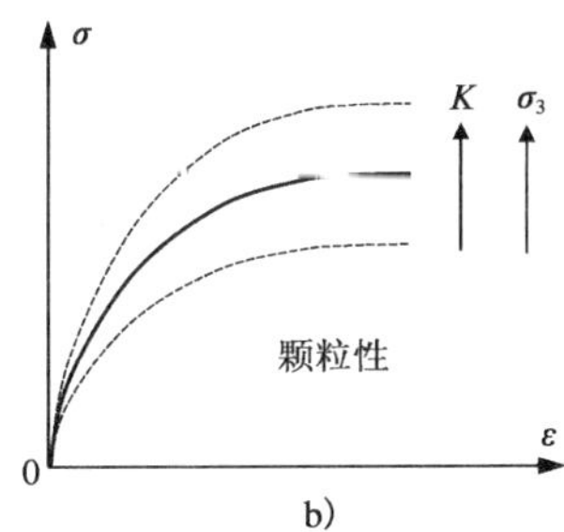

b）

图 1.5　沥青混合料的黏滞性和颗粒性

徐变与松弛现象

徐变与松弛是黏弹性材料（如沥青混合料）所特有的力学实验现象（图 1.6）。徐变是在恒定应力作用下应变随时间而增长的变形，一般分为三个阶段:徐变迁移(或减速)、徐变稳定(或等速)、徐变破坏(或加速);松弛是在恒定应变作用下应力随时间而衰减的变化,一般符合负指数衰减函数,如图1.6所示。徐变稳定服从线性增长规律,应力松弛存在松弛稳定值σ_{relax},可写为如下函数式:

徐变稳定　　$\varepsilon(t)=at+b \quad (a,b>0)$

应力松弛　　$\sigma(t)=\alpha e^{-\beta t}+\sigma_{relax} \quad (\alpha,\beta>0)$

式中:a、b、α、β——材料的实验常数。

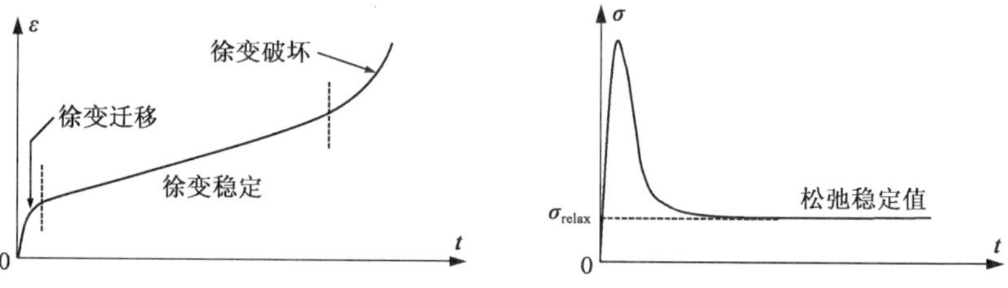

图1.6　黏弹性材料的徐变与松弛实验现象

注:本教材除特别指出外,为了书写的方便,统一将应变速率记为D,即正应变速率$\dot{\varepsilon}=D$或剪应变速率$\dot{\gamma}=D$;其他记号同数理力学和工程技术的惯例记法,个别专用符号在文中作了说明。

复习思考题

1. 如何认识材料的流动和变形?

2. 何为流变学? 并说明道路材料流变学研究的主要任务。

3. 试介绍流变学的学科属性。

4. 简要回顾一下流变学的发展概况。

5. 简要介绍流变学研究方法,并说明术语“力学特性”和“流变特性”的异同点。

6. 如何考察道路材料的黏弹塑性、颗粒性和黏滞性?

本章参考文献

[1] 姜振寰. 自然科学学科辞典[M]. 北京:中国经济出版社, 1991.

[2] 侯万国，罗迎社. 流变学进展2006[C]. 济南：山东大学出版社，2006.

[3] 艾慕阳，张劲军. 流变学进展2012[C]. 北京：石油工业出版社，2012.

[4] 刘雄. 岩石流变学概论[M]. 北京：地质出版社，1994.

[5] 张登良. 沥青路面[M]. 北京：人民交通出版社，1998.

[6] MASE G E. Theory and problems of continuum mechanics[M]. New York: McGraw-Hill Book Company, 1970.

[7] LEMAITRE J, CHABOCHE J L. Mécaniques des matériaux solides [M]. Paris: Dunod, 1985.

[8] SALENC ON J. Viscoélasticité [M]. Paris: Presse de l'Ecole Nationale des Ponts et Chaussées, 1983.

[9] MANDEL J. Propriétés mécaniques des matériaux[M]. Paris: Eyrolles, 1978.

[10] PERSOZ B. Introduction à l'étude de la rhéologie[M]. Paris: Dunod, 1960.

第2章　应力与应变分析

流变学是力学的一部分,是理性力学的一个分支。在所有工程力学理论中,应力分析和应变分析都是最基本的内容;同时流变学理论还有一项重要任务,就是研究材料的应力应变本构特性,所以本章将重点介绍应力与应变分析的相关内容。通过回顾基本力学量、认识张量与场论的基本概念,主要介绍了一点的应力和应变状态分析方法、三维应力和应变状态分析及其不变量、主应力和主应变的基本特性、应力平衡方程和应变协调方程、应力张量和应变张量的分解、本构理论的概念等基础内容。作为道路材料流变学的课程内容,需重点掌握:应力和应变的定义、主应力和最大剪应力、应力张量的分解及其不变量、平均应力和体积应变、八面体应力、等效应力和等效应变、应变速率等,并初步认识本构理论的概念,以期在具体研究中准确应用实验结果,正确分析材料的流变特性。

§2.1　基本力学量回顾

流变学是工程力学的一个重要内容。在工程力学中,定义和应用了许多基于力学原理的物理量,如力、位移、应力、应变、刚度模量、拉梅(Lamé)常数等,简称力学量。但最基本的力学量仍然是:正应力、剪应力、正应变、剪应变,以及弹性模量和泊松比,其他力学量都可以认为是这些基本力学量在数学推导过程中和实体工程应用中的衍生量。基本力学量在相关力学课程中都有详细介绍,本节仅做一些简单回顾,分析最简单的应力状态并举例,以期温故知新,系统认识流变学的力学基础知识。

2.1.1　正应力和剪应力

物体在外力作用下会产生内力和发生变形,根据作用方式的不同,通常把外力分为面力和体力。所谓面力是指作用在物体表面上的力,例如风力、液体压力、固体之间的接触力等;体力则是指分布在物体内部各质点上的力,例如重力、惯性力、电磁力、温度效应等。固体材料在外力作用下会产生内力和变形,衡量内力大小的力学量为应力,衡量变形大小的力学量为应变。应力应变的产生及种类见逻辑关系图 2.1,法国数学家和物理学家柯西(Augustin Louis Cauchy,1789 ~ 1857 年)首先提出了应力应变理论。

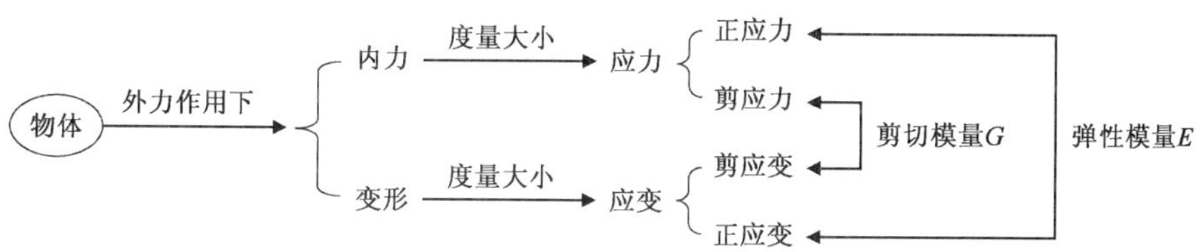

图 2.1 应力应变的产生及种类之间的逻辑关系

应力分为正应力和剪应力。在图 2.2a)中,一个横截面面积为 S 的试件,承受外力 F 的拉伸(或压缩)作用,那么根据力的平衡原理,在试件内部所产生的内力也为 F,这种受直接拉伸(或压缩)而产生的单位面积上的内力称为正应力(σ),记为:

$$\sigma = \frac{F}{S} \text{或} \sigma = \frac{\mathrm{d}F}{\mathrm{d}S}$$

而在图 2.2b)中,一个截面面积为 A 的试件,受到外部剪切力 Q 的作用,则根据力的平衡原理,在试件内部任一截面 A 上所产生的内力也为 Q,这种受纯剪切而产生的单位面积上的内力称为剪应力(τ),记为:

$$\tau = \frac{Q}{A} \text{或} \tau = \frac{\mathrm{d}Q}{\mathrm{d}A}$$

事实上,如图 2.2c)所示,对于物体 M 在空间里的任一截面 S,记面积大小也为 S,法向向量为 $\vec{n}$;截面 S 受外力 $\vec{F}$ 的作用,作用方向与法线 $\vec{n}$ 成夹角 $(\vec{F},\vec{n})$。若外力 $\vec{F}$ 分解为两部分:沿法线 $\vec{n}$ 的分量和沿截面 S 的分量,则此时各分量对应于正应力(σ_{n})和剪应力(τ_{n}),分别为:

$$\sigma_{\mathrm{n}} = \frac{F\cos(\vec{F},\vec{n})}{S} \text{或} \sigma_{\mathrm{n}} = \frac{\mathrm{d}F\cos(\vec{F},\vec{n})}{\mathrm{d}S}$$

$$\tau_{\mathrm{n}}=\frac{F\sin(\vec{F},\vec{n})}{S} \text{或} \tau_{\mathrm{n}}=\frac{\mathrm{d}F\sin(\vec{F},\vec{n})}{\mathrm{d}S}$$

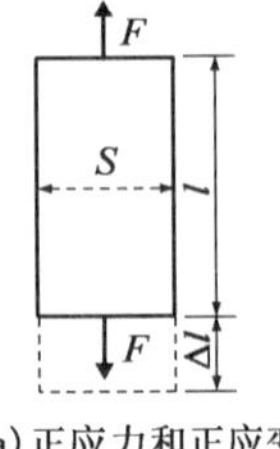

a)正应力和正应变

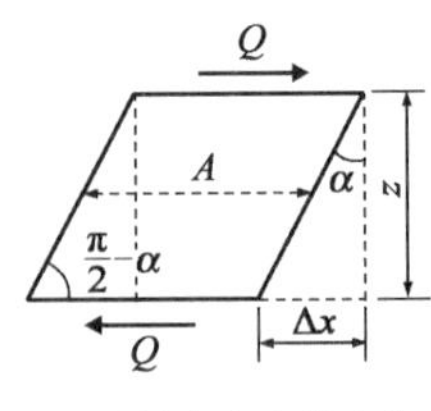

b)剪应力和剪应变

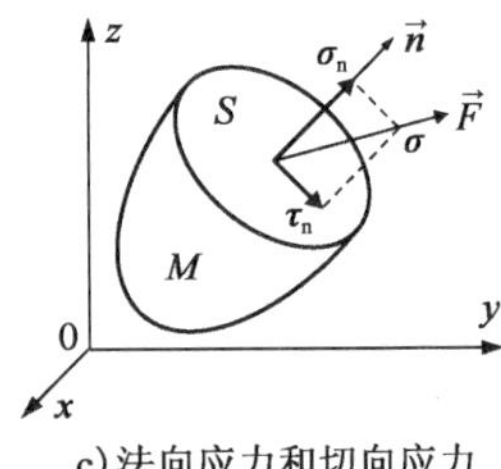

c)法向应力和切向应力

图 2.2　应力和应变的几何分析图示

2.1.2　正应变和剪应变

物体承受外力作用后,与上述应力对应的是应变,应变分为正应变和剪应变(图 2.1)。正应变的基本定义如图 2.2a)所示,试件在外力 F 作用下,几何长度由原来的 l 增加了 Δl。令任一时刻的长度$l_{\mathrm{t}}=l+\Delta l$,则正应变定义的一般表达式为:

$$\varepsilon=\ln\frac{l_{\mathrm{t}}}{l}=\ln\frac{l+\Delta l}{l}=\ln\left(1+\frac{\Delta l}{l}\right)$$

上式亦即正应变的原始定义,用于度量和分析一般变形量下的应变。只有当变形很小(小变形)时,利用级数展开,略去高次项,上式方可简化为常见的正应变公式:

$$\varepsilon=\frac{\Delta l}{l}$$

在图 2.2b)中,试件在纯剪切外力 Q 的作用下,在高度 z 范围内发生了纯剪切变形,原来相互正交的两边发生了夹角变化量 α,这种夹角的变化量的正切值即定义为剪应变(γ),记为:

$$\gamma=\tan\alpha \text{ 或 } \gamma=\frac{\mathrm{d}x}{\mathrm{d}z}$$

如同正应变分析一样,只有当变形很小(小变形)时,上式可以简化为常见的剪应变公式:

$$\gamma=\frac{\Delta x}{z}$$

2.1.3　刚度模量和泊松比

在流变学中，不仅需要分析物质流动与变形的应力状态和应变状态，更需要研究其应力应变之间的本构关系。而本构关系的建立，也就是力学三大方程中的物理方程的建立，必然要引入刚度模量和泊松比这两个力学量。在工程力学中，最简单的本构关系即为线弹性的虎克定律。刚度模量在直观上反映了材料的软硬程度，在力学原理上描述的是材料抵抗变形的能力。刚度模量越大，材料越硬，变形就越小，反之亦然。一般而言，如果可以通过试验确定材料的应力应变 σ-ε 曲线，那么刚度模量（E）可定义为：

$$E = \frac{d\sigma}{d\varepsilon}$$

弹性体的刚度模量通常采用弹性模量和剪切模量。如图 2.3 所示，某种材料的试件在外力作用下产生了一定的变形，且变形可以随外力卸载同时同步恢复，当外力卸载至零时，变形也同时同步返回至零，从而描绘出了应力应变"如影随形"的同步特性，这种特性即反映了材料的弹性性质。如果 σ-ε 路径为曲线，则为非线弹性；如果 σ-ε 路径为直线，则为线弹性。线弹性的基本定律为虎克定律（Hooke's law），即 $\sigma = E\varepsilon$，其中常数 $E = \tan\beta$（图 2.3），为弹性模量。

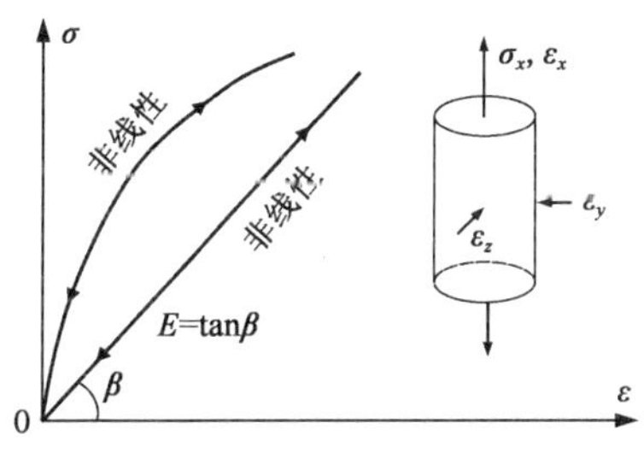

图 2.3　弹性体的应力应变路径

在剪切情况下，如果材料是弹性的，那么剪切试验也具有如图 2.3 所示的应力应变关系曲线，只是此时为剪应力和剪应变之间的关系曲线，刚度模量为剪切弹性模量（G），简称剪切模量。剪切模量和弹性模量有如下关系式（详见第 5 章 5.3 节）：

$$G=\frac{E}{2(1+\nu)}$$

式中：ν——泊松比(poisson's ratio)。

在 xyz 坐标系中，对圆柱体试件在 x 轴方向上进行单轴加载，如图 2.3 所示，在轴向应力 σ_x 的作用下产生轴向应变(ε_x)，如果材料是匀质的、各向同性的，那么在试件的侧向 y 轴和 z 轴方向上也产生符号相反的侧向应变($-\varepsilon_y=-\varepsilon_z$)，此时定义泊松比为侧向应变与轴向应变之比值，即：

$$\nu=-\frac{\varepsilon_y}{\varepsilon_x}=-\frac{\varepsilon_z}{\varepsilon_x}$$

理论上，泊松比的取值为 $\nu=[-1,0.5]$，但到目前为止，通过试验，还未发现 $\nu<0$ 的材料，所以一般取 $\nu=[0,0.5]$。当 $\nu=0$ 时，为材料的侧向刚性约束试验；当 $\nu=0.5$ 时，为不可压缩材料。

2.1.4 简单应力分析举例

为学习“应力与应变分析”做准备，读者需要从最简单的单轴应力状态出发，初步了解应力状态的分析方法。下面以等截面直杆受拉时斜截面上的应力分析为例，认识其基本应力状态；以等截面悬挂杆在自重力作用下的力平衡分析为例，认识其平衡方程的分析方法。

[**例 2.1**] 受拉直杆的斜截面应力分析

如图 2.4 所示，设等截面直杆受拉力 F 的作用，横截面面积为 S，斜截面与横截面的夹角为 φ，试分析斜截面上作用的应力。由于拉力 F 作用于直杆的轴向，所以拉力 F 垂直于直杆的每一个横截面，可认为横截面上的应力为均匀分布，此时正应力 $\sigma=F/S$，剪应力等于零。若记斜截面面积为 S_φ，则有 $S=S_\varphi\cos\varphi$，那么作用在斜截面上的应力为：

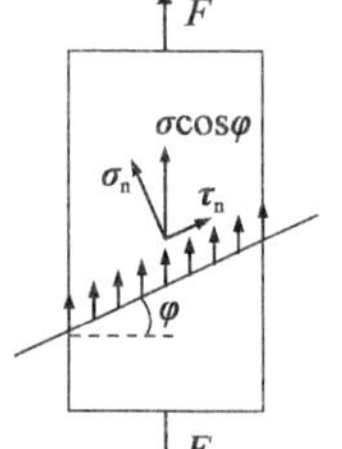

图 2.4 受力拉杆

$$\sigma_\varphi=\frac{F}{S_\varphi}=\frac{F}{S/\cos\varphi}=\sigma\cos\varphi$$

从而斜截面上的正应力(σ_n)和剪应力(τ_n)分别为：

$$\sigma_n=\sigma\cos^2\varphi$$

$$\tau_n=\sigma\cos\varphi\sin\varphi=\frac{1}{2}\sigma\sin2\varphi$$

由此可见,在单向受力状态下,直杆横截面上的法向正应力最大,随着斜截面与横截面的夹角 φ 的增大,法向正应力逐渐减小,并伴有剪应力的出现。当 $\varphi = \pi/4$ 时,剪应力达到最大值,且等于主应力的一半。

[例 **2.2**] 悬挂杆的自重力平衡分析

如图 2.5 所示,设有一个等截面的匀质杆件,悬挂在固定端,受自重的作用(重力加速度记为 g);杆件的横截面面积为 S,密度为 ρ,试用力平衡分析法分析任意横截面上的应力。现以杆件自由端的中心点为原点建立 Ox 单轴坐标(图 2.5),在任意位置 x 坐标处取微单元体 $S\mathrm{d}x$ 为研究对象,则坐标 x 和 $x+\mathrm{d}x$ 处对应的正应力分别为 σ 和 $\sigma+\mathrm{d}\sigma$。由于自重荷载引起的变形是很小的,所以可以忽略杆件截面的变化。这样作用于微单元体 $S\mathrm{d}x$ 上的三个力(两个截面力和自重力)是平衡的,因此有:

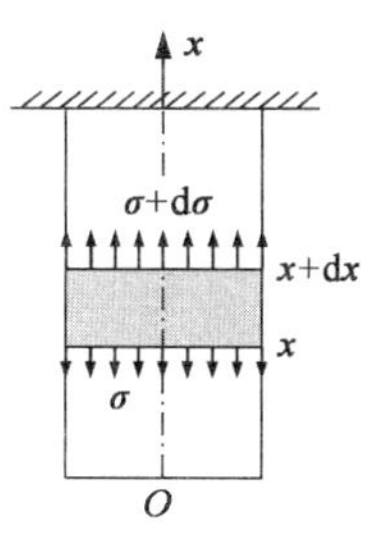

图 2.5 悬挂杆的平衡

$$(\sigma+\mathrm{d}\sigma)S = \sigma S + \rho g S\mathrm{d}x \quad 即\frac{\mathrm{d}\sigma}{\mathrm{d}x} = \rho g$$

对上式积分后,可得:

$$\sigma = \rho g x + C$$

根据边界条件:当 $x=0$ 时,$\sigma=0$,故可得积分常数 $C=0$,即有:

$$\sigma = \rho g x$$

以上分析结果利用了任意一点的力的平衡方程及应力边界条件,从而使读者对应力分析方法有了一个初步认识,全面系统的应力分析详见本章第 2.3 节。

§2.2 张量应用基础

在受力物体的应力应变分析中,为了客观描述、简化书写各种物理量(或力学量),通常会大量采用张量表达式,如应力张量和应变张量及其关系式。张量是数学、物理和力学等学科的必备工具,同时也是数学的一个重要分支,现代力学的发展离不开张量数学的发展。在力学研究中,极为广泛地应用了各种各样的数学知识,诸如三角函数、微积分、积分变换、张量、场论等,作为力学的数学基础,从而使得力学理论科学严谨而又丰富多彩。数学是力学的基础,力学是数学的应用,正如欧洲文艺复兴时期,达·芬奇的一句名言"力学是数学的乐园,因为我们在这里获得了数学的果实"。

但在我国公路工程专业目前的教学与研究中,还是淡化了某些力学理论知识及相应的数学基础知识,尤其对于张量及场论的介绍较少,所以有必要在进行应力应变分析之前,简要介绍一下张量的基本概念及运算方法,以期为应力应变分析打下一定的数学基础,使读者从数学的视角认识应力张量和应变张量。

2.2.1 张量的基本概念

张量是数学的一个分支,用来描述基于坐标系而又独立于具体坐标系的自然界客观存在的物理量。对于自然界客观存在的物理量(或力学量),工程上通常通过设立特定的坐标系来分析,如正交坐标、柱坐标和球坐标,使得同一物理量在不同坐标系中具有不同的表达式,且推导复杂、书写冗繁。事实上,一个物理量在自然界是客观存在的,不应该依赖于研究者设立的坐标系,诸如温度、速率、位移和应力等,这种不依赖于任何特定坐标系而存在的量,在数学上称为张量。用张量来描述某一物理量,具有书写简洁、推导清晰、物理意义明确的特点。

张量根据自身的性质和特点,包含不同数量的分量,根据分量的多少便形成了 n 维空间。例如,空间里的一个点为 3 个分量 (x,y,z) 的集合,形成一个三维空间;如果一个量为 n 个分量 $(x_1,x_2,\cdots,x_n)$ 的集合,则形成一个 n 维空间。在三维空间坐标系中,如果一个张量的分量个数为 3^N,则称该张量为 N 阶张量,如标量、矢量和应力张量分别为零阶、一阶和二阶张量。数学上还有更高阶的张量,但在工程力学中,一点的应力状态和应变状态可用应力张量和应变张量来描述,应力张量和应变张量均为二阶张量,可表示为:

应力张量:$\sigma_{ij}(i,j=1,2,3)$

应变张量:$\varepsilon_{ij}(i,j=1,2,3)$

下面从标量和矢量开始，逐步认识张量的表示方法。

(1)标量

标量是只有大小没有方向的物理量，常用斜体字母表示，例如时间 t、温度 T、长度 l、密度 $\boldsymbol{\rho}$、体积 V 等。标量没有方向，分量个数为1，因此为零阶张量。

(2)矢量

矢量是既有大小又有方向的物理量，常用小写黑体字母或字母上头加箭头表示，例如位移 $\boldsymbol{u}$ 或 $\vec{u}$、外力 $\boldsymbol{f}$ 或 $\vec{f}$、压力 $\boldsymbol{p}$ 或 $\vec{p}$、速度 $\boldsymbol{v}$ 或 $\vec{v}$ 等(注意：速率为标量，速度为矢量)，这种表示方法称为**实体记法**。矢量在笛卡尔坐标系中有3个分量，因此为一阶张量。例如，三维空间里的矢量 $\boldsymbol{a}$ 有3个分量 (a_1,a_2,a_3)，对应的基矢量为 $(\boldsymbol{e}_1,\boldsymbol{e}_2,\boldsymbol{e}_3)$，亦即 $\boldsymbol{a}$ 在 e_i 轴上的投影为 $a_i(i=1,2,3)$，此时 $\boldsymbol{a}$ 可表示为：

$$\boldsymbol{a}=a_1\boldsymbol{e}_1+a_2\boldsymbol{e}_2+a_3\boldsymbol{e}_3=\sum_{i=1}^{3}a_i\boldsymbol{e}_i$$

这种同时写出分量和相应基矢量的表示方法称为**分解式记法**。

如上所述，也可以用全部分量的集合来表示矢量，省略相应的基矢量，例如用 $u_i(i=1,2,3)$ 表示位移矢量，这种字母加下标的表示方法称为**分量记法或指标记号法**。指标记号法又分为上标记号法(如 u^i)和下标记号法(如 u_i)，应力与应变分析通常采用**下标记号法**。

(3)张量

具有多重方向性的物理量称为狭义的张量。这种高阶张量的实体记法常用黑体字母 $\boldsymbol{A}$、$\boldsymbol{\sigma}$ 等表示。对于具有9个分量的二阶张量 $\boldsymbol{A}$，其分解式记法为：

$$\boldsymbol{A}=A_{ij}\boldsymbol{e}_i\boldsymbol{e}_j$$

式中：$\boldsymbol{e}_i\boldsymbol{e}_j$——并矢基，共有9个。

张量也可以采用下标记号法，记为：

$$A_{ij}(i=1,2,3)$$

$\boldsymbol{A}$ 的转置记为 $\boldsymbol{A}^{\mathrm{T}}$，即有：$\boldsymbol{A}^{\mathrm{T}}=A_{ji}\boldsymbol{e}_i\boldsymbol{e}_j$。

如果 $\boldsymbol{A}$ 的分量满足 $A_{ij}=A_{ji}$，即与其转置张量相等，则 $\boldsymbol{A}$ 为对称张量。如

果 $\boldsymbol{A}$ 的分量满足$A_{ij} = -A_{ji}$,则 $\boldsymbol{A}$ 为反对称张量。

2.2.2 张量的下标记号法

在工程力学中,应力与应变分析广泛采用**下标记号法**。对于含有 3 个分量的集合,为一阶张量,通常用 1 个下标符号来表示,如a_i,下标 i 的取值为 1,2,3,记为$a_i(i=1,2,3)$。例如,对于一点的坐标记为x_i,即表示(x_1,x_2,x_3)或(x,y,z)这 3 个分量;对于一点的位移,含有 3 个分量,记为u_i,就表示(u_1,u_2,u_3)或(u,v,w)这 3 个分量。

类似地,对于含有 9 个分量的集合,为二阶张量,可用 2 个下标符号来表示,如a_{ij},下标 i 和 j 的取值为 1,2,3,记为$a_{ij}(i,j=1,2,3)$。由于每一个下标可取 3 个值,所以a_{ij}就表示了$a_{11},a_{12},a_{13},a_{21},a_{22},a_{23},a_{31},a_{32},a_{33}$这 9 个分量。同样,对于含有 27 个分量的集合,为三阶张量,可用 3 个下标符号来表示,如a_{ijk};对于含有 81 个分量的集合,为四阶张量,可用 4 个下标符号来表示,如a_{ijkl},依此类推。

对于一点的应力状态,可用二阶张量来描述,含有 9 个应力分量(独立分量有 6 个),分别为$(\sigma_x,\sigma_y,\cdots,\tau_{zx})$,采用下标记号法,就可记作$\sigma_{ij}(i,j=1,2,3)$,其中:$\sigma_{11}=\sigma_x,\sigma_{22}=\sigma_y,\cdots,\sigma_{31}=\sigma_{zx}=\tau_{zx}$。同理,一点的应变状态含有 9 个应变分量$(\varepsilon_x,\varepsilon_y,\cdots,\gamma_{zx})$,独立分量有 6 个,采用下标记号法记作$\varepsilon_{ij}(i,j=1,2,3)$。因此,在谈到应力状态、应变状态时,就以应力张量$\sigma_{ij}$、应变张量$\varepsilon_{ij}$的形式来表示。

在张量的指标记号法中,还有三个重要的指标概念:自由指标、哑指标、分点指标。当张量的运算表达式中下标记号不重复出现时,该下标记号为**自由指标**,而重复出现两次的下标记号称为**哑指标**。例如,张量a_ib_j中的下标记号 i 和 j 是独立的不重复出现的指标,为自由指标;而张量a_ib_i中的下标记号 i 则是重复出现两次的指标,为哑指标,哑指标只能成对出现。张量的下标记号为**分点指标**时,则是偏导数的张量表达形式,书写为$a_{i,i}$、$a_{ij,j}$等,其中 i,i 和 ij,j 即为分点指标,例如:

$$a_{i,i}=\frac{\partial a_i}{\partial x_i}=\frac{\partial a_1}{\partial x_1}+\frac{\partial a_2}{\partial x_2}+\frac{\partial a_3}{\partial x_3}$$

$$a_{ij,j}=\frac{\partial a_{ij}}{\partial x_j}=\frac{\partial a_{i1}}{\partial x_1}+\frac{\partial a_{i2}}{\partial x_2}+\frac{\partial a_{i3}}{\partial x_3}$$

2.2.3 张量的求和约定

张量运算中,有一个重要的求和约定,就是**爱因斯坦求和约定**。该约定规定:若运算项中有一个下标记号重复出现两次,即为哑指标时,则意味着要对该指标遍历指标域内的整数进行求和,并限定任何公式里不许出现重复两次以上的指标。例如:

$$a_i b_i=\sum_{i=1}^{3}a_i b_i=a_1 b_1+a_2 b_2+a_3 b_3$$

以及下面的一些求和约定表达式,在应力与应变分析中得到了广泛应用:

$$a_{ii}=a_{11}+a_{22}+a_{33}$$

$$a_{ii}^2=a_{11}^2+a_{22}^2+a_{33}^2$$

$$(a_{ii})^2=(a_{11}+a_{22}+a_{33})^2$$

$$\sigma_{ij}\varepsilon_{ij}=\sigma_{11}\varepsilon_{11}+\sigma_{22}\varepsilon_{22}+\sigma_{33}\varepsilon_{33}+2(\sigma_{12}\varepsilon_{12}+\sigma_{23}\varepsilon_{23}+\sigma_{31}\varepsilon_{31})$$

$$a_{ij}b_j=\sum_{j=1}^{3}a_{ij}b_j=a_{i1}b_1+a_{i2}b_2+a_{i3}b_3$$

$$\begin{aligned}a_{ij}b_i c_j&=\sum_{i=1}^{3}\sum_{j=1}^{3}a_{ij}b_i c_j\\&=a_{11}b_1c_1+a_{12}b_1c_2+a_{13}b_1c_3+a_{21}b_2c_1+a_{22}b_2c_2+\\&\quad a_{23}b_2c_3+a_{31}b_3c_1+a_{32}b_3c_2+a_{33}b_3c_3\end{aligned}$$

以及含有偏导数的项,如2.2.2中分点指标所介绍的示例。而下列情况则为:

$$\sigma_{i,jj}=\frac{\partial^2\sigma_i}{\partial x_j\partial x_j}=\frac{\partial^2\sigma_i}{\partial x_1^2}+\frac{\partial^2\sigma_i}{\partial x_2^2}+\frac{\partial^2\sigma_i}{\partial x_3^2}$$

根据求和约定和指标记法,代数方程组:

$$\left.\begin{aligned}y_1&=a_{11}x_1+a_{12}x_2+a_{13}x_3\\y_2&=a_{21}x_1+a_{22}x_2+a_{23}x_3\\y_3&=a_{31}x_1+a_{32}x_2+a_{33}x_3\end{aligned}\right\}$$

可写为：

$$y_i = a_{ij}x_j \quad (i,j=1,2,3)$$

自由指标表示，若轮流取该指标范围内的任何值，关系式均成立。可见，通过哑指标可把许多项缩写为一项，再通过自由指标又把许多方程缩写为一个方程。

2.2.4 张量的运算法则

(1)矢量与矢量

设有矢量 $\vec{a}$ 和矢量 $\vec{b}$，则矢量与矢量的点积定义为：$\vec{a}\cdot\vec{b}=a_1b_1+a_2b_2+a_3b_3=|\vec{a}||\vec{b}|\cos\alpha$，其中 α 为两矢量之间的夹角，矢量的点积是一个标量。

矢量与矢量的叉积定义为：

$$\vec{a}\times\vec{b}=\begin{vmatrix}\vec{e}_1 & \vec{e}_2 & \vec{e}_3\\ a_1 & a_2 & a_3\\ b_1 & b_2 & b_3\end{vmatrix}=\begin{vmatrix}\vec{i} & \vec{j} & \vec{k}\\ a_x & a_y & a_z\\ b_x & b_y & b_z\end{vmatrix}$$

矢量叉积的几何意义是面元矢量，其大小等于 $\vec{a}$ 和 $\vec{b}$ 构成的平行四边形的面积，即 $|\vec{a}||\vec{b}|\sin\alpha$，方向为该面元的法向，且遵守右手法则。

三个矢量的混合积定义为：

$$[\vec{a},\vec{b},\vec{c}]=\vec{a}\times\vec{b}\times\vec{c}=\vec{a}\times\vec{b}\times\vec{c}=\begin{vmatrix}a_1 & a_2 & a_3\\ b_1 & b_2 & b_3\\ c_1 & c_2 & c_3\end{vmatrix}$$

混合积为标量。当矢量 $\vec{a},\vec{b},\vec{c}$ 构成右手系时，混合积表示这 3 个矢量所构成的平行六面体的体积；构成左手系时，则为体积的负值。

(2)矢量与张量

矢量 $\vec{a}$ 与张量 $\boldsymbol{A}=A_{ij}\boldsymbol{e}_i\boldsymbol{e}_j$ 的点积仍为一矢量，即：

$$\vec{a}\cdot\boldsymbol{A}=(a_i\boldsymbol{e}_i)(A_{ij}\boldsymbol{e}_i\boldsymbol{e}_j)=a_iA_{ij}\boldsymbol{e}_j$$

$$\boldsymbol{A}\cdot\vec{a}=(A_{ij}\boldsymbol{e}_i\boldsymbol{e}_j)(a_j\boldsymbol{e}_j)=a_jA_{ij}\boldsymbol{e}_i$$

(3)张量与张量

张量 $\boldsymbol{A}=A_{ij}\boldsymbol{e}_i\boldsymbol{e}_j$ 与张量 $\boldsymbol{B}=B_{kl}\boldsymbol{e}_k\boldsymbol{e}_l$ 的点积为一张量，即：

$$\boldsymbol{A}\cdot\boldsymbol{B}=(A_{ij}\boldsymbol{e}_i\boldsymbol{e}_j)\cdot(B_{kl}\boldsymbol{e}_k\boldsymbol{e}_l)=A_{ij}B_{kl}\delta_{jk}\boldsymbol{e}_i\boldsymbol{e}_l=A_{ik}B_{kl}\boldsymbol{e}_i\boldsymbol{e}_l$$

式中:δ_{jk}——克罗内克(Kronecker)符号,当 $j=k$ 时,$\delta_{jk}=1$;当 $j\neq k$ 时,$\delta_{jk}=0$。

同阶的笛卡尔张量相加减,和差张量的分量等于各张量的分量之和差,例如二阶张量之和差为:

$$\boldsymbol{A}\pm\boldsymbol{B}=\boldsymbol{C}\quad 或\quad A_{ij}\pm B_{ij}=C_{ij}$$

(4)张量的主值

假设 $\boldsymbol{A}$ 是一个二阶张量,如果存在一个方向 $\vec{n}$,使得下式:

$$\vec{n}\cdot\boldsymbol{A}=\lambda\vec{n}\quad 或\quad n_iA_{ij}=\lambda n_j$$

成立,则称 $\vec{n}$ 为 $\boldsymbol{A}$ 的主方向或主轴,标量 λ 为 $\boldsymbol{A}$ 的主值。

2.2.5 场论概念及算子

在连续介质力学领域,有时需要分析各种各样的物理场,如应力场、位移场、温度场、渗流场等。如果空间里的每一个点都对应着某个物理量的一个确定的值,那么在此空间里便存在着该物理量的场。场是指某个物理量在空间某个区域内的分布函数,记作场函数 $\Phi(x,y,z)$。场函数为标量、矢量或张量时,则相应地称之为标量场、矢量场或张量场,依次如温度场、位移场或应力场。场论就是关于场的性质与规律的理论,且引入了一些算子,广泛应用于应力与应变分析中。

(1)矢量算子

正交坐标系的矢量算子∇定义为:

$$\nabla=\vec{e}_1\frac{\partial}{\partial x_1}+\vec{e}_2\frac{\partial}{\partial x_2}+\vec{e}_3\frac{\partial}{\partial x_3}$$

∇也称为哈密尔顿算子,是一个微分运算符,同时又可当作一个矢量。

(2)标量场的梯度

设标量场函数为 $\Phi(x,y,z)$,标量场中任意一点 P 的梯度(gradicnt)定义为:

$$\mathrm{grad}\Phi=\nabla\Phi=\vec{e}_1\frac{\partial\Phi}{\partial x_1}+\vec{e}_2\frac{\partial\Phi}{\partial x_2}+\vec{e}_3\frac{\partial\Phi}{\partial x_3}$$

梯度是一个矢量,其方向是函数 $\Phi(x,y,z)$ 变化最快的方向,其大小是 Φ

沿该方向的变化率,即函数 Φ 的最大变化率。将 Φ 为常数的面定义为等值面。

(3)矢量场的散度和旋度

矢量 $\vec{a}$ 的散度(divergence)定义为:

$$\mathrm{div}\vec{a}=\nabla\cdot\vec{a}=a_{i,i}=\frac{\partial a_i}{\partial x_i}=\frac{\partial a_1}{\partial x_1}+\frac{\partial a_2}{\partial x_2}+\frac{\partial a_3}{\partial x_3}$$

矢量 $\vec{a}$ 的旋度(curl)定义为:

$$\mathrm{curl}\vec{a}=\nabla\times\vec{a}=\left(\vec{e}_1\frac{\partial}{\partial x_1}+\vec{e}_2\frac{\partial}{\partial x_2}+\vec{e}_3\frac{\partial}{\partial x_3}\right)\times(a_1\vec{e}_1+a_2\vec{e}_2+a_3\vec{e}_3)$$

$$=\begin{vmatrix}\vec{e}_1 & \vec{e}_2 & \vec{e}_3\\ \dfrac{\partial}{\partial x_1} & \dfrac{\partial}{\partial x_2} & \dfrac{\partial}{\partial x_3}\\ a_1 & a_2 & a_3\end{vmatrix}$$

(4)拉普拉斯算子

$$\nabla^2=\nabla\cdot\nabla=\left(\vec{e}_1\frac{\partial}{\partial x_1}+\vec{e}_2\frac{\partial}{\partial x_2}+\vec{e}_3\frac{\partial}{\partial x_3}\right)\cdot\left(\vec{e}_1\frac{\partial}{\partial x_1}+\vec{e}_2\frac{\partial}{\partial x_2}+\vec{e}_3\frac{\partial}{\partial x_3}\right)=\frac{\partial^2}{\partial x_1^2}+\frac{\partial^2}{\partial x_2^2}+\frac{\partial^2}{\partial x_3^2}$$

§2.3 应力分析

物体在荷载作用下都会产生应力、应变和位移等物理量,这些物理量都是定义于连续介质上的场变量,表示为空间坐标的连续函数。求解这些物理量是工程力学的基本任务,而分析这些物理量的产生、发展及变化规律则是流变学的基本任务。因此,作为流变学课程的基础知识,应力分析与应变分析十分重要。

工程力学为了求解物体在荷载作用下所产生的应力、应变和位移,借助微单元四面体、六面体和八面体,进行了应力分析,形成了经典的分析体系,涉及内容包括:一点的应力状态及斜截面应力公式、剪应力互等定理、三维应力状态的主应力、力平衡微分方程及边界条件、应力张量的分解、应力不变量、八面体应力等,这些内容在弹塑性力学的相关教材中均有详细介绍。

而流变学为了研究物质在荷载作用下的应力应变本构特性,在应力分析方面与工程计算力学相比略有不同,主要是分析的侧重点不同。流变学的侧重点在于对应力状态的描述或相关表达式的推演,以便在本构特性的研究中得到分析应用。因此,本节将重点介绍:一点的应力状态、斜截面应力公式、主应力与主方向、应力张量分解和一些常用的应力量等基础知识。

2.3.1　一点的应力状态

物体在荷载作用下会产生内应力,内应力即为通常所说的应力。受力物体 M 内任意一点 P 的应力状态(图 2.6),即为一点的应力状态,是进行应力分析的出发点,是一切应力分析的基础。应力状态是指对应力种类、大小和方向的描述,一点的应力状态可以用有 6 个独立应力分量($\sigma_x,\sigma_y,\sigma_z,\tau_{xy},\tau_{yz},\tau_{zx}$)的应力张量$\sigma_{ij}$来表示,如图 2.6 所示。

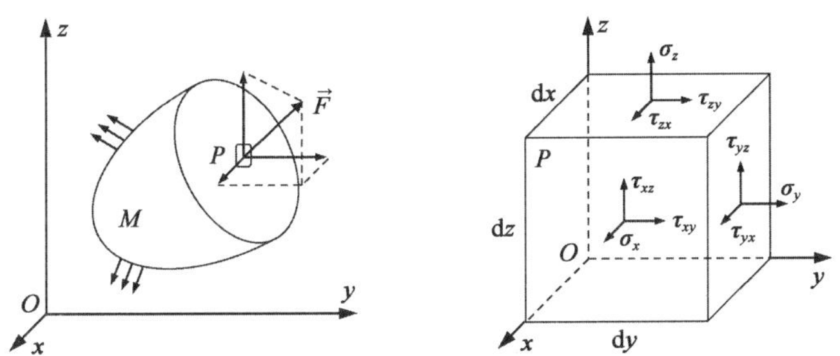

图 2.6　受力物体内部一点的应力状态

为了研究 P 点的应力状态,在 P 点处沿坐标轴 x, y, z 方向取一个微小的平行六面体,即微单元六面体(图 2.6),其六个面的外法线方向分别与三个坐标轴的正、负方向一致,各边长分别为 $\mathrm{d}x$, $\mathrm{d}y$, $\mathrm{d}z$。设应力在微单元体的各面上为均匀分布,于是各面中心点上作用有一个应力矢量,这个应力矢量又可以分解为一个正应力和两个剪应力分量,即每个微分截面上有三个应力分量。从而对于一个微单元六面体亦即 P 点,当微单元面积趋于零时,在三个相互垂直的微分截面上共有 9 个应力分量,这 9 个应力分量即决定了 P 点的应力状态。把这 9 个应力分量按一定规则排列,令其中的每一行为过 P 点的一个面上的 3 个应力分量,便构成了应力张量,记为:

$$\sigma_{ij}=\begin{pmatrix}\sigma_{xx} & \sigma_{xy} & \sigma_{xz}\\ \sigma_{yx} & \sigma_{yy} & \sigma_{yz}\\ \sigma_{zx} & \sigma_{zy} & \sigma_{zz}\end{pmatrix} \quad 或 \quad \sigma_{ij}=\begin{pmatrix}\sigma_{x} & \tau_{xy} & \tau_{xz}\\ \tau_{yx} & \sigma_{y} & \tau_{yz}\\ \tau_{zx} & \tau_{zy} & \sigma_{z}\end{pmatrix} \tag{2.1}$$

可见,一点的应力状态可用应力张量σ_{ij}来表示,且为二阶张量,其中的9个分量分别为3个正应力分量和6个剪应力分量。根据剪应力互等定理(如$\tau_{xy}=\tau_{yx}$等),应力张量σ_{ij}为二阶对称张量,9个应力分量实际上只有6个独立分量,分别为3个正应力分量和3个剪应力分量。因此,这6个应力分量($\sigma_x,\sigma_y,\sigma_z,\tau_{xy},\tau_{yz},\tau_{zx}$)便决定了一点的应力状态。

在式(2.1)所表示的应力张量σ_{ij}中,每个应力分量都有两个下标,第一个下标代表应力作用面的法线方向,第二个下标代表应力的作用方向,如σ_{xy}表示垂直于x轴的微分截面上、y轴方向上的剪应力。在应力分量的书写中,有时为了强调其物理意义或相互之间加以区别,剪应力直接用τ来表示,如$\sigma_{xy}=\tau_{xy}$;有时为了强调张量的本质特性,下标采用x, y, z或1, 2, 3,如$\sigma_{xy}=\sigma_{12}$;有时为了简化书写,在直角坐标系中,正应力只用一个下标字母,如$\sigma_{xx}=\sigma_x$等。但无论采用何种书写方式,并不影响应力分量本身的物理意义,所表达的力学概念始终是十分清楚的。

应当指出,受荷物体内部各点的应力状态,一般来说是不同的,即非均匀分布,应力张量σ_{ij}与给定点的空间位置有关,应力分量为坐标x, y, z的函数。同时,在同一个点上,通过该点的截面方向不同,其应力分量的数值大小也各不相同,但应力状态始终可以用含有6个独立分量的应力张量来表示。

应力分析的符号规定:应力分量的正、负采用了弹塑性力学的规定,即"以拉为正、以压为负"。具体讲就是,不论是正应力还是剪应力,在微单元六面体上(图2.6),正面上的应力方向与坐标轴正方向相同时,应力为正,反之为负;负面上的应力方向与坐标轴负方向相同时,应力为正,反之为负。微单元六面体的正面是指外法线方向与坐标轴正方向一致的面,负面则是指与坐标轴负方向一致的面。

需要注意的是,此处应力分析采用了弹塑性力学"以拉为正、以压为负"的符号规定,而在土木工程中,却广泛使用"以压为正、以拉为负"的规定。

但如此差别,并不会影响到应力分析的本质。

2.3.2 斜截面应力公式

受力物体内部一点的应力状态已知时,亦即已知应力张量σ_{ij}或已知($\sigma_x,\sigma_y,\sigma_z,\tau_{xy},\tau_{yz},\tau_{zx}$)6 个应力分量时,那么过该点处任意截面上的应力便可以得到求解,相应的应力计算公式称为斜截面应力公式。如图 2.7所示,从受力物体中取出微单元四面体 OABC,其中三个面分别与坐标面重合,且为负面,第四个面 ABC 即为任一斜截面,现需要求解该斜截面上的应力 $\vec{p}$。

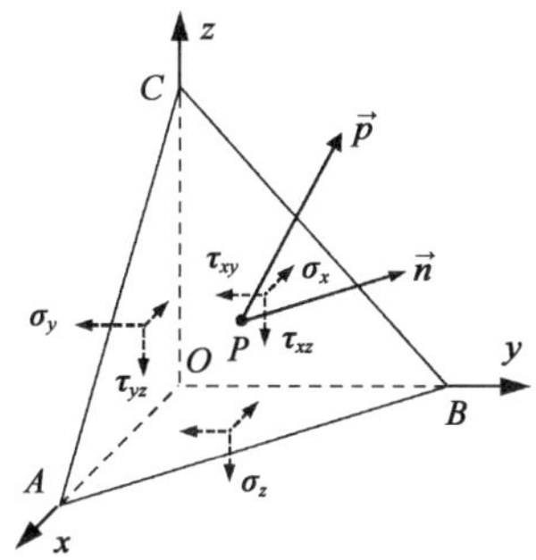

图 2.7 斜截面应力分析

设斜截面 ABC 的面积为 ds,外法线的方向矢量为 $\vec{n}$;该法向矢量 $\vec{n}$ 与三个坐标轴正向的夹角余弦(简称方向余弦)分别为:$\cos(\vec{n},\vec{x})=l$,$\cos(\vec{n},\vec{y})=m$,$\cos(\vec{n},\vec{z})=n$;斜截面上的应力 $\vec{p}$ 沿坐标轴分解为p_x,p_y,p_z三个分量,则有:

$$\vec{p}=p_i\vec{e}_i=p_x\vec{e}_x+p_y\vec{e}_y+p_z\vec{e}_z$$

式中:$\vec{e}_i$——三个坐标轴的单位基矢量。

令微单元四面体 OABC 以 O 为顶点的三个棱的长度分别为$|\mathrm{OA}|=\mathrm{d}x$,$|\mathrm{OB}|=\mathrm{d}y$,$|\mathrm{OC}|=\mathrm{d}z$,则根据方向余弦的定义,有面积关系式:

$$S_{\Delta\mathrm{OBC}}=\frac{1}{2}\mathrm{d}y\mathrm{d}z=l\mathrm{d}s$$

$$S_{\Delta\mathrm{OCA}}=\frac{1}{2}\mathrm{d}z\mathrm{d}x=m\mathrm{d}s$$

$$S_{\Delta\mathrm{OAB}}=\frac{1}{2}\mathrm{d}x\mathrm{d}y=n\mathrm{d}s$$

图 2.7 中应用剪应力互等定理，在三个坐标轴方向上分别作力平衡方程，可得：

$$\left.\begin{aligned}-\sigma_x S_{\Delta OBC}-\tau_{yx}S_{\Delta OCA}-\tau_{zx}S_{\Delta OAB}+p_x\mathrm{d}s=0\\-\sigma_y S_{\Delta OCA}-\tau_{zy}S_{\Delta OAB}-\tau_{xy}S_{\Delta OBC}+p_y\mathrm{d}s=0\\-\sigma_z S_{\Delta OAB}-\tau_{xz}S_{\Delta OBC}-\tau_{yz}S_{\Delta OCA}+p_z\mathrm{d}s=0\end{aligned}\right\}$$

将面积关系式代入上式，即可得到斜截面应力公式：

$$\left.\begin{aligned}p_x=\sigma_x l+\tau_{xy}m+\tau_{zx}n\\p_y=\tau_{xy}l+\sigma_y m+\tau_{yz}n\\p_z=\tau_{zx}l+\tau_{yz}m+\sigma_z n\end{aligned}\right\}\tag{2.2}$$

参照图 2.2c)的分析，在图 2.7 中，将 $\vec{p}$ 投影到法线 $\vec{n}$ 上，可得斜截面上的正应力(σ_{n})：

$$\sigma_{\mathrm{n}}=\vec{p}\cdot\vec{n}=\sigma_{ij}n_in_j=\sigma_x l^2+\sigma_y m^2+\sigma_z n^2+2\tau_{xy}lm+2\tau_{yz}mn+2\tau_{zx}nl\tag{2.3}$$

斜截面上的全应力 p 由下式确定：

$$p^2=p_x^2+p_y^2+p_z^2$$

于是，斜截面上的剪应力τ_n为：

$$\tau_n=\sqrt{p^2-\sigma_{\mathrm{n}}^2}=\sqrt{p_x^2+p_y^2+p_z^2-\sigma_{\mathrm{n}}^2}\tag{2.4}$$

由此可见，当一点的应力状态确定后，亦即应力张量σ_{ij}的六个分量(σ_x，σ_y，σ_z，τ_{xy}，τ_{yz}，τ_{zx})为已知时，那么过该点的某已知法向余弦的斜截面上的应力便可以完全确定。

另外，在弹塑性力学中，斜截面应力公式也可作为应力边界条件的表达式。若斜截面为受力物体的边界面，则斜截面应力即为单位面积上的面力，斜截面应力公式便是应力平衡方程，即应力边界条件。

2.3.3 主应力和应力不变量

如图 2.7 所示的斜截面，为过任意一点所作的任意方向上的微单元面，斜截面上都有正应力和剪应力，见式(2.3)和式(2.4)。现绕 P 点转动变化斜截面的法线方向 $\vec{n}$，如果在某一方向上的斜截面剪应力为零，则该法线方向称为主方向,对应的斜截面便称为主应力平面或主平面,主平面上的正应力即为主应力。简言之,对应于剪应力等于零的斜截面即为主应力平面或主平面,主平面上的正应力即为主应力。

设 $\vec{n}$ 为主应力平面的方向矢量,σ 为主应力平面上的正应力即主应力,这时 $\vec{n}$ 和 $\vec{\sigma}$ 完全重合,则按主应力和方向余弦的定义,并根据式(2.2),有:

$$p_x = l\sigma, p_y = m\sigma, p_z = n\sigma$$

将上式代入式(2.2),并整理后,得:

$$\left.\begin{aligned} (\sigma_x - \sigma)l + \tau_{xy}m + \tau_{zx}n = 0 \\ \tau_{xy}l + (\sigma_y - \sigma)m + \tau_{yz}n = 0 \\ \tau_{zx}l + \tau_{yz}m + (\sigma_z - \sigma)n = 0 \end{aligned}\right\} \tag{2.5}$$

且据方向余弦的定义,由几何关系知:

$$l^2 + m^2 + n^2 = 1 \tag{2.6}$$

若各应力分量为已知,则联立解式(2.5)和式(2.6),便可以确定4个未知量 l、m、n 和 σ。由式(2.6)可知 l、m、n 不能同时为零,而式(2.5)为包括3个未知量 l、m、n 的线性齐次方程组,若有非零解,则此方程组的系数行列式应等于零,即:

$$\begin{vmatrix} \sigma_x - \sigma & \tau_{xy} & \tau_{zx} \\ \tau_{xy} & \sigma_y - \sigma & \tau_{yz} \\ \tau_{zx} & \tau_{yz} & \sigma_z - \sigma \end{vmatrix} = 0$$

将此行列式展开,得:

$$(\sigma_x - \sigma)(\sigma_y - \sigma)(\sigma_z - \sigma) + 2\tau_{xy}\tau_{yz}\tau_{zx} - \tau_{zx}^2(\sigma_y - \sigma) - \tau_{yz}^2(\sigma_x - \sigma) - \tau_{xy}^2(\sigma_z - \sigma) = 0$$

亦即:

$$\sigma^3 - I_1\sigma^2 - I_2\sigma - I_3 = 0 \tag{2.7}$$

该方程式称为应力张量 σ_{ij} 的特征方程,主应力 σ 称为应力张量的特征值,各系数为:

$$\left.\begin{aligned}I_1&=\sigma_{ii}=\sigma_x+\sigma_y+\sigma_z=\sigma_v\\I_2&=-\frac{1}{2}(\sigma_{ii}\sigma_{jj}-\sigma_{ij}\sigma_{ij})=-(\sigma_x\sigma_y+\sigma_y\sigma_z+\sigma_z\sigma_x)+(\tau_{xy}^2+\tau_{yz}^2+\tau_{zx}^2)\\I_3&=|\sigma_{ij}|=\sigma_x\sigma_y\sigma_z+2\tau_{xy}\tau_{yz}\tau_{zx}-\sigma_x\tau_{yz}^2-\sigma_y\tau_{zx}^2-\sigma_z\tau_{xy}^2\end{aligned}\right\}\quad(2.8)$$

其中，$\sigma_v=\sigma_x+\sigma_y+\sigma_z$称为体积应力。

方程(2.7)是σ的三次方程，其3个根即为3个主应力，从大到小记为σ_1、σ_2、σ_3，即$\sigma_1>\sigma_2>\sigma_3$，也就是说一点的应力状态存在3个主平面。与主应力相应的3组方向余弦对应于3组主平面，数理力学证明了3组主平面互相垂直。由于一点的应力状态的主平面是客观存在的，与坐标系的选择无关，主应力的值是不变的，故特征方程(2.7)也与坐标系选择无关，从而使得其中的三个系数I_1、I_2、I_3也与坐标系选择无关，分别称之为第一、第二、第三应力不变量。一点的应力状态确定后，应力不变量I_1、I_2、I_3便始终为常数。关于3个主应力的几何分析，在材料力学的摩尔应力圆中有详细说明。

由此可见，应力张量σ_{ij}的特征方程(2.7)有3个实数根，分别为3个主应力σ_1、σ_2、σ_3，3个主应力或主方向互相垂直；主平面上的剪应力为零，主应力为极大值，且不随坐标系的选择而变化，故认为主应力具有实数性、正交性、极值性和不变性4个基本性质。

既然3个主应力互相垂直，亦即3个主平面互相垂直，那么便可以选取3个主应力方向为坐标轴方向，从而极大地方便了应力分析。由3个主应力σ_1、σ_2、σ_3构成的几何空间，称为主应力空间或主向空间。在主应力空间中，由式(2.8)可以得到3个应力不变量分别为：

$$\left.\begin{aligned}I_1&=\sigma_1+\sigma_2+\sigma_3\\I_2&=-(\sigma_1\sigma_2+\sigma_2\sigma_3+\sigma_3\sigma_1)\\I_3&=\sigma_1\sigma_2\sigma_3\end{aligned}\right\}\quad(2.9)$$

此外，在力学计算与分析中，有时还需要求解主应力的方向，亦即求解主方向。以主应力σ_1为例，令σ_1的方向余弦为l_1、m_1、n_1，则将σ_1代入式(2.5)的任何两个方程，例如第一式、第二式，可得：

$$\left.\begin{aligned}l_1(\sigma_x-\sigma_1)+m_1\tau_{yx}+n_1\tau_{zx}&=0\\l_1\tau_{xy}+m_1(\sigma_y-\sigma_1)+n_1\tau_{zy}&=0\end{aligned}\right\}$$

令$m_1 = \alpha l_1, n_1 = \beta l_1$,则上式可以改写为:

$$\left.\begin{aligned} \alpha\tau_{yx} + \beta\tau_{zx} + (\sigma_x - \sigma_1) = 0 \\ \alpha(\sigma_y - \sigma_1) + \beta\tau_{zy} + \tau_{xy} = 0 \end{aligned}\right\}$$

联立解方程组,即可得到α和β值。于是,根据式(2.6),可得:

$$l_1 = \frac{1}{\sqrt{1 + \alpha^2 + \beta^2}}$$

从而求得:$l_1, m_1 = \alpha l_1, n_1 = \beta l_1$,主应力$\sigma_1$的方向得解。同理可求得其他两个主应力的方向余弦。

2.3.4　应力张量的分解

如前所述,外力作用下物体内一点的应力状态可用应力张量σ_{ij}来描述。在外力作用下,物体的变形通常可以分为体积改变和形状改变两种成分,并认为体积的改变是由各向相等的应力引起的。因此,通常把应力张量分解为球应力张量和偏应力张量,亦即应力张量等于球应力张量和偏应力张量之和,如下式:

$$\sigma_{ij} = \begin{pmatrix} \sigma_x & \tau_{xy} & \tau_{xz} \\ \tau_{yx} & \sigma_y & \tau_{yz} \\ \tau_{zx} & \tau_{zy} & \sigma_z \end{pmatrix} = \begin{pmatrix} \bar{\sigma} & 0 & 0 \\ 0 & \bar{\sigma} & 0 \\ 0 & 0 & \bar{\sigma} \end{pmatrix} + \begin{pmatrix} \sigma_x - \bar{\sigma} & \tau_{xy} & \tau_{xz} \\ \tau_{yx} & \sigma_y - \bar{\sigma} & \tau_{yz} \\ \tau_{zx} & \tau_{zx} & \sigma_z - \bar{\sigma} \end{pmatrix}$$

或

$$\sigma_{ij} = \bar{\sigma}\delta_{ij} + s_{ij} \tag{2.10}$$

式中:$\bar{\sigma}\delta_{ij}$——球应力张量,对应的应力状态通常称为静水压力状态,其中:

$$\bar{\sigma} = \frac{1}{3}\sigma_{\mathrm{v}} = \frac{1}{3}(\sigma_x + \sigma_y + \sigma_z)$$

δ_{ij}——克罗内克(Kronecker)符号:

$$\delta_{ij} = \begin{cases} 1 & 当\ i = j\ 时 \\ 0 & 当\ i \neq j\ 时 \end{cases}$$

s_{ij}——偏应力张量,简称应力偏量,表示为:

$$s_{ij} = \begin{pmatrix} s_x & s_{xy} & s_{zx} \\ s_{xy} & s_y & s_{yz} \\ s_{zx} & s_{yz} & s_z \end{pmatrix} = \begin{pmatrix} \sigma_x - \bar{\sigma} & \tau_{xy} & \tau_{xz} \\ \tau_{yx} & \sigma_y - \bar{\sigma} & \tau_{yz} \\ \tau_{zx} & \tau_{zx} & \sigma_z - \bar{\sigma} \end{pmatrix} \tag{2.11}$$

通常称:$\bar{\sigma}$为平均静水压力或平均应力,$\bar{\sigma}\delta_{ij}$为球应力张量或应力球张量,表示空间里各个方向都受到相同的正应力,而没有剪应力,亦即任意方向均为主方向;s_{ij}为偏应力张量或应力偏张量,简称应力偏量。球应力张量只能改变物体的体积,而不能改变物体的形状或导致物体的破坏;偏应力张量只能改变物体的形状或导致物体的破坏,而不能改变物体的体积。

很显然,由于应力偏量s_{ij}与应力张量σ_{ij}之间只差一个静水压力状态,故s_{ij}的主方向与σ_{ij}的主方向重合,且其主值为:

$$s_x=\sigma_x-\bar{\sigma}\quad s_y=\sigma_y-\bar{\sigma}\quad s_z=\sigma_z-\bar{\sigma} \tag{2.12}$$

应力偏量s_{ij}也是一种可能单独存在的应力状态,其基本特性及分析方法与应力张量σ_{ij}完全一致,故其也有自己的特征方程及特征值,也存在第一、第二、第三应力偏量不变量,类似地依次记为J_1、J_2、J_3。三个应力偏量不变量的表达式为:

$$\left.\begin{aligned}
J_1&=s_{ii}=s_x+s_y+s_z=0\\
J_2&=-\frac{1}{2}(s_{ii}s_{jj}-s_{ij}s_{ij})=-(s_xs_y+s_ys_z+s_zs_x)+(\tau_{xy}^2+\tau_{yz}^2+\tau_{zx}^2)\\
J_3&=|s_{ij}|=s_xs_ys_z+2\tau_{xy}\tau_{yz}\tau_{zx}-s_x\tau_{yz}^2-s_y\tau_{zx}^2-s_z\tau_{xy}^2
\end{aligned}\right\} \tag{2.13}$$

不难发现,J_1、J_2、J_3与I_1、I_2、I_3是相互确定的,故J_1、J_2、J_3也是一组独立的应力不变量,弹塑性力学中更为关注的正是这一组不变量。J_1表示平均应力或者静水压力,J_2反映剪应力的大小,J_3表示拉压变形类型。其中J_2最为常用,在塑性理论或材料的强度分析中已得到广泛应用,把式(2.12)代入式(2.13),即可得到J_2在一般坐标和主应力空间里的表达式,如下:

$$\begin{aligned}
J_2&=\frac{1}{6}[(\sigma_x-\sigma_y)^2+(\sigma_y-\sigma_z)^2+(\sigma_z-\sigma_x)^2]+(\tau_{xy}^2+\tau_{yz}^2+\tau_{zx}^2)\\
&=\frac{1}{6}[(\sigma_1-\sigma_2)^2+(\sigma_2-\sigma_3)^2+(\sigma_3-\sigma_1)^2]
\end{aligned} \tag{2.14}$$

2.3.5 几个常用的应力量

在研究材料的流变特性及本构特性时,常常要用到几个比较重要的应力量,且与第二应力偏量不变量J_2密切相关,这些常用的应力量主要是指:体积

应力(σ_v)、平均应力($\overline{\sigma}$)、八面体应力(σ_8和τ_8)、等效应力($\underline{\sigma}$和$\underline{\tau}$),在前面的论述中,已经定义和应用了体积应力和平均应力。

(1)体积应力和平均应力

在式(2.8)中,已经定义了体积应力σ_v;而在式(2.1)所示的应力张量σ_{ij}中,应力分量主值的平均值定义为平均应力$\overline{\sigma}$,见式(2.10),即有:

$$\left.\begin{aligned}&\text{体积应力} \qquad \sigma_v = \sigma_x + \sigma_y + \sigma_z = I_1\\&\text{平均应力} \qquad \overline{\sigma} = \frac{1}{3}(\sigma_x + \sigma_y + \sigma_z) = \frac{1}{3}\sigma_v\end{aligned}\right\} \tag{2.15}$$

(2)八面体应力

正八面体简称为八面体,正八面体表面上的正应力和剪应力称为八面体正应力σ_8和八面体剪应力τ_8,统称为八面体应力。如图2.8所示,选取坐标轴x、y、z与应力主方向一致,在主应力空间坐标的8个象限里,每一个象限都存在这样一个斜截面,它的外法线$\vec{n}$与三个坐标轴呈等倾斜(另见第5章5.4节中关于π平面的介绍),此时的斜截面特定为等倾面,这样的面共有8个,从而形成一个正八面体。根据式(2.6),等倾面法线的方向余弦为:

$$l = m = n = \pm\frac{1}{\sqrt{3}}$$

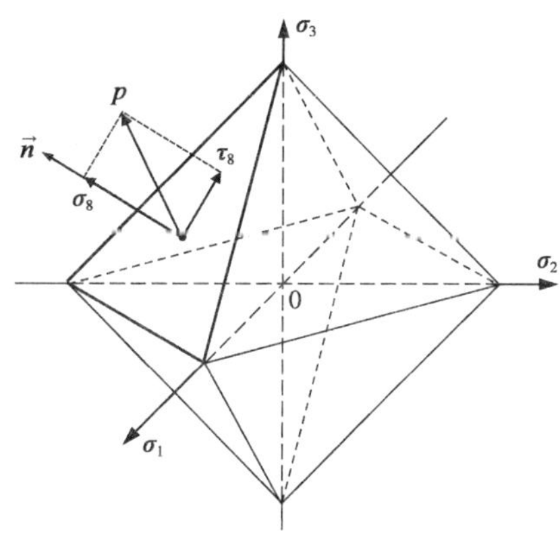

图2.8　正八面体

将上述方向余弦代入式(2.3)和式(2.4),可得八面体正应力σ_8和八面体剪应力τ_8为:

$$\left.\begin{aligned}\sigma_8 &= \frac{1}{3}(\sigma_1+\sigma_2+\sigma_3)=\frac{1}{3}\sigma_v=\bar{\sigma}\\ \tau_8 &= \frac{1}{3}\sqrt{(\sigma_1-\sigma_2)^2+(\sigma_2-\sigma_3)^2+(\sigma_3-\sigma_1)^2}=\sqrt{\frac{2}{3}J_2}\end{aligned}\right\} \tag{2.16a}$$

当已知一点的应力状态后，即当应力张量σ_{ij}的 6 个分量($\sigma_x,\sigma_y,\sigma_z,\tau_{xy},\tau_{yz},\tau_{zx}$)为已知时，通常利用特征方程(2.7)可求解得到三个主应力，从而利用式(2.16a)可以得到八面体正应力和八面体剪应力。

一般情况下，八面体应力的表达式为式(2.16b)。其中，由于 8 面体的 8 个面所处的坐标象限不同，所以其方向余弦取值时的正负号也不同。当利用式(2.3)计算σ_8时，剪应力项的系数正负号需要根据坐标象限的组合来确定，书写与描述较烦琐，所以通常直接采用主应力坐标来表达。另外，需要强调的是，在讨论材料的屈服及本构特性时，较多地应用了八面体剪应力τ_8和第二应力偏量不变量J_2，所以τ_8和J_2显得尤为重要。

$$\left.\begin{aligned}\sigma_8 &= \frac{1}{3}(\sigma_x+\sigma_y+\sigma_z)+\frac{2}{3}(\pm\tau_{xy}\pm\tau_{yz}\pm\tau_{zx})\\ \tau_8 &= \frac{1}{3}\sqrt{(\sigma_x-\sigma_y)^2+(\sigma_y-\sigma_z)^2+(\sigma_z-\sigma_x)^2+6(\tau_{xy}^2+\tau_{yz}^2+\tau_{zx}^2)}\end{aligned}\right\} \tag{2.16b}$$

(3)等效应力

有时为了方便研究本构关系，引入等效应力的概念。等效应力分为等效正应力($\underline{\sigma}$)和等效剪应力($\underline{\tau}$)，也称为正应力强度和剪应力强度，简称应力强度，定义为：

$$\left.\begin{aligned}\underline{\sigma} &= \sqrt{3J_2}=\frac{3}{\sqrt{2}}\tau_8=\sqrt{\frac{3}{2}s_{ij}s_{ij}}\\ &= \frac{1}{\sqrt{2}}\sqrt{(\sigma_x-\sigma_y)^2+(\sigma_y-\sigma_z)^2+(\sigma_z-\sigma_x)^2+6(\tau_{xy}^2+\tau_{yz}^2+\tau_{zx}^2)}\\ &= \frac{1}{\sqrt{2}}\sqrt{(\sigma_1-\sigma_2)^2+(\sigma_2-\sigma_3)^2+(\sigma_3-\sigma_1)^2}\\ \underline{\tau} &= \sqrt{J_2}=\sqrt{\frac{1}{2}s_{ij}s_{ij}}=\frac{1}{\sqrt{6}}\sqrt{(\sigma_1-\sigma_2)^2+(\sigma_2-\sigma_3)^2+(\sigma_3-\sigma_1)^2}\end{aligned}\right\} \tag{2.17}$$

由此可见，在单向拉伸条件下，$\sigma_1=\sigma,\sigma_2=\sigma_3=0$，代入式(2.17)得$\underline{\sigma}=\sigma$，表明在某种意义上，采用等效正应力可将原来的复杂应力状态化为具有相同“效应”的单向拉伸应力状态。等效正应力是为了应用方便而引入的一个量，并不表示作用在某个面上的应力。在纯剪切条件下，$\sigma_1=\tau,\sigma_2=0,\sigma_3=-\tau$，于是有$\underline{\tau}=\tau$，表明在某种意义上，采用等效剪应力可将原来的复杂应力状态化为具有相同“效应”的纯剪应力状态。

§2.4　应变分析

物体在荷载作用下，不仅会产生内应力，而且同时会产生变形(图2.1)，变形量大小的度量便是通常所说的应变(参见第3章图3.1)。宏观上讲，应力和应变是一对孪生的物理量，有此及彼，有彼及此。而研究应力-应变的本构关系及变化规律，是流变学的重要内容之一。因此，同应力分析一样，应变分析也是力学理论中最重要的基本知识之一。

进行物体变形分析时，必须遵守连续性假设，即变形前的连续体变形后仍为连续体。在弹塑性力学中，应变分析首先从位移分析出发，建立应变与位移的关系，然后分析一点的应变状态及应变协调条件、应变与位移满足的几何条件、主应变和应变不变量、应变张量的分解和一些常用的应变量等基础知识，但作为流变学教材，本节将直接从应变状态描述出发，介绍应变分析的相关内容。

2.4.1　一点的应变状态

一般情况下，物体内的各质点在荷载作用下都会发生位移，这个位移可分解为刚体位移和物体变形两部分。刚体位移分析属于理论力学的范畴，物体的变形分析属于材料力学的范畴。流变学的重点内容之一就是研究材料的应力应变本构特性，因而侧重分析物体的变形。变形量大小的度量是应变，所以，对物体内一点的应变状态描述，就是描述物体内该点的变形特性。

物体的变形量为定义于连续介质上的场变量，表示为空间坐标的连续函数。变形场可能很复杂，但是就其中的微单元体来讲，形状要素就是长度和角度,纯变形无非是长度和角度的改变(图2.9)。反映长度改变的量定义为正应变(ε),反映角度改变的量定义为剪应变(γ),基本要义见图2.2。正应变和剪应变分别表示物体的体积改变和形状畸变,直观地表示变形的长度变化和方向改变。

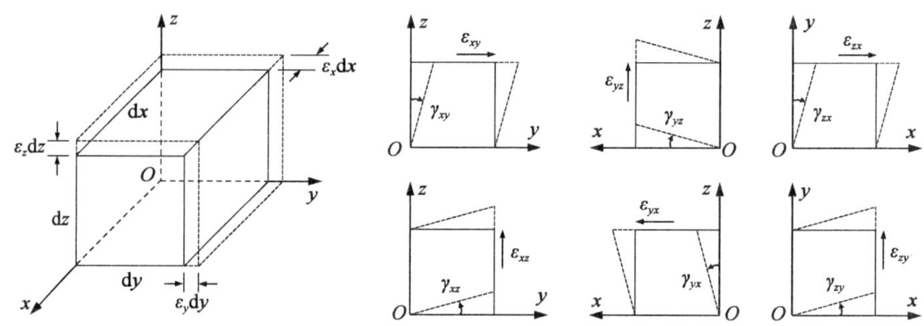

图2.9　应变在坐标平面上的投影分析

和应力状态分析类似(图2.6),一点的应变状态分析同样选取微单元六面体 dxdydz 为考察对象,如图2.9所示。而研究微单元六面体变形的最简单方法,就是将六面体的各面投影到直角坐标系的各个坐标平面上,研究这些平面投影的变形,并根据这些投影的变形规律来判断整个平行六面体的变形(图2.9),显然,微单元六面体的各个面上都有三个应变分量。对于微单元体所代表的一个质点而言,在三个互相垂直的正交平面上,各有三个应变分量,即一个质点有9个应变分量,构成了应变张量,记为:

$$\varepsilon_{ij}=\begin{pmatrix}\varepsilon_x & \varepsilon_{xy} & \varepsilon_{xz}\\ \varepsilon_{yx} & \varepsilon_y & \varepsilon_{yz}\\ \varepsilon_{zx} & \varepsilon_{zy} & \varepsilon_z\end{pmatrix}=\begin{pmatrix}\varepsilon_x & \frac{1}{2}\gamma_{xy} & \frac{1}{2}\gamma_{xz}\\ \frac{1}{2}\gamma_{yx} & \varepsilon_y & \frac{1}{2}\gamma_{yz}\\ \frac{1}{2}\gamma_{zx} & \frac{1}{2}\gamma_{zy} & \varepsilon_z\end{pmatrix} \tag{2.18}$$

其中,正应变ε_{ij}为张量表达法,剪应变γ_{ij}为工程表达法。在弹塑性力学中,已经证明了下面两个应变分量关系式成立:

$$\varepsilon_{ij}=\varepsilon_{ji},\varepsilon_{ij}=\frac{1}{2}\gamma_{ij} \tag{2.19}$$

这就表明,应变张量ε_{ij}为一对称张量,共有6个独立分量,这6个独立分量($\varepsilon_x,\varepsilon_y,\varepsilon_z,\gamma_{xy},\gamma_{yz},\gamma_{zx}$)便决定了一点的应变状态。需要注意的是,应变分析中所采用的下标记号和符号规定,与应力分析完全一致,即:应变分量的两个下标,第一个下标代表应变所在面的法线方向,第二个下标代表变形方向;正面上的正向为正,负面上的负向为正,如图2.9中的应变符号均为正。

此外,为了保证物体变形的连续性和单值性,力学理论认为6个独立的应变分量必须是互相联系的或互相制约的,即变形必须是协调一致的。联系这6个应变分量的方程称为**应变协调方程**,由法国力学家圣维南(Saint-Venant,1797—1886)首先导出,所以又称为圣维南方程。在弹塑性力学中,应用几何方程(应变与位移的关系),通过对应变分量和位移分量求偏导运算,推导证明了这6个应变分量之间的函数关系式,即应变协调方程,表示为:

$$\left.\begin{aligned}
&\frac{\partial^2\varepsilon_x}{\partial y^2}+\frac{\partial^2\varepsilon_y}{\partial x^2}=\frac{\partial^2\gamma_{xy}}{\partial x\partial y}\\
&\frac{\partial^2\varepsilon_y}{\partial z^2}+\frac{\partial^2\varepsilon_z}{\partial y^2}=\frac{\partial^2\gamma_{yz}}{\partial y\partial z}\\
&\frac{\partial^2\varepsilon_z}{\partial x^2}+\frac{\partial^2\varepsilon_x}{\partial z^2}=\frac{\partial^2\gamma_{zx}}{\partial z\partial x}\\
&2\frac{\partial^2\varepsilon_x}{\partial y\partial z}=\frac{\partial}{\partial x}\left(-\frac{\partial\gamma_{yz}}{\partial x}+\frac{\partial\gamma_{zx}}{\partial y}+\frac{\partial\gamma_{xy}}{\partial z}\right)\\
&2\frac{\partial^2\varepsilon_y}{\partial z\partial x}=\frac{\partial}{\partial y}\left(-\frac{\partial\gamma_{zx}}{\partial y}+\frac{\partial\gamma_{xy}}{\partial z}+\frac{\partial\gamma_{yz}}{\partial x}\right)\\
&2\frac{\partial^2\varepsilon_z}{\partial x\partial y}=\frac{\partial}{\partial z}\left(-\frac{\partial\gamma_{xy}}{\partial z}+\frac{\partial\gamma_{yz}}{\partial x}+\frac{\partial\gamma_{zx}}{\partial y}\right)
\end{aligned}\right\}\tag{2.20}$$

如对应变不加以任何约束,即不要求协调性,那么应变场就有可能在变形后出现“撕裂”或“重叠”等现象,这样就颠覆了位移函数的连续性和单值性假设。如对于二维应变状态,有3个应变分量和2个位移函数,无论是已知应变求位移还是已知位移求应变,一般来说是没有单值解或是不可解的。因此,连续介质的应变状态是否可能,需要利用应变协调方程来检验。

2.4.2 应变位移几何方程

物体内任意一点的位移可以沿坐标轴分解为3个位移分量,一点的应变状态可以用6个应变分量($\varepsilon_x,\varepsilon_y,\varepsilon_z,\gamma_{xy},\gamma_{yz},\gamma_{zx}$)描述,那么如何通过位移表达应变或通过应变表达位移,就需要建立应变和位移的函数关系。这个可以把6个应变分量与3个位移分量联系起来的关系式,称为应变和位移之间的几何方程,简称几何方程。因此,几何方程的表达式可以有两种:一是通过位移分量表达应变分量,见式(2.21);二是通过应变分量表达位移分量,见式(2.22)。

几何方程的第一种表达式是,已知位移分量求应变分量。如果物体内一点的位移 q 为连续函数,在 xyz 坐标系中的三个分量分别为 $u(x,y,z)$,$v(x,y,z)$,$w(x,y,z)$,且规定位移分量指向坐标轴正向时为正,反向时为负。显然,只要确定了物体内各点的位移即位移场,物体的应变状态即可确定,也就是确定了应变张量ε_{ij}的各个分量,如式(2.18)中的应变分量。弹塑性力学推导证明了第一种表达式,为:

$$\left.\begin{aligned}\varepsilon_x=\frac{\partial u}{\partial x},\quad 2\,\varepsilon_{xy}=\gamma_{xy}=\frac{\partial u}{\partial y}+\frac{\partial v}{\partial x}\\ \varepsilon_y=\frac{\partial v}{\partial y},\quad 2\,\varepsilon_{yz}=\gamma_{yz}=\frac{\partial v}{\partial z}+\frac{\partial w}{\partial y}\\ \varepsilon_z=\frac{\partial w}{\partial z},\quad 2\,\varepsilon_{zx}=\gamma_{zx}=\frac{\partial w}{\partial x}+\frac{\partial u}{\partial z}\end{aligned}\right\}\tag{2.21}$$

类似地,也可以有柱坐标和球坐标的表达式。

几何方程的第二种表达式是,已知应变分量求位移分量。如果一点的应变状态是已知的,即已知6个应变分量($\varepsilon_x,\varepsilon_y,\varepsilon_z,\gamma_{xy},\gamma_{yz},\gamma_{zx}$),那么通过式(2.21),可求得位移分量。弹塑性力学通过位移增量的几何分析和代数运算,略去了高阶微分量,解析得到第二种表达式,见式(2.22)。另外,也可参照斜截面应力公式的分析模式,在图2.7所示的微单元四面体中,把应力都置换为应变,并记斜截面上的总变形增量为 dq,它在三个坐标轴方向上的分量为 du、dv、dw。现以 x 轴方向上的变形投影为例,共投影有三个应变分

量ε_x、ε_{yx}、ε_{zx}，则按照应变的定义，对应的变形分量为$\varepsilon_x \mathrm{d}x$、$\varepsilon_{yx}\mathrm{d}y$、$\varepsilon_{zx}\mathrm{d}z$，此时取$x$坐标轴方向上的总变形增量等于各个分变形增量之和，即$\mathrm{d}u=\varepsilon_x\mathrm{d}x+\varepsilon_{yx}\mathrm{d}y+\varepsilon_{zx}\mathrm{d}z$。同理，在其他两个坐标轴方向上也可以得到相应的变形分量表达式，从而得到第二种表达式，为：

$$\left.\begin{aligned}\mathrm{d}u&=\varepsilon_x\mathrm{d}x+\varepsilon_{yx}\mathrm{d}y+\varepsilon_{zx}\mathrm{d}z\\ \mathrm{d}v&=\varepsilon_{xy}\mathrm{d}x+\varepsilon_{y}\mathrm{d}y+\varepsilon_{zy}\mathrm{d}z\\ \mathrm{d}w&=\varepsilon_{xz}\mathrm{d}x+\varepsilon_{yz}\mathrm{d}y+\varepsilon_{z}\mathrm{d}z\end{aligned}\right\}\tag{2.22}$$

2.4.3 主应变和应变不变量

与一点的应力状态分析类似，一点的应变状态也存在三个互相垂直的主平面，即应变主平面。在应变主平面上，剪应变等于零，只有正应变，称为主应变，其方向必然平行于主平面的法向或与法向完全重合。也就是说，剪应变等于零的平面为应变主平面，应变主平面上的正应变为主应变。可以证明，主应变方向上的变形增量与其在三个坐标轴方向上的分量增量是同比例的，都等于主应变。例如，对于一个微单元四面体，若记应变主平面上的主应变为ε，微分四面体的顶点距主平面的距离为$\mathrm{d}r$，则主应变方向上的变形增量为$\mathrm{d}q=\varepsilon\mathrm{d}r$；若记$\mathrm{d}q$在三个坐标轴方向上的分量为$\mathrm{d}u$、$\mathrm{d}v$、$\mathrm{d}w$，则按等比例关系，有：

$$\frac{\mathrm{d}q}{\mathrm{d}r}=\frac{\mathrm{d}u}{\mathrm{d}x}=\frac{\mathrm{d}v}{\mathrm{d}y}=\frac{\mathrm{d}w}{\mathrm{d}z}=\varepsilon$$

将上式分量$\mathrm{d}u$、$\mathrm{d}v$、$\mathrm{d}w$带入式(2.22)，即有：

$$\left.\begin{aligned}(\varepsilon_x-\varepsilon)\mathrm{d}x+\varepsilon_{yx}\mathrm{d}y+\varepsilon_{zx}\mathrm{d}z&=0\\ \varepsilon_{xy}\mathrm{d}x+(\varepsilon_y-\varepsilon)\mathrm{d}y+\varepsilon_{zy}\mathrm{d}z&=0\\ \varepsilon_{xz}\mathrm{d}x+\varepsilon_{yz}\mathrm{d}y+(\varepsilon_z-\varepsilon)\mathrm{d}z&=0\end{aligned}\right\}\tag{2.23}$$

式(2.23)中各项同除以$\mathrm{d}r$，即得主应变的方向余弦。与主应力分析一样，主应变的三个方向余弦不能同时为零，因而式(2.23)为有非零解的线性齐次方程组，其系数行列式应当等于零，即：

$$\begin{vmatrix} \varepsilon_x-\varepsilon & \varepsilon_{xy} & \varepsilon_{zx} \\ \varepsilon_{xy} & \varepsilon_y-\varepsilon & \varepsilon_{yz} \\ \varepsilon_{zx} & \varepsilon_{yz} & \varepsilon_z-\varepsilon \end{vmatrix}=0$$

将此行列式展开,可得应变张量ε_{ij}的特征方程:

$$\varepsilon^3-I_1'\varepsilon^2-I_2'\varepsilon-I_3'=0 \tag{2.24}$$

其中,I_1'、I_2'、I_3'分别称为应变的第一、第二、第三不变量,简称应变不变量,其表达式为:

$$\left.\begin{aligned} I_1'&=\varepsilon_{ii}=\varepsilon_x+\varepsilon_y+\varepsilon_z \\ I_2'&=-\frac{1}{2}(\varepsilon_{ii}\varepsilon_{jj}-\varepsilon_{ij}\varepsilon_{ji})=-(\varepsilon_x\varepsilon_y+\varepsilon_y\varepsilon_z+\varepsilon_z\varepsilon_x)+(\varepsilon_{xy}^2+\varepsilon_{yz}^2+\varepsilon_{zx}^2) \\ I_3'&=|\varepsilon_{ij}|=\varepsilon_x\varepsilon_y\varepsilon_z+2\,\varepsilon_{xy}\varepsilon_{yz}\varepsilon_{zx}-\varepsilon_x\varepsilon_{yz}^2-\varepsilon_y\varepsilon_{zx}^2-\varepsilon_z\varepsilon_{xy}^2 \end{aligned}\right\} \tag{2.25}$$

应变张量ε_{ij}的特征方程有 3 个实数根,对应于 3 个主应变,记为ε_1、ε_2、ε_3。求解方程(2.24)可得到 3 个主应变,3 个主应变所在的平面互相垂直,即 3 个主平面互相垂直。以主应变表示的应变不变量为:

$$\left.\begin{aligned} I_1'&=\varepsilon_1+\varepsilon_2+\varepsilon_3=\varepsilon_{\mathrm{v}} \\ I_2'&=-(\varepsilon_1\varepsilon_2+\varepsilon_2\varepsilon_3+\varepsilon_3\varepsilon_1) \\ I_3'&=\varepsilon_1\varepsilon_2\varepsilon_3 \end{aligned}\right\} \tag{2.26}$$

2.4.4 应变张量的分解

物体内一点的应变状态可以用应变张量ε_{ij}来描述,与应力张量的分解类似,应变张量也可以分解为球应变张量和偏应变张量,亦即应变张量ε_{ij}等于球应变张量和偏应变张量之和,其表达式为:

$$\varepsilon_{ij}=\begin{pmatrix} \varepsilon_x & \varepsilon_{xy} & \varepsilon_{xz} \\ \varepsilon_{yx} & \varepsilon_y & \varepsilon_{yz} \\ \varepsilon_{zx} & \varepsilon_{zy} & \varepsilon_z \end{pmatrix}=\begin{pmatrix} \bar{\varepsilon} & 0 & 0 \\ 0 & \bar{\varepsilon} & 0 \\ 0 & 0 & \bar{\varepsilon} \end{pmatrix}+\begin{pmatrix} \varepsilon_x-\bar{\varepsilon} & \varepsilon_{xy} & \varepsilon_{xz} \\ \varepsilon_{yx} & \varepsilon_y-\bar{\varepsilon} & \varepsilon_{yz} \\ \varepsilon_{zx} & \varepsilon_{zy} & \varepsilon_z-\bar{\varepsilon} \end{pmatrix}$$

或

$$\varepsilon_{ij}=\bar{\varepsilon}\delta_{ij}+e_{ij} \tag{2.27}$$

式中：$\bar{\varepsilon}\delta_{ij}$——球应变张量，相对应的应变状态为体积应变$\varepsilon_{\mathrm{v}}$，其中$\bar{\varepsilon}$为平均应变：

$$\bar{\varepsilon}=\frac{1}{3}(\varepsilon_x+\varepsilon_y+\varepsilon_z)=\frac{1}{3}\varepsilon_{\mathrm{v}}$$

δ_{ij}——克罗内克（Kronecker）符号：

$$\delta_{ij}=\begin{cases}1 & \text{当 } i=j \text{ 时}\\ 0 & \text{当 } i\neq j \text{ 时}\end{cases}$$

e_{ij}——偏应变张量，简称应变偏量，表示为：

$$e_{ij}=\begin{pmatrix}e_x & e_{xy} & e_{zx}\\ e_{xy} & e_y & e_{yz}\\ e_{zx} & e_{yz} & e_z\end{pmatrix}=\begin{pmatrix}\varepsilon_x-\bar{\varepsilon} & \varepsilon_{xy} & \varepsilon_{xz}\\ \varepsilon_{yx} & \varepsilon_y-\bar{\varepsilon} & \varepsilon_{yz}\\ \varepsilon_{zx} & \varepsilon_{zy} & \varepsilon_z-\bar{\varepsilon}\end{pmatrix} \tag{2.28}$$

球应变张量$\bar{\varepsilon}\delta_{ij}$表示物体只有体积变化，而没有形状改变；偏应变张量$e_{ij}$表示物体没有体积变化，而只有形状改变，也称为畸变。由于应变偏量e_{ij}与应变张量ε_{ij}之间只差一个平均应变状态，仅发生了数值大小的变化，故e_{ij}的主方向与ε_{ij}的主方向重合，且主值为：$e_x=\varepsilon_x-\bar{\varepsilon}, e_y=\varepsilon_y-\bar{\varepsilon}, e_z=\varepsilon_z-\bar{\varepsilon}$。应变偏量$e_{ij}$也是一种可能单独存在的应变状态，其也有特征方程及特征值，也存在第一、第二、第三应变偏量不变量，相应地依次记为J_1'、J_2'、J_3'，表达式为：

$$\left.\begin{aligned}&J_1'=e_{ii}=e_x+e_y+e_z=0\\&J_2'=-\frac{1}{2}(e_{ii}e_{jj}-e_{ij}e_{ij})=-(e_xe_y+e_ye_z+e_ze_x)+(\varepsilon_{xy}^2+\varepsilon_{yz}^2+\varepsilon_{zx}^2)\\&J_3'=|e_{ij}|=e_xe_ye_z+2\,\varepsilon_{xy}\varepsilon_{yz}\varepsilon_{zx}-e_x\varepsilon_{yz}^2-e_y\varepsilon_{zx}^2-e_z\varepsilon_{xy}^2\end{aligned}\right\} \tag{2.29}$$

类似地，可以得到J_2'在一般坐标和主应变空间里的表达式，如下：

$$\begin{aligned}J_2'&=\frac{1}{6}[(\varepsilon_x-\varepsilon_y)^2+(\varepsilon_y-\varepsilon_z)^2+(\varepsilon_z-\varepsilon_x)^2]+(\varepsilon_{xy}^2+\varepsilon_{yz}^2+\varepsilon_{zx}^2)\\&=\frac{1}{6}[(\varepsilon_x-\varepsilon_y)^2+(\varepsilon_y-\varepsilon_z)^2+(\varepsilon_z-\varepsilon_x)^2]+\frac{1}{4}(\gamma_{xy}^2+\gamma_{yz}^2+\gamma_{zx}^2)\\&=\frac{1}{6}[(\varepsilon_1-\varepsilon_2)^2+(\varepsilon_2-\varepsilon_3)^2+(\varepsilon_3-\varepsilon_1)^2]\end{aligned} \tag{2.30}$$

2.4.5 几个常用的应变量

在讲述应变分析时，与应力分析相对应，也需要简单介绍几个常用的应变量，主要有：体积应变（ε_v）、平均应变（$\bar{\varepsilon}$）、八面体应变（ε_8和γ_8）、等效应变（$\underline{\varepsilon}$和$\underline{\lambda}$）和应变速率（$\dot{\varepsilon}$）。这些应变量中，有的已在前面章节中有定义和应用，有的与第二应变偏量不变量J_2'密切相关。同时，由于黏性物质的流动依赖于变形速率，所以也需要引入应变速率的概念。

（1）体积应变和平均应变

体积应变ε_v定义为单位体积的变化量。现考察微单元六面体的体积变形，设微单元体的体积为 $dV = dxdydz$，由剪切变形引起的体积改变是高阶微分量，可以忽略不计。这样，微单元体变形后的体积是 $dx(1+\varepsilon_x)\cdot dy(1+\varepsilon_y)\cdot dz(1+\varepsilon_z)$，体积应变为：

$$\varepsilon_v = \frac{dx(1+\varepsilon_x)\cdot dy(1+\varepsilon_y)\cdot dz(1+\varepsilon_z) - dxdydz}{dxdydz} = \varepsilon_x + \varepsilon_y + \varepsilon_z$$

其中，略去了高阶微分量$\varepsilon_x\varepsilon_y\varepsilon_z$，$\varepsilon_x\varepsilon_y$等。结合式（2.27），可列出体积应变和平均应变，分别为：

$$\left.\begin{aligned} &\text{体积应变} \quad \varepsilon_v = \varepsilon_x + \varepsilon_y + \varepsilon_z = I_1' \\ &\text{平均应变} \quad \bar{\varepsilon} = \frac{1}{3}(\varepsilon_x + \varepsilon_y + \varepsilon_z) = \frac{1}{3}\varepsilon_v \end{aligned}\right\} \tag{2.31}$$

（2）八面体应变

正八面体简称为八面体，如图 2.8 所示。正八面体表面上的正应变和剪应变称为八面体正应变ε_8和八面体剪应变γ_8，统称为八面体应变。类似于八面体应力分析，可得八面体正应变ε_8和八面体剪应变γ_8，有：

$$\left.\begin{aligned} \varepsilon_8 &= \frac{1}{3}(\varepsilon_1 + \varepsilon_2 + \varepsilon_3) = \frac{1}{3}\varepsilon_v = \bar{\varepsilon} \\ \gamma_8 &= \frac{2}{3}\sqrt{(\varepsilon_x - \varepsilon_y)^2 + (\varepsilon_y - \varepsilon_z)^2 + (\varepsilon_z - \varepsilon_x)^2 + 6(\varepsilon_{xy}^2 + \varepsilon_{yz}^2 + \varepsilon_{zx}^2)} \\ &= \frac{2}{3}\sqrt{(\varepsilon_1 - \varepsilon_2)^2 + (\varepsilon_2 - \varepsilon_3)^2 + (\varepsilon_3 - \varepsilon_1)^2} = 2\sqrt{\frac{2}{3}J_2'} \end{aligned}\right\} \tag{2.32}$$

(3)等效应变

等效应变分为等效正应变($\underline{\varepsilon}$)和等效剪应变($\underline{\lambda}$),也称为正应变强度和剪应变强度,简称应变强度,其表达式为:

$$\left.\begin{aligned}\underline{\varepsilon}&=\frac{2}{\sqrt{3}}\sqrt{J_2'}=\frac{1}{\sqrt{2}}\gamma_8=\sqrt{\frac{2}{3}e_{ij}e_{ij}}\\&=\frac{\sqrt{2}}{3}\sqrt{(\varepsilon_x-\varepsilon_y)^2+(\varepsilon_y-\varepsilon_z)^2+(\varepsilon_z-\varepsilon_x)^2+6(\tau_{xy}^2+\tau_{yz}^2+\tau_{zx}^2)}\\&=\frac{\sqrt{2}}{3}\sqrt{(\varepsilon_1-\varepsilon_2)^2+(\varepsilon_2-\varepsilon_3)^2+(\varepsilon_3-\varepsilon_1)^2}\\\underline{\lambda}&=2\sqrt{J_2'}=\sqrt{2e_{ij}e_{ij}}=\sqrt{\frac{2}{3}}\sqrt{(\varepsilon_1-\varepsilon_2)^2+(\varepsilon_2-\varepsilon_3)^2+(\varepsilon_3-\varepsilon_1)^2}\end{aligned}\right\}\tag{2.33}$$

由此可见,在简单拉伸时,如果材料不可压缩(泊松比 $\nu=0.5$),则$\varepsilon_1=\varepsilon,\varepsilon_2=\varepsilon_3=-\varepsilon/2$,代入式(2.33)可得$\underline{\varepsilon}=\varepsilon$,表明在某种意义上,采用等效正应变可将原来的复杂应变状态化为具有相同“效应”的单向拉伸应变状态。在纯剪条件下,有$\varepsilon_1=-\varepsilon_3=\gamma/2,\varepsilon_2=0$,于是有$\underline{\lambda}=\gamma$,表明在某种意义上,采用等效剪应变可将原来的复杂应变状态化为具有相同“效应”的纯剪应变状态。

(4)应变速率

弹性、黏性和塑性是材料最基本的力学性质,其中只有黏性表现出对加载时间或加载快慢的依赖性,亦即对加载速率的依赖性,详见第4章。通常情况下,黏性物质受到温度和速率的影响很大,但温度只是一个重要的影响因素,而速率才是本质意义上的力学参数。道路材料在多数情况下会表现出明显的黏性,且试验研究从方便和安全考虑,多以控制应变为主,所以需要引入应变速率的概念。设物体中 P 点处的运动速度在 x、y、z 轴的投影分别为 $\dot{u}$、$\dot{v}$、$\dot{w}$,则应变对时间的变化率即应变速率为:

$$\left.\begin{aligned}\dot{\varepsilon}_x&=\frac{\partial\dot{u}}{\partial x},\quad 2\dot{\varepsilon}_{xy}=\dot{\gamma}_{xy}=\frac{\partial\dot{v}}{\partial x}+\frac{\partial\dot{u}}{\partial y}\\\dot{\varepsilon}_y&=\frac{\partial\dot{v}}{\partial y},\quad 2\dot{\varepsilon}_{yz}=\dot{\gamma}_{yz}=\frac{\partial\dot{w}}{\partial y}+\frac{\partial\dot{v}}{\partial z}\\\dot{\varepsilon}_z&=\frac{\partial\dot{w}}{\partial z},\quad 2\dot{\varepsilon}_{zx}=\dot{\gamma}_{zx}=\frac{\partial\dot{u}}{\partial z}+\frac{\partial\dot{w}}{\partial x}\end{aligned}\right\}\tag{2.34}$$

其中,字母上的圆点“·”表示该量关于时间 t 的变化率,例如,对于 $\dot{\varepsilon}_x$ 有:

$$\dot{\varepsilon}_x=\frac{\partial\varepsilon_x}{\partial t}=\frac{\partial}{\partial t}\left(\frac{\partial u}{\partial x}\right)=\frac{\partial\dot{u}}{\partial x}$$

此时,式(2.34)中的各项物理量即可表示为应变速率张量 $\dot{\varepsilon}_{ij}$ 的分量。可见,只要在应变张量的各项讨论中,对每个应变符号加上一个圆点,便可得到关于应变速率的各种表达式。

实际上,除沥青混合料等黏性较为显著的材料外,多数固体材料如金属等,在温度不高和变形缓慢时,其力学性质实际上与应变速率关系不大,可以忽略时间因素的影响。此时,主要应关心的不是应变率,而是应变增量 $\dot{\varepsilon}_{ij}\mathrm{d}t$,记作 $\mathrm{d}\varepsilon_{ij}$(注意:$\mathrm{d}\varepsilon_{ij}$ 不是应变分量的微分,因为其中的 $\dot{\varepsilon}_{ij}$ 是按瞬时位置计算的,而微分则是按初始位置计算的)。应变增量张量也可以分解为球张量和偏张量,并可定义等效应变增量 $\mathrm{d}\underline{\varepsilon}$(或应变增量强度),其表达式为:

$$\mathrm{d}\underline{\varepsilon}=\frac{\sqrt{2}}{3}\sqrt{(\mathrm{d}\varepsilon_1-\mathrm{d}\varepsilon_2)^2+(\mathrm{d}\varepsilon_2-\mathrm{d}\varepsilon_3)^2+(\mathrm{d}\varepsilon_3-\mathrm{d}\varepsilon_1)^2}=\sqrt{\frac{2}{3}\mathrm{d}e_{ij}\mathrm{d}e_{ij}} \quad (2.35)$$

§2.5 本构理论概述

前面章节已介绍了应力和应变,并通过研究平衡方程、几何方程和协调方程,建立了应力与应力、应变与位移之间的关系式,但仍未说明应力与应变之间的关系。如何建立应力与应变之间的关系,便是一个本构理论问题。本构理论是当前材料力学研究的前沿课题之一,同时也是流变学研究的重要内容之一。另外,在工程力学的三大方程中,有3个平衡方程、6个几何方程和6个物理方程,共包含3个位移分量、6个应力分量和6个应变分量,15个方程和15个未知量,理论上这些方程是可以解析的。6个物理方程建立了应力和应变的关系,故物理方程即为本构方程,是力学问题中最为关键的方程,也是流变学的重点内容之一。

2.5.1 何为本构理论

物体在荷载作用下,不仅会产生内应力,也会产生变形,即同时产生了应

力和应变。通过应力分析和应变分析，可以发现应力和应变二者具有某种对应的相同属性。事实上，应力和应变是一对孪生的物理量，具有某种天然的联系，这种联系应力和应变的物理关系式即称为本构关系或本构方程（constitutive equation），而研究如何建立这种本构关系的方法为本构理论（constitutive theory）。

本构理论是研究材料总体力学性质的方法及体系，能够说明材料的弹黏塑性性质及其变化规律。这种描述材料力学性质的方法，可能是定性的，也可能是定量的。通过定性方法所描述的力学性质称为本构特性，通过定量方法所表达的力学性质称为本构方程。也就是说，本构特性定性描述了材料的弹黏塑性力学性质及相关力学参数的变化规律，本构方程定量表达了材料的本构特性即定量反映了应力应变本构关系，而本构理论则是研究本构特性和本构方程的方法、理论和体系。当然，定性分析是定量分析的前提和基础，本构特性和本构方程是互相密切关联的。

在材料的力学性质研究中，由于流变学和工程力学所考察的侧重点不同，常常会出现一些看似相近而又彼此不同的名词术语，如流变模型和本构模型、流变方程和本构方程（本构关系）、流变特性和本构特性等，其实这些术语的本质含义是一致的，所以不加以严格区别。

不同材料或同一材料在不同物理状态下具有不同的本构特性，如沥青材料在低温时为脆性固体，在高温时为黏性流体；水泥混凝土在新拌的时候为黏滞流体，在凝结固化后为刚性固体；铁块在高温煅烧时柔韧可塑，在常温时即变为近乎刚体，等等。因此，本构方程又称为状态方程，是描述材料对所受力的力学响应的方程，例如气态、液态、固态是物质存在的三种基本形态，对应的物体即为气体、液体、固体，不同形态的物质具有不同的本构特性，典型的本构方程如下。

$$\left.\begin{aligned}&\text{理想气体的本构方程} \qquad && pV=\frac{M}{\mu}RT\\&\text{牛顿流体的本构方程} && \tau=\eta\dot{\gamma}\\&\text{虎克固体的本构方程} && \sigma=E\varepsilon\end{aligned}\right\}\tag{2.36}$$

式中：p、V 和 T——气体的压强、体积和温度；

R——$R=8.314\text{J}\cdot(\text{mol}\cdot\text{K})^{-1}=0.082\text{l}\cdot\text{atm}\cdot(\text{mol}\cdot\text{K})^{-1}$为摩尔气体常数；

M、μ——气体的质量和摩尔质量；

τ、$\dot{\gamma}$和η——剪应力、剪应变速率和黏度；

σ、ε和E——应力、应变和弹性模量。

目前,最成熟、最经典的本构理论便是弹塑性本构理论(见第5章)和线性黏弹性原理(见第6章),当然也有其他一些分析理论和方法,如增量理论、全量理论、能量理论和积分原理等。

2.5.2 本构特性的研究方法

一般来讲,探求本构特性或本构方程的基本方法大致可以分为两类:唯象法(宏观流变学,唯象流变学)和结构法(微观流变学,结构流变学)。**唯象法**一般不追求材料的微观结构,而是强调实验事实,现象性地应用流体力学和固体力学的相关理论,直接给出描述材料性质的应力、应变、应变速率等之间的关系,以本构方程中的参数,如模量、黏度、松弛时间等,来表征材料的特性。**结构法**则重在构建能够描述材料内部结构特征的结构组成模型,研究微观结构对材料本构特性的影响,应用热力学和统计力学方法,将宏观流变性质与微观结构参数(如混合料的空隙率、粒径、分形数等,高分子的分子量、链段结构参数等)联系起来。有趣的是,对于高分子材料而言,唯象法和结构法虽然出发点不同,逻辑推理的思路不尽相同,但最终的结论却十分接近,表明这是一个正确的科学的研究基础。

对于道路材料而言,往往使用的是混合料,本构特性的结构法研究起步较晚,现阶段还难以将结构参数和流变参数在理论上关联。但随着测试技术的进步,通过CT扫描成像、原子力显微镜AFM、数字图形处理、离散元分析等手段,一定会取得令人瞩目的成果。事实上,只有把宏观现象和微观机制结合,才能使人们更好地认识材料的本构特性。总之,目前除了高分子材料外,多数材料的本构特性研究采用唯象法,即通过应力应变的试验特性来研究本构关系和宏观力学行为。

本构特性的唯象法研究历来是本构理论常用的方法,其核心是力学试

验。力学试验从制订试验方案到建立本构关系是一项系统性工作，需要理论与试验相结合，这就要求相关人员不仅要具备卓越的试验技能，而且要有丰富的数理力学知识。开展本构特性的试验研究，主要的技术路线可归纳为以下几点：

（1）制订试验方案

根据物质状态（气、液、固）和性质（弹、黏、塑），按考察研究的目标制订试验方案，如弯曲、拉压、扭转、剪切、流动等**加载方式**，如简单加载、重复加载、变速加载、三轴加载、循环激励等**激励方式**。选择适当的仪器设备，通过材料控制、试件制备、测试精度三个方面来保证试验质量。

（2）制备试验试件

在力学试验中，试验所采用的材料单元通常称为试件。之所以强调试件的制备，是因为试件的制作质量尤其是几何形状和匀质性直接影响试验质量，有时还要考虑养护条件。金属材料的匀质性容易保证，但对于多数混合料却很难。道路材料通常为混合料，为了满足材料的连续介质假设，就要求试件应具有一定的几何尺寸，但同时试件尺寸又不能太大。试件尺寸过大，受到试验条件和试验操作的限制；试件尺寸过小，则不能正确表征材料的物理特性，如不能将空隙、沥青或碎石视为沥青混合料。所以一般要求试件的基本特征是“宏观小微观大”，如沥青混合料试件的最小尺寸宜为碎石最大公称粒径的4~6倍。

（3）分析试验结果

试件在外力作用下，可观测的物理量（如应力σ、应变ε、温度T等）在同一时刻的值构成了该时刻的一个状态，这些物理量称为状态变量。状态变量通常是时间的函数，因此材料的力学行为表现为一个过程，状态物理量及时间之间便构成了状态方程或本构方程。试验时，应注意观察试验现象，随时间连续记录相关的各项物理量，不同于工程测试只记录某时刻的单点值如破坏强度σ_{max}，本构特性研究需要记录$0\sim\sigma_{max}$的整个过程。通过绘制应力-应变图σ-ε、流变图τ-D等（其中D为激励速率），分析加卸载特性、速率影响、徐变松弛现象等基本力学特性，认识材料的弹黏塑性性质。

(4)构建本构模型

本构模型的构建和数值模拟分析一般是相关联的。利用试验结果分析材料的弹黏塑性,可按照流变模型理论(见第4章),有时也会构建必要的数学模型,来模拟试验曲线,从而建立本构方程,确定模型参数。注意:数值模拟在本质上与数值回归完全不同,回归分析是对数值的规律性预测,一般不设条件限制;而模拟则是以模型为基础的拟合,需要服从本构模型的力学条件。所以本构方程的数值模拟应满足四个必要条件:①符合试验曲线;②满足边界条件;③模型参数具有物理力学意义;④量纲平衡。

(5)论证本构方程

本构模型的深化即广义化,通过论证本构方程来实现。由于一些客观原因,目前,只能通过某些简单的试验,获取材料在简单应力状态下的本构方程。然而,为了获取普遍意义上的本构方程,需要应用某种理论和假设,通过论证分析,把这些简单试验结果推广应用到复杂应力状态上去,以求取普遍形式的本构方程,也就是说,从简单到普遍,如广义虎克定律。

常用金属材料的宏观物理形态比较简单,研究历史比较久远,所以其本构方程也比较完善。而对于比较复杂的材料如道路材料,一个可以描述其全部力学特性的统一本构方程现阶段是不可能和不存在的,目前的分析模型仅限于描述其某阶段的本构特性。最基本的流变模型分析见第4章,金属材料的试验特性分析见第5章5.1节。现以水泥混凝土和土为例,简要介绍本构方程的试验分析方法。

[例2.3] 水泥混凝土的本构模型

对水泥混凝土圆柱体试件做简单压缩试验,得到如图2.10所示的应力应变曲线OAC,在线段OA内重复卸载和加载,应力应变总能够沿原路径OA往返并卸载至原点。分析试验结果可知,OA段内加卸载可以沿原路径返回至原点,反映了弹性性质,且线段OA为直线,故为线弹性;线段AC为水平直线,表示了破坏强度,即

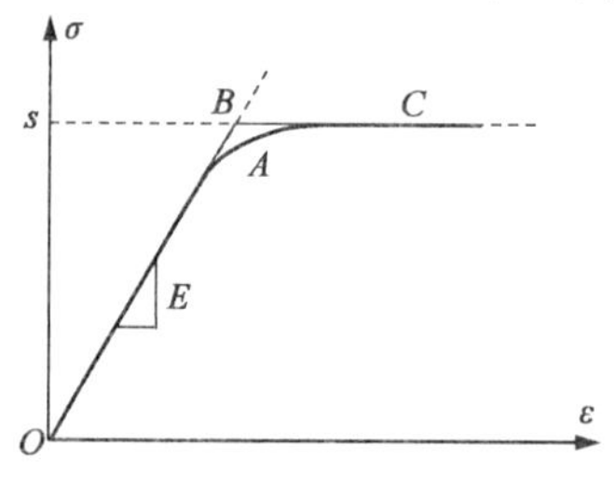

图2.10 水泥混凝土的标准弹塑性分析

屈服应力。这样的本构特性可用标准弹塑性模型即圣维南体(见第4章表4.3)来描述,如图2.10中OB + BC所表示的折线,水泥混凝土的本构模型为标准弹塑性模型,其本构方程为:

$$\sigma=\begin{cases}E\varepsilon & \text{当 }\sigma<s\text{ 时}\\ s & \text{当 }\sigma\geqslant s\text{ 时}\end{cases} \tag{2.37}$$

式中:E——本构模型的弹性模量,等于应力应变试验直线的斜率;

s——本构模型的屈服应力,等于压缩试验的最大应力值。

[例2.4]　土的本构模型

对正常固结的普通土做三轴试验,设围压为σ_3,通过测试可知,轴向应力为σ、轴向应变为ε,则轴向应力偏量为$p=\sigma-\sigma_3$,试验曲线p-ε如图2.11所示。试验结果表明,应力应变曲线为一连续曲线OABCD,若由B点卸载至F点后再加载,试验曲线将沿FCD路径发生流动变形,直至应力偏量极限值($1/b$);直线FB∥OB′,斜率为初始弹性模量($E_0=1/a$),则|B″B′|为弹性应变,|B′B|为塑性应变,OA为线弹性阶段。土的本构特性一般采用双曲线数学模型,即邓肯-张模型(Duncan-Zhang),其表达式为:

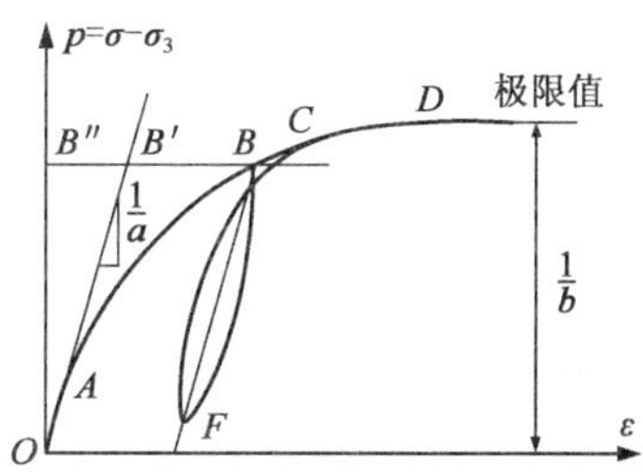

图2.11　土的双曲线型本构特性分析

$$p=\frac{\varepsilon}{a+b\varepsilon} \tag{2.38}$$

对式(2.38)及其导数求极限,可得:

$$\lim_{\varepsilon\to\infty}p=\lim_{\varepsilon\to\infty}\frac{\varepsilon}{a+b\varepsilon}=\frac{1}{b}=p_{\max}$$

$$\lim_{\varepsilon\to0}p'=\lim_{\varepsilon\to0}\left(\frac{\varepsilon}{a+b\varepsilon}\right)'=\frac{1}{a}=E_0$$

可见,式(2.38)中的模型参数a、b是可以通过试验确定的,且满足边界条件,具有物理力学意义。

2.5.3　本构方程的一般表达

物体内任意一点的应力状态和应变状态之间存在着密切的关系,即本构关系，且必然与物体自身的性质有关，是由物体的本质与构造所决定的，不同性质的物体具有不同的关系。对于弹-黏-塑性体，除了应力和应变外，还包括它们与时间的关系，对时间的导数或含时间 t 的因素。材料的应力应变本构关系与加载历史、加载路径、温度和时间等多种因素有关，这种应力、应变和时间之间的函数关系，称为本构关系，也称为本构方程或流变方程，本构方程的一般表达式为：

$$f(\sigma_{ij},\dot{\sigma}_{ij},\cdots,\varepsilon_{ij},\dot{\varepsilon}_{ij},\cdots,T,t)=0$$

$$F(s_{ij},\dot{s}_{ij},\cdots,e_{ij},\dot{e}_{ij},\cdots,T,t)=0$$

式中：f、F——一般意义上的函数；

T、t——温度和时间；

其他符号同前式。

一般情况下，应力张量与应变张量并不直接发生关系，而是通过应力球张量与应变球张量、应力偏张量与应变偏张量建立联系，在此关系中还可能包含它们对时间 t 的各阶导数，所以有时需要用应力偏张量和应变偏张量表达之。

由于物质材料的种类繁多，性质各异，所以很难用统一的力学模型来描述其全部的本构特性。在实际分析中，流变模型的选择或建立主要基于两个原则：符合实际；简单实用。

复习思考题

1. 基本力学量有哪些？试解释说明。

2. 受压物体为什么会在受压方向成45°角的断面上发生破坏？

3. 以物理量举例说明何为标量、矢量和张量及其之间的关系。

4. 已知某点的应力状态，试推导斜截面应力公式。

5. 试说明四面体、六面体、八面体对应力分析的实用性。

6. 分析解释：正应力、剪应力、主应力，平均应力、八面体应力、等效应力。

7. 推导应力特征方程，并书写第一、第二和第三应力张量不变量。

8. 试证明剪应力互等定理。

9. 写出应力张量分解的表达式,并说明其物理意义。

10. 已知横截面面积为 S 的圆柱体试件,压缩试验的压力为 P,试分析:与横截面成夹角 α 的斜截面上的正应力和剪应力,并说明剪应力为最大值时的 α 值。

11. 分析解释:正应变、剪应变、主应变,平均应变、体积应变、等效应变。

12. 为什么应变必须满足应变协调方程?

13. 推导应变特征方程,并书写第一、第二和第三应变张量不变量。

14. 本构理论研究的力学意义是什么?

15. 本构方程的数值模拟应满足的必要条件是什么?与回归分析有何区别?

本章参考文献

[1] 王仁,熊祝华,黄文彬. 塑性力学基础[M]. 北京:科学出版社, 1982.

[2] 薛守义. 弹塑性力学[M]. 北京:中国建材工业出版社, 2005.

[3] 徐秉业. 简明弹塑性力学[M]. 北京:高等教育出版社, 2011.

[4] 杨桂通. 弹塑性力学引论[M]. 北京:清华大学出版社, 2004.

[5] 金日光, 马秀清. 高聚物流变学[M]. 上海:华东理工大学出版社, 2012.

[6] 范广勤. 岩土工程流变力学[M]. 北京:煤炭工业出版社, 1993.

[7] 余天庆,李厚民,毛为民. 张量分析及在力学中的应用[M]. 北京:清华大学出版社, 2014.

[8] 王仲仁, 张泽华. 论应力偏量及应力张量第三不变量的物理意义及其在主应力空间中的几何意义[J]. 哈尔滨工业大学学报, 1982. 6(2): 108-113.

第3章 黏性物质的流动

物质在外力作用下发生的一系列形变过程，都是物质内部应力应变流动变化过程的集中体现，从而在力学理论中引入了物质流动与变形的概念。一般来讲，物质均处于某种聚集状态(state of aggregation)，根据聚集状态的不同，物质处于固态、液态和气态三种物理形态。在外力作用下，固体会发生弹性和塑性变形，液体和气体会发生黏性流动。大家在一些力学课程中，已经学习了弹性和塑性，但对物质的黏性还比较陌生，本章即通过分析物质的黏性，定义物质的黏度，介绍温度和压力对黏度的影响，引入流变分析坐标图(简称流变图)，认识黏性物质的流动变形特性、黏度的时变特性和黏度的试验测试方法等。

§3.1 黏性与黏度

物质是自然界的一种存在，当某种物质作为材料应用于某种工业和建筑工程时，这种物质即为材料，而把材料制作成具有一定几何形体的构件时，材料即为物体。在论述中，有时会混淆物质、材料和物体之间的概念，物质即材料，材料即物体，物体即物质。固体物质在外力作用下，发生形状和尺寸的变化称为变形，变形根据其是否具有可恢复性或永久性，分为弹性变形和塑性变形。弹性是指材料在加载然后卸载时，应力应变及时地如影随形，互为单值对应函数，卸载时应力应变沿加载试验曲线原路径返回，卸载后不会产生永久变形。如果应力应变函数为线性的，即线弹性，则服从虎克定律；如果应力应变函数为非线性的，即非线弹性，则不服从虎克定律。材料的弹性是弹性力学研究的范畴。塑性是指材料在外力作用下出现的两种情况，要么发生屈服应力或强度破坏，要么卸载后产生永久变形，或二者同时出现和发生，属

于塑性力学研究的内容。液体物质在外力作用下,不会发生变形,但会发生流动,故而在此专门讨论液体物质的黏性及黏度、流变分析的流变图、黏度随温度和压力的变化,并通过黏度的分析,进而深化认识材料的黏性。

3.1.1 黏性的基本认识

自然界的物质以固态、液态和气态三种形态存在,而工业材料和建筑材料则主要是固体和液体。固体自身具有固定的形状(configuration),在外力作用下,会发生形状和尺寸的变化,度量这种变化的物理量是变形或应变,根据这种变形是否可以恢复或产生永久变形,将变形分为弹性变形和塑性变形。而液体自身不具有固定的形状(non configuration),其形状与盛用的器皿有关,器皿是什么形状,所盛液体就是什么形状。同时液体又是不可压缩的,所以在外力作用下,液体一般不会发生形状和体积的变化,即没有像固体一样发生变形,而是发生了流动。这种流动过程便有一个快与慢的问题,所以为了度量液体流动得快与慢,流变学引入了流动速率这个物理量。在相同外界条件下,流动速率的大小取决于物质自身的黏滞性,而黏滞性的力学描述就是物质的黏性,黏性的度量就是黏度。简明的推理分析见图3.1。

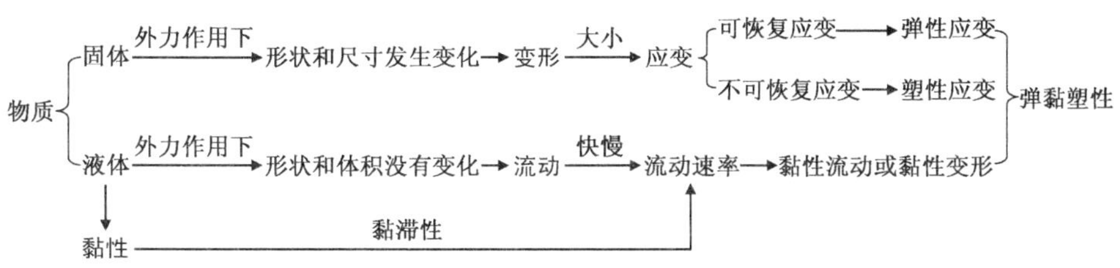

图3.1 黏性物质的流动与固体物质的变形推理流程

一般而言,黏度越大的物质,流动得越慢;黏度越小的物质,流动得越快。流动速率的快慢问题,与流动时间的长短有关,所以物质的黏性主要表现为力学行为随时间的变化或响应滞后的特性,如油、液态沥青等具有这样的特性。黏性变形是一种纯流动变形行为,一般不讨论是否产生永久变形,有时也很难判别其变形特性,而是研究其随时间的变化规律,但单纯的黏性变形就其本质而言应该是永久变形。对于大多数材料而言,黏性往往寄附于弹性或塑性而存在,所以黏性通常具有“随波逐流”的特性,亦即当黏性伴随着弹性时则会表现为黏滞的可恢复性,伴随着塑性时则会表现为不可恢复性。

3.1.2 黏度分析及定义

黏性是物质(或材料)的一种力学性质,黏度则是反映这种性质的一个系数或力学指标。如图3.2所示,在两块相互平行的平板之间,充斥有黏性物质,平板面积(亦即充斥物质的面积)为 A,间距为 y;一块平板固定,另一块平板在外力 F 作用下,以速率 v 发生水平移动。此时,在外力作用下,物质发生了纯剪切变形或流动,剪切应力为:

$$\tau = \frac{F}{A}$$

剪切应变为:

$$\gamma = \tan\theta = \frac{\mathrm{d}x}{\mathrm{d}y}$$

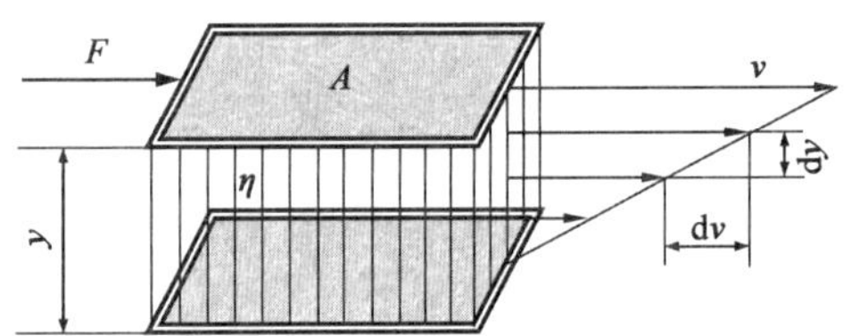

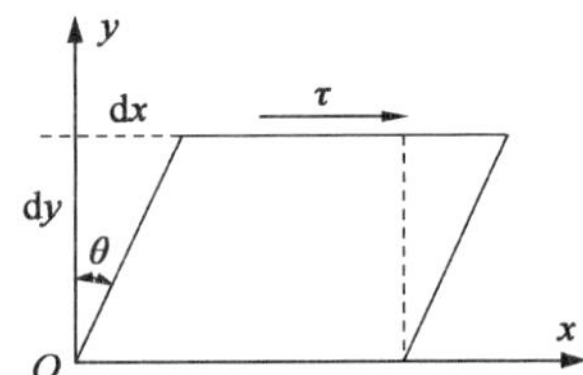

图3.2 黏度的定义及原理分析

在剪切应力作用下,固体物质会产生一定的变形,其大小可用变形量来度量;而流体物质会随时间产生连续的流动变形,其快慢可用变形速率来反映。因此,在流变学中,定义了应变速率:

$$\dot{\gamma} = \frac{\mathrm{d}\gamma}{\mathrm{d}t} = \frac{\mathrm{d}}{\mathrm{d}t}\left(\frac{\mathrm{d}x}{\mathrm{d}y}\right) = \frac{\mathrm{d}}{\mathrm{d}y}\left(\frac{\mathrm{d}x}{\mathrm{d}t}\right) = \frac{\mathrm{d}v}{\mathrm{d}y}$$

通常,为了书写方便,记应变速率 $\dot{\gamma}$ 为 D,即令 $D = \dot{\gamma}$。固体物质的变形和流体物质的流动,这种试验现象和力学特性,正好契合了流变学关于物质流动与变形的思想内涵。

对于图3.2所示的平板剪切试验,若几何运动的速率场($\mathrm{d}v/\mathrm{d}y$)为线性分布,则应变速率为:

$$D = \dot{\gamma} = \frac{v}{y}$$

根据上述关于剪切应力与剪切应变速率的分析，在流变学中，定义黏度为剪切应力与剪切应变速率的比值，用 k 表示黏度，即

$$k(\tau, D) = \frac{\tau}{D}$$

由于该定义是通常意义上的黏度定义，比值 k 随着 τ、D 的变化可以是一个常数值，也可以是一个非常数值，所以通常该黏度称为表观黏度或广义黏度。

如果表观黏度值 $k(\tau, D)$ 为常数，那么剪切应力 τ 与剪切应变速率 D 之间为线性比例关系，比例系数即为黏度，此时这个比例关系即为著名的牛顿黏性定律，简称牛顿定律（Newton's law），记为：

$$\tau = \eta D$$

式中：τ——剪切应力（Pa）；

D——剪切应变速率（s^{-1}）；

η——动力黏度（dynamic viscosity，亦称标准黏度或牛顿黏度）（Pa·s）。

在上述平板剪切试验中，假设平板的移动速率 v 在平板之间（y 范围内）是线性分布的，但实际情况往往并非如此，由于速率的非线性分布，物质内部出现了层状物理场。因此，对于层状物理场条件下的剪切速率一般采用微分表达式，牛顿黏性定律的一般表达式可以改写为：

$$\tau = \eta \frac{\mathrm{d}v}{\mathrm{d}y}$$

物质的黏度测试，通常采用圆筒式旋转仪器，如沥青的布氏黏度仪等，宜采用柱坐标分析，内置转子的圆心为坐标原点，此时物质变形的速率大小分布与平板剪切试验相反，速率在半径方向上减小，公式中增加一个负号，剪切应变速率为：

$$D = \frac{\mathrm{d}v}{\mathrm{d}r} = -r\frac{\mathrm{d}\omega}{\mathrm{d}r}$$

式中：r—— 物质的旋转半径；

ω——物质的旋转角速度。

另外，有些情况下，由于仪器设备的不同（如重力自然流试验），黏度的测试需要考虑物质的自重影响和测试转子的重力影响。因此，流变学引入了运动黏度 λ（kinematic viscosity）的概念，运动黏度 λ 与动力黏度 η 的换算关系式为：

$$\lambda = \frac{\eta}{e/g} = \eta \frac{g}{e}$$

式中：g——重力加速度；

e——材料的密度；

λ——运动黏度（$m^2 \cdot s^{-1}$）。

一些代表性物质在实验室温度下的动力黏度值见表 3.1。需要特别强调的是，根据试验测试方法的不同，黏度的名词术语表达也不尽相同，但基本力学原理是一致的。归纳起来，本节主要介绍了表观黏度、动力黏度和运动黏度 3 个黏度术语，在力学分析中一般采用动力黏度。为了避免该 3 个黏度术语在技术应用中可能出现的混淆，现明确列出其含义如下：

- 表观黏度 k，英文为 apparent viscosity，单位为 Pa · s，定义为剪切应力和剪切应变速率的比值，是一个现象学的广义概念。
- 动力黏度 η，英文为 dynamic viscosity，单位为 Pa · s，是剪切应力和剪切应变速率的比值为常数时的黏度，服从牛顿定律。
- 运动黏度 λ，英文为 kinematic viscosity，单位为 $m^2 \cdot s^{-1}$，是考虑了重力影响的动力黏度。

在实验室温度下一些代表性物质的动力黏度值 表 3.1

物质种类	动力黏度值范围（mPa · s）
空气和其他气体	0.01 ~ 0.02
石油	0.65
水	1
水银	1.5
发动机油	150 ~ 400
润滑油	300 ~ 800
纯甘油	1 500
沥青	10^8（10^5 Pa · s）

3.1.3 黏性随温度或压力的变化

从黏度的定义及分析可以看出，加载速率从根本上（亦即力学原理上）决定了黏性物质的流动特性，其黏度会受到温度和压力的影响。温度和压力是影响黏性物质力学特性的重要因素，尤其是温度，黏度通常对温度十分敏感。气体和液体的黏度随温度而发生的变化有所不同（图3.3），气体的黏度随温度的升高会有微小的增加，约为+0.3%/K；液体的黏度一般会随温度的升高而减小，不同的液体，其减小的幅度差别也较大，如水约为-0.8%/K，高黏度的油呈指数衰减且衰减至少为-10%/K；固体如沥青混合料的黏度测试，目前仍没有成熟的研究成果，一般通过建立流变模型进行数值模拟而分析确定，但肯定的是，其黏度随温度的升高而衰减。

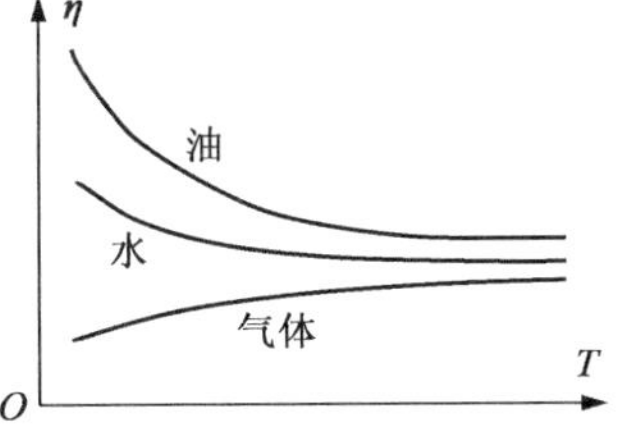

图3.3 黏度随温度的变化

黏度随温度的变化，与物质内部分子运动的动能有关，属于微观流变学的研究范畴。气体和液体由于内部分子热运动的效果截然不同，所以黏度随温度的变化也不同。液体内部的分子热运动，随着温度的升高而加剧，动能大大增加，极大地克服了物质内部的黏性力，从而降低黏性力，使得物质的黏度降低。而气体内部的分子热运动，也随着温度的升高而加剧，动能也大大增加，使得原本稀薄的气体，由于分子的剧烈运动和互相撞击，增加了分子间的互相联系，从而使物质的黏度增加。液体和气体的黏度随温度的变化规律如图3.3所示，举例，水的黏度随温度的变化情况见表3.2。

水的黏度随温度的变化 表3.2

温度		动力黏度 η (mPa·s)	运动黏度 λ ($10^{-6}m^2\cdot s^{-1}$)
绝对温度 K	摄氏温度 T(℃)		
273.16	≈0	1.790	1.790
293.15*	20*	1.0019*	1.008
293.36	20	1.000	1.002
313.2	40	0.653	0.660

续上表

温度		动力黏度 η (mPa·s)	运动黏度 λ ($10^{-6}m^2 \cdot s^{-1}$)
绝对温度 K	摄氏温度 T(℃)		
333.2	60	0.471	0.480
353.2	80	0.358	0.368
373.2	100	0.281	0.293

注：* ±0.0003 mPa·s，为1953年7月1日起用的国际标准值；$K = T + 273.15$。

因此，流变学的试验研究中，必须强调测试物质温度场的均匀性，不得存在温度梯度，同时在线性的应力应变场中，保证物质的均质性不被破坏，方可开展准确的黏度测试。

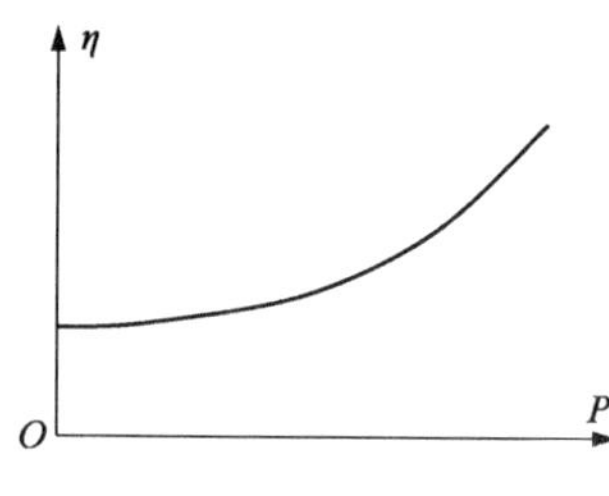

图3.4　黏度随压力的变化

另外，物质的黏度也会随压力(P)的变化而发生变化。液体的黏度随压力的增加而显著增加，并呈幂函数或指数函数式增加(图3.4)。有时在极高压力下，物质的黏度会发生物质性的(substantially)变化，这在仪器设备的开发和应用中，特别需要注意。一般情况下，大多数物质的黏度测试都是在普通压力下进行的，如大气压，所以通常仅考虑温度的影响。

3.1.4　流变分析图(简称流变图)

在古典力学中，分析材料的力学特性通常需要建立应力应变坐标系即"σ-ε"图，而在流变学中，由于引入了流动变形的快慢问题，亦即变形速率问题，所以基于古典力学的"σ-ε"图，又补充建立了考虑加载速率的坐标分析图，用以研究物质的流动变形特性，如需要绘制"剪切应力 τ-剪切应变速率 D""黏度 η-应变速率 D"等分析图，如图3.5所示，这些分析图统称为流变图(rheogram，rheograph)。流变图通常采用线性坐标，只有当力学参数值的数量级差较大时，才使用对数坐标或半对数坐标。

对于触变性(thixotropic)物质(见本章3.3节)，由于物质的黏度会随时间发生变化，需要考察材料流变特性随时间的变化情况，因而有必要建立与时间相关的坐标图,如图 3.6 所示,这些流变图也称为附加流变图。但无论如何,最主要的流变图仍是“剪切应力 τ-剪切应变速率 D”图。

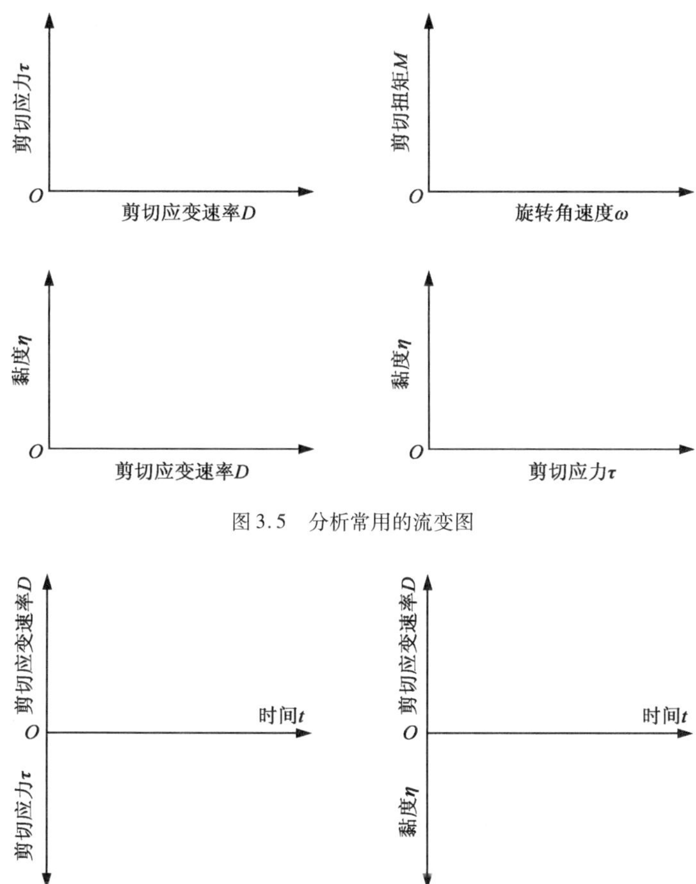

图 3.5　分析常用的流变图

图 3.6　触变性物质的附加流变图

§3.2　流动变形特性

前面章节中为了分析物质的黏性,介绍了固体的变形和液体的流动,但在材料的实际应用中,固体和液体往往是混合在一起的,弹塑性和黏性是耦合在一起的,流动与变形是同步发生的,所以通常把这种流动与变形统称为流动变形。在普通物理学中,物质的三种物理状态(固态、液态、气态),在一定的温度或压力下,是可以互相转换的。但物质也可以在没有温度或压力变化的条件下,从固态变化为液态,条件是:较高的剪切速率。悬浮液便是一个典型例子,砂土的振动液化也是如此。

材料在外力作用下,要发生流动与变形。因材料各异、激励不同,这种流动与变形往往比较复杂,形式多样,会表现出各种各样的流动变形特性,但也会表现出一些共性。这种共性,目前,主要归纳为4类:牛顿黏性流动,塑性流动,伪塑性流动,剪胀流动。本节即要介绍这4种流动变形特性。

3.2.1 牛顿黏性流动(newtonian flow behaviour)

牛顿黏性流动是最基本最简单的流动变形方式,其流变图如图3.7a)所示。此时剪切应力 τ 与剪切应变速率 D 呈线性比例关系,服从牛顿定律(Newton's law):$\tau=\eta D$,其中比例系数 η 为材料常数,称为动力黏度,独立于剪切速率 D 或剪切应力 τ(图3.7b)。对于牛顿黏性流而言,流动变形的剪切应变速率(D)是剪切应力的函数,即 $D=\tau/\eta$。牛顿黏性流最典型的流动变形特点就是在流变图 τ-D 中,剪切应力与剪切应变速率为一条过坐标原点的直线,如图3.7a)所示。

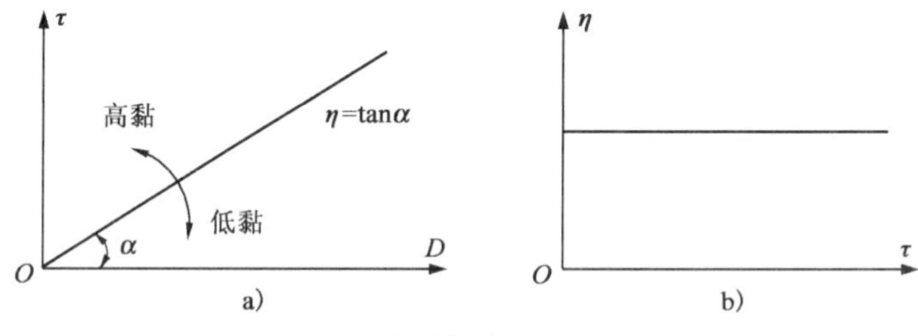

图3.7 牛顿黏性流动的基本特性

具有牛顿黏性流动变形特性的物质有:水、石油、低黏性和非支化分子(unbranched molecules,或线性分子)的液体、非稠化油、甘油等。

3.2.2 塑性流动(plastic flow behaviour)

此处所讲的塑性流动实际上为黏塑性流动。首先以分散体系为例,认识物质的塑性流动。一个分散体系由分散相和分散介质两部分组成,分散相如固体颗粒、散滴、泡沫等,分布于连续的分散介质中。随着分散相数量的相对增加,亦即随着分散体系浓缩度的增加,表面溶解层之间受到干涉或干扰,从

而可以观察到一个屈服极限值(yield value)。屈服极限值的大小,取决于分散相的尺寸、形状或电势能。屈服极限值的出现,即表现为一种塑性,表明物质流动由量变发生了质变,由牛顿黏性流转化为塑性流。这样的流动变形演变过程如图3.8所示,从黏性流转化为塑性流一般分为4个阶段:

(1)纯净的、连续的分散介质,黏度相对较低,具有牛顿黏性流特性;

(2)添加球形固体微颗粒后,分散相的浓度增加,分散体系的黏度增加;

(3)如果分散相的浓度进一步增加,分散相之间相互干涉或干扰,会突然出现一个屈服极限值 f,但此时物质的黏度等于连续相的极限黏度,即图3.8中的直线2和3是相互平行的;

(4)随着分散相浓度的再进一步增加,物质的黏度和屈服极限值也将再进一步增加。

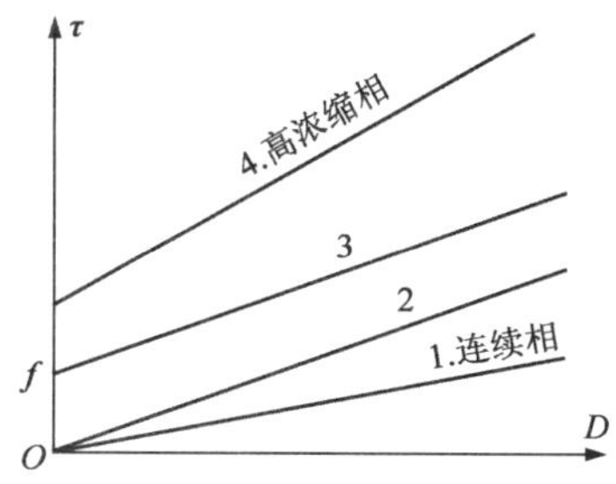

图3.8 黏性流转化为塑性流的进程分析

上述现象及分析表明,当荷载应力小于屈服极限值 f 时,受荷物质类似于固体,并具有弹性或刚塑性特性。只有当荷载应力超过屈服极限值时,物质才开始发生流动变形。任何具有屈服极限值的物质,即为塑性物质(plastic substance)。塑性物质在荷载应力作用下发生的流动变形,即为塑性流动(plastic flow)。

塑性流的微观解释认为,在分散体系中,分散相之间在贝努利效应(bernoulli effect)和范德华力(Van der Waal forces)的共同作用下,形成较强的吸引力;同时由于分散相表面的同性电荷作用,相互间又产生排斥力。这种吸引力和排斥力的动态平衡,当分散相的浓缩度达到一定程度时,分散相便可吸附大量的连续性分散介质,形成凝胶结构或珠链结构(见本章3.3节图3.18)。外力对凝胶结构或珠链结构的破坏,便是塑性物质的原始屈服极限。

具有塑性流性质的物质有:牙膏、润滑脂、水泥浆、巧克力浆、高浓度悬浮液、乳化液、泡沫等。物质的塑性流动服从以下3个模型(图3.9):

(1)宾汉模型或称宾汉体(bingham body),为线性黏塑性体。当剪切应力大于屈服极限值时,剪切应力与剪切应变速率之间具有线性比例关系,如图3.9中的直线 a,宾汉体的流动方程为:

$$\tau = f_{\mathrm{B}} + \eta_{\mathrm{B}} D$$

式中:η_B——宾汉(塑性)黏度;

f_B——宾汉屈服极限值,如图3.10所示。

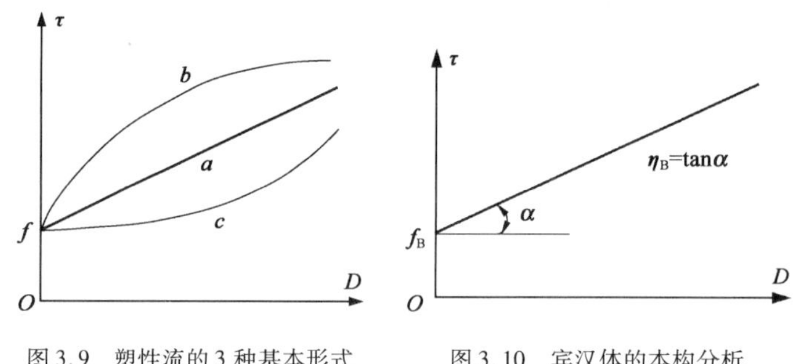

图3.9 塑性流的3种基本形式　　图3.10 宾汉体的本构分析

(2)卡松模型或卡松体(casson body),为非线性黏塑性体。当剪切应力大于屈服极限值时,剪切应力与剪切应变速率之间不再具有线性关系,而是呈大于直线值的曲线,如图3.9中的曲线 b,卡松体的常用流动方程为:

$$\sqrt{\tau} = \sqrt{f_{\mathrm{C}}} + \sqrt{\eta_{\mathrm{C}}}\sqrt{D}$$

式中:η_{C}——卡松(塑性)黏度;

f_{C}——卡松屈服极限值,如图3.11所示。

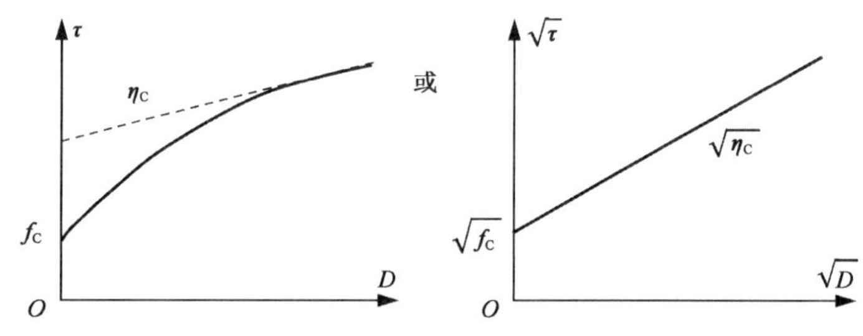

图3.11 卡松体的本构分析

(3)其他模型,如图3.9中的曲线 c,但这种情况极为少见。

需要说明的是,卡松体的剪切速率为剪切应力的函数,常用表达式为:$D=(\sqrt{\tau}-\sqrt{f_C})^2/\eta_C$。但对于某些塑性物质,当分析指数为1/2时,测试结果的数值拟合效果并不令人满意,而分析指数的一般取值范围扩大为1/3~2/3时,可以得到较为理想的结果。微观分析认为,在牛顿液体中,形成"珠链结构"的分散相和伪塑性连续相的聚集,导致了具有屈服极限的伪塑性流动,从而形成卡松体。

总而言之,塑性流以宾汉体为代表,与牛顿黏性流具有相似之处,剪切应力和剪切应变速率之间呈直线关系,在流变图 τ-D 中为一条不过坐标原点的存在正截距的直线,如图3.10所示。

3.2.3 伪塑性流动(pseudo-plastic flow behaviour)

伪塑性流动是非牛顿黏性流动的一种,本质上为非线性牛顿黏性流,流变曲线过流变图的坐标原点,但并不是直线。伪塑性流也称为假塑性流(pseudo-plastic flow),是一种剪切黏度随剪切应变速率(D)或剪切应力(τ)的增加而减小的非牛顿流体。伪塑性物质的流变图,在剪切应力和剪切应变速率坐标中,流变曲线(τ-D)通过原点,但二者不呈直线关系,D 比 τ 要增加得更快些(图3.12),物质的表观黏度随剪切应变速率的增加而减小,这种实验现象也称作剪切稀化(shear thinning)现象。

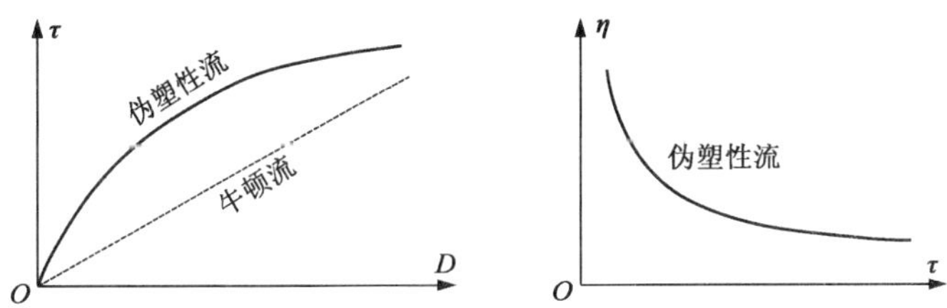

图3.12 伪塑性流的流动曲线及其黏度变化

伪塑性流的重要特征是:非牛顿体,流变曲线非线性,但过流变图的坐标原点,黏度随着流动进程而逐渐减小。伪塑性物质无屈服应力,其流动性质常用剪切应力(τ)和剪切应变速率(D)之间的指数关系式来表示,即有本构方程:

$$\tau = aD^b \quad \text{或} \quad D = k\tau^n$$

式中:a、k——大于零的常数,是表观黏度的度量;

b、n——试验常数,$0 < b < 1$,$n > 1$。

事实上,上述两个表达式互为反函数。凡是流变行为符合上述特征的材料均为伪塑性材料,高分子聚合物熔体和浓溶液大多属于伪塑性流体。

在微观流变学中,物质的伪塑性流变特性可以通过两种现象来解释:①杆状物悬浮于牛顿流体中的流动;②丝状分子(或纤维状分子)在牛顿流体中的流动。如图 3.13a)所示,牛顿流体中的杆状悬浮物在静置时,是无序的,但在剪切力 F 的作用下,产生剪切变形速率 v,使得悬浮着的杆状物开始排列并趋于有序,而随机的布朗运动则要阻止这种有序趋势,从而形成物质的黏滞性及黏度。有序排列程度越高,材料的黏度就越小。如图 3.13b)所示,牛顿流体中的丝状分子在静置时,处于蓬松的丝圈状态,乱如麻絮,在外力 F 的作用下,丝状分子以速率 v 被拉伸延展,丝圈被解开,使得浓度得以稀释,内部摩阻作用减弱,从而降低了物质的黏度。

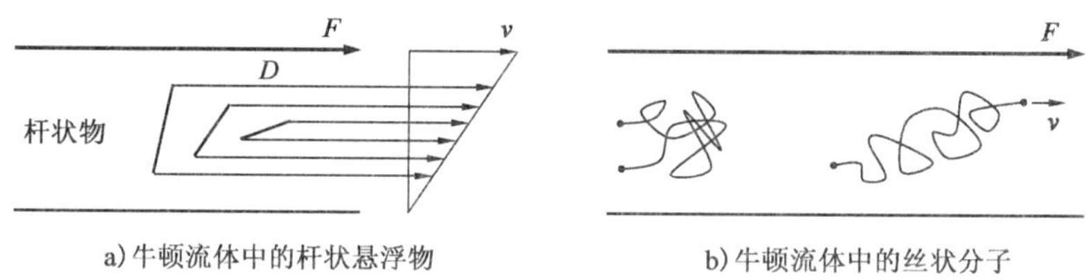

图 3.13　伪塑性流动的微观流变学解释

伪塑性流动一般比较复杂,很难用数学关系式表达。但在实验流变学中,通常把伪塑性的流动归纳为 4 种分析模式,即:奥斯特瓦尔德(Ostwald)公式、斯泰格/奥里(Steiger/Ory)公式、终极宾汉体、终极牛顿体,如图 3.14 所示。其基本流变特点见表 3.3。关于宾汉体和牛顿体的流动特性,已在前面作了介绍,它们都具有线性特性,只是在流变图 τ-D 中有过或不过坐标原点之区分。而终极宾汉体在低速剪切时为曲率渐小的曲线,但最终在高速剪切时表现为宾汉流动特性;终极牛顿体在低速剪切时为曲率反复变化的曲线,但最终在高速剪切时表现为牛顿黏性流特性。

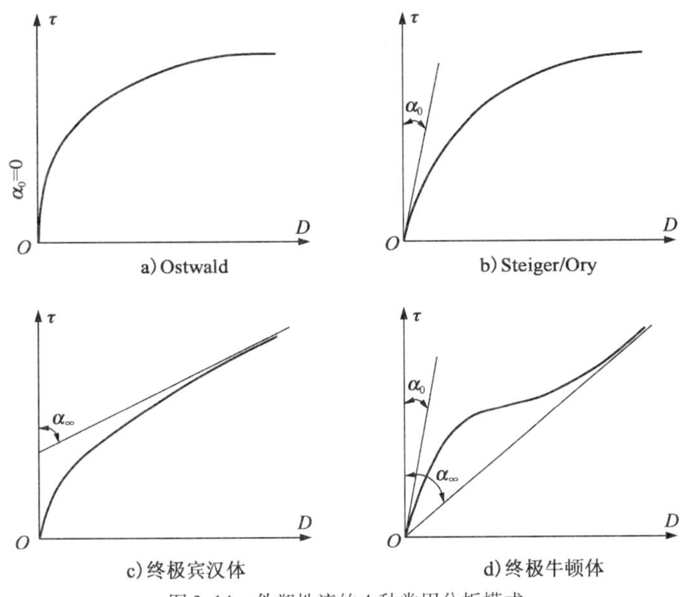

图 3.14 伪塑性流的 4 种常用分析模式

伪塑性流的 4 种常用分析模式及特点 表 3.3

分析模式	Ostwald 公式	Steiger/Ory 公式	终极宾汉体	终极牛顿体
公式	$\tau = aD^b$ 或 $D = k\tau^n$ 式中:a、k——大于零的常数,是表观黏度的度量;b、n——试验常数,$0<b<1$,$n>1$	$D = a\tau^3 + c\tau$ 式中:a、c——材料的试验参数,$c>0$	—	—
特点	• 流变曲线为过坐标原点的单调曲线; • 流变曲线在逼近原点时与 τ 轴的夹角为零,即图中的 $\alpha_0=0$,此时一阶导数 $\dot{\tau}(D)=\infty$,表明极限黏度 η_0 为无穷大; • 无穷大的 η_0 值不适合于伪塑性流体,原点的 η_0 值应为正值且有限	• 流变曲线为过坐标原点的单调曲线; • 公式中的参数 a 表征伪塑性流动相对于牛顿体的偏离; • 公式中的参数 c 为流变曲线在坐标原点处的切线值 $c=\lim\limits_{\tau\to 0}\dot{D}=\tan\alpha_0$,此时原点处物质的黏度 $\eta_0=1/c$	• 流变曲线为过坐标原点的单调曲线; • 低速剪切时,黏度呈逐渐衰减现象,随着速率的增大,黏度趋于稳定; • 高速剪切时,τ-D 曲线呈线性比例关系,但不过坐标原点,最终的流动类似于宾汉体,此时宾汉黏度 $\eta_B=\cot\alpha_\infty$	• 流变曲线为过坐标原点的非单调曲线,具有初始黏度 $\eta_0=\cot\alpha_0$; • 低速剪切时,黏度交替变化; • 高速剪切时,τ-D 曲线呈过原点的线性比例关系,并最终表现为牛顿黏性流特性,此时动力黏度 $\eta=\cot\alpha_\infty$

注:高速剪切的发热和扰动,有时会对测试造成假象。

3.2.4 剪胀流动(dilatant flow behaviour)

剪胀流动一般与伪塑性流动呈相反的情况,也是非牛顿黏性流动的一种。具有剪胀特性的物质,在外力(如剪切应力)作用下,其表观剪切黏度随剪切速率(D)或剪切应力(τ)的增大而增大。在剪胀流的流变图中(图3.15),流变曲线 τ-D 通过坐标原点,但曲线的曲率方向刚好与伪塑性相反。当剪切速率很高时,剪胀体的黏度可能为无穷大,并导致物质发生断裂。具有剪胀特性的物质有:水中的淀粉、海滩上的湿沙、絮凝状的油漆等。

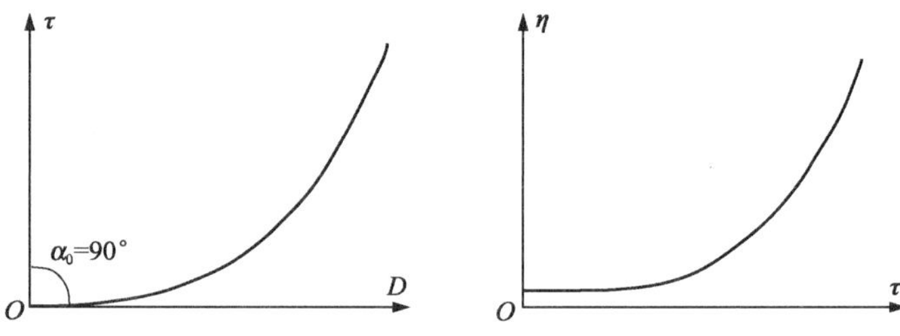

图3.15 剪胀流的 Ostwald 分析模式及黏度变化

剪胀流动的微观解释仍然可采用分散体系分析法。有一些分散体系,其分散相容易形成团块,浓度较高时,团块之间紧密结合,使得连续的分散介质占据较少的空间。在较慢的剪切速率下,分散相团块之间的间距慢慢被拉开,分散介质有机会逐渐介入,增加团块间隙,使分散体系具有较小的黏度。而当剪切速率较高时,整个分散体系受到扰动,分散相团块必须克服相互干扰开始运动,使得分散体系具有较大的黏度。湿润的沙土便具有体积剪胀特性(钱家欢,殷宗泽,《土工原理与计算》,中国水利水电出版社,1996)。

描述剪胀流的本构方程,常用 Ostwald 公式,如同伪塑性流动中的公式一样,不过此时流变曲线 τ-D 为反向曲线($n<1$),剪胀流的 Ostwald 公式表达为:

$$D = k\,\tau^{n}$$

式中:k——常数,是黏度的倒数;

n——指数，$n<1$。

注意，此处剪胀流的 Ostwald 公式只在有限范围内有效，因为该方程在 $\tau=0$ 时的一阶导数为无穷大，即物质的黏度为零，黏度为零值的试验测试与能量守恒定律不能协调一致。

3.2.5　流动变形特性的汇总分析

汇总流动变形的 4 种形式于图 3.16 和表 3.4 中，便于全面系统地综合比较牛顿黏性流动、塑性流动、伪塑性流动、剪胀流动的基本特性，考察流动变形特性，巩固基本认识，以期深化研究各种材料的力学特性。从图 3.16 可以看出：

(1)在流变图 τ-D 坐标中，牛顿黏性流动具有线性特性，流动分析时可作为基准参照；

(2)除塑性流动外，其他流动曲线都通过流变图 τ-D 的坐标原点；

(3)剪胀流动与伪塑性流动的曲线曲率方向相反；

(4)塑性流动不过坐标原点，存在屈服极限 f 值，超过屈服极限 f 值后，分为线性与非线性两种情况，类似地表现出牛顿黏性流动或伪塑性流动。

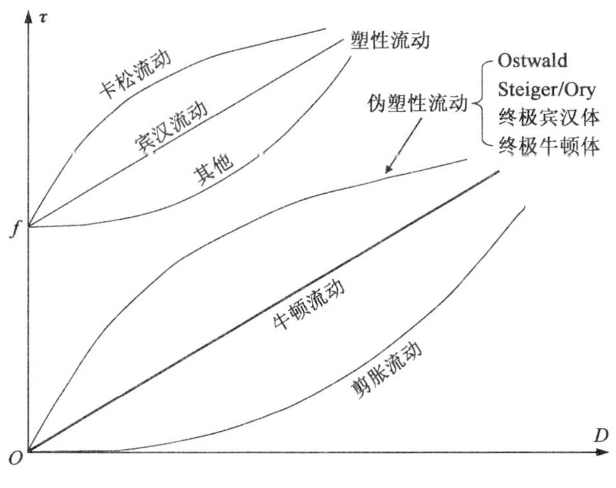

图 3.16　流动变形特性的汇总分析

黏性物质流动变形的4种典型形式分析汇总表 表3.4

流动性质	(1)理想黏性流	(2)黏塑性流			(3)伪塑性流		(4)剪胀流
分析模型	Newton	Bingham	Casson	其他	Ostwald	Steiger/Ory	Ostwald
流变图式	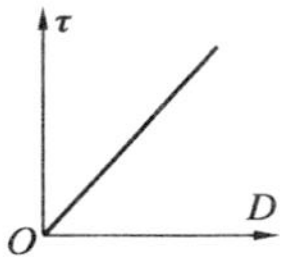 τ, O, D	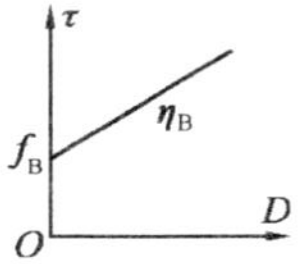 τ, f_B, η_B, O, D	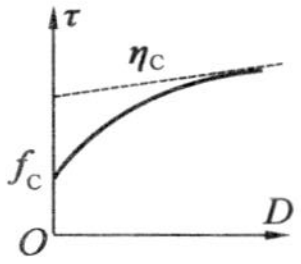 τ, η_C, f_C, O, D	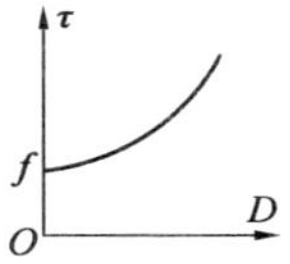 τ, f, O, D	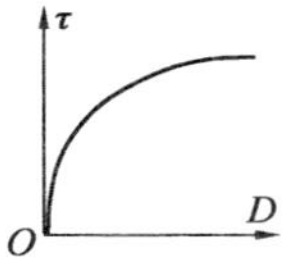 τ, O, D	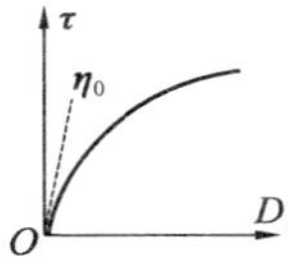 τ, η_0, O, D	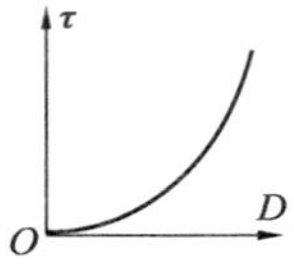 τ, O, D
本构关系 $D=f(\tau)$	$D=\frac{\tau}{\eta}$	$D_B=\frac{\tau-f_B}{\eta_B}$	$D_C=\frac{(\sqrt{\tau}-\sqrt{f_C})^2}{\eta_C}$	$D=k(\tau-f)^n$ $n<1$	$D_{Ostw}=k\tau^n$ $n>1$	$D_S=a\tau^3+c\tau$	$D_{Ostw}=k\tau^n$ $n<1$
黏度取值 $\eta=f(\tau)$	$\eta=\frac{\tau}{D}$	$\eta_B=\frac{\tau-f_B}{D_B}$	$\eta_C=\frac{(\sqrt{\tau}-\sqrt{f_C})^2}{D_C}$	—	—	—	—
塑性屈服	0	$f_B=\tau-\eta_B D_B$	$f_C=(\sqrt{\tau}-\sqrt{\eta_C D_C})^2$	f	0	0	0
黏度极限 $\eta_0(D\to 0)$	$\eta_0=\eta$	$\eta_0=\infty$	$\eta_0=\infty$	$\eta_0=\infty$	$\eta_0=\infty$	$\eta_0=\frac{1}{c}$	$\eta_0=0$
流动变形的对数图式 $\lg\eta=f(\lg D)$	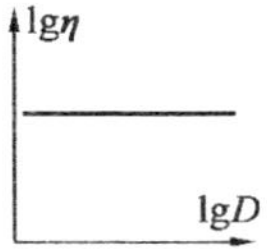 $\lg\eta$, $\lg D$	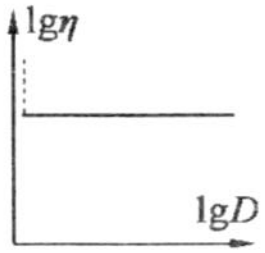 $\lg\eta$, $\lg D$	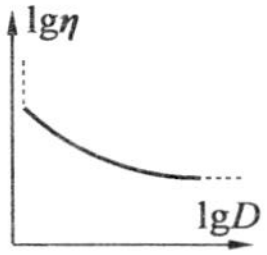 $\lg\eta$, $\lg D$	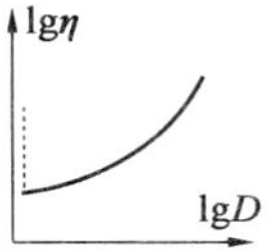 $\lg\eta$, $\lg D$	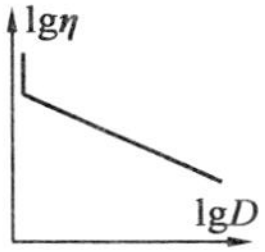 $\lg\eta$, $\lg D$	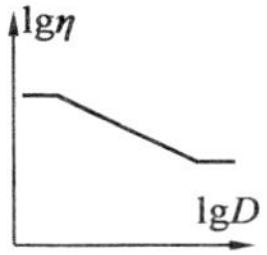 $\lg\eta$, $\lg D$	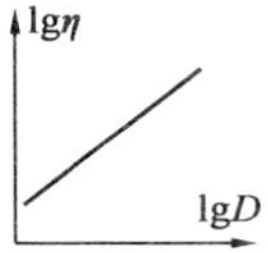 $\lg\eta$, $\lg D$

§3.3 黏度的时变特性

有些物质,在恒定的外力作用下(如剪切力),黏度会随外力的作用时间而发生变化,或增大或减小或交替或丧失,表现为黏度对时间的依赖性,即黏度的时变特性。如果物质的黏度发生变化后,再静置一定时间,黏度会恢复,称为物质的黏度可恢复性。反之,如果不会出现黏度的恢复现象,则称为不可恢复性。一般来讲,可恢复性包括触变性和震凝性两种,而不可恢复性即为毁流性,下面简单介绍黏度的这三种时变特性。

3.3.1 触变性(thixotropy)

物质在外力作用下(如剪切力),黏度随外力的作用时间而衰减,并在停止外力作用的静置时间里,黏度又会随时间逐渐增加而恢复(图3.17),这种流变现象称为触变性。

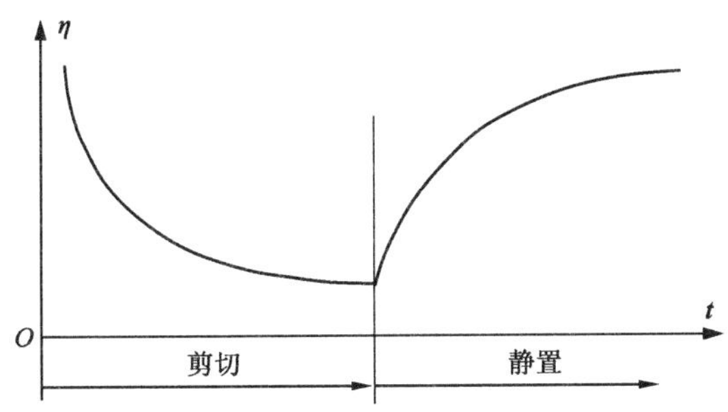

图3.17 触变性物质的黏度变化

关于物质触变性的分析解释有多种,举一个典型的例子,在一个胶体分散体系中,具有极性的分散相一定具有不同的电势能,使得分散相在分散介质中趋于建立一个三维网络体系。霍夫曼(U. Hofmann)教授对材料的触变性开展了广泛研究,认为这种网络体系微观上类似于3种几何结构:卡屋结构、网架结构、珠链结构(图3.18),这些微观几何结构构成了物质黏性的基本单元。在外力剪切作用下,微观几何结构遭到由弱到强的不同程度破坏,使得物质黏度逐渐衰减;而在停止外力作用的静置时间里,具有极性(阳离子、阴离子)的分散相和分散介质又重新排列达到静电平衡,彼此相互吸引或排斥,逐渐地恢复到原来的平衡状态或网络体系,从而物质的黏度得到恢复。土力学中的黏土(高岭土、伊利土、蒙脱土)也有类似的结构分析特性。

卡屋的显微照片

卡屋结构

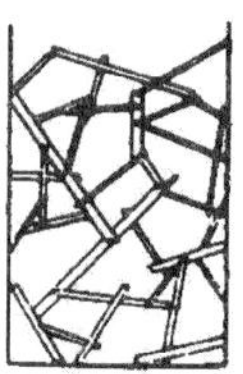

网架结构

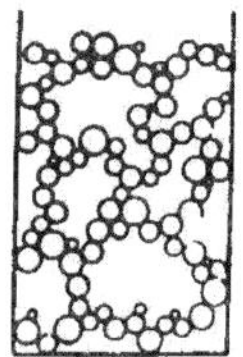

珠链结构

图 3.18　触变性物质的空间网络结构体系

利用旋转黏度仪对触变性物质进行流变试验,在旋转速率为常数的条件下,在试验的最初几秒,试验测试的扭矩 M 有较明显的衰减(图 3.19a);同时在流变图 τ-D 中,触变性物质也表现出明显的滞后现象,形成"黏滞回路"(图 3.19b)。

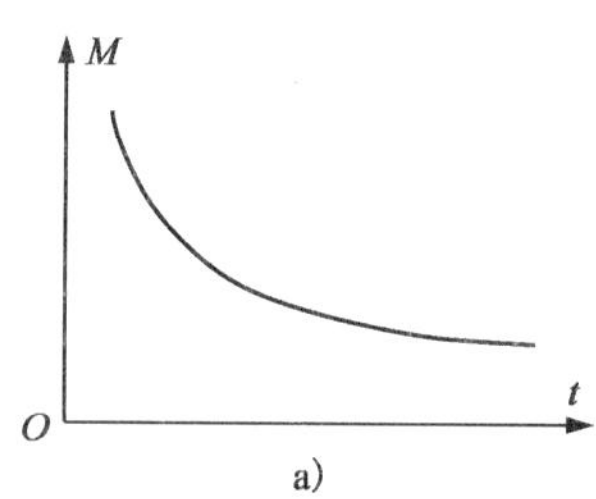

a)

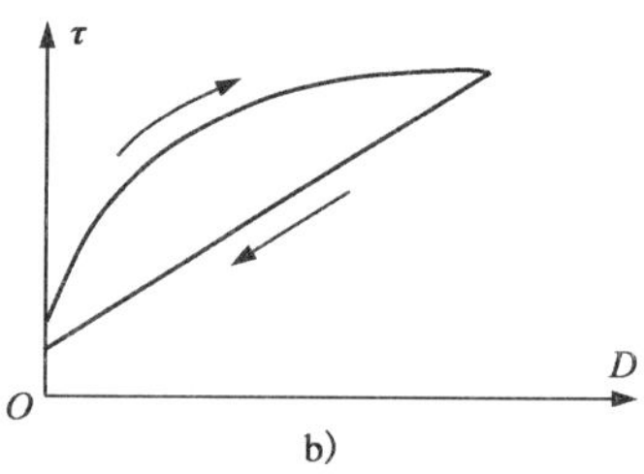

b)

图 3.19　触变性物质的初始扭矩衰减和滞后现象

3.3.2　震凝性(rheopexy)

与触变性相反的流变特性,便是震凝性。震凝性物质的黏度,随着外力的作用时间而增大,静置一段时间后,黏度又得到恢复,如图 3.20 所示。另外,偶尔有一些物质的黏度变化,随着外力的作用时间而从触变性变化为震凝性,如图 3.21 所示。

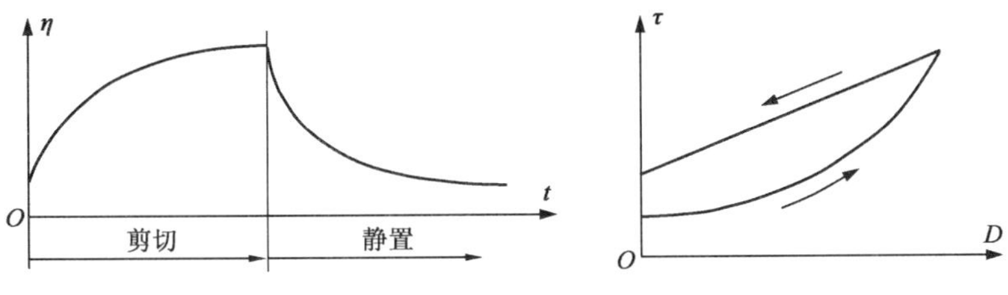

图3.20 震凝性物质的黏度变化

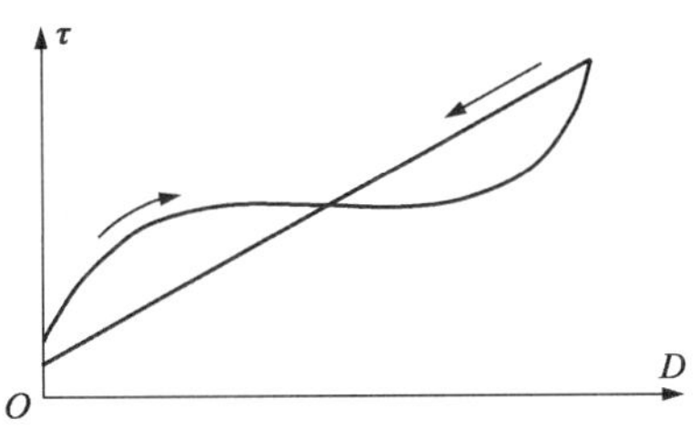

图3.21 物质由触变性转变为震凝性

3.3.3 毁流性(rheodestruction)

毁流性是物质不可恢复的流动变形特性。一些物质(如酸奶)在外力作用下,内部结构晶格受到毁坏,黏度显著降低,但并不表现出如前所述的触变性,因为物质的黏度衰落且不可恢复(图3.22)。物质的这种流变特性,称为毁流性。物质内部结构晶格受到毁坏以后,即使静置很长一段时间,物质结构也得不到可恢复性的修复,从而使黏度降低且不可恢复。

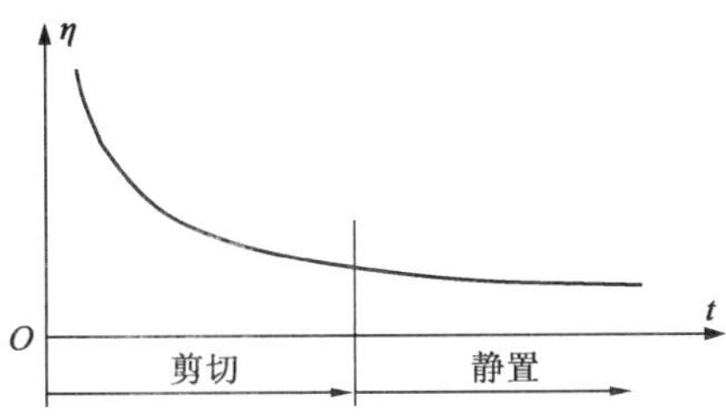

图3.22 毁流性物质的黏度变化

为便于对比分析,把触变性、震凝性、毁流性这三种黏度随时间的变化特性放在同一个分析图中,如图3.23所示,黏度的时变特性情况便一目了然。正因为物质具有黏度可恢复性或不可恢复性,使得黏度测试相当复杂,必须高度重视流变特性对时间或速率的依赖性。

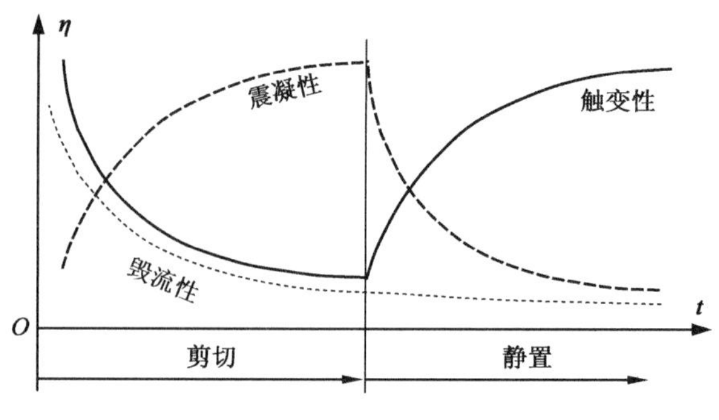

图 3.23　黏度的时变特性对比分析

§3.4　黏度测试的试验原理

如何测试物质的黏度,也是一个研究方向,并已逐渐形成一门独立的学科分支,称为流变测量学(rheometry)。在高分子材料流变学中,黏度测试的试验方法有多种,如毛细管流量法、旋转剪切法、落球速率法、混炼机转矩法和拉伸应力法等。在道路材料研究中,广泛使用的是毛细管流量法和旋转剪切法两大类,具体的测试仪器主要有 4 种:毛细管黏度仪、转子式黏度仪、锥板式黏度仪和圆板式黏度仪。本节将简要分析这 4 种黏度仪的基本测试原理,并说明触变性物质的黏度试验分析方法。黏度的试验测试技术,大多适用于流体,而不适用于固体。固体材料(如沥青混合料)的黏度分析,属于流变学研究的另一个领域,如采用流变模型的数值模拟分析等。

由于黏度测试技术研究不是本教材的重点,所以在分析过程中摒弃了繁杂的数理力学分析和非牛顿体的修正分析,假定物质是牛顿体,从而利用简单的物理力学知识,开展黏度的试验测试分析。需要特别注意的是,物质黏度的测试,按照黏度的定义,前提是要分析外力作用下物质的应力场和速率场。所以需要重点研究此 4 种黏度仪在试验条件下的应力场和速率场,从而利用流变图,进一步研究物质的黏度,实现通过试验测试黏度的目的。下面的分析即遵循了这一思路。

3.4.1　毛细管黏度仪测试(capillary tube)

毛细管黏度仪的测试原理如图3.24所示,在一个细长的圆管中,以一定的压力P_1注入测试流体,测试出口处的压力P_2和单位时间的流量Q,已知圆管的半径R和有效长度L,进而确定物质的黏度η。流体在细长圆管中的流动,分为3个区域:入口区、稳定流动区和出口区(图3.24)。为了保证物质有流动良好的稳定流动区,要求圆管细而长,具有一定的长细比,$L/(2R)$一般为10/1、20/1、30/1、40/1等。

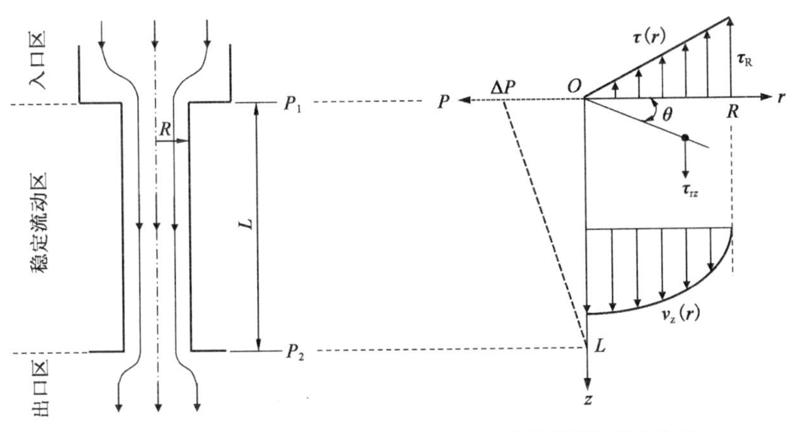

图3.24　毛细管黏度仪的测试原理及牛顿流体的流速和应力分布

采用柱坐标(r,θ,z)分析,z轴方向为流体的流动方向。如图3.24所示,流体在毛细管内的稳定流动区流动时,处于层流状态或称Poiseuille流动,而所谓层流流动,则表明此时流体仅沿z轴方向流动,而没有沿r方向和θ方向的流动,即:

$$v_r = v_\theta = 0$$

$$v_z = v_z(r) \neq 0$$

由于液体是不可压缩的,所以对于有效长度L范围内的研究对象而言,v_z仅为半径r的函数。相应地,当在毛细管两端施加单向压力P_1和P_2时,物质内部任意一点的应力状态为:

$$\tau_{r\theta} = \tau_{\theta z} = 0$$

$$\tau_{rz} = \tau(r) \neq 0$$

下面需要分析任意半径 r 处的剪切应力分布 $\tau(r)$，为了书写方便，记 $\Delta P=P_1-P_2$，简记为 P。对于任意半径 r 处的层流面，其包络的流体两端承受压力差 P，从而保证稳定的流动，层流面上作用有与 z 轴反方向的剪切应力 $\tau(r)$，此时根据力平衡方程，有：

$$2\pi rL\tau(r)+\pi r^2P=0$$

即

$$\tau(r)=-\frac{P}{2L}r$$

对于毛细管内流体的流动速率 v_z 和任意剪切面上的剪切速率 D，据剪切速率的定义和牛顿定律，有：

$$D=\frac{\mathrm{d}v_z}{\mathrm{d}r}=\frac{\tau(r)}{\eta}=-\frac{P}{2\eta L}r$$

解微分方程，得：

$$v_z(r)=-\frac{P}{4\eta L}r^2+C$$

边界条件：当 $r=R$ 时，$v_z(R)=0$，则有：

$$v_z(r)=\frac{P}{4\eta L}(R^2-r^2)$$

而流量 Q 与 z 方向上的速率 v_z 相关，按照流量的定义，有：

$$\mathrm{d}Q=2\pi r\cdot\mathrm{d}r\cdot v_z$$

$$Q=2\pi\int_0^R v_z r\mathrm{d}r=\frac{\pi P}{2\eta L}\int_0^R(R^2-r^2)r\mathrm{d}r=\frac{\pi PR^4}{8\eta L}$$

上式即为著名的 Hagen-Poiseuille 方程。由此得到毛细管黏度仪所测牛顿体的黏度为：

$$\eta=\frac{\pi R^4}{8L}\cdot\frac{\Delta P}{Q}$$

3.4.2 转子式黏度仪测试(couette)

转子式黏度仪的测试原理如图 3.25 所示，由同轴的盛样筒和内部转子组成，外侧的盛样筒固定且温度可以控制，内部转子在电动机的带动下旋转

且数字显示转速和扭矩。同轴位置时,外侧盛样筒的半径为 R_e,内部转子的半径为 R_i、转速为 Ω、高度为 h,则对于盛样筒与转子之间的任意位置 $r(R_i \leqslant r \leqslant R_e)$有:

- 设定扭矩 $M = F \cdot r =$ 常数,则半径 r 处测试物质承受的剪切力 $F = M/r$;
- 测试物质受剪切面积 $A = 2\pi rh$;
- 剪切应力:

$$\tau = \frac{F}{A} = \frac{\frac{M}{r}}{2\pi rh} = \frac{M}{2\pi h} \cdot \frac{1}{r^2}$$

- 当 $r = R_i$ 和 $r = R_e$ 时,极限剪切应力分别为:

$$\tau_{Ri} = \frac{M}{2\pi h} \cdot \frac{1}{R_{Ri}^2} \quad 和 \quad \tau_{Re} = \frac{M}{2\pi h} \cdot \frac{1}{R_{Re}^2}$$

由上述的剪切应力公式可知,剪切应力随受剪半径 r 呈幂函数衰减,$\tau(r)$的分布如图 3.25 所示。同时也正因为如此,设计测试仪器时,一般取筒腔间隙 e(或流体膜厚度,$e = R_e - R_i$)在 1.5 ~ 2.0mm 之间,使得在微小的几何尺寸范围内,可以近似取速度场和应力场为线性分布乃至均匀分布,以提高测试精度。

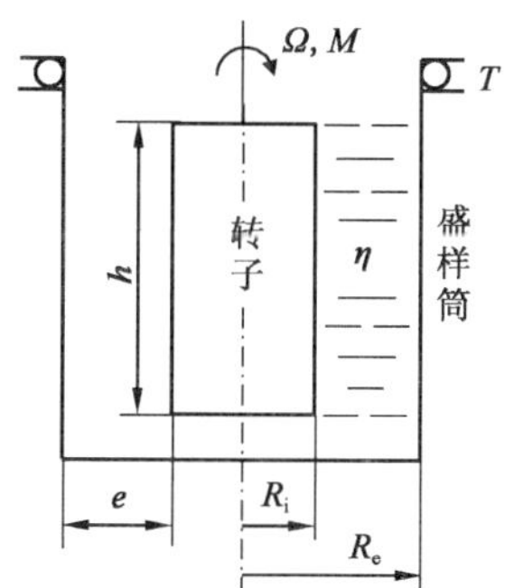

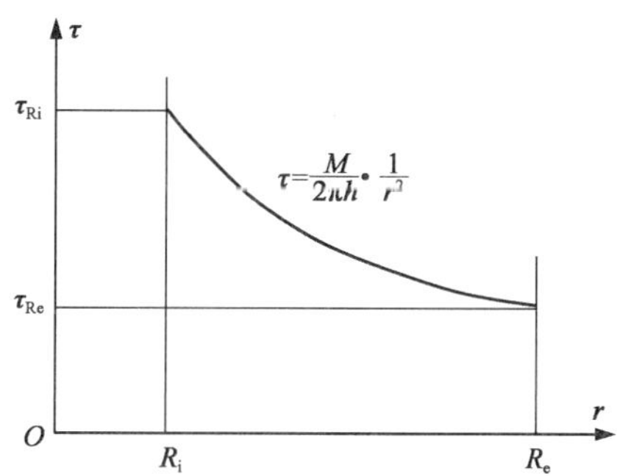

图 3.25 转子式黏度仪的测试原理及试样的剪切应力分布

下面以牛顿体为例,讨论剪切速率在筒腔间隙内的分布 $D(r)$。需要强调的是,剪切应力分布 $\tau(r)$ 确定后,剪切速率分布 $D(r)$ 与物质的流动变形特性有关,即应分牛顿黏性流动、塑性流动、伪塑性流动、剪胀流动 4 种情况进行讨论。本课程仅介绍牛顿体的剪切速率分布,以此为例,提供分析思路。根据圆管式仪器的剪切速率定义(见本章3.1.2)和牛顿定律,并代入剪切应力 $\tau(r)$ 公式,有:

$$D(r) = -r \cdot \frac{\mathrm{d}\omega}{\mathrm{d}r} = \frac{\tau}{\eta} = \frac{M}{\eta \cdot 2\pi h} \cdot \frac{1}{r^2}$$

$$\mathrm{d}\omega = -\frac{M}{\eta \cdot 2\pi h} \cdot \frac{1}{r^3} \cdot \mathrm{d}r$$

$$\omega = -\int \frac{M}{\eta \cdot 2\pi h} \cdot \frac{1}{r^3} \cdot \mathrm{d}r = \frac{M}{2\eta \cdot 2\pi h} \cdot \frac{1}{r^2} + C$$

边界条件1:当 $r=R_e$ 时,$\omega=0$,得:

$$C = -\frac{M}{2\eta \cdot 2\pi h} \cdot \frac{1}{R_e^2}$$

从而有:

$$\omega = \frac{M}{2\eta \cdot 2\pi h} \cdot \left(\frac{1}{r^2} - \frac{1}{R_e^2}\right)$$

边界条件2:当 $r=R_i$时,$\omega=\Omega$,即可得到角速度与扭矩的关系为:

$$\Omega = \frac{M}{2\eta \cdot 2\pi h} \cdot \left(\frac{1}{R_i^2} - \frac{1}{R_e^2}\right) \quad 或 \quad M = \frac{2\eta \cdot 2\pi h \cdot \Omega}{\frac{1}{R_i^2} - \frac{1}{R_e^2}}$$

可见,对于转子式黏度仪,角速度 Ω 和扭矩 M 呈正比例关系,角速度越大,扭矩也越大,反之亦然。同时,对于转子式黏度仪,几何参数(R_i、R_e、h)是已知的,物理参数(Ω,M)是可以确定的,因此,将上述扭矩 M 值代入剪切速率公式中,得:

$$D(r) = -r \cdot \frac{\mathrm{d}\omega}{\mathrm{d}r} = \frac{M}{\eta \cdot 2\pi h} \cdot \frac{1}{r^2} = \frac{2\Omega}{\frac{1}{R_i^2} - \frac{1}{R_e^2}} \cdot \frac{1}{r^2}$$

即

$$D(r) = \frac{2\Omega R_e^2 R_i^2}{R_e^2 - R_i^2} \cdot \frac{1}{r^2}$$

由此可见,剪切速率随半径 r 的变化也呈幂函数衰减,即为函数 $D(r)$。

$D(r)$的分布等同于$\tau(r)$的分布，也具有类似于如图3.25所示的变化规律。至此，通过转子式黏度仪测试得到了物质的应力场和速率场，按照黏度的定义，即有：

$$\eta=\frac{\tau(r)}{D(r)}=\frac{M(R_e^2-R_i^2)}{4\pi h\Omega R_e^2 R_i^2}$$

上述分析演算结果（剪切应力场和剪切速率场）及其流变图如图3.26所示。一个黏度测试仪器的开发，基本的几何参数是已知的，物理参数如转速和扭矩通过传感器也是可以测量的，故最终可以测试物质的黏度。

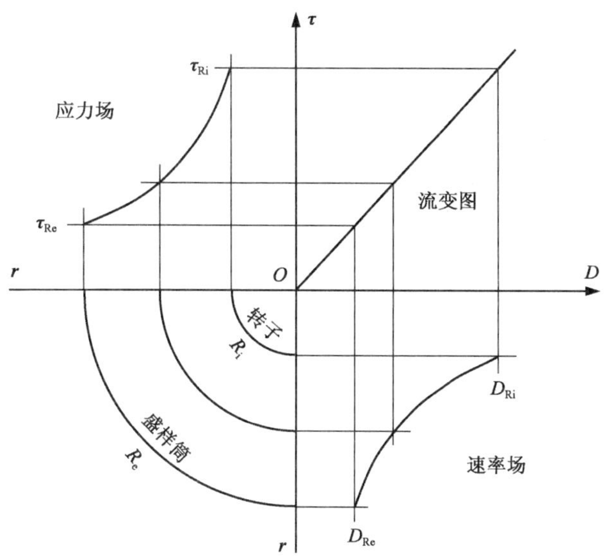

图3.26　转子式黏度仪牛顿体的应力场和速率场及流变图分析

应用转子式黏度仪，对具有其他3种流动变形特性（塑性流动、伪塑性流动、剪胀流动）的物质进行试验时，结果如图3.26所示，只有在象限τ-r中的剪切应力分布与牛顿体一致，而在其他象限τ-D和D-r中，由于流动性质的不同，与牛顿体有较大的差异，本质上是物质流动变形本构特性的差异。

3.4.3　锥板式黏度仪测试（cone-plate）

锥板式黏度仪的测试原理及计算分析图如图3.27所示，将一个半径为R的圆锥置于相同半径的圆板之上，二者圆心相对，可以同轴旋转，锥与圆板之间形成夹角为δ的空隙,δ值一般很小,在1°~4°之间。圆锥以角速度Ω旋转时,由于空隙里黏性物质的存在,对圆锥的旋转产生阻抗力,进而产生扭矩M。在任一半径r处的某点,试样的厚度为:$y=r\cdot\tan\delta$,由于δ一般很小,可取其弧度值radδ,则$y=r\cdot\text{rad}\delta$,同时该点处的线速度$v=r\cdot\Omega$,按照剪切速率D的定义,其表达式为:

$$D=\frac{\mathrm{d}v}{\mathrm{d}y}=\frac{\Omega\mathrm{d}r}{\text{rad}\delta\mathrm{d}r}=\frac{\Omega}{\text{rad}\delta}$$

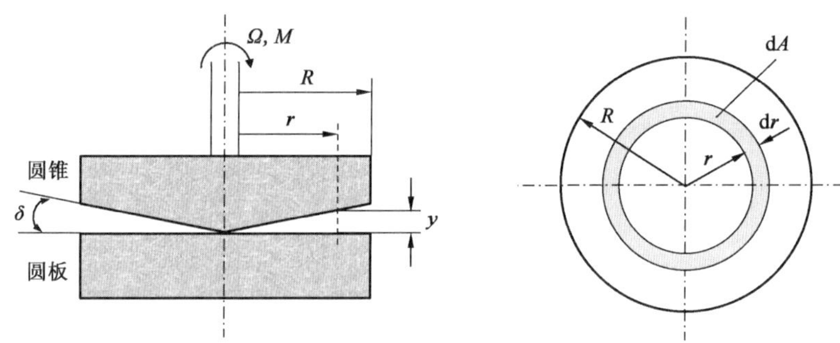

图3.27　锥板式黏度仪的测试原理及计算分析图

可见,锥板间隙内流体的剪切速率为常数,这对于黏度的测试十分有利,但必须满足2个必要条件:①锥板中心间的间距为零;②试验时样品没有边界滑移。

需要说明的是,就仪器设计开发的本质而言,锥板式黏度仪一般不适用于悬浮液或分散体系,因为这类物质一定会出现边界效应;另外,悬浮液的流变试验要求试样的最小几何尺寸为悬浮颗粒的10倍直径以上,但锥板式黏度仪却要求中心间距极小乃至为零。

现在讨论剪切应力τ的计算。如图3.27所示,微分单元dA对圆心的扭矩为:$\mathrm{d}M=r\cdot\mathrm{d}F=r\cdot\tau\mathrm{d}A$,而$\mathrm{d}A=2\pi r\cdot\mathrm{d}r$,所以$\mathrm{d}M=2\pi r^2\cdot\tau\cdot\mathrm{d}r$。当转速即角速度$\Omega$一定时,扭矩$M$也是一个恒定值,剪切应力$\tau=$常数,此时,对d$M$积分得到总扭矩:

$$M=\int_0^R\mathrm{d}M=2\pi\tau\int_0^R r^2\mathrm{d}r=\frac{2\pi\tau}{3}R^3$$

剪切应力τ即为:

$$\tau = \frac{3M}{2\pi R^3}$$

至此，锥板式黏度仪的剪切速率 D 和剪切应力 τ 都已通过测试及计算得到，可以绘制 τ-D 流变图，建立二者的关系，进而分析研究物质的流动变形特性，测定其黏度。

最后，作为对黏度试验分析的总结，将转子式黏度仪和锥板式黏度仪的剪切速率和剪切应力分布图列于表 3.5 中，并以无限空间中的转子为参照，给出试验可操作的有效范围，以供研究参考使用。从表 3.5 可以看出，锥板式黏度仪具有均匀的应力应变场，独立于测试介质，可保证测试结果对介质的独立性。

旋转式黏度仪的应力分布和速率分布及测试分析范围举例　　表 3.5

黏度测试方法		转子式黏度仪	锥板式黏度仪	无限空间中的转子
剪切应力分布		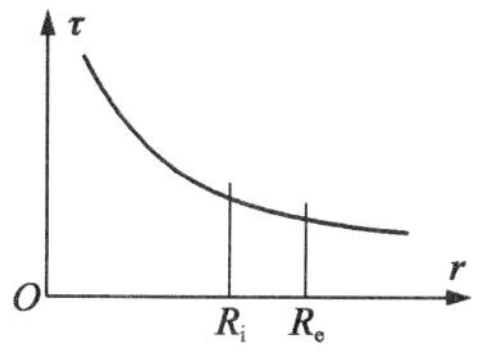	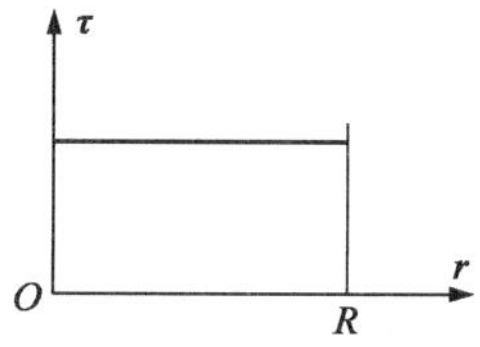	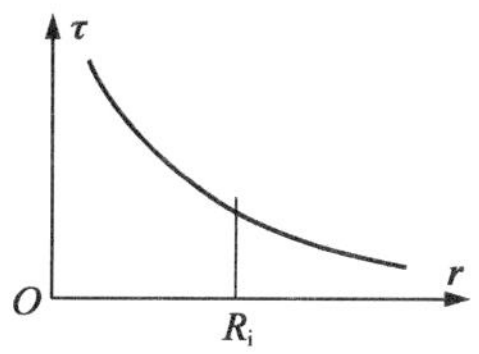
剪切速率分布	牛顿体	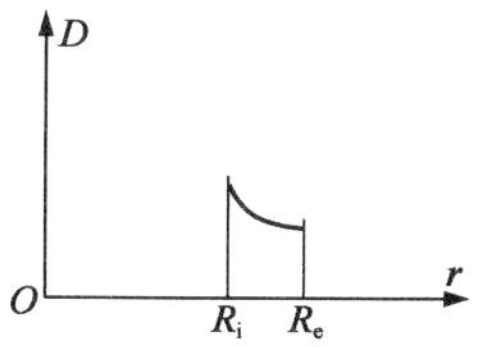	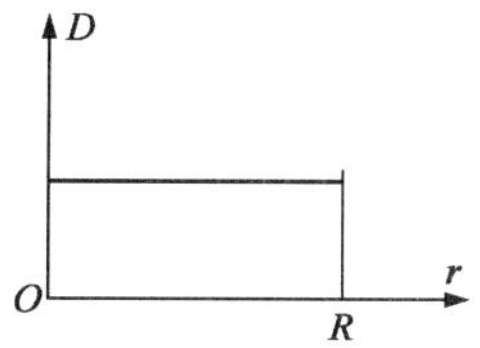	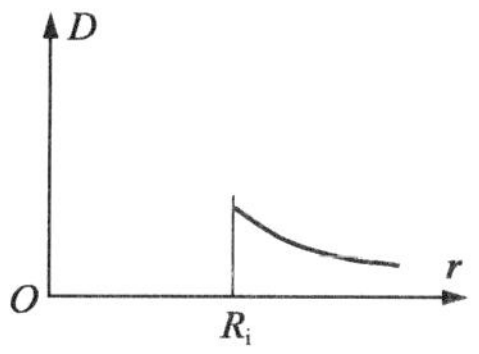
	塑性流	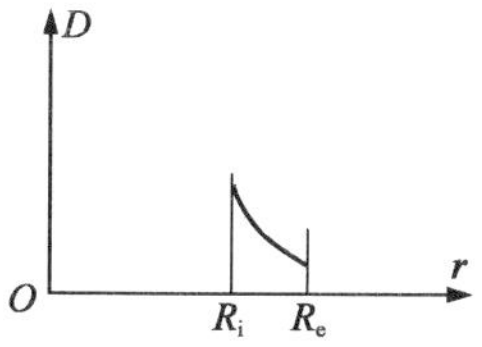	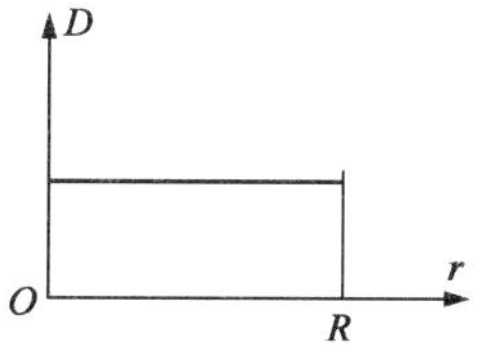	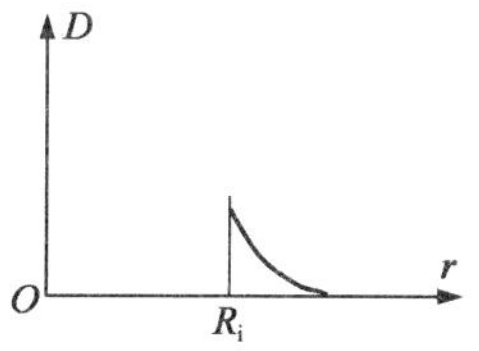
黏度仪的测试范围		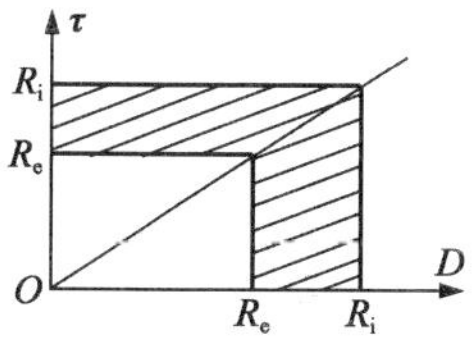	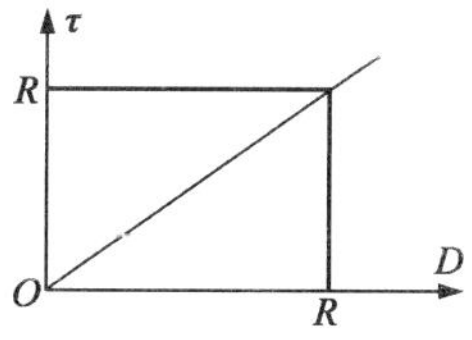	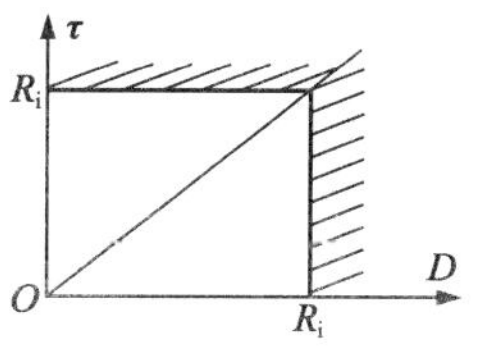

3.4.4 圆板式黏度仪测试(plate-plate)

圆板式黏度仪的结构组成,就是将两块相同半径的圆板平行放置,且可以同轴旋转,两圆面间留有很小的间距用以放置试样,如图3.28所示。设圆板的半径为R,间距为h,试验时通过传感器件可以测试旋转的角速度Ω和扭矩M。通常情况下,圆板的半径和间距可调可选,但间距很小,$h \ll R$,如直径$2R=25$mm时,$h=1\sim2$mm。计算分析采用柱坐标(r,θ,z),以研究牛顿流体在圆板之间的剪切速率D和剪切应力$\tau_{z\theta}$,进而确定其黏度。

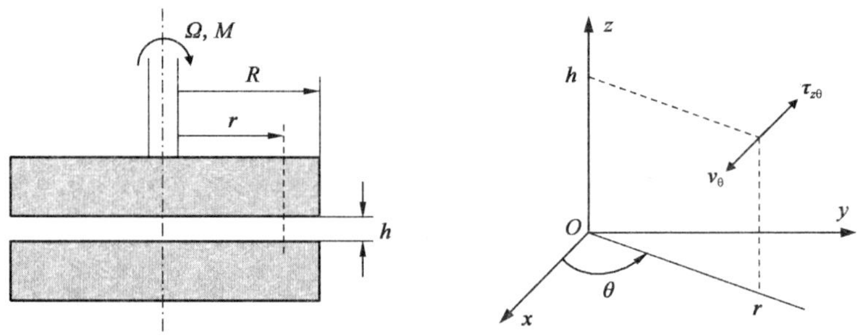

图3.28 圆板式黏度仪的测试原理及计算分析图

如图3.28所示,当施加角速度Ω和扭矩M时,在柱坐标(r,θ,z)中,流体在两圆板之间只有θ方向上的流动或剪切,而在z轴和r方向上没有流动,此时流体的速率场和应力场为:

$$v_r = v_z = 0$$

$$v_\theta = v_\theta(r) \neq 0$$

$$\tau_{zr} = \tau_{\theta r} = 0$$

$$\tau_{z\theta} = \tau(r) \neq 0$$

根据剪切速率的定义,流体在两圆板之间r方向上任意位置处的剪切应变速率为:

$$D = \frac{\mathrm{d}v}{\mathrm{d}z} = \frac{v}{h} = \frac{\Omega}{h}r$$

可见,剪切速率仅为圆板半径的线性函数。对于一种物质而言,其黏度η在一定温度下通常为常数,从而可推导出牛顿体剪切应力表达式为:

$$\tau = \eta D = \frac{\eta\Omega}{h}r$$

参照锥板式黏度仪的扭矩微分分析法(图3.27),圆板式黏度仪的扭矩微分为:

$$dM = r \cdot \tau dA = r \cdot \frac{\eta\Omega}{h}r \cdot 2\pi r dr = \frac{2\pi\eta\Omega}{h}r^3 dr$$

从而:

$$M = \int_0^R dM = \frac{2\pi\eta\Omega}{h}\int_0^R r^3 dr = \frac{\pi\eta\Omega R^4}{2h}$$

在已知圆板式黏度仪的几何参数(R、h)和物理参数(Ω、M)时,即可测试得到流体的黏度:

$$\eta = \frac{2hM}{\pi R^4 \Omega}$$

上述所介绍的毛细管黏度仪、转子式黏度仪、锥板式黏度仪和圆板式黏度仪是4种最常用的黏度仪,广泛应用于大多数物质的黏度测试。然而在上述的黏度测试原理分析中,假设了流体的流动是线性的,即服从牛顿黏性流动。这样的假设对于土工材料(geomaterials),基本上是符合实际的,并能满足工程需要。但对于测试精度要求更高的材料,如化工材料和生物制品等,则需要考虑流体流动的非线性,此时测试分析较为复杂,需要对剪切速率或流变曲线进行修正,并引入幂律指数,或需要考虑剪切面上的法向压力差等问题,这些内容在高分子聚合物的黏度测试中多有研究,已逐渐形成一门新的学科分支——流变测量学,可参阅相关文献。

3.4.5　触变性物质的黏度测试简介

如前所述,一些物质的黏度会随着外力的作用时间而发生变化,称为黏度的时变特性,分为触变性、震凝性和毁流性3种。在这些时变特性中,触变性较为常见,所以本文仅以触变性物质为例,概念性地简单介绍触变性物质的黏度试验方法,达到理念引导的目的,以期对道路材料的黏性研究有所帮助。

通过试验研究触变性物质的黏度时,一般采用旋转剪切法,需要考察流变图 τ-D 中的加卸载路径和分析逐级加载剪切速率的响应特征。由于黏度会随着外力的作用时间而发生变化,所以试验时,必然引入了时间过程的概念,即激励历史或激励路径(solicitation history)的概念。对于这种情况的考虑,目前主要归纳为“黏滞回路法”和“间歇剪切法”两种试验方法。

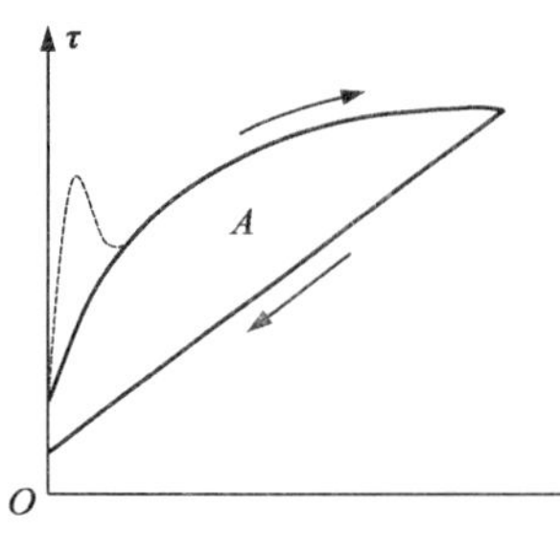

图 3.29　黏滞回路试验现象

(1)黏滞回路试验法

该方法利用旋转式流变仪进行试验,激励路径是:施加匀速增加的剪切速率,然后逐渐降速至零,流变图 τ-D 形成一个回路(图 3.29),这个回路即称为“黏滞回路”。黏滞回路的面积为 A,是描述触变结构损伤的一个重要指标,量纲为单位体积的功率(power · cm^{-3})。当试验的剪切速率较低时,有时会出现“突鼻子”现象(如图 3.29 中的虚线),此时对黏滞回路需要加以修正,以便做出更合理的计算分析。触变性物质的黏度测试分析,首先考察黏滞回路在流变图 τ-D 中形成的面积 A 的大 A(图 3.29),进而分析影响面积和形状的参数,设 $A=f(M,V,B)$,其中,M 描述黏滞回路的锥度,V 描述黏滞回路的形状宽度,B 描述触变性对时间的灵敏度。这种采用 3 个参数(M,V,B)描述物质触变性的方法,称为格林-维尔特曼方法(Green-Weltmann Method)。

3 个参数(M,V,B)的计算公式及其特点见表 3.6。进行旋转剪切试验时,第一次施加角速度 Ω_1,设定时间历程Δt 至终了,然后静置物质使 Ω 恢复到零且所需时间为 t_1,从而使得凝胶结构能够重新组建,此时可得到屈服极限 f_1 和塑性流的黏度 η_{p1}。第二次以同样的激励路径,达到较大角速度 Ω_2,在相同的时间历程Δt 终了时,静置物质使 Ω 恢复到零且所需时间为 t_2,得到另外一组屈服极限 f_2 和塑性流的黏度 η_{p2}。静置时间相当于卸载时间,两次试验的静置时间分别为 t_1 和 t_2。

触变性物质黏滞回路分析时的 3 个参数(M,V,B)及其特点　　表 3.6

分析参数	$M=\dfrac{\eta_{p1}-\eta_{p2}}{\ln\dfrac{\Omega_1}{\Omega_2}}$	$V=\dfrac{f_1-f_2}{\eta_{p1}-\eta_{p2}}$	$B=\dfrac{\eta_{p1}-\eta_{p2}}{\ln\dfrac{t_2}{t_1}}$
量纲	Pa · s	s^{-1}	Pa · s
参数特性	决定黏滞回路的锥度	决定黏滞回路的宽度	决定触变性对时间的灵敏度

注:f 为塑性流的屈服极限;η_p 为塑性流的黏度;Ω 为剪切角速度;t 为静置时间;1、2 分别表示两次试验。

(2)间歇剪切试验法

悬浮液或分散体系由分散相和分散介质两部分组成,根据分散相在分散介质中的排列组合情况,形成凝胶、溶胶、溶凝胶3种结构类型。剪切速率的大与小或静置,可以使触变性物质发生凝胶—溶胶、溶胶—凝胶的结构转换,发生凝胶破坏或凝胶重组,从而使黏度随时间而衰减或恢复增加。间歇剪切法正是模拟了黏度的这种时变特性,试验采用的激励路径为:间歇性施加一个定值的剪切速率,也就是说在设定的剪切速率之间,又设置了静置时间,如图3.30中的 t_r。但应注意间歇剪切速率大小的选择,最小速率对应于凝胶结构还没有完全形成时,最大速率对应于分散相颗粒达到毁坏时。

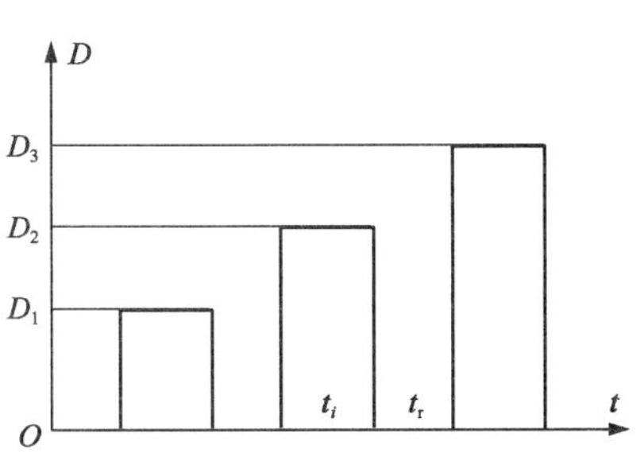

图3.30 间歇剪切试验的激励方式

间歇剪切试验通常有两种方式:一种是在相同水平的剪切速率条件下,即图3.30中的 $D_1 = D_2 = D_3 = \cdots\cdots$,变化不同的静置时间 t_r,考察剪切应力即黏度的恢复能力,随着间歇静置时间 t_r 的不同,剪切应力的大小也不同,表明黏度的恢复程度不同;另一种是在不同水平的剪切速率条件下,对有静置时间和无静置时间两种情况,考察剪切应力即黏度出现突变特性时,对应的临界剪切速率(D_{gr})。一般情况下,在间歇剪切条件下,随着剪切速率 D 的增加,剪切应力随时间发生变化,当 $D > D_{gr}$ 时,凝结结构开始破坏,黏度急剧衰减,表现为剪切应力的明显突变衰减。

在间歇剪切试验中,往往设定剪切速率 D_i,并保持一定的作用时间 t_i,见图3.30,然后记录考察剪切应力 τ 随时间的衰减变化,寻找应力突变点,这样的分析过程类似于应力松弛试验。试验时,当静置时间 $t_r = 0$ 和加载速率 $D_{i+1} > D_i$ 时,即为逐级加载试验法;当静置时间 $t_r \neq 0$ 和加载速率 $D_{i+1} = D_i$ 时,则为标准的间歇加载法。宏观上讲,记录的剪切应力稳定值与对应的剪切速率之比值,即为黏度值。

复习思考题

1. 力学理论是如何通过物质的流动与变形,引入了加载速率和物质黏性的?

2. 试说明物质黏度的定义、种类及影响因素。

3. 对照应力-应变图,说明何为流变图?

4. 试分析物质流动变形的4种基本特性。

5. 在流变学中,何为牛顿定律和宾汉定律?试在流变图中分析。

6. 试解释物质流动由牛顿体到宾汉体的演变过程。

7. 以牛顿体为参照,说明伪塑性流和塑性流的流动变形特性及其异同。

8. 何为触变性和震凝性?

9. 介绍黏度测试的基本试验方法。

10. 分析沥青布氏黏度测试的流变学原理。

11. 如何保证沥青布氏黏度测试的准确性?

12. 分析锥板式黏度仪的测试原理。

本章参考文献

[1] VAN WAZER J R, LYONS J W, et al. Viscosity and flow measurement[M]. New York: Interscience Publishers, 1963.

[2] MILL C. C. Rheology of disperse systems[M]. London: Pergamon Press, 1959.

[3] SHERMAN P. Rheology of emulsions[M]. London: Pergamon Press, 1962.

[4] BARNES H A, HUTTON J F, WALTERS F. An introduction to rheology[M]. New York: Elsevier, 1989.

[5] 金日光,马秀清. 高聚物流变学[M]. 上海:华东理工大学出版社,2012.

[6] 顾国芳,浦鸿汀. 聚合物流变学基础[M]. 上海:同济大学出版社,2001.

[7] 罗守靖,程远胜,陈强. 金属材料流变学[M]. 北京:机械工业出版社,2014.

[8] 史铁钧,吴德峰. 高分子流变学基础[M]. 北京:化学工业出版社,2009.

[9] 吴其晔,巫静安. 高分子材料流变学[M]. 北京:高等教育出版社,2014.

[10] 范广勤. 岩土工程流变力学[M]. 北京:煤炭工业出版社,1993.

[11] 刘雄. 岩石流变学概论[M]. 北京:地质出版社,1994.

[12] 钱家欢,殷宗泽. 土工原理与计算[M]. 北京:中国水利水电出版社,1996.

第 4 章　流变模型理论

描述材料力学性质的最基本单元是弹性、黏性和塑性，进而复合成弹黏塑性。流变模型理论建立了 3 种基本力学元件——弹性元件、黏性元件和塑性元件，分析其变形特性，然后通过串联和（或）并联组合，形成较为复杂的组合模型，实现综合认识材料力学性质的目标，从而建立一整套系统的模型分析理论。通过流变模型理论学习，认识弹性元件、黏性元件、塑性元件的基本力学特性和串联并联组合特性；认识常用的黏弹性和黏塑性模型，分析其本构方程或特性；认识黏弹性体的徐变与松弛特性、弹塑性体的应力强化特性；了解其他弹黏塑性模型和广义流变模型的本构特性及拓展应用。通过流变模型理论分析，任何材料的弹黏塑性及其力学行为，都可以得到力学原理上的解答和解释。

§4.1　力学元件及组合特性

一般情况下，固体材料尤其是土工材料，都同时具有弹性、黏性和塑性。在流变学中，首先把这种弹性、黏性和塑性理想化地抽象为不同的力学元件，然后再把这些元件串联和（或）并联组合起来，形成新的、比较复杂的力学模型，建立本构方程，以分析材料千变万化的、不同的力学特性。这种用力学元件及其串并联组合模型的分析方法，即为流变模型理论。利用流变模型理论，可以理想地、直观地、基本地认识材料的黏弹性、弹塑性、黏塑性、弹黏塑性，本章主要介绍这方面的内容。

4.1.1　力学元件

在流变模型理论分析中，通常把材料的弹性、黏性和塑性理想化地简化为 3 个基本力学元件，即：弹性元件、黏性元件和塑性元件。弹性元件一般用

“弹簧”表示,根据线性特性与否,引入弹性模量 E 或 $E(\varepsilon)$,应用了虎克定律的基本原理;黏性元件一般用“黏壶”表示,同样根据线性特性与否,引入黏度系数 η 或黏性系数 λ 和非线性参数 N(注意:此时黏性系数并不是黏度系数),应用了牛顿定律的基本原理;塑性元件一般用“滑块”或“卡头”表示,分别表示“应力极限(f)”或“应变极限(d)”,如表 4.1 所示。

力学元件的基本类型　　表 4.1

弹性元件	线性弹簧 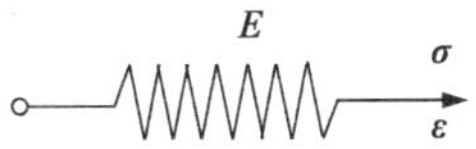 E σ ε $\sigma=E\varepsilon$	非线性弹簧 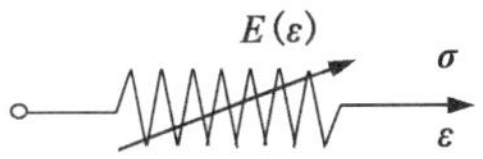 $E(\varepsilon)$ σ ε $\sigma=E(\varepsilon)\varepsilon$
黏性元件	线性黏壶  η σ ε $\sigma=\eta\dot{\varepsilon}$	非线性黏壶  λ N σ ε $\sigma=\lambda\dot{\varepsilon}^{\frac{1}{N}}$
塑性元件	滑块 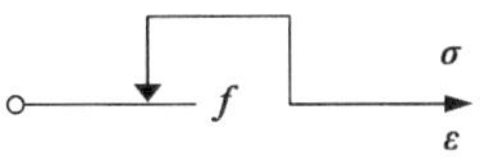 f σ ε $-f<\sigma<f$	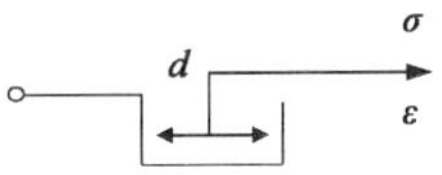 卡头 d σ ε $-d<\varepsilon<d$

弹性元件、黏性元件和塑性元件是材料力学性质的“三条基因”,材料的一切力学性质和流变行为都是“三条基因”的耦合结果。在上述这些力学元件中,弹性元件和黏性元件分为线性和非线性两种情况,通常采用线性元件进行模型分析;塑性元件分为应力极限和应变极限两种情况,即“滑块 = 应力极限”“卡头 = 应变极限”,通常采用应力极限。力学元件既是材料力学性质的最基本单元,又是最简单的力学模型或流变模型,仅代表理想物质。一般来讲,流变模型比力学元件要复杂得多。流变模型分析能够让人们直观地、理想地、基础地认识本构定律或本构方程。

4.1.2 力学元件的基本特性

分析力学元件或后续流变模型的基本特性时,一般都考虑了线性的弹性元件和线性的黏性元件,对塑性元件也仅考虑了“应力极限”的滑块元件。

线性的弹性元件用“弹簧”来表示，本构特性服从虎克定律，显著特点是：应力应变“如影随形”地具有可恢复性和瞬时性，其过程与加载速率无关；线性的黏性元件用“黏壶”来表示，本构特性服从牛顿定律，显著特点是：应力应变特性对加载速率具有明显的依赖性（温度只是一个重要的影响因素，而非牛顿定律中的力学参数）；以“滑块”表示的塑性元件，则反映了材料的屈服应力或应力极限即强度破坏，显著特点是：物质形变具有明显的不可恢复性，同时表征材料的强度。3 种力学元件的基本特性见表 4.2。

力学元件的基本特性 表 4.2

力学元件	模型图示	本构方程	基本特性
弹性元件（虎克体）	用弹簧来表示 E σ ε	虎克定律：$\sigma = E\varepsilon$	（1）可恢复性；（2）瞬时性；（3）对加载速率的独立性
黏性元件（牛顿体）	用黏壶来表示 η σ ε	牛顿定律：$\sigma = \eta\dot{\varepsilon}$	（1）变形流动性；（2）时间延迟性；（3）对加载速率的依赖性
塑性元件（滑块体）	用滑块来表示 f σ ε	极限定律（应力极限）：$\varepsilon = \begin{cases} 0 & 当\lvert\sigma\rvert < f 时 \\ \infty & 当\lvert\sigma\rvert = f 时 \end{cases}$	（1）不可恢复性；（2）瞬时性；（3）对加载速度的独立性

因此，在材料的力学性质研究中，常常把线性的弹性元件称为虎克体，线性的黏性元件称为牛顿体，滑块所表示的塑性元件称为滑块体，其应力应变特性见图 4.1。

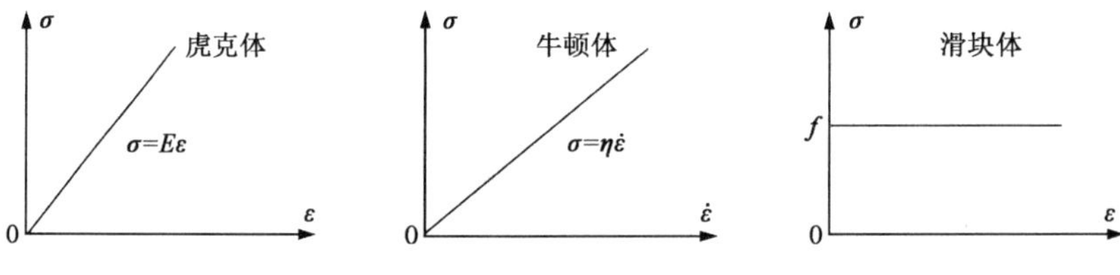

图 4.1 力学元件的应力应变特性

例如，对虎克体和牛顿体分别施加以振荡激励荷载 $\varepsilon(t) = \varepsilon_o \sin\omega t$，则 $\dot{\varepsilon}(t) = \omega\,\varepsilon_o \cos\omega t$，那么虎克体的响应 $\sigma(t) = E\varepsilon(t) = E\,\varepsilon_o \sin\omega t$，牛顿体的响应

$\sigma(t)=\eta\dot{\varepsilon}(t)=\eta\omega\,\varepsilon_o\cos\omega t=\eta\omega\,\varepsilon_o\sin\left(\frac{\pi}{2}-\omega t\right)$，可见虎克体的应力应变是如影随形般的同步进程，而牛顿体的应力应变则存在相位差或时间滞后效应。

4.1.3　力学元件的组合特性

力学元件是分析材料流变性质的基本单元，但现实中的材料往往又是弹黏塑性的，特别是对于道路建筑材料，除了纯沥青和干燥碎石外（见第8章8.2节和第8.5节），极少有力学单元性质的道路建筑材料，大多数情况下是弹黏塑性的复合体。因此，在流变模型理论中，便提出来一种方法，将3种力学元件组合起来，按照串联和（或）并联的方式把它们联系到一起，从而形成组合流变模型（简称流变模型），进而研究材料较为复杂的弹黏塑性特性。

力学元件的串联和并联组合结构示意图见图4.2，其组合特性符合或类似于物理学中的力学或电学原理。当n个力学元件串联时，流变模型的总应力等于各个力学元件上的分应力，总应变等于各个力学元件上的分应变之和；当n个力学元件并联时，流变模型的总应力等于各个力学元件上的分应力之和，总应变等于各个力学元件上的分应变，即有：

串联时　　$\sigma=\sigma_i \qquad \varepsilon=\sum\varepsilon_i$

并联时　　$\sigma=\sum\sigma_i \qquad \varepsilon=\varepsilon_i$

式中：σ、ε——模型的总应力、总应变；

σ_i、ε_i——模型中各力学元件对应的分应力、分应变。

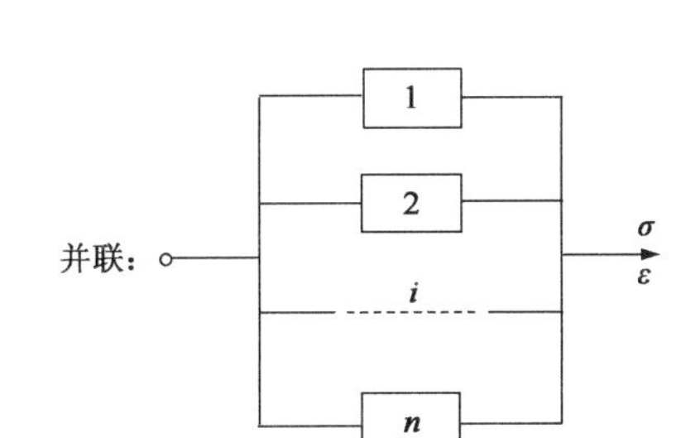

图4.2　力学元件的串联和并联组合结构

[**例 4.1**] 将 2 个弹性元件串联,形成如图 4.3 所示的 2 个弹簧的串联模型,图 4.3 中和下式中的 1、2 分别对应 2 个弹簧的编号,以便于分析计算。据串联特性,有:

$$\sigma = \sigma_1 = \sigma_2 \qquad \varepsilon = \varepsilon_1 + \varepsilon_2$$

而 1、2 号弹性元件的本构方程为:

$$\varepsilon_1 = \frac{\sigma_1}{E_1} = \frac{\sigma}{E_1} \qquad \varepsilon_2 = \frac{\sigma_2}{E_2} = \frac{\sigma}{E_2}$$

故得 2 个弹簧串联模型的本构方程为:

$$\varepsilon = \varepsilon_1 + \varepsilon_2 = \left(\frac{1}{E_1} + \frac{1}{E_2}\right)\sigma$$

E_2 E_1 σ ε

图 4.3 2 个弹簧的串联模型

如果是 2 个弹簧的并联,则有本构方程 $\sigma = (E_1 + E_2)\varepsilon$。可见,弹簧的串联使得刚度模量变小,而弹簧的并联使得刚度模量变大;当然,组合模型始终是虎克弹性体。另外,也可以将 1 个弹性元件和 1 个黏性元件串联或并联,组合成最简单、最基本的黏弹性模型,即可得到下一节将要介绍的最常用的麦克斯韦尔模型或开尔文模型。

4.1.4 流变模型的组合原则

在材料的流变特性研究中,利用 3 个力学元件,通过串联和(或)并联组合,建立起一个全新的组合流变模型,并基于试验结果进行数值模拟,从而研究材料的弹黏塑性及其力学行为,其根本出发点仍是力学元件的组合。此处需要强调的是:数值拟合与数值模拟是两个完全不同的概念,数值拟合(numeric fitting)是广泛意义上的数值回归,不求数值分析函数的物理力学意义,只求数值回归和试验结果的相关性;而数值模拟(numeric simulation)则是建立在流变模型基础上的数值计算,既要求物理力学原理的合理性,如参数取值、边界条件等,又要求数值计算和试验结果的相关性。在研究与应用中,流变模型的建立应遵循 2 个基本原则:①模型能够很好地反映材料的力学特性;②模型应尽可能简单直观,便于实际应用。

§4.2 常用黏弹性模型分析

黏弹性流变模型的组建,顾名思义就是将黏性元件和弹性元件组合到一起,因此,至少是2个力学元件的组合。所以,流变模型有时也按力学元件的个数而称为2元件模型、3元件模型……n元件模型。但对于黏弹性模型来说,力学元件的个数越多,解析解就越困难,有时甚至是不可能实现的,特别是当黏壶的个数增加时更是如此。一般来说,一个黏弹性模型中黏壶的个数,就是其本构微分方程中导数的阶数,可见其解析解的困难程度。

在流变模型分析中,简单的、常用的黏弹性模型主要有4个:①麦克斯韦尔(Maxwell)模型;②开尔文(Kelvin-Voigt)模型;③泽纳(Zener)模型;④伯格斯(Burgers)模型。这4个常用黏弹性模型的结构组成情况如下:

- 麦克斯韦尔(Maxwell)模型,由1个黏壶和1个弹簧串联组成,也称为2元件模型;
- 开尔文(Kelvin-Voigt)模型,由1个黏壶和1个弹簧并联组成,也称为2元件模型;
- 泽纳(Zener)模型,由1个麦克斯韦尔模型和1个弹簧的并联组成,也称为3元件模型;
- 伯格斯(Burgers)模型,由1个麦克斯韦尔模型和1个开尔文模型串联组成,也称为4元件模型。

上述4个常用黏弹性流变模型的组成结构见图4.4。此外,在3元件模型中,还有另外一个常用的黏弹性模型称为普瓦汀(Poynting-Thomson)模型,该模型由1个开尔文模型和1个弹簧串联组成,其本构方程的结构形式与泽纳模型完全一致,只是结构参数的数值大小发生了变化,所以说普瓦汀模型和泽纳模型是等效的或等价的,本构方程的具体表达式详见本节随后的相关模型分析。

黏弹性模型的本构方程一般可以通过解析法得到解析解。下面求解上述4个常用黏弹性流变模型(图4.4)的本构方程,并解析说明泽纳模型的等效模型,简要介绍黏弹性模型的应用举例。

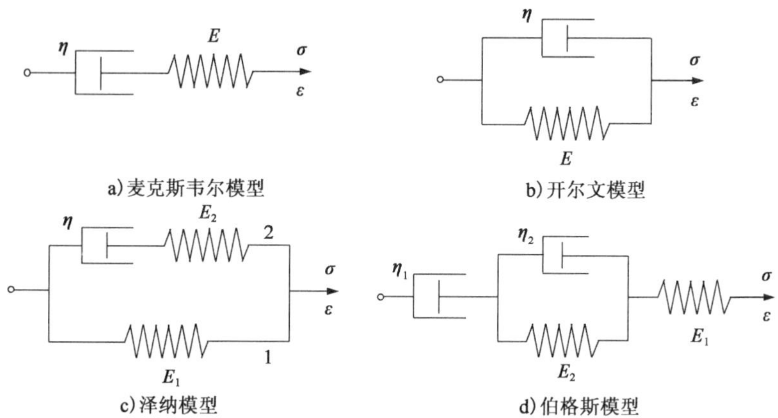

图 4.4　常用的 4 种黏弹性流变模型的组成结构图

4.2.1　麦克斯韦尔(Maxwell)模型

麦克斯韦尔模型由 1 个弹簧和 1 个黏壶串联组成,如图 4.4a)所示,基本方程为:

$$\sigma = \sigma_{\mathrm{E}} = \sigma_{\eta}$$

$$\varepsilon = \varepsilon_{\mathrm{E}} + \varepsilon_{\eta}$$

$$\sigma_{\mathrm{E}} = E\varepsilon_{\mathrm{E}}$$

$$\sigma_{\eta} = \eta\dot{\varepsilon}_{\eta}$$

式中:下标 E、η——对应于弹簧、黏壶的应力分量和应变分量。

从而有:

$$\dot{\varepsilon} = \dot{\varepsilon}_{\mathrm{E}} + \dot{\varepsilon}_{\eta} = \frac{\dot{\sigma}_{\mathrm{E}}}{E} + \frac{\sigma_{\eta}}{\eta} = \frac{\dot{\sigma}}{E} + \frac{\sigma}{\eta}$$

麦克斯韦尔模型的本构方程即为:

$$\dot{\varepsilon} = \frac{\dot{\sigma}}{E} + \frac{\sigma}{\eta}$$

4.2.2　开尔文(Kelvin-Voigt)模型

开尔文模型由 1 个弹簧和 1 个黏壶并联组成,如图 4.4b)所示,基本方程为:

$$\sigma = \sigma_{\mathrm{E}} + \sigma_{\eta}$$

$$\varepsilon = \varepsilon_{\mathrm{E}} = \varepsilon_{\eta}$$

$$\sigma_{\mathrm{E}} = E\varepsilon_{\mathrm{E}}$$

$$\sigma_{\eta} = \eta\dot{\varepsilon}_{\eta}$$

从而有：

$$\sigma = \sigma_{\mathrm{E}} + \sigma_{\eta} = E\varepsilon_{\mathrm{E}} + \eta\dot{\varepsilon}_{\eta} = E\varepsilon + \eta\dot{\varepsilon}$$

开尔文模型的本构方程即为：

$$\sigma = E\varepsilon + \eta\dot{\varepsilon}$$

4.2.3 泽纳(Zener)模型

泽纳模型由1个麦克斯韦尔模型和1个弹簧并联组成，如图4.4c)所示。为了便于分析，将模型图分为1、2两部分，1部分为1个弹簧，2部分为1个麦克斯韦尔模型，此处麦克斯韦尔模型的本构方程为：

$$\dot{\varepsilon}_2 = \frac{\dot{\sigma}_2}{E_2} + \frac{\sigma_2}{\eta}$$

泽纳模型的基本方程为：

$$\sigma = \sigma_1 + \sigma_2$$

$$\varepsilon = \varepsilon_1 = \varepsilon_2$$

$$\varepsilon_1 = \frac{\sigma_1}{E_1}$$

$$\dot{\varepsilon}_2 = \frac{\dot{\sigma}_2}{E_2} + \frac{\sigma_2}{\eta}$$

式中：下标1、2——对应于1部分的弹簧、2部分的麦克斯韦尔模型的应力分量和应变分量。

从而有：

$$\dot{\varepsilon} = \dot{\varepsilon}_2 = \frac{\dot{\sigma}_2}{E_2} + \frac{\sigma_2}{\eta} = \frac{\dot{\sigma} - \dot{\sigma}_1}{E_2} + \frac{\sigma - \sigma_1}{\eta} = \frac{\dot{\sigma} - E_1\dot{\varepsilon}_1}{E_2} + \frac{\sigma - E_1\varepsilon_1}{\eta} = \frac{\dot{\sigma} - E_1\dot{\varepsilon}}{E_2} + \frac{\sigma - E_1\varepsilon}{\eta}$$

泽纳模型的本构方程即为：

$$\dot{\sigma} + \frac{E_2}{\eta}\sigma = (E_1 + E_2)\dot{\varepsilon} + \frac{E_1 E_2}{\eta}\varepsilon$$

4.2.4 伯格斯(Burgers)模型

伯格斯模型由 1 个麦克斯韦尔模型和 1 个开尔文模型串联组成,如图 4.4d)所示。为了便于分析,将模型图分为 1、2 两部分,1 部分为一个麦克斯韦尔模型,2 部分为一个开尔文模型,即设 Maxwell 模型为 1,Kelvin 模型为 2(便于参数的下标识别)。根据 1 部分模型和 2 部分模型的串联特性,有:

$$\sigma = \sigma_1 = \sigma_2$$

$$\varepsilon = \varepsilon_1 + \varepsilon_2$$

式中:下标 1、2——对应于 1 部分的麦克斯韦尔模型、2 部分的开尔文模型的应力分量和应变分量。

1 部分的麦克斯韦尔模型的本构方程为:

$$\dot{\varepsilon}_1 = \frac{\dot{\sigma}_1}{E_1} + \frac{\sigma_1}{\eta_1}$$

即:

$$\dot{\varepsilon}_1 = \frac{\dot{\sigma}}{E_1} + \frac{\sigma}{\eta_1}$$

2 部分的开尔文模型的本构方程为:

$$\sigma_2 = E_2\varepsilon_2 + \eta_2\dot{\varepsilon}_2$$

即:

$$\sigma = E_2\varepsilon_2 + \eta_2\dot{\varepsilon}_2$$

对 $\sigma = E_2\varepsilon_2 + \eta_2\dot{\varepsilon}_2$ 两边求导,并代入 $\varepsilon_2 = \varepsilon - \varepsilon_1$,得:

$$\dot{\sigma} = E_2(\dot{\varepsilon} - \dot{\varepsilon}_1) + \eta_2(\ddot{\varepsilon} - \ddot{\varepsilon}_1)$$

将麦克斯韦尔模型的本构方程代入上式,得:

$$\dot{\sigma} = E_2\left(\dot{\varepsilon} - \frac{\dot{\sigma}}{E_1} - \frac{\sigma}{\eta_1}\right) + \eta_2\left(\ddot{\varepsilon} - \frac{\ddot{\sigma}}{E_1} - \frac{\dot{\sigma}}{\eta_1}\right)$$

整理后即得伯格斯模型的本构方程为:

$$\sigma + p_1\dot{\sigma} + p_2\ddot{\sigma} = q_1\dot{\varepsilon} + q_2\ddot{\varepsilon}$$

式中:$p_1 = \dfrac{\eta_1}{E_1} + \dfrac{\eta_1 + \eta_2}{E_2}$;

$p_2 = \dfrac{\eta_1\eta_2}{E_1E_2}$;

$q_1 = \eta_1$;

$q_2 = \dfrac{\eta_1 \eta_2}{E_2}$。

另外,在法国流变学学会(Groupe français de Rhéologie)编辑的流变学词典《Dictionnaire de Rhéologie》(Paris:Edition SEBTP,1988)中,也列出了另外2个黏弹性分析模型,见图4.5。

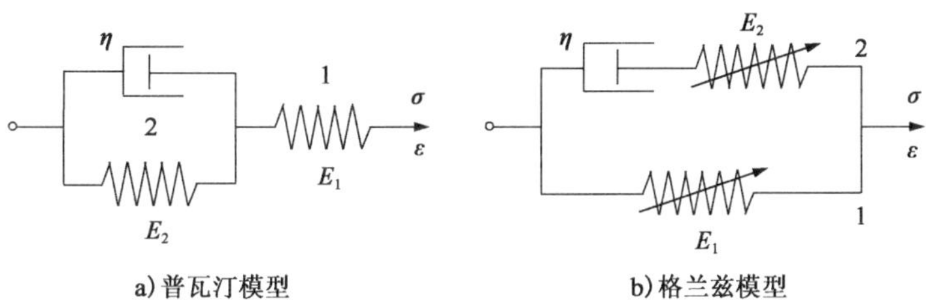

图4.5 普瓦汀模型和格兰兹模型的组成结构图

- 普瓦汀(Poynting-Thomson)模型,由1个开尔文模型和1个弹簧串联组成;
- 格兰兹(Glanz)模型,为改进型的泽纳模型,其中的2个弹簧是指数式非线性的,此时非线性弹簧的本构方程一般表达式为:$\sigma = a(e^{b\varepsilon} - 1)$,其中$a$、$b$为大于零的常数。

4.2.5 普瓦汀模型和泽纳模型的等效性

普瓦汀(Poynting-Thomson)模型由1个开尔文模型和1个弹簧串联组成,同样为了便于分析,将模型图分为1、2两部分,1部分为一个弹簧,2部分为一个开尔文模型,见图4.5,此时弹簧部分和开尔文模型部分的本构方程依次为:

$$\sigma_1 = E_1 \varepsilon_1$$

$$\sigma_2 = E_2 \varepsilon_2 + \eta \dot{\varepsilon}_2$$

根据1部分模型和2部分模型的串联特性,有:

$$\sigma = \sigma_1 = \sigma_2$$

$$\varepsilon = \varepsilon_1 + \varepsilon_2$$

式中:下标1、2——对应于1部分的弹簧、2部分的开尔文模型的应力分量和应变分量。

由此可得：

$$\sigma = \sigma_2 = E_2\varepsilon_2 + \eta\dot{\varepsilon}_2 = E_2(\varepsilon - \varepsilon_1) + \eta(\dot{\varepsilon} - \dot{\varepsilon}_1)$$

将$\varepsilon_1 = \frac{\sigma_1}{E_1} = \frac{\sigma}{E_1}$代入上式，得：

$$\sigma = E_2\left(\varepsilon - \frac{\sigma}{E_1}\right) + \eta\left(\dot{\varepsilon} - \frac{\dot{\sigma}}{E_1}\right)$$

整理后得到普瓦汀模型的本构方程为：

$$\dot{\sigma} + \frac{E_1 + E_2}{\eta}\sigma = E_1\dot{\varepsilon} + \frac{E_1E_2}{\eta}\varepsilon$$

而泽纳(Zener)模型的本构方程为：

$$\dot{\sigma} + \frac{E_2}{\eta}\sigma = (E_1 + E_2)\dot{\varepsilon} + \frac{E_1E_2}{\eta}\varepsilon$$

对比普瓦汀(Poynting-Thomson)模型和泽纳(Zener)模型的本构方程，可以看出：二者本构方程的结构完全一致，表明应力应变的变化规律一致，只是参数值的大小发生了变化，因此，认为普瓦汀模型和泽纳模型是等效的或等价的。换句话说，泽纳模型的等效模型便是普瓦汀模型，反之亦然。

4.2.6 黏弹性模型的应用举例

对于黏弹性材料而言，有一个重要的实验现象或称实验特性便是徐变与松弛(详见第6章)。利用黏弹性流变模型，可以进一步认识材料发生徐变与松弛的流变学原理。例如，对于麦克斯韦尔(Maxwell)模型，有本构方程：

$$\dot{\varepsilon} = \frac{\dot{\sigma}}{E} + \frac{\sigma}{\eta}$$

当$\sigma(t) = \sigma_0$为常数时，应变$\varepsilon(t)$随时间t的变化规律即为徐变，此时上述本构方程变为：

$$\dot{\varepsilon} = \frac{\sigma_0}{\eta}$$

解此微分方程，得：

$$\varepsilon(t) = \frac{\sigma_0}{\eta}t + C$$

边界条件：当$t = 0$时，$\varepsilon(t = 0) = \frac{\sigma_0}{E}$，可得$C = \frac{\sigma_0}{E}$。

麦克斯韦尔模型的应变徐变方程即为：

$$\varepsilon(t)=\frac{\sigma_0}{\eta}t+\frac{\sigma_0}{E}$$

同样，当 $\varepsilon(t)=\varepsilon_0$ 为常数时，应力 $\sigma(t)$ 随时间 t 的变化规律即为松弛，此时本构方程变为：

$$\dot{\sigma}+\frac{E}{\eta}\sigma=0$$

解此微分方程，得：

$$\sigma(t)=C\mathrm{e}^{-\frac{E}{\eta}t}$$

边界条件：当 $t=0$ 时，$\sigma(t=0)=E\varepsilon_0$，可得 $C=E\varepsilon_0$。

麦克斯韦尔模型的应力松弛方程即为：

$$\sigma(t)=E\varepsilon_0\mathrm{e}^{-\frac{E}{\eta}t}$$

利用麦克斯韦尔（Maxwell）模型进行徐变与松弛分析，是最简单的一种方法。也可以利用其他黏弹性模型开展材料的徐变与松弛试验研究，但有时会显得更加复杂一些。关于材料的黏弹性特性分析，将在第6章中加以详细介绍。

§4.3 常用弹塑性模型分析

弹塑性流变模型的组建，顾名思义就是将弹性元件和塑性元件组合到一起。但由于某些材料会发生脆性破坏，其弹性变形极小或为零，可以用一个刚塑性的滑块体加以描述，所以弹塑性模型有时可以是1个力学元件的单体。弹塑性模型的一个重要特点，就是可以用来描述材料的永久变形、应力极限和应力强化特性。常用的弹塑性流变分析模型主要有4个：①刚塑性滑块模型；②标准弹塑性模型，亦称圣维南（Saint-Venant）模型；③弹塑性刚体模型；④弹塑性固体模型。这4个常用弹塑性模型的结构组成情况及应力应变特性见表4.3，基本特征描述如下：

- 刚塑性滑块模型，简称刚塑性体或滑块体，为1元件模型，即力学元件，是一个滑块单体，用来描述材料发生脆性破坏时的屈服应力 σ_{max} 或塑性极限 f。
- 标准弹塑性模型，也称圣维南（Saint-Venant）模型，简称圣维南体，为2

元件模型,由 1 个弹簧与 1 个滑块串联组成,无应力强化,为标准的线性弹塑性模型。

- 弹塑性刚体模型,为 2 元件模型,由 1 个弹簧和 1 个滑块并联组成,具有应力强化特性。
- 弹塑性固体模型,为 3 元件模型,该类模型可以表述为两种情况:①由1 个弹簧和 1 个滑块并联后与 1 个弹簧串联组成,即 1 个弹塑性刚体与 1 个弹簧串联;②由 1 个圣维南(Saint-Venant)模型与 1 个弹簧并联组成。这两种模型是等价的或等效的,都具有应力强化特性。

在流变模型的本构特性分析中,弹塑性模型一般采用图解法或半图解半解析法,而黏弹性模型一般采用解析法。下面将分别介绍上述 4 个常用弹塑性模型的本构特性及应力强化特性(图 4.6)和它们相互之间的特例关系,并解析说明弹塑性固体模型两种情况的等效性。

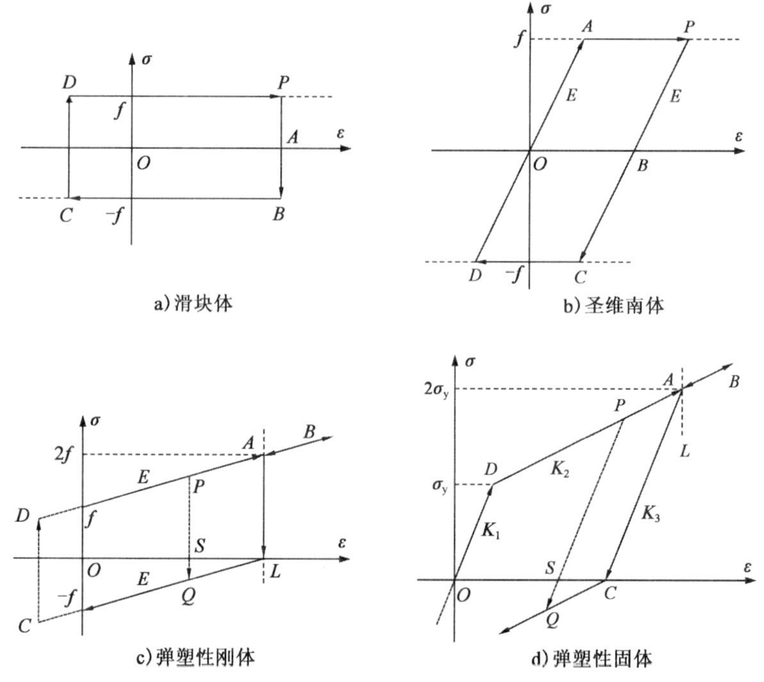

图 4.6　常用的 4 个弹塑性分析模型的应力应变加卸载路径

4.3.1 刚塑性滑块模型

刚塑性滑块模型也称刚塑性体，本质上就是一个力学元件，为单独的一个滑块或滑块体，可以用来描述刚体材料发生脆性破坏时的塑性极限(f)，其模型结构及本构特性见表4.3。如图4.6a)所示，当施加于滑块体上的外力$\sigma < f$时，刚体材料没有任何变形，即$\varepsilon=0$，但内部已积蓄了内能；当施加的外力达到塑性极限时，即$\sigma=f$时，刚体材料同时也达到了塑性破坏强度值$\sigma_{max}=f$，滑块开始滑动，此时变形在理论上会达到任意值，即$\varepsilon=\infty$；在任意时刻P点时卸载，即会产生对应的纯塑性变形或称永久变形OA；如果继续反方向加载至B点，达到与初始加载塑性极限方向相反的塑性极限($-f$)，滑块体又发生了反方向的新滑移，同样会产生塑性变形BC；同理，另一种卸载及加载至D点，从而形成一个矩形闭合圈DPABC；滑块体每次加载和卸载达到塑性破坏时，屈服应力值总是等于塑性极限f值，不会出现应力强化现象。刚塑性体的本构方程见表4.3。具有这种性质的材料如玻璃、低于玻化温度的沥青等。

4个常用弹塑性流变模型的组成结构图及基本特性 表4.3

模型名称	模型图示	应力应变特性	本构方程
刚塑性滑块或称滑块体	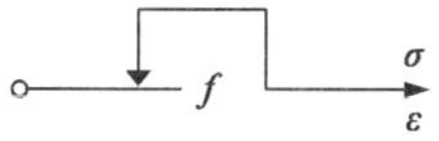 f σ ε	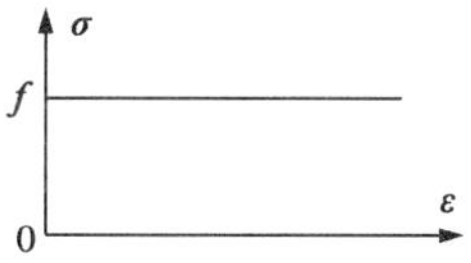 σ f 0 ε	$\varepsilon=\begin{cases}0 & 当\lvert\sigma\rvert<f时\\ \infty & 当\lvert\sigma\rvert=f时\end{cases}$
标准弹塑性或称圣维南体	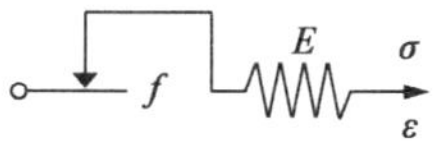 f E σ ε	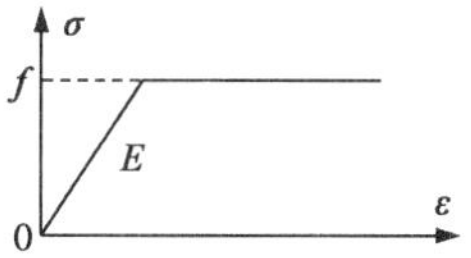 σ f E 0 ε	$\sigma=\begin{cases}E\varepsilon & 当\lvert\sigma\rvert<f时\\ f & 当\lvert\sigma\rvert=f时\end{cases}$
弹塑性刚体	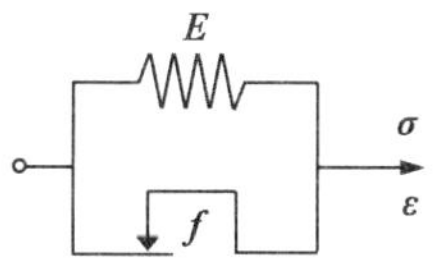 E f σ ε	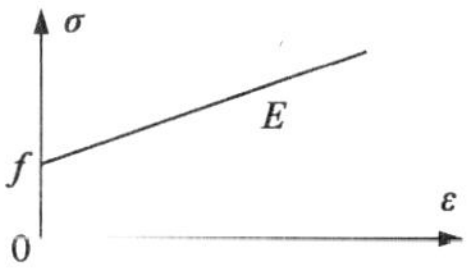 σ E f 0 ε	$\varepsilon=\begin{cases}0 & 当\lvert\sigma\rvert<f时\\ \dfrac{\sigma}{E} & 当\lvert\sigma\rvert\geqslant f时\end{cases}$

续上表

模型名称	模型图示	应力应变特性	本构方程
弹塑性固体	E_2 1 2 f E_1 σ ε	σ f $\frac{E_1E_2}{E_1+E_2}$ E_1 0 ε	$\sigma=\begin{cases}E_1\varepsilon & 当\lvert\sigma\rvert<f时\\ \sigma(\varepsilon) & 当\lvert\sigma\rvert\geqslant f时\end{cases}$ 其中,$\sigma(\varepsilon)$见文中分析

注:$\lvert\sigma\rvert$表示 σ 取值可正可负,对应于拉伸和压缩试验。

4.3.2 标准弹塑性模型

标准弹塑性模型也称圣维南(Saint-Venant)模型,由 1 个弹簧与 1 个滑块串联组成(表 4.3),是分析材料线性弹塑性的最基本模型或最基本理论,故称为标准弹塑性模型,简称圣维南体。当给圣维南体施加外力 σ 进行加载和卸载时,该模型具有如下本构特性(图 4.6b):

- 初期加载时 $\sigma<f$,滑块没有滑移,只有弹簧在工作,应力应变轨迹服从虎克定律 $\sigma=E\varepsilon$,如图 4.6b)中的直线段 0A,而滑块上的变形为零;
- 后期当外力达到滑块的塑性极限即 $\sigma=f$ 时,滑块开始滑动,由于弹簧与滑块的串联效应,弹簧上的力保持常数 f,直至达到任意时刻 P 点,产生塑性变形 AP;
- 在任意时刻 P 点对"标准弹塑性体"进行卸载,弹簧反向工作至 B 点,此时弹簧内力为零,产生永久变形 0B,0B = AP,卸载直线 PB 的斜率为弹簧的弹性模量 E;
- 从弹簧内力为零的 B 点出发,继续卸载,此时相当于弹簧由拉伸进入压缩工作状态,弹簧仍以虎克体工作,直至达到反向屈服极限 C 点,滑块又开始反向滑动,产生反向塑性变形 CD;
- 达到屈服极限 $\lvert f\rvert$ 值的加载与卸载,应力应变轨迹便形成了如图 4.6b)所示的 APBCD 平行四边形闭合圈,每次卸载后重新加载,都达到相同的屈服应力值 f,故无应力强化现象。

事实上,当圣维南体的弹性模量 $E\to\infty$ 时,流变模型即演变为刚塑性滑块体,图 4.6b)所示的应力应变路径即转化为图 4.6a)。标准弹塑性模型

(也称圣维南体)的本构方程,可以表示为分段函数:

$$\sigma = \begin{cases} E\varepsilon & 当|\sigma| < f 时 \\ f & 当|\sigma| = f 时 \end{cases}$$

或

$$\varepsilon = \begin{cases} \dfrac{\sigma}{E} & 当|\sigma| < f 时 \\ \infty & 当|\sigma| = f 时 \end{cases}$$

式中:∞——任意实数值。

4.3.3 弹塑性刚体模型

弹塑性刚体模型由1个弹簧与1个滑块并联组成(表4.3),简称弹塑性刚体,加载时的本构方程见表4.3。当给弹塑性刚体施加外力 σ 进行加载和卸载时,其应力应变路径总体上分为如图4.6c)所示的两部分:一部分为 $\sigma < 2f$ 时的情况,路径为平行四边形 ALCD 或 PQCD,上下两边是斜率为弹性模量 E 的直线,左右两边为竖直线;另一部分为 $\sigma > 2f$ 时的情况,路径为直线 AB。加载和卸载时,弹塑性刚体模型具有如下本构特性(图4.6c):

- 初期加载的外力 $\sigma < f$ 时,由于并联滑块的刚塑性作用,弹塑性刚体没有任何变形,即 $\varepsilon = 0$,但内部已积蓄了内能;
- 后期当外力达到塑性极限即当 $\sigma = f$ 时,滑块开始滑动,从而释放了弹簧开始参与工作,此时应力应变轨迹服从虎克定律 $\sigma = E\varepsilon$,如图4.6c)中的直线段 DAB,其中对应 A 点的应力值 $\sigma_A = 2f$;
- 当施加的外力 $\sigma > 2f$ 时,亦即在图4.6c)所示直线 AL 的右侧时,并联弹簧的变形力 $E\varepsilon > f$,弹簧自身的张力已经大于并联滑块的塑性极限,若此时卸载,弹簧的内张力足以将滑块从 AB 直线上拉回到 A 点,因此,应力应变的加卸载路径仅为直线 AB;
- 当施加的外力 $\sigma < 2f$ 时,亦即在图4.6c)所示直线 AL 的左侧时,并联弹簧的变形力 $E\varepsilon < f$,弹簧自身的张力小于并联滑块的塑性极限,此时加载应力应变路径为直线 DA。若在直线 DA 上任意时刻 P 点卸载,应力瞬时回到零值 S 点,产生塑性变形 0S;

- 从 P 点卸载到 S 点，弹塑性刚体处于静止状态，但由于弹簧内部积蓄了内张力，此时若继续反向加载，则只需要小于 f 值的外力值 $|SQ|$ 即可达到新的屈服点 Q；
- 若从 Q 点出发，继续反方向加载，则滑块又重新反方向开始滑动，弹簧反方向开始工作，且服从虎克定律 $\sigma = E\varepsilon$，如图 4.6c）中的直线 QC；从 C 点卸载，再加载即达 D 点，从而形成 PQCD 平行四边形回路，其中：回路的斜向直线的斜率为弹簧的弹性模量值 E；
- 另外，如果从初次卸载静止点 S 出发，重新沿正方向 SP 加载，如图 4.6c）所示，那么需要同时克服弹簧的内张力和滑块的塑性极限，方可达到新的屈服点 P，显然，P 点的应力值大于初始屈服值，即 $\sigma_P > f$，从而反映了材料的应力强化特性，但当 $\sigma > 2f$ 时却不成立。所以说，当 $\sigma < 2f$ 时，弹塑性刚体具有应力强化特性，为有条件的应力强化。

事实上，当弹塑性刚体模型的弹性模量 $E = 0$ 时，流变模型即演变为刚塑性滑块体，图 4.6c）所示的应力应变路径即转化为图 4.6a）。

4.3.4 弹塑性固体模型

分析弹塑性固体模型的本构特性，对深化认识道路材料的力学特性及力学行为，诸如应力应变试验曲线、初始弹性、破坏强度、应力强化等，具有重要的基础理论意义。弹塑性固体模型简称为弹塑性固体，为 3 元件模型，由 1 个滑块和 2 个弹簧串并联组成，根据串联和并联的组合形式不同，弹塑性固体模型通常又有如图 4.7 所示的两种结构模式：模式①为一个弹簧和一个弹塑性刚体的串联结构，模式②为一个弹簧和一个圣维南体的并联结构。这两种结构模式的弹塑性固体模型，具有相同的应力应变特性，如图 4.6d）所示，只是图中的力学参数（屈服应力 σ_y 和弹性模量 K_1、K_2、K_3）数值大小不同而已。同时，由于弹塑性固体模型具有应力强化特性，所以有时也称为“有应力强化的弹塑性固体模型”。

对于弹塑性固体之结构模式①，为了分析和描述的方便，将模型串联的弹簧、弹塑性刚体分别标识为 1、2 两部分，如图 4.7 所示。模式①在加载和卸载时,具有如下本构特性(图 4.6d)。

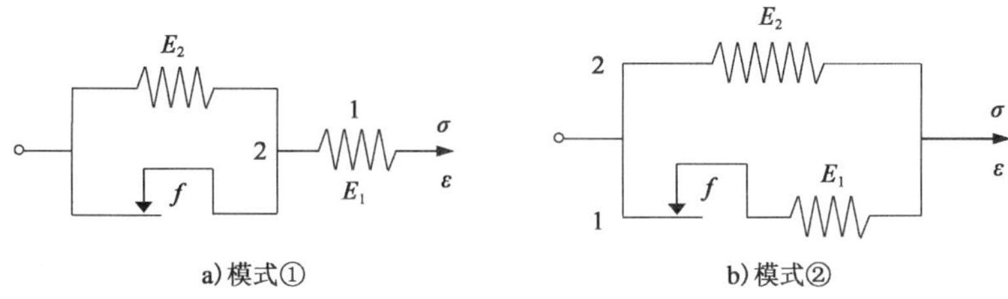

图 4.7　弹塑性固体模型的两种结构模式

- 初始加载时,由于 2 部分滑块的刚塑性作用,整个 2 部分"弹塑性刚体"都没有产生任何变形,只有 1 部分的弹簧在工作,且服从虎克定律 $\sigma = E_1\varepsilon$(此时 $K_1 = E_1$),直至达到屈服点 D,对应的屈服应力为 σ_y,如图 4.6d)所示;
- 当加载应力 $\sigma > \sigma_y$时,2 部分的滑块开始滑动,释放了弹簧 E_2参与工作,此时弹簧 E_2和 E_1串联并共同工作,服从虎克定律 $\sigma = K_2\varepsilon$,由于 1、2 部分是串联结构,所以随后的本构特性便服从 2 部分的弹塑性刚体(图 4.6c),这样便存在一个 $\sigma < 2\sigma_y$和 $\sigma > 2\sigma_y$的分界问题;
- 显然,当 $\sigma > 2\sigma_y$时,按照弹塑性刚体的本构特性(如图 4.6c 中的 AB 直线),加载和卸载沿同样路径返回到 A 点,此时模式①不具有应力强化特性;
- 当$\sigma_y < \sigma < 2\sigma_y$时,应力应变路径为图 4.6d)所示的斜率为 K_2的直线 DA,此时在任意时刻 P 点卸载并反向加载,则弹簧 E_1(只有弹簧 E_1在工作)会沿斜率为 K_3的 PQ 直线,首先卸载至静止状态 S 点,然后反向受力,直至产生 $2\sigma_y$应力量程时达到反向屈服点 Q,随后滑块又开始反向滑移,弹簧 E_1和 E_2又重新串联共同工作;
- 如图 4.6d)所示,当弹塑性固体卸载至整体内力为零的 S 点时,然后沿 SP 方向重新加载,则会达到新的屈服点 P,对应的应力值为 σ_P,显然 $\sigma_P > \sigma_y$,出现了应力强化现象,表明弹塑性固体模型具有应力强化特性。

同理,对于弹塑性固体之结构模式②,为了分析和描述的方便,将模型并联的圣维南体、弹簧分别标识为1、2两部分，如图4.7所示。初期加载时，由于1部分滑块的刚塑性作用，仅有弹簧E_1和E_2并联共同工作，且服从虎克定律$\sigma=(E_1+E_2)\varepsilon$；随着外力的增大，滑块开始松动，模式②达到屈服点$D$（图4.6d）；达到屈服点$D$以后，滑块开始滑动，此时1部分的圣维南体的内力等于常数f，只剩下2部分的弹簧E_2在工作，服从虎克定律$\sigma=K_2\varepsilon$（此时$K_2=E_2$），应力应变路径为直线DB；如果继续进行加载和卸载分析，则会得到与模式①相同的应力应变变化规律。可见，模式②和模式①具有相同的本构特性。

事实上，当弹塑性固体模型（图4.7）中的弹性模量$E_1\to\infty$时，该流变模型即演变为弹塑性刚体模型（表4.3），图4.6d）所示的应力应变路径即转化为图4.6c）；当弹塑性固体模型中的弹性模量$E_2=0$时，该流变模型即演变为圣维南模型（表4.3），图4.6d）所示的应力应变路径即转化为图4.6b）。

常用的4个弹塑性模型之间的特例关系见图4.8。

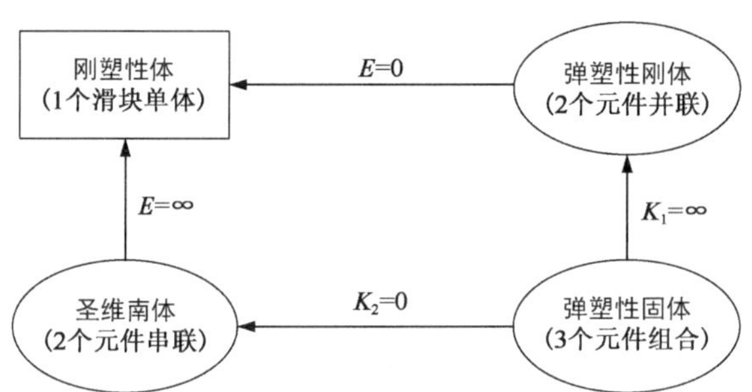

图4.8 常用的4个弹塑性模型之间的特例关系

4.3.5 弹塑性固体模型的解析法

由于极限应力（f）的存在，弹塑性固体的本构方程一般为分段函数，可以利用解析法求解之，以期回答力学参数诸如屈服应力σ_y和弹性模量K_1、K_2、K_3的数值问题。例如，对于弹塑性固体之结构模式①，具有如图4.6d）所示的加卸载应力应变特性，显然其本构关系为分段函数，为了便于分析，将加载过程分为初期加载、临界状态和后期加载3个阶段。

（1）初期加载，即当$\sigma<\sigma_y$时，由于滑块的刚塑性作用，此时只有弹簧E_1

在工作，故有：

$$\sigma = E_1 \varepsilon$$

从而有：

$$K_1 = E_1$$

(2)临界状态，即当 $\sigma \to \sigma_y$ 且 $\sigma = \sigma_y$ 和 $\varepsilon_2 = 0$ 时，此时弹簧 E_2 开始参与工作且处于临界状态，由于1、2部分为串联结构，所以有基本方程：

$$\sigma_y = \sigma_1 = \sigma_2$$

$$\varepsilon = \varepsilon_1 + \varepsilon_2$$

$$\sigma_1 = E_1 \varepsilon_1$$

$$\sigma_2 = E_2 \varepsilon_2 + f$$

式中：下标1、2——对应于1部分的弹簧、2部分的弹塑性固体的应力分量和应变分量。

注意此时 $\varepsilon_2 = 0$，从而有：

$$\sigma_y = \sigma_2 = E_2 \varepsilon_2 + f = f$$

最终得：

$$\sigma_y = f$$

(3)后期加载，即当 $\sigma > \sigma_y$ 时，此时滑块开始滑动，2部分上的应变不再为零即 $\varepsilon_2 \neq 0$，且产生塑性应力 f，弹簧 E_2 正式参与工作，由于1、2部分为串联结构，所以有基本方程：

$$\sigma = \sigma_1 = \sigma_2$$

$$\varepsilon = \varepsilon_1 + \varepsilon_2$$

$$\sigma_1 = E_1 \varepsilon_1$$

$$\sigma_2 = E_2 \varepsilon_2 + f$$

从而有：

$$\sigma = \sigma_2 = E_2 \varepsilon_2 + f = E_2(\varepsilon - \varepsilon_1) + f = E_2\left(\varepsilon - \frac{\sigma}{E_1}\right) + f$$

最终得到此时的本构方程为：

$$\sigma = \frac{E_1 E_2}{E_1 + E_2}\varepsilon + \frac{E_1}{E_1 + E_2} f$$

可见：

$$K_2 = \frac{E_1 E_2}{E_1 + E_2}$$

如前所述，当$\sigma_y < \sigma < 2\sigma_y$时，在如图 4.6d）所示的直线 DA 上的任意时刻 P 点，实施卸载并反向加载，此时只有弹簧 E_1 在工作，并会沿斜率为 K_3 的 PS 直线行进，直至产生 $2\sigma_y$ 应力量程时达到反向屈服点 C，可见，此时$K_3 = K_1 = E_1$。总之，对于弹塑性固体之结构模式①（图 4.7），具有如图 4.6d）所示的应力应变特性，其中的力学参数分别为：

$$\sigma_y = f$$

$$K_1 = K_3 = E_1$$

$$K_2 = \frac{E_1 E_2}{E_1 + E_2}$$

同理，对于弹塑性固体之结构模式②：初期加载时，由于滑块的刚塑性作用，只有弹簧 E_2 和 E_1 并联共同工作；当外力 $\sigma \geqslant \sigma_y$ 时，滑块开始松动并滑移，此时弹簧 E_1 上的力等于常数 f，仅有弹簧 E_2 上的力随着变形的增加而继续增大，简单表述本构方程如下：

（1）初期加载，即当 $\sigma < \sigma_y$ 时，有：

$$\sigma = \sigma_1 + \sigma_2 = (E_1 + E_2)\varepsilon$$

亦即此时对应图 4.6d）中的力学参数，有：

$$K_1 = E_1 + E_2$$

（2）临界状态，即当$\sigma \to \sigma_y$且 $\sigma = \sigma_y$时，此时 1 部分圣维南体上的力$\sigma_1 = f$，见图 4.7，则有：

$$\sigma_y = \sigma_1 + \sigma_2 = f + E_2\varepsilon_2$$

根据并联特性，有$\varepsilon_1 = \varepsilon_2$，且对于圣维南体而言，此时$E_1\varepsilon_1 = f$，故有：

$$\sigma_y = f + E_2\varepsilon_2 = f + E_2\varepsilon_1 = f + E_2\frac{f}{E_1} = \frac{E_1 + E_2}{E_1}f$$

（3）后期加载，即当 $\sigma > \sigma_y$ 时，滑块开始滑动，圣维南体上的力始终等于常数 f，且据并联特性，$\varepsilon = \varepsilon_1 = \varepsilon_2$，此时有：

$$\sigma = \sigma_1 + \sigma_2 = f + E_2\varepsilon_2 = f + E_2\varepsilon$$

可见，在图4.6d)中，有$K_2=E_2$。

总之，对于弹塑性固体之结构模式②(图4.7)，具有如图4.6d)所示的应力应变特性，其中的力学参数分别为：

$$\sigma_y=\frac{E_1+E_2}{E_1}f$$

$$K_1=K_3=E_1+E_2$$

$$K_2=E_2$$

对比分析弹塑性固体之结构模式①和结构模式②(图4.7)，发现二者具有相同的应力应变加卸载路径即本构特性，同时具有相同结构形式的本构方程，只是参数值大小发生了变化，所以认为结构模式①和结构模式②二者是等效的。换句话说，模式①的等效模型便是模式②，反之亦然。这种等效关系，类似于黏弹性的普瓦汀(Poynting-Thomson)模型和泽纳(Zener)模型的等效关系，只是将其中的黏壶与滑块互换而已。

§4.4 其他流变模型分析

在流变模型理论中，通常讨论的组合模型就是黏弹性模型和弹塑性模型，即如前所述的常用黏弹性模型和常用弹塑性模型，此乃经典的流变模型理论。但对于大多数建筑材料而言，有时候需要研究混合料的拌和流动特性、黏塑性破坏特性等性质，因此，在有些情况下，为了广泛深入地认识材料的力学性质，流变模型理论也建立和分析了其他一些流变模型，如黏塑性流变模型、黏弹塑性流变模型、广义流变模型等，当然由于模型的相关内容较少，且多为介绍性的，所以都归纳在其他流变模型之中加以简单介绍。

4.4.1 黏塑性模型分析

黏塑性流变模型的组建，顾名思义就是将黏性元件和塑性元件组合到一起，最简单的组合方式便是2元件组合模型，即1个黏壶和1个滑块串联或1个黏壶和1个滑块并联。当1个黏壶和1个滑块串联的时候，按照串联组合特性和第4.1节的记号标识，有本构方程：

$$\sigma = \begin{cases} \eta\dot{\varepsilon} & \text{当 } \eta\dot{\varepsilon} < f \text{ 时} \\ f & \text{当 } \eta\dot{\varepsilon} = f \text{ 时} \end{cases}$$

可见,1 个黏壶和 1 个滑块串联组合,仍然表示或反映的是 2 个力学元件的独立工作特性,因此,不具有任何组合模型的分析价值。所以,通常在分析黏塑性流变模型的时候,采用的是 1 个黏壶和 1 个滑块并联,即为宾汉流变模型(Bingham),其模型结构及本构特性如图 4.9 所示。

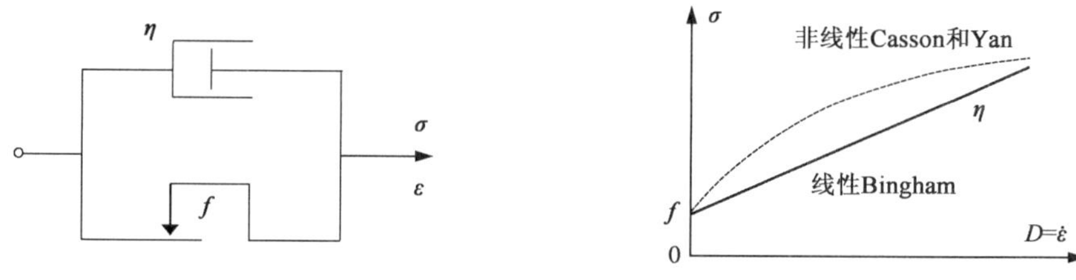

图 4.9　黏塑性模型结构及本构特性

宾汉模型(Bingham)采用的是线性黏壶,所以是线性黏塑性模型。而有些物质的流动变形是非线性的(见第 3 章 3.2 节),故基于宾汉模型的原理,分析时又提出了一个非线性的卡松模型(Casson)。随着沥青混合料研究的不断深入,为了更精确地描述其黏塑性破坏的非线性规律,研究也提出了另外一个非线性黏塑性模型,即延模型(Yan)。这 3 个黏塑性模型的组成结构大同小异,仍是 1 个黏壶和 1 个滑块并联(图 4.9),只是区别了黏壶的线性与非线性,其本构方程的表达式分别为:

宾汉模型(Bingham)的本构方程　$\sigma_{max} = f_B + \eta_B D$

卡松模型(Casson)的本构方程　$\sqrt{\sigma_{max}} = \sqrt{f_C} + \sqrt{\eta_C}\sqrt{D}$

延模型(Yan)的本构方程　$\sigma_{max} = f_Y + \eta_Y \ln(D+1)$

式中:f——内在塑性极限(MPa),其下标 B、C、Y 分别对应各个模型;

η——黏性系数($MPa \cdot s^{-1}$),其下标 B、C、Y 分别对应各个模型;

σ_{max}——最大应力即破坏强度(MPa);

D——应变速率(s^{-1})。

注意:在流变模型的建立与分析中,除了考虑力学平衡方程外,一定要注意本构方程的量纲平衡,特别是在分析非线性问题的时候,更应强调这一点。

如果材料是非线性的，那么直观表达的非线性方程的量纲一般是不平衡的，此时通常需要引入对数函数、三角函数等分析方法。

4.4.2　黏弹塑性模型分析

长期以来，人们试图利用流变模型理论，对具有弹黏塑性的材料建立一个统一的流变模型，但到目前为止，事实证明是徒劳的，因为大多数材料的力学性质是有条件的，亦即弹黏塑性在多数情况下是不连续的或是分段表达的。关于黏弹塑性统一流变模型的分析与应用，只有在法国流变学学会（Groupe français de Rhéologie）编辑出版的的流变学词典《Dictionnaire de Rhéologie》（1988 版）中，介绍了斯万朵夫模型（Schwedoff），其他流变学书籍中未提及。

斯万朵夫模型（Schwedoff）为 4 元件模型，是 1 个黏弹性的麦克斯韦尔模型和 1 个滑块并联之后，再和 1 个弹簧串联的结构，如图 4.10 所示。与“弹塑性固体模型”相比（表 4.3），斯万朵夫模型只是多了一个黏壶，所以在分析其本构特性时，以弹塑性固体模型的应力应变路径为参照（如图 4.10 中的折线 0C 和 CA 及 AB），来分析其变化特性。同时由于模型中塑性滑块的介入，斯万朵夫模型的本构特性也是分段式的或折线式的。对比分析这两个模型加载时的应力应变特性可以发现：斯万朵夫模型总体上具有与弹塑性固体模型一致的加载路径，唯一的区别在于外力超过屈服点 C 以后，弹塑性固体模型沿直线 CB 行进，而斯万朵夫模型却变为曲线 CP 路径，且曲线 CP 在直线 CB 的下方。简单来讲，斯万朵夫模型的本构特性具有以下一些重要特征（图 4.10）。

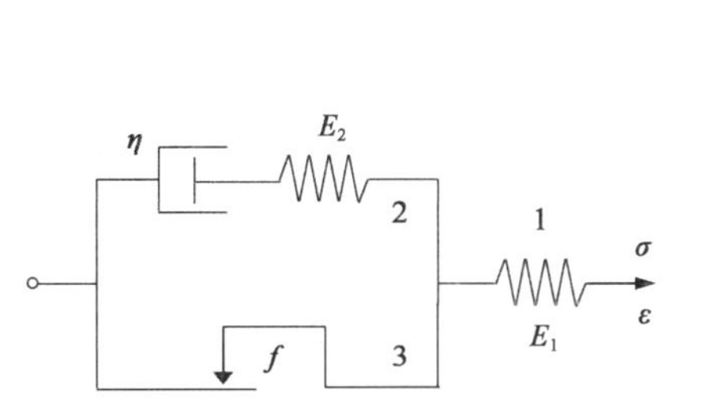

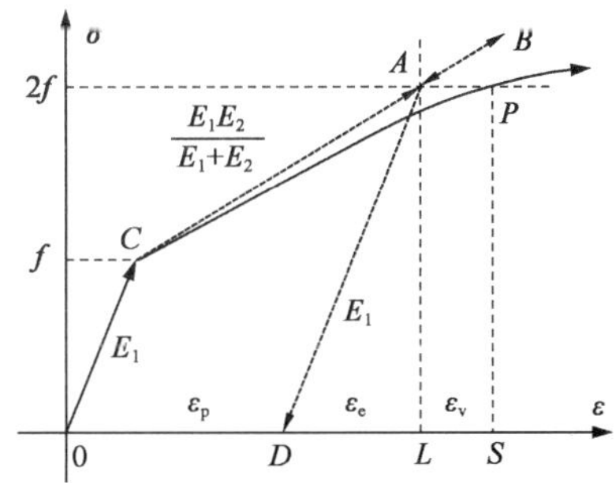

图 4.10　斯万朵大（Schwedoff）模型结构及本构特性

- 若黏壶变为刚体（当 $\eta=\infty$ 时），则斯万朵夫模型演变为“有应力强化的弹塑性固体模型”(表4.3);若无滑块(当$f=0$时),则为黏弹性的“麦克斯韦尔模型”;以此类推,可以得到其他经典常用的流变模型。

- 初期加载时,只有弹簧E_1工作,直至达到屈服点C,存在屈服应力$\sigma_y=f$。
- 当$\sigma>f$时,由于黏壶的阻尼效应(而非刚体作用),使得斯万朵夫模型具有较大的变形和较小的应力,从而使得曲线CP在“有应力强化的弹塑性固体模型”直线CB的下方;此时在相同应力水平下,斯万朵夫模型比弹塑性固体增加或多出的变形,便可以理解为黏性应变ε_v,如图4.10中线段AP的长度,从而塑性应变、弹性应变、黏性应变可以分别表示为图4.10中的$\varepsilon_p=OD$、$\varepsilon_e=DL$、$\varepsilon_v=LS$。
- 对于$\sigma>2f$时的加载和卸载,由于此时弹簧E_2和弹簧E_1串联工作,弹簧E_2上存在足够的内力,使得应力应变能够沿原路径返回到P点,不具有应力强化特性。
- 当$f<\sigma<2f$时进行加载和卸载,斯万朵夫模型具有与弹塑性固体类似的本构特性,同样也具有应力强化特性。

4.4.3 广义麦克斯韦尔模型

广义麦克斯韦尔模型(generalized Maxwell model)由n个麦克斯韦尔模型(Maxwell)并联组成,如图4.11所示。为了分析的方便,将组成广义模型的每一组麦克斯韦尔模型编号标识为$i=1$、$2\cdots\cdots n$,根据并联组合特性,有:

$$\sigma=\sigma_1+\sigma_2+\cdots+\sigma_n$$

$$\varepsilon=\varepsilon_1=\varepsilon_2=\cdots=\varepsilon_n$$

而任意一组麦克斯韦尔模型本构方程可以书写为:

$$\dot{\varepsilon}_i=\frac{\dot{\sigma}_i}{E_i}+\frac{\sigma_i}{\eta_i}=\frac{1}{E_i}\partial_t\sigma_i+\frac{1}{\eta_i}\sigma_i=\left(\frac{1}{E_i}\partial_t+\frac{1}{\eta_i}\right)\sigma_i=\dot{\varepsilon}$$

即:

$$\sigma_i=\frac{\dot{\varepsilon}}{\frac{1}{E_i}\partial_t+\frac{1}{\eta_i}}$$

所以,广义麦克斯韦尔模型本构方程的通用表达式为:

$$\sigma=\frac{\dot{\varepsilon}}{\frac{1}{E_1}\partial_t+\frac{1}{\eta_1}}+\frac{\dot{\varepsilon}}{\frac{1}{E_2}\partial_t+\frac{1}{\eta_2}}+\cdots+\frac{\dot{\varepsilon}}{\frac{1}{E_n}\partial_t+\frac{1}{\eta_n}}$$

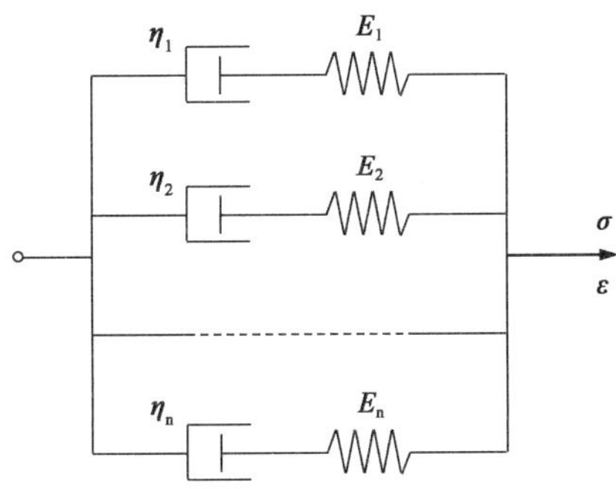

图 4.11 广义麦克斯韦尔模型

4.4.4 广义开尔文模型

广义开尔文模型(generalized Kelvin model)由 n 个开尔文模型(Kelvin)串联组成,如图 4.12 所示。同样,为了分析的方便,将广义模型的每一组开尔文模型编号标识为 $i=1$、$2\cdots\cdots n$,根据串联组合特性,有:

$$\sigma=\sigma_1=\sigma_2=\cdots=\sigma_n$$

$$\varepsilon=\varepsilon_1+\varepsilon_2+\cdots+\varepsilon_n$$

而任意一组开尔文模型的本构方程可以书写为:

$$\sigma_i=E_i\varepsilon_i+\eta_i\dot{\varepsilon}_i=E_i\varepsilon_i+\eta_i\partial_t\varepsilon_i=(E_i+\eta_i\partial_t)\varepsilon_i=\sigma$$

即:

$$\varepsilon_i=\frac{\sigma}{E_i+\eta_i\partial_t}$$

从而得到广义开尔文模型本构方程的通用表达式:

$$\varepsilon=\frac{\sigma}{E_1+\eta_1\partial_t}+\frac{\sigma}{E_2+\eta_2\partial_t}+\cdots+\frac{\sigma}{E_n+\eta_n\partial_t}$$

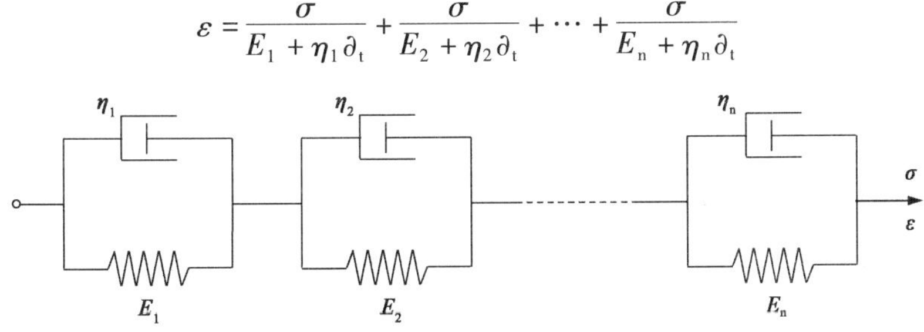

图 4.12 广义开尔文模型

4.4.5 广义圣维南模型

广义圣维南模型(generalized Saint-Venant model)由 n 个圣维南模型(Saint-Venant)并联组成,如图 4.13 所示。同样为了分析的方便,将组成广义模型的每一组圣维南模型编号标识为 $i=1$、$2\cdots\cdots n$,对应的弹性模量、塑性极限依次为 E_i、f_i,且假设 $f_1<f_2<\cdots<f_n$。根据并联组合特性,有:

$$\sigma=\sigma_1+\sigma_2+\cdots+\sigma_n$$

$$\varepsilon=\varepsilon_1=\varepsilon_2=\cdots=\varepsilon_n$$

而对于圣维南体亦即标准弹塑性模型,在如图 4.13 所示的任意一组圣维南体中,其本构方程都可以表示为分段函数:

$$\sigma_i=\begin{cases}E_i\varepsilon & \text{当}|\sigma_i|<f_i\text{时}\\ f_i & \text{当}|\sigma_i|=f_i\text{时}\end{cases}$$

式中:E_i、f_i——广义模型中任意一组圣维南模型对应的弹性模量、塑性极限。

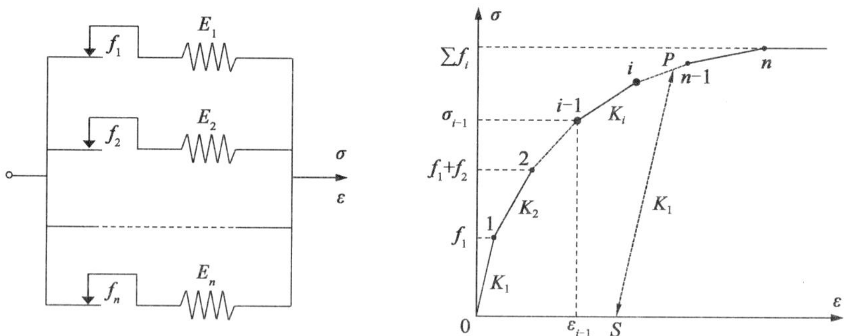

图 4.13 广义圣维南模型及其本构特性

对广义圣维南模型加载时,初期由于滑块的刚塑性作用,n 个弹簧并联工作,此时模型的弹性模量为各个弹簧的弹性模量之和,即有 $K_1=\sum E_i$;当加载达到屈服极限 f_1 时,第 1 个滑块开始滑动,应力应变特性产生第一个转折点 1,弹簧 E_1 保持内力 f_1,不再对广义模型的弹性模量作出贡献,此时剩下 $n-1$ 个弹簧并联,即有 $K_2=\sum E_i-E_1$,如图 4.13 所示。以此类推,广义圣维南模型的本构特性为斜率渐次减小的折线,折线上的每一个转折点对应于新增一个滑块的松动,如图 4.13 中的点号 1、$2\cdots\cdots n$;同时,在本构特性折线上的任意时刻点 P 卸载,广义圣维南模型必然会以斜率 K_1 的直线路径抵达至静止点 S,若重新加载则达到

新的屈服点 P，显然，这是一个应力强化特性。

讨论广义圣维南模型的通用本构方程时，令本构特性折线上任意两个相邻转折点（如图 4.13 中的 $i-1$ 点和 i 点）对应的直线段的斜率为 K_i，则有：

$$K_i = \sum_1^i E_i - \sum_1^i E_i$$

对应该直线段的方程为：

$$(\sigma - \sigma_{i-1}) = K_i(\varepsilon - \varepsilon_{i-1})$$

亦即本构方程的通用表达式为：

$$\left(\sigma - \sum_1^{i-1} f_i\right) = K_i\left(\varepsilon - \sum_1^{i-1}\frac{f_i}{K_i}\right)$$

另外，一个值得我们思考的有趣问题是：对于广义圣维南模型，如果存在 $\sum f_i$（对工业与建筑材料而言，必然存在），亦即材料的强度极限，那么当并联圣维南体的组数 $n \to \infty$ 时，图 4.13 所示的应力应变折线逐渐演变为光滑的曲线。这种应力应变曲线，反映了材料的弹塑性，且具有应力强化特性，有时可以用来描述道路材料的力学性质，如水泥稳定碎石混合料（见第 7 章 7.4 节）。

复习思考题

1. 绘图说明力学元件的模型结构和应力应变特性，并写出其本构方程、分析其基本特性。

2. 对 3 个力学元件进行两两串联和并联组合（即有 6 组），试分析其本构特性。

3. 如何理解建立流变模型应遵循的基本原则？

4. 设控制应变法的加载速率为 D，分别对麦克斯韦尔模型和开尔文模型施加简单激励 $\varepsilon(t) = Dt$，试分析对应的响应函数 $\sigma(t)$。

5. 推导普瓦汀模型（Poynting-Thomson）的本构方程及徐变与松弛方程。

6. 结合第 6 章内容，试说明黏弹性模型的建立与分析在材料力学特性研究中有何意义？

7. 对于图 4.7 中的弹塑性固体模型之模式②，试在 σ-ε 坐标系中，分析其加载和卸载时的本构特性，并写出本构方程。

8. 对于图4.7所示的弹塑性固体模型，试分析当弹性模量 $E_1=\infty$ 时的本构特性。

9. 试用弹塑性流变模型分析认识材料的应力强化特性。

10. 试利用最基本的流变模型，分析认识材料的塑性破坏和黏塑性破坏。

11. 通过斯万朵夫模型的本构特性分析，认识黏性变形的产生。

12. 应用广义圣维南模型，分析弹塑性材料的应力应变曲线及应力强化特性。

本章参考文献

[1] 袁龙蔚. 流变学概论[M]. 上海：上海科学技术出版社，1961.

[2] Groupe Français de Rhéologie. Dictionaire de rhéologie[K]. Paris: Edition SEBTP, 1988.

[3] MASE G E. Theory and problems of continuum mechanics[M]. New York: McGraw-Hill Book Company, 1970.

[4] 延西利，梁春雨，艾涛，等. 基于沥青与石料界面剪切的黏塑性流变模型研究[J]. 土木工程学报，2014，47(2)：136-144.

[5] 范广勤. 岩土工程流变力学[M]. 北京：煤炭工业出版社，1993.

[6] 刘雄. 岩石流变学概论[M]. 北京：地质出版社，1994.

[7] 罗守靖，程远胜，陈强. 金属材料流变学[M]. 北京：机械工业出版社，2014.

[8] 金日光，马秀清. 高聚物流变学[M]. 上海：华东理工大学出版社，2012.

[9] BARNES H. A, HUTTON J. F, WALTERS F. An introduction to rheology[M]. New York: Elsevier, 1989.

[10] MANDEL J. Propriétés mécaniques des matériaux[M]. Paris: Editions Eyrolles, 1978.

[11] 吴其晔，巫静安. 高分子材料流变学[M]. 北京：高等教育出版社，2014.

[12] 史铁钧，吴德峰. 高分子流变学基础[M]. 北京：化学工业出版社，2009.

第5章　弹塑性本构理论

弹塑性力学是工程力学学科很重要的一门课程，讲述的是结构与力学计算，而流变学，重点研究的是材料的本构理论，而不是力学计算。固体材料如低碳钢、水泥混凝土和沥青混合料等，在外力作用下，首先会表现出一定的弹性，然后随着外力激励的逐渐增大，达到屈服极限或称极限应力后，会发生断裂破坏或卸载后出现永久变形，表现出明显的塑性特性，这种变形或破坏是逐渐流动发生的，故为塑性流动变形或塑性流动破坏。本章论述暂不考虑材料的黏性，重点研究材料的弹塑性试验特性、屈服特性及屈服准则、应力强化和循环激励效应等，并结合第4章所介绍的流变模型理论，从线弹性的基本理论出发，认识材料的弹塑性本构理论。

§5.1　弹塑性力学概述

弹塑性力学是继弹性力学之后，又一门重要的力学课程。物体或材料在外力作用下，当内部应力超过弹性极限以后，大多数材料仍能够继续承载，具有一定的承载能力，只是对应的变形要大些且有一部分是不可恢复的塑性变形，此时认为材料进入塑性状态。如何充分发挥和利用这种塑性特性，便是弹塑性力学需要回答的问题。弹塑性力学的发展已有150多年的历史，其理论体系与工程方法已十分成熟和完善，广泛应用于土木工程、机械工程等诸多领域。在道路工程中，学习和掌握弹塑性基本理论，从力学原理上认识道路材料的强度构成特性、结构物的破坏特性和施工工艺技术，对材料学研究与应用具有重要的现实意义。本节主要介绍弹塑性力学的学科属性、基本任务、基本假设和重点发展方向。

5.1.1 学科属性

弹塑性力学是固体力学的一个重要分支，是研究物体受到外荷载、温度变化和边界约束变动等作用时，产生弹塑性变形及其对应的应力状态的一门科学。弹塑性力学有时也称为塑性力学或塑性理论，其内容基于弹性力学，通过一套系统完整的理论体系，重点研究物体发生塑性流动变形和塑性流动破坏的变化规律。塑性力学与弹性力学有着密切的关系，弹性力学中的大部分基本概念和求解问题的方法（如平衡方程、几何方程等）都可以应用于塑性力学中。

物体的弹性变形和塑性变形，是整个变形过程中的两个不同阶段，且为两个连续阶段，大多数物体内部可能会同时存在着弹性和塑性的耦联变形。所谓弹性是指物体的应力与应变之间有单值的函数关系，亦即应力与应变有一一对应的关系，当除去外力后，物体完全恢复到初始形状。而塑性力学则研究作用于物体上的外力消除之后，物体变形不完全恢复、产生部分永久变形即塑性变形时，作用力与变形之间的关系，以及塑性变形后物体内部应力的分布规律。

进入塑性状态后，物体的应力与应变不再具有一一对应的关系。最早的弹塑性理论分析，是以金属材料的拉伸试验为基础的。试验首先对低碳钢进行了拉伸，获得了应力应变试验关系图（图5.1），当$\sigma < \sigma_s$时，拉伸在OA直线段上工作，卸载后不会产生永久变形，材料处于线弹性工作状态；当加载达到或超过A点即$\sigma \geq \sigma_s$时，在任一位置B点处卸载后产生永久变形ε_p，认为材料进入塑性状态。后来又进行了压缩试验和扭转试验，获得了类似的试验结果，从而通过分析归纳，诞生弹塑性理论。由于金属材料是匀质材料，所以一般情况下其抗拉强度约等于抗压强度，而大多道路材料是典型的非匀质材料，所以其抗拉强度一般远小于抗压强度，通常抗拉强度约为抗压强度的1/5，这一点在研究中需要特别注意。

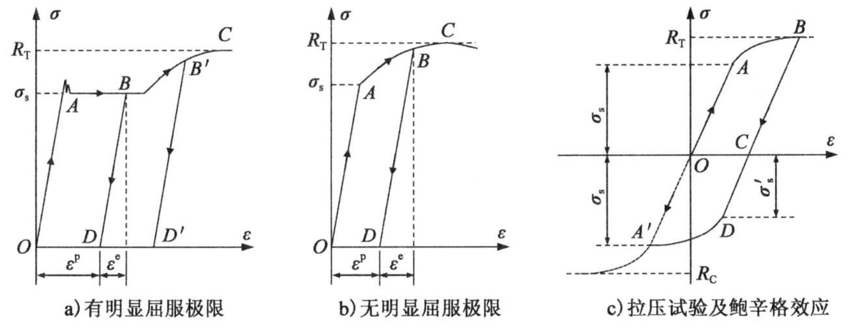

图5.1 金属材料拉压试验时的弹塑性分析

5.1.2 基本任务

弹塑性力学的基本任务,也就是弹塑性力学研究的主要目的,主要有两个方面:一方面是如何考虑物体或材料进入塑性状态后的力学性能,充分发挥其承载效能,更加准确地估计物体的承载能力;另一方面是如何考虑材料的塑性变形特性,充分利用其不可恢复性,研究工艺技术,利于金属材料的机械加工和建筑材料的塑性成型。例如,在弹性力学中,通常研究的是弹性极限(σ_s)范围内应力与应变的单值函数关系,但事实上,当应力超过弹性极限后,大多数材料还是能够继续承担应力的,只是对应的应变要大些且有一部分是不可恢复的,此时物体内的应力重新分配,物体的其他部分更多地参与承担荷载,从而整体上提高了物体的承载能力。再比如,在路面工程中,热拌沥青混合料具有较好的塑性流动性,有利于保证施工和易性及工程质量。

弹塑性力学作为一门科学,那么它必然具有系统的和完备的内容体系。弹塑性力学是在弹性力学的基础上发展起来的,所以弹塑性力学的基本方程仍然采用弹性力学三大力学方程,即平衡方程、几何方程和物理方程,但需要注意的是此时为塑性状态下的力学方程,需要引入塑性变量或塑性增量。弹塑性力学作为一门课程体系,主要内容包括:

- 基于力学试验的弹性和塑性认识;
- 应力分析(平衡方程)与应变分析(几何方程);
- 本构特性分析(物理方程)及屈服条件;

- 简单的平面问题分析；
- 构件（杆、梁、板、柱、环等）的弹塑性问题；
- 结构（墩台、桁架、洞室等）的弹塑性问题；
- 力学计算方法（坐标系的选择，力学问题的求解方程分析，平面问题，空间问题，计算力学理论，数值计算方法）；
- 物体的塑性成型。

5.1.3　基本假设

在弹塑性力学中，为了能通过已知量（如物体的几何形状和尺寸、物体所受的外力和几何约束）求出应力、应变和位移等未知量，需要从待解问题的静力学、几何学和物理学三方面出发，也就是利用平衡方程、几何方程和物理方程三组力学方程，建立这些未知量的弹性力学基本方程和所满足的边界条件。但由于求解问题的复杂性，通常需要按照所研究物体的形状，以及求解物体的范围，略去一些影响较小的次要因素，使方程求解成为可能。这些问题的求解，最为关键的是确定材料的力学物理方程即本构方程。因此，在建立物体的力学方程和确定材料的力学性质时，力学理论采用了如下一些基本假设。

(1)连续性假设

假设物体是连续的（continuous），亦即假定组成物体的质点之间在任何时刻都不存在任何空隙，从而使得物体内的一些物理量如应力、应变和位移才可能是连续的，可用连续函数表示。

连续性假设是基本假设中的必要性假设，而下面一些假设则为辅助性假设。采用连续性假设不仅是为了避免数学上的困难，更重要的是根据它所做出的力学计算分析，通过广泛的实践证明是正确的。事实上，由颗粒性材料组成的物体，当物体的几何尺寸足够大，远大于颗粒粒径时，也可以认为是一种连续介质。

(2)匀质性假设

假设物体是匀质的（homogeneous），即假定物体内部的任意一点的物理力学性质（如密度、弹性或塑性）都是相同的，并不随质点坐标位置的改变而

发生变化。例如,物体的密度ρ是坐标(x,y,z)的函数即有$\rho(x,y,z)$,如果物体是匀质的,那么物体的密度是常数,其导数为零,则有$\dot{\rho}(x,y,z)=0$。很显然,大多道路材料是典型的非匀质材料,由许多颗粒和空隙组成,其抗拉强度与抗压强度在数值上存在较大差别。

(3)各向同性假设

假设物体是各向同性的(isotropous),是指物体在不同方向上具有相同的物理性质。如果物体是线弹性的,那么弹性模量不随坐标方向的改变而改变。显然,木材不能当作各向同性体,钢材在宏观意义上可以认为是各向同性的,压实均匀成型的沥青混合料也可以认为是各向同性的。

(4)小变形假设

即认为物体在外力作用下所产生的变形,与其本身的几何尺寸相比很小,可以不考虑因变形而引起的尺寸变化,这样就可以用变形以前的几何尺寸进行相关分析计算。此外,如果物体的变形属于小变形,那么在建立几何方程和物理方程时,物体的变形和各点的位移公式中的二阶微量可以略去不计,使得几何变形线性化,极大地简化了计算。

(5)应力球张量不参与屈服假设

应力球张量亦即静水压力或平均正应力,不影响屈服条件和加载条件。

(6)无初始应力假设

物体的初始状态处于一种无应力的自然状态,即在外力作用之前,物体内各点的应力均为零,一般的分析计算是从这种状态出发的。

5.1.4　两个前沿问题

弹塑性力学发展至今,已很是成熟和完备。在三大力学方程中,3 个平衡方程含有 6 个应力未知量,6 个几何方程含有 6 个应变和 3 个位移未知量,6 个物理方程含有 6 个应力未知量和 6 个应变未知量,弹塑性问题总共有 15 个力学方程和 15 个未知量,理论上方程组是可以求解的。但在力学问题的实际求解过程中,问题往往比想象的要复杂得多、困难得多,其中最为关键的便是物理方程的确立和计算方法的选择,从而演绎出了两个前沿力学问题:一个是本构方程问题即物理方程,另一个是计算力学问题即计算方法。

(1)本构方程问题:即材料的本构模型或本构理论问题,研究的是物理方程的建立问题,通过试验研究建立材料的应力和应变或力和位移之间的关系,确立本构方程即物理方程。本构方程的建立应遵循第4章4.1节所介绍的2个基本原则:一是模型能够很好地反映材料的力学特性;二是模型应尽可能简单直观,便于实际应用。力学问题的求解,通过力学方程和边界条件是可以实现的,其中力和位移是比较明确的或可以确定的,唯有物理方程的确定目前仍然是一个难题。因此,如何建立材料的本构方程,便是流变学研究的一个重点内容,目前关于本构理论的研究方法也比较多,主要有唯象法和结构法、增量理论和全量理论等。

(2)计算力学问题:即求解实际问题时的计算方法问题,主要涉及计算力学理论(界限法、主应力法、能量法)和数值计算方法(有限元法、边界元法、差分法、加权残数法)等,进而诞生了一个新兴力学分支——计算力学(computational mechanics)。尽管力学方程在理论上是可以求解的,但由于方程式中含有微分单元和研究对象的复杂性,许多问题的精确求解是十分困难的,因此,引入了数值计算方法。随着计算机技术的发展,这些工作具有很大的发展前途。

§5.2 基本试验特性

在力学理论中,应力应变分析一般假定拉伸为正、压缩为负,如低碳钢的拉伸试验(图5.1)。但在土木工程中,由于物体在大多数情况下处于受压状态,且抗压强度一般远大于抗拉强度,所以通常取压缩为正、拉伸为负。为了统一分析材料的弹塑性,把普通金属材料的拉伸试验结果和水泥混凝土、水泥稳定碎石混合料、常温沥青混合料的压缩试验结果一并绘制于图5.2中,由此可以发现:①金属材料和水泥混凝土具有明显的屈服点,而水泥稳定碎石混合料和沥青混合料的屈服点并不明显;②前两种材料的应力应变在加载的初始阶段具有明显的线性特性,而后两种材料则总体上表现为非线性;③这四种材料的屈服应力或极限强度具有很大的差异。沥青混合料是一种典型的黏弹塑性材料,它的试验特性与加载速率有关,详见第8章。

在图5.2中,金属材料和水泥混凝土在应力小于屈服应力时卸载,应力应变基本上为线性返回,服从线弹性的虎克定律;如果在应力大于或等于屈服应力时卸载,则会产生塑性变形,如同图5.1所分析的力学特性一样。但对于水泥稳定碎石混合料和常温沥青混合料,如果在应力应变试验曲线上的任意点A卸载至应力为零处,则会产生塑性变形OB,并伴随有弹性恢复变形BC,表现出明显的弹塑性特性。水泥稳定碎石的力学性质与加载速率无关,黏性可以忽略不计,其弹塑性分析详见第7章;常温沥青混合料的力学特性,受加载速率和温度的影响比较明显,总体上表现为黏弹塑性,其力学特性描述更为复杂,基本分析详见第8章。

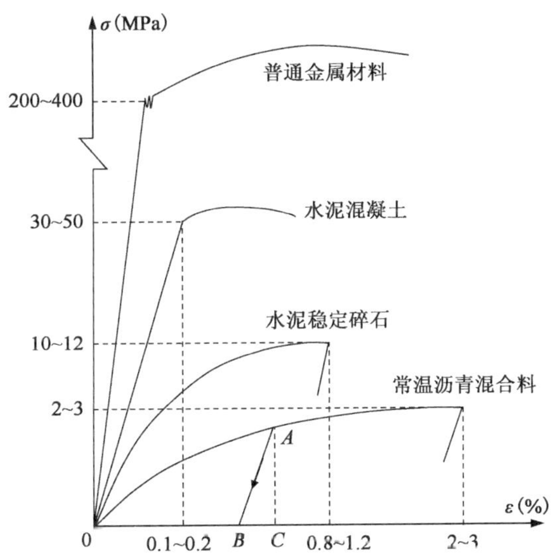

图5.2 道路材料的应力应变试验特性及与金属材料的对比

5.2.1 低碳钢的拉压试验

对低碳钢进行拉伸试验或压缩试验,得到应力应变曲线如图5.1所示。当$\sigma<\sigma_s$时,拉伸在OA直线段上工作,卸载后沿原路径返回到原点,不会产生永久变形,应力应变服从线弹性的虎克定律;当加载达到或超过A点即$\sigma\geqslant\sigma_s$时,在任一位置B点(或B'点)处卸载,应力应变不能沿原路径返回,而是沿着直线BD(或B′D′)卸载至应力为零,卸载后产生了永久变形ε_p,认

为材料进入了塑性状态,应力应变不再具有一一对应关系。进入塑性状态后的卸载和重新加载,其路径直线平行于初始弹性阶段的 OA 直线,如图 5.1 中的直线 OA//DB//D′B′,反映了相同的弹性模量值,此时的总应变(ε)由弹性应变(ε^e)和塑性应变(ε^p)两部分组成,即:

$$\varepsilon = \varepsilon^e + \varepsilon^p = \frac{\sigma_s}{E} + \varepsilon^p$$

式中:σ_s——材料的初始屈服应力,对应于图 5.1 中 A 点的应力;

E——材料的弹性模量,对应于图 5.1 中 OA 直线的斜率。

材料进入塑性状态后,如果继续进行卸载、重新加载,乃至于反向加载即压缩试验(图 5.1c),则应力应变曲线会表现出更为完整的试验特性,这些特性主要为:塑性所具有的基本特性、应力强化特性和鲍辛格效应(Bauschinger effect)。

(1)塑性的基本特性:产生永久变形(即塑性变形ε^p)和屈服应力σ_s(或强度极限R_T)。

(2)应力强化特性:在图 5.1b)中,由 B 点卸载至 D 点,然后重新加载至 B 点,若记 B 点对应的应力为σ_B,则有$\sigma_B > \sigma_s$,相当于屈服应力的提高,即应力强化,此时称σ_s为初始屈服应力,σ_B为后继屈服应力。应力强化通常分为等向强化、运动强化和混合强化 3 种,详见本章 5.6 节。

(3)鲍辛格效应:在图 5.1c)中,先对试件进行拉伸试验至 A 点,获得拉伸屈服应力σ_s,然后在塑性状态下由 B 点卸载至 C 点并反向压缩至 D 点,获得压缩屈服应力σ'_s;如果直接对试件进行压缩试验,加载至 A'点,获得压缩屈服应力σ_s(匀质材料的抗拉强度和抗压强度相等),此时会发现$\sigma'_s < \sigma_s$。这种经过先拉后压或先压后拉试验而导致屈服应力发生变化的现象,称为鲍辛格效应(Bauschinger effect),其分析模型如第 4 章 4.3 节中的"弹塑性固体模型"。具有鲍辛格效应的应力强化特性,一般为运动强化。

大多数金属材料都具有类似于上述分析的试验结果,拉伸、压缩和扭转试验的应力应变曲线也基本相同,只是需要表明两点:一是金属材料的拉伸和压缩试验,具有相同应力应变本构特性和数值;二是金属材料扭转和拉伸试验,具有相同的应力应变本构特性,但数值不同。

5.2.2 金属材料的试验特性

金属材料的力学试验结果是研究弹塑性力学的基础，其基本试验特性如图5.1所示。当荷载应力小于屈服应力($\sigma<\sigma_s$)时，金属材料处于弹性工作状态，加载与卸载均能沿原路径往返。弹性一般分为线弹性和非线弹性两种情况，如图5.3a)和图5.3c)所示，此时有简化了的本构方程：

线弹性 $\sigma=E\varepsilon$

非线弹性 $\sigma=A\,\varepsilon^n$

式中：E——弹性模量；

n——强化系数，$0<n<1$；

A——材料的试验参数。

当荷载应力大于等于屈服应力($\sigma\geqslant\sigma_s$)时，金属材料进入塑性工作状态，卸载后会产生永久变形，此时重新加载会出现有应力强化和无应力强化两种试验特性，并分为线性和非线性两种情况。从而结合第4章4.3节"常用弹塑性模型分析"，在研究金属材料的试验特性时，弹塑性力学通常采用标准弹塑性模型、线性强化模型和幂强化模型三种分析模型(图5.3)，基本试验特性分析见表5.1。

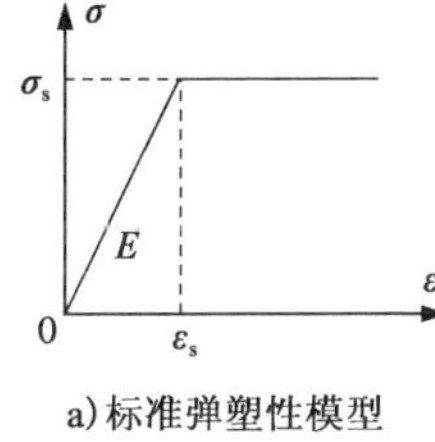

a)标准弹塑性模型

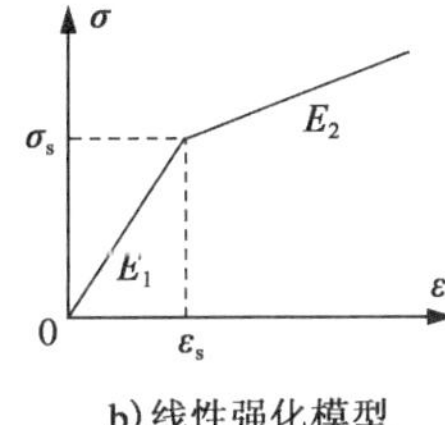

b)线性强化模型

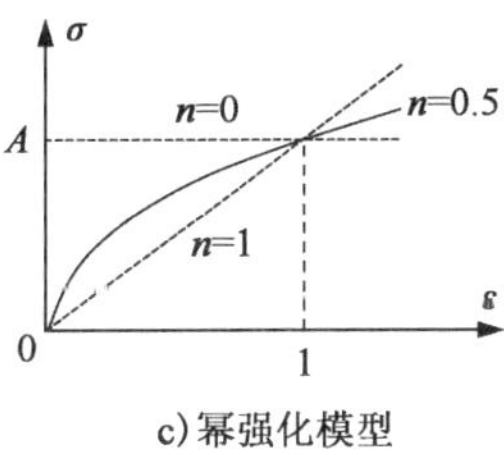

c)幂强化模型

图5.3 金属材料的试验特性及本构模型

金属材料的弹塑性试验特性分析 表5.1

本构模型种类	应力应变图	基本特性描述	流变分析模型	本构方程
标准弹塑性模型	图5.3a)	• 线性特性； • 当 $\varepsilon<\varepsilon_s$ 时，线弹性； • 当 $\varepsilon\geqslant\varepsilon_s$ 时，刚塑性	圣维南模型 (Saint-Venant)	当 $\varepsilon<\varepsilon_s$ 时 $\sigma=E\varepsilon$ 当 $\varepsilon\geqslant\varepsilon_s$ 时 $\sigma=\sigma_s-E\varepsilon_s$

续上表

本构模型种类	应力应变图	基本特性描述	流变分析模型	本构方程
线性强化模型	图5.3b)	• 线性特性； • 当 $\varepsilon < \varepsilon_s$ 时，线弹性； • 当 $\varepsilon \geqslant \varepsilon_s$ 时，线弹性； • 存在初始屈服应力 σ_s，有应力强化	弹塑性固体模型（有应力强化）	当 $\varepsilon < \varepsilon_s$ 时 $\sigma = E\varepsilon$ 当 $\varepsilon \geqslant \varepsilon_s$ 时 $\sigma = \sigma_s + E_2(\varepsilon - \varepsilon_s)$
幂强化模型	图5.3c)	• 非线性弹性； • 当 $n=1$ 时，线弹性； • 当 $n=0$ 时，刚塑性	—	$\sigma = A\varepsilon^n$ $(0 < n < 1)$

利用流变模型来研究应力应变的试验特性，可以从力学原理上认识材料的力学性质，尽管这样的分析模型有点简单，但对于某些材料而言是足够准确的，在分析和解决工程实际问题中取得了很好的效果。大量的试验研究成果还表明：大多数金属材料通常为线弹性体，但存在屈服应力 σ_s，当 $\sigma \geqslant \sigma_s$ 时，卸载会发生永久变形[如图5.1b)中的OD线段]，重新加载一般会出现应力强化现象；合金新材料和复合材料会出现非线弹性特性，橡胶材料是典型的非线性弹性体；在幂强化模型中，若 $n=0$，即为第4章中的刚塑性模型。

5.2.3 道路材料的试验特性

最常用的道路材料主要是指水泥混凝土、水泥稳定碎石和沥青混合料，道路材料的力学性质与金属材料相比有很大不同，如图5.2所示。金属材料的力学试验分析由来已久，积累了丰富的研究成果，而关于道路材料的力学试验分析却起步较晚。认识道路材料的弹塑性性质，同样也需要分析其应力应变试验特性，长安大学延西利教授长期致力于道路材料的力学性质研究，绘制了大量的应力应变试验图，图5.4即为三种常用道路材料的应力应变试验曲线图，对应的本构特性分析曲线见图5.5。

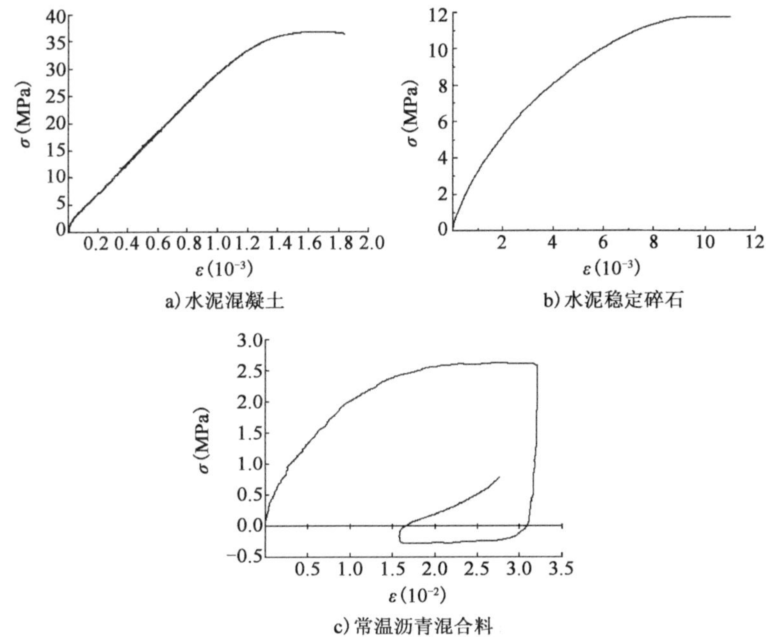

图5.4 道路材料的应力应变试验曲线

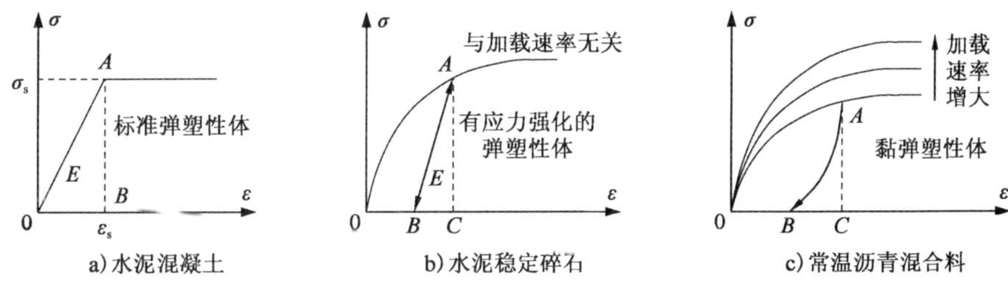

图5.5 道路材料的本构特性分析曲线

分析图5.4和图5.5所示的水泥混凝土、水泥稳定碎石和沥青混合料的应力应变曲线,可以发现:

- 水泥混凝土的应力应变路径直至破坏基本上为斜向和水平两条直线,而水泥稳定碎石和沥青混合料则为明显的曲线;
- 水泥类材料(水泥混凝土、水泥稳定碎石)的力学性质与加载速率无关,亦即与黏性无关,故为弹塑性体,而沥青混合料除了具有弹塑性外,还与加载速率有关,具有显著的黏性;

- 水泥混凝土斜向和水平的应力应变路径,类似于某些金属材料,可用标准弹塑性模型(Saint-Venant 模型,即弹簧与滑块的串联)分析之,如图 5.5a)所示,其本构方程见表 5.1;
- 在水泥稳定碎石和沥青混合料的试验曲线上,由任意点 A 卸载至点 B 时,都会产生永久变形 0B 和回弹变形 CB,如图 5.5b)和图 5.5c)所示,充分反映了材料的弹塑性特性。

由此可见,当金属材料和水泥混凝土的应力小于屈服应力时($\sigma<\sigma_s$),材料基本上是线弹性体;当应力超过屈服应力时($\sigma\geqslant\sigma_s$),材料进入塑性状态,卸载后会产生永久变形,表现出明显的弹塑性特性。水泥稳定碎石和沥青混合料的屈服应力并不明显(但必然存在极限应力,即强度),在应力应变曲线上的任意一点卸载,都会产生永久变形和回弹变形,也表现出了明显的弹塑性特性。材料的这些试验特性,都是材料弹塑性的集中体现,可用弹塑性理论来分析。

§5.3　线弹性本构理论

在三大力学方程中,物理方程也称本构方程,是材料流变学研究的重点问题之一。本构方程或本构特性因材料的不同而不同,最简单的本构理论便是线弹性本构理论(linear elasticity)。线弹性本构理论是研究本构方程的基础,因此,本节首先定义弹性应变能,通过正交弹性对称和各向同性分析,证明广义虎克定律中的36 个弹性常数,最终为2 个独立弹性常数,分析应力应变关系、弹性常数及其相互关系,从而对弹性本构理论的推理方法有一个基本认识。

5.3.1　弹性应变能

在荷载作用下,物体内部会产生应力和应变。应力随应变所做的功,定义为应变能,在弹性理论中即为弹性应变能(W),同时把单位体积的应变能定义为应变能密度(U)。对于如图 5.6 所示的微单元体 $dxdydz$,现考虑仅有正应力 σ_x 作用,此时合力 $\sigma_x\,dydz$ 在位移增量 $d\varepsilon_x\,dx$ 上所做的功为

$\sigma_x \mathrm{d}\varepsilon_x \mathrm{d}x\mathrm{d}y\mathrm{d}z$,而在总应变$\varepsilon_x$相应的位移上所做的功即为:

$$W = \int_0^{\varepsilon_x} \sigma_x \,\mathrm{d}\varepsilon_x \mathrm{d}x\mathrm{d}y\mathrm{d}z$$

则有应变能密度为:

$$U = \int_0^{\varepsilon_x} \sigma_x \,\mathrm{d}\varepsilon_x$$

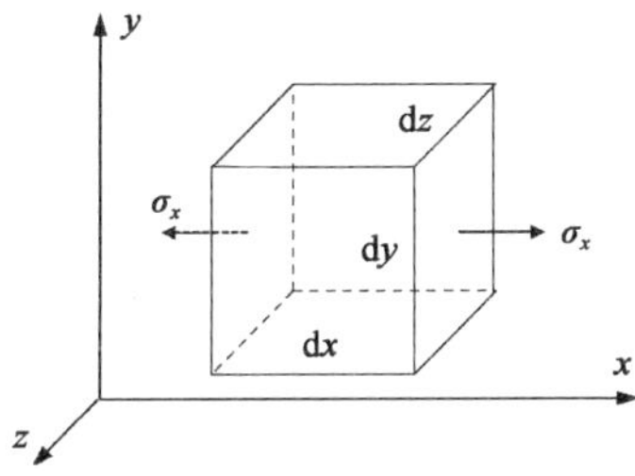

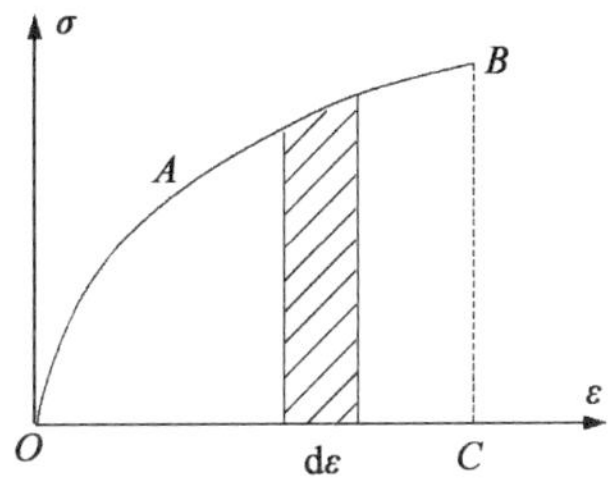

图5.6 微单元体及其应变能分析

显然,应变能密度就是应力-应变曲线与应变轴所围成的面积,如图5.6中σ-ε曲线OAB围成的面积OABCO。推广到一般情况下,当微单元体上作用全部应力分量时,总的应变能密度为:

$$U = \int_0^{\varepsilon_x} \sigma_x \,\mathrm{d}\varepsilon_x + \int_0^{\varepsilon_y} \sigma_y \,\mathrm{d}\varepsilon_y + \int_0^{\varepsilon_z} \sigma_z \,\mathrm{d}\varepsilon_z + \int_0^{\gamma_{xy}} \tau_{xy} \,\mathrm{d}\gamma_{xy} + \int_0^{\gamma_{yz}} \tau_{yz} \,\mathrm{d}\gamma_{yz} + \int_0^{\gamma_{zx}} \tau_{zx} \,\mathrm{d}\gamma_{zx}$$

$$= \int_0^{\varepsilon_{ij}} \sigma_{ij} \,\mathrm{d}\varepsilon_{ij}$$

式中:σ和ε——正应力和正应变;

τ和γ——剪应力和剪应变;

下标x、y、z——坐标轴方向。

在体积为V的整个弹性体内,总的应变能为:

$$W = \iiint_V U \mathrm{d}x\mathrm{d}y\mathrm{d}z$$

由上述应变能密度表达式可知,下两式成立:

$$\frac{\partial U(\varepsilon_{ij})}{\partial \varepsilon_{ij}} = \sigma_{ij} \tag{5.1a}$$

$$\frac{\partial U(\sigma_{ij})}{\partial \sigma_{ij}} = \varepsilon_{ij} \tag{5.1b}$$

式(5.1)中,$U(\varepsilon_{ij})$ 和 $U(\sigma_{ij})$ 分别为用应变分量和应力分量表示的单位体积应变能即应变能密度,统称为应变能函数。就弹性体而言,在每一确定的应变状态下,都具有确定的应变能。式(5.1a)表明,应力张量为应变能密度 U 的梯度,是 U 的势函数,且为正定的势函数(U 恒为正),所以弹性应变能又称为弹性势。式(5.1)的重要意义在于证明:弹性应变能 $U(\varepsilon_{ij})$ 对于任一应变分量的改变率等于相应的应力分量;而弹性应变能 $U(\sigma_{ij})$ 对于任一应力分量的改变率等于相应的应变分量。

对于线弹性体,应用广义虎克定律如后续内容中的式(5.7a),即可得到线弹性应变能密度(U)和总应变能(W)分别为:

$$U=\frac{1}{2}(\sigma_x\varepsilon_x+\sigma_y\varepsilon_y+\sigma_z\varepsilon_z+\tau_{xy}\gamma_{xy}+\tau_{yz}\gamma_{yz}+\tau_{zx}\gamma_{zx})=\frac{1}{2}\sigma_{ij}\varepsilon_{ij} \tag{5.2a}$$

或

$$U=\frac{1}{2E}[\sigma_x^2+\sigma_y^2+\sigma_z^2-2\nu(\sigma_x\sigma_y+\sigma_y\sigma_z+\sigma_z\sigma_x)]+\frac{1}{2G}(\tau_{xy}^2+\tau_{yz}^2+\tau_{zx}^2) \tag{5.2b}$$

$$W=\iiint_V U\mathrm{d}x\mathrm{d}y\mathrm{d}z=\frac{1}{2}\iiint_V \sigma_{ij}\varepsilon_{ij}\mathrm{d}V \tag{5.3}$$

5.3.2 弹性定律的一般表达式

物体在空间中的应力、应变为 σ_{ij}、$\varepsilon_{ij}(i,j=1,2,3)$,应力和应变各有 9 个分量;考虑对称性,则各有 6 个分量,可记为 σ_k、$\varepsilon_m(k,m=1,2,3,4,5,6)$。弹性定律的张量形式通常可写为:

$$\sigma_k=c_{km}\varepsilon_m \tag{5.4a}$$

式中:c_{km}——弹性系数张量或弹性常数张量。

若在 xyz 坐标系中,将上式展开,则有如下形式:

$$\left.\begin{aligned}
\sigma_x&=c_{11}\varepsilon_x+c_{12}\varepsilon_y+c_{13}\varepsilon_z+c_{14}\gamma_{xy}+c_{15}\gamma_{yz}+c_{16}\gamma_{zx}\\
\sigma_y&=c_{21}\varepsilon_x+c_{22}\varepsilon_y+c_{23}\varepsilon_z+c_{24}\gamma_{xy}+c_{25}\gamma_{yz}+c_{26}\gamma_{zx}\\
\sigma_z&=c_{31}\varepsilon_x+c_{32}\varepsilon_y+c_{33}\varepsilon_z+c_{34}\gamma_{xy}+c_{35}\gamma_{yz}+c_{36}\gamma_{zx}\\
\tau_{xy}&=c_{41}\varepsilon_x+c_{42}\varepsilon_y+c_{43}\varepsilon_z+c_{44}\gamma_{xy}+c_{45}\gamma_{yz}+c_{46}\gamma_{zx}\\
\tau_{yz}&=c_{51}\varepsilon_x+c_{52}\varepsilon_y+c_{53}\varepsilon_z+c_{54}\gamma_{xy}+c_{55}\gamma_{yz}+c_{56}\gamma_{zx}\\
\tau_{zx}&=c_{61}\varepsilon_x+c_{62}\varepsilon_y+c_{63}\varepsilon_z+c_{64}\gamma_{xy}+c_{65}\gamma_{yz}+c_{66}\gamma_{zx}
\end{aligned}\right\} \tag{5.4b}$$

式(5.4b)即为弹性定律的一般表达式,含有共36个弹性常数(c_{km}),但它们并不都是独立的,而是对称的和相互关联的。下面需要证明:①弹性系数张量c_{km}具有对称性,弹性常数共21个;②各向同性物质的独立弹性常数只有2个。

证明1:弹性系数张量c_{km}具有对称性。

根据弹性应变能函数式(5.1a),可得任一应力分量为:

$$\frac{\partial U(\varepsilon_{ij})}{\partial \varepsilon_x} = \sigma_x = c_{11}\varepsilon_x + c_{12}\varepsilon_y + c_{13}\varepsilon_z + c_{14}\gamma_{xy} + c_{15}\gamma_{yz} + c_{16}\gamma_{zx}$$

上式两边对γ_{xy}求偏导,得:

$$\frac{\partial U^2(\varepsilon_{ij})}{\partial \varepsilon_x \partial \gamma_{xy}} = c_{14}$$

同理,若取:

$$\frac{\partial U(\varepsilon_{ij})}{\partial \gamma_{xy}} = \tau_{xy} = c_{41}\varepsilon_x + c_{42}\varepsilon_y + c_{43}\varepsilon_z + c_{44}\gamma_{xy} + c_{45}\gamma_{yz} + c_{46}\gamma_{zx}$$

然后上式两边对ε_x求偏导,得:

$$\frac{\partial U^2(\varepsilon_{ij})}{\partial \gamma_{xy} \partial \varepsilon_x} = c_{41}$$

由于应变能函数存在,且为唯一恒定值,导数与求导次序无关,比较上两式应变能的二阶导数表达式,二者是等价的,故有$c_{14} = c_{41}$。同理,可以证明式(5.4)中的$c_{km} = c_{mk}$。可见,弹性系数张量c_{km}具有对称性,此时36个弹性常数(c_{km})变为21个。

另外,如果是线弹性体,也可直接利用式(5.2)和式(5.4)的张量表达式,得到应变能函数:

$$U = \frac{1}{2}\sigma_k \varepsilon_k = \frac{1}{2}c_{km}\varepsilon_m \varepsilon_k$$

或

$$U = \frac{1}{2}\sigma_m \varepsilon_m = \frac{1}{2}c_{mk}\varepsilon_k \varepsilon_m$$

此两式等价,同样可以证明$c_{km} = c_{mk}$,弹性系数张量c_{km}具有对称性。此

时,独立的弹性常数(c_{km})共21个,本构方程可写为:

$$\begin{pmatrix}\sigma_x\\ \sigma_y\\ \sigma_z\\ \tau_{xy}\\ \tau_{yz}\\ \tau_{zx}\end{pmatrix}=\begin{pmatrix}c_{11} & c_{12} & c_{13} & c_{14} & c_{15} & c_{16}\\ & c_{22} & c_{23} & c_{24} & c_{25} & c_{26}\\ & & c_{33} & c_{34} & c_{35} & c_{36}\\ \text{对} & & & c_{44} & c_{45} & c_{46}\\ & & & & c_{55} & c_{56}\\ & & \text{称} & & & c_{66}\end{pmatrix}\begin{pmatrix}\varepsilon_x\\ \varepsilon_y\\ \varepsilon_z\\ \gamma_{xy}\\ \gamma_{yz}\\ \gamma_{zx}\end{pmatrix}$$

证明2:各向同性物质只有2个独立弹性常数。

为了证明各向同性物质只有2个独立弹性常数,需要引入并应用正交弹性对称和各向同性等概念。

(1)正交弹性对称

如果物质有三个相互垂直的弹性对称面,则称为正交弹性对称(orthotropic)。如果以弹性对称面的平行面作一微单元体,那么沿某一法向拉压时,微单元体变形后仍为正六面体,只产生边长的拉伸或压缩,而没有面与面之间的夹角变化(即剪应变为零)。也就是说,如果坐标轴分别与弹性对称面垂直,那么正应力和剪应变之间、剪应力和正应变之间不耦合。亦即如果物质是弹性对称的,则用张量表达式有:

$$c_{km}=\delta_{ij}c_{ij}$$

式中:$i,j=4,5,6$;

δ_{ij}——Kronecker 函数,$\delta_{ij}=\begin{cases}1,\text{当 } i=j \text{ 时}\\ 0,\text{当 } i\neq j \text{ 时}\end{cases}$。

上述本构方程进一步演化为:

$$\begin{pmatrix}\sigma_x\\ \sigma_y\\ \sigma_z\\ \tau_{xy}\\ \tau_{yz}\\ \tau_{zx}\end{pmatrix}=\begin{pmatrix}c_{11} & c_{12} & c_{13} & 0 & 0 & 0\\ & c_{22} & c_{23} & 0 & 0 & 0\\ & & c_{33} & 0 & 0 & 0\\ \text{对} & & & c_{44} & 0 & 0\\ & & & & c_{55} & 0\\ & & \text{称} & & & c_{66}\end{pmatrix}\begin{pmatrix}\varepsilon_x\\ \varepsilon_y\\ \varepsilon_z\\ \gamma_{xy}\\ \gamma_{yz}\\ \gamma_{zx}\end{pmatrix}$$

那么，弹性常数(c_{km})由36个变为21个后，又变为9个，并与以下9个弹性常数相关：

- 3个杨氏模量(E_1, E_2, E_3)；
- 3个剪切模量(G_1, G_2, G_3)；
- 3个泊松比($\nu_{12}, \nu_{23}, \nu_{31}$)。

(2)各向同性

如果物质是各向同性的(isotropic)，则空间坐标轴三个方向上的正应力对正应变的影响是相同的、三个方向上的剪应力对剪应变的影响是相同的、三个方向上的正应力对侧向变形的影响是相同的，令：

$$c_{11} = c_{22} = c_{33} = a$$

$$c_{12} = c_{13} = c_{23} = b$$

$$c_{44} = c_{55} = c_{66} = c$$

前述本构方程再次简化为：

$$\begin{pmatrix} \sigma_x \\ \sigma_y \\ \sigma_z \\ \tau_{xy} \\ \tau_{yz} \\ \tau_{zx} \end{pmatrix} = \begin{pmatrix} a & b & b & 0 & 0 & 0 \\ & a & b & 0 & 0 & 0 \\ & & a & 0 & 0 & 0 \\ \text{对} & & & c & 0 & 0 \\ & & & & c & 0 \\ & & \text{称} & & & c \end{pmatrix} \begin{pmatrix} \varepsilon_x \\ \varepsilon_y \\ \varepsilon_z \\ \gamma_{xy} \\ \gamma_{yz} \\ \gamma_{zx} \end{pmatrix} \tag{5.5}$$

可见，此时有3个弹性常数(a,b,c)。事实上，这3个弹性常数与常用的杨氏模量(E)、剪切模量(G)和泊松比(ν)相关，且它们之间具有某种确定关系，见式(5.6)，从而使得各向同性物质最终只有2个完全独立的弹性常数。

$$G = \frac{E}{2(1+\nu)} \tag{5.6}$$

式中：E——弹性模量或杨氏模量；

G——剪切模量；

ν——泊松比。

弹性常数(E,G,ν)的关系见式(5.6)，可以在纯剪切状态下加以证明。

证明的方法主要有3种:摩尔应力圆和应变圆法、微单元体对角线变量分析法和应变能函数法。

[**例5.1**] 在纯剪切条件下,利用应变能函数法证明式(5.6)。

首先,在纯剪切条件下的应变能函数可用剪应力和剪应变来表示,由式(5.2a)可得:

$$U = \frac{1}{2}\tau\gamma = \frac{1}{2G}\tau^2$$

另外,纯剪切为平面应力状态,也可以用主应力来表示应变能函数,此时由式(5.2b)可得:

$$U = \frac{1}{2}(\sigma_1\varepsilon_1 + \sigma_3\varepsilon_3) = \frac{1}{2E}(\sigma_1^2 + \sigma_3^2 - 2\nu\,\sigma_1\sigma_3)$$

由于是纯剪切,所以有$\sigma_1 = \tau$ 和$\sigma_3 = -\tau$,代入上式则有:

$$U = \frac{1}{2E}(\tau^2 + \tau^2 + 2\nu\,\tau^2) = \frac{1}{E}(1 + \nu)\tau^2$$

物质的应变能是正定的势函数,独立于应力方向,故让上述两式表示的剪应力应变能和主应力应变能相等,即有:

$$\frac{1}{2G}\tau^2 = \frac{1}{E}(1 + \nu)\tau^2$$

得证:

$$G = \frac{E}{2(1 + \nu)}$$

[**例5.2**] 已知某钢材的弹性模量 $E = 2 \times 10^5$ MPa 和泊松比 $\nu = 0.3$,则剪切模量 $G = 2 \times 10^5/[2(1 + 0.3)] = 0.8 \times 10^5$(MPa)。

5.3.3 广义虎克定律

前述弹性定律为力学理论的一般定律,工程上常用的弹性定律是广义虎克定律。事实上,根据单向拉伸试验和纯剪切试验所得出的研究成果,并考虑线弹性条件下的变形叠加原理,便可以得到经典弹性本构理论——广义虎克定律(Hooke's law),其表达式为:

$$\left.\begin{aligned}\varepsilon_x&=\frac{1}{E}[\sigma_x-\nu(\sigma_y+\sigma_z)]\\\varepsilon_y&=\frac{1}{E}[\sigma_y-\nu(\sigma_z+\sigma_x)]\\\varepsilon_z&=\frac{1}{E}[\sigma_z-\nu(\sigma_x+\sigma_y)]\\\gamma_{xy}&=\frac{1}{G}\tau_{xy}\\\gamma_{yz}&=\frac{1}{G}\tau_{yz}\\\gamma_{zx}&=\frac{1}{G}\tau_{zx}\end{aligned}\right\}\tag{5.7a}$$

或张量表达式：

$$\varepsilon_{ij}=\frac{1+\nu}{E}\sigma_{ij}-\frac{\nu}{E}\sigma_{\mathrm{v}}\delta_{ij}\tag{5.7b}$$

式中：E——弹性模量或杨氏模量；

G——剪切模量；

ν——泊松比；

σ_{v}——体积应力，$\sigma_{\mathrm{v}}=\sigma_x+\sigma_y+\sigma_z$；

δ_{ij}——Kronecker 函数。

剪应变只导致物体的形状发生变化，而正应变使物体的大小发生变化。因此，将式(5.7a)中的正应变两边相加，则有：

$$\varepsilon_x+\varepsilon_y+\varepsilon_z=\frac{1}{E}[(\sigma_x+\sigma_y+\sigma_z)-2\nu(\sigma_x+\sigma_y+\sigma_z)]=\frac{1-2\nu}{E}(\sigma_x+\sigma_y+\sigma_z)$$

可以证明弹性体的体积应变$\varepsilon_{\mathrm{v}}=\varepsilon_x+\varepsilon_y+\varepsilon_z$。而平均应力 $\bar{\sigma}=\frac{1}{3}(\sigma_x+\sigma_y+\sigma_z)=\frac{1}{3}\sigma_{\mathrm{v}}$为第 2 章所介绍的应力球张量，仅引起物体的体积变化，亦即体积应变，故上式可改写为：

$$\bar{\sigma} = \frac{E}{3(1-2\nu)}\varepsilon_{\mathrm{v}} = K\varepsilon_{\mathrm{v}} \tag{5.8}$$

式中：K——弹性体积膨胀系数，简称体积模量，$K = \frac{E}{3(1-2\nu)}$。

注意：是平均应力引起物体的体积应变，而不是体积应力。此外，需要重复强调一下体积应力、体积应变、平均应力和平均应变的概念及记号：

体积应力 $\sigma_{\mathrm{v}} = \sigma_x + \sigma_y + \sigma_z = tr(\sigma_{ij})$

体积应变 $\varepsilon_{\mathrm{v}} = \varepsilon_x + \varepsilon_y + \varepsilon_z = tr(\varepsilon_{ij})$

平均应力 $\bar{\sigma} = \frac{1}{3}(\sigma_x + \sigma_y + \sigma_z) = \frac{1}{3}\sigma_{\mathrm{v}}$

平均应变 $\bar{\varepsilon} = \frac{1}{3}(\varepsilon_x + \varepsilon_y + \varepsilon_z) = \frac{1}{3}\varepsilon_{\mathrm{v}}$

式(5.7)为各向同性弹性体的虎克定律，是以应力表达应变的本构关系式。在求解问题时，有时也需要反过来，用应变来表达应力，为此将式(5.7a)的第一式做如下变化：

$$\varepsilon_x = \frac{1}{E}[\sigma_x + \nu\sigma_x - \nu(\sigma_x + \sigma_y + \sigma_z)]$$

$$= \frac{1}{E}[(1+\nu)\sigma_x - \nu(\sigma_x + \sigma_y + \sigma_z)] = \frac{1}{E}[(1+\nu)\sigma_x - \nu 3\bar{\sigma}]$$

利用式(5.8)和式(5.6)，解析上式得：

$$\sigma_x = \frac{E}{1+\nu}\varepsilon_x + \frac{\nu E}{(1+\nu)(1-2\nu)}\varepsilon_{\mathrm{v}} = 2G\varepsilon_x + \frac{\nu E}{(1+\nu)(1-2\nu)}\varepsilon_{\mathrm{v}} = 2G\varepsilon_x + \lambda\varepsilon_{\mathrm{v}}$$

同理，可得：

$$\sigma_y = 2G\varepsilon_y + \lambda\varepsilon_{\mathrm{v}}$$

$$\sigma_z = 2G\varepsilon_z + \lambda\varepsilon_{\mathrm{v}}$$

令 $G = \mu$，λ，μ 为拉梅(Lamé)常数，取值为：

$$\lambda = \frac{\nu E}{(1+\nu)(1-2\nu)}$$

$$\mu = G = \frac{E}{2(1+\nu)}$$

从而使式(5.7a)可以改写为由应变表示的应力,其表达式为:

$$\left.\begin{aligned}\sigma_x &= 2G\varepsilon_x + \lambda\varepsilon_v \\ \sigma_y &= 2G\varepsilon_y + \lambda\varepsilon_v \\ \sigma_z &= 2G\varepsilon_z + \lambda\varepsilon_v \\ \tau_{xy} &= G\gamma_{xy} \\ \tau_{yz} &= G\gamma_{yz} \\ \tau_{zx} &= G\gamma_{zx}\end{aligned}\right\} \tag{5.9a}$$

或张量表达式:

$$\sigma_{ij} = 2G\varepsilon_{ij} + \lambda\varepsilon_v\delta_{ij} \tag{5.9b}$$

其矩阵形式为:

$$\begin{pmatrix}\sigma_x \\ \sigma_y \\ \sigma_z \\ \tau_{xy} \\ \tau_{yz} \\ \tau_{zx}\end{pmatrix} = \begin{pmatrix}\lambda+2\mu & \lambda & \lambda & 0 & 0 & 0 \\ & \lambda+2\mu & \lambda & 0 & 0 & 0 \\ & & \lambda+2\mu & 0 & 0 & 0 \\ \text{对} & & & \mu & 0 & 0 \\ & & & & \mu & 0 \\ & & \text{称} & & & \mu\end{pmatrix}\begin{pmatrix}\varepsilon_x \\ \varepsilon_y \\ \varepsilon_z \\ \gamma_{xy} \\ \gamma_{yz} \\ \gamma_{zx}\end{pmatrix} \tag{5.10}$$

可见,对于各向同性的弹性体,独立的弹性常数只有两个,即:λ 和 μ,或 E 和 ν。同时,反过来再次证明了式(5.5)中的3个弹性常数:$a=\lambda+2\mu$,$b=\lambda$,$c=\mu$,实际上为两个独立弹性常数。理论上讲,泊松比 $\nu=[-1,0.5]$,但到目前为止,通过试验还未发现 $\nu<0$ 的材料,所以一般取 $\nu=[0,0.5]$。当 $\nu=0$ 时,为材料的侧向刚性约束试验;当 $\nu=0.5$ 时,为不可压缩材料。

5.3.4 虎克定律的 *K-G* 形式

如果用体积模量(K)和剪切模量(G)来描述虎克定律,即称为虎克定律的 K-G 形式。将式(5.9a)的三个正应力公式相加,可得:

$$\sigma_x + \sigma_y + \sigma_z = 2G(\varepsilon_x + \varepsilon_y + \varepsilon_z) + 3\lambda\ \varepsilon_v = (2G + 3\lambda)\varepsilon_v = \sigma_v$$

将式(5.8)代入上式,得:

$$\sigma_v = 3K\varepsilon_v \quad 或 \quad \overline{\sigma} = 3K\overline{\varepsilon} \tag{5.11}$$

对式(5.9b)计算应力偏量,可得:

$$s_{ij} = 2Ge_{ij} \tag{5.12}$$

式中:K——体积模量;

G——剪切模量;

s_{ij}——应力偏量;

e_{ij}——应变偏量。

式(5.11)和式(5.12)即为虎克定律的 K-G 形式,也称虎克定律的 K-G 模型。

式(5.12)两边自乘,得:

$$s_{ij}s_{ij} = 4G^2 e_{ij}e_{ij}$$

根据第2章介绍的等效应力($\underline{\sigma}$)和等效应变($\underline{\varepsilon}$)计算公式,即:

$$\underline{\sigma} = \sqrt{\frac{3}{2}s_{ij}s_{ij}} \quad 和 \quad \underline{\varepsilon} = \sqrt{\frac{2}{3}e_{ij}e_{ij}}$$

有:

$$2G = \frac{\sqrt{s_{ij}s_{ij}}}{\sqrt{e_{ij}e_{ij}}} = \frac{2}{3}\frac{\underline{\sigma}}{\underline{\varepsilon}}$$

代入式(5.12),得:

$$s_{ij} = \frac{2}{3}\frac{\underline{\sigma}}{\underline{\varepsilon}}e_{ij}$$

此表达式的重要意义所在,便是可以推广应用于解决应力应变关系的非线性问题。

5.3.5 弹性问题的其他认识

从上述介绍内容可知,弹性本构理论在许多情况下都是围绕着"应变能函数"展开的,分析了线弹性的虎克定律及其相关弹性常数。下面简要介绍应变能函数的分解、弹性常数的分类及相互关系和热弹性等其他弹性问题。

(1)应变能的分解。根据应变能密度函数的定义式(5.2a),并应用式(5.9b),可以得到应变能密度函数的另外一种表达式:

$$U=\frac{1}{2}\sigma_{ij}\varepsilon_{ij}=\frac{1}{2}(2G\varepsilon_{ij}+\lambda\varepsilon_{\mathrm{v}}\delta_{ij})\varepsilon_{ij}=\frac{1}{2}(2G\varepsilon_{ij}\varepsilon_{ij}+\lambda\varepsilon_{\mathrm{v}}^{2})$$

事实上,根据应力张量的表达式:$\sigma_{ij}=s_{ij}+\bar{\sigma}\delta_{ij}$,应力张量等于应力偏量和应力球张量(平均应力)之和。应力球张量只会引起材料的体积变化,而不会引起材料的形状改变;应力偏量只会引起材料的形状改变,而不会引起材料的体积变化。因此,应变能密度函数可以表达为:

$$U=U_{\mathrm{v}}+U_{\mathrm{d}}$$

式中:U_{v}——由于体积变化而储存在单位体积内的应变能,简称体变能;

U_{d}——由于形状变化而储存在单位体积内的应变能,简称畸变能。

根据上述定义,并结合式(5.11),显然有:

$$U_{\mathrm{v}}=\frac{1}{2}\bar{\sigma}\varepsilon_{\mathrm{v}}=\frac{1}{2}\bar{\sigma}3\bar{\varepsilon}=\frac{1}{2K}\bar{\sigma}^{2}=\frac{1}{18K}\sigma_{\mathrm{v}}^{2}=\frac{1}{18K}I_{1}^{2}$$

$$U_{\mathrm{d}}=\frac{1}{2}s_{ij}e_{ij}=\frac{1}{2}s_{ij}s_{ij}\frac{1}{2G}=\frac{1}{2G}J_{2}=\frac{3}{4G}\tau_{8}^{2}$$

式中:I_1——第一应力张量不变量;

J_2——第二应力偏张量不变量;

τ_8——八面体剪应力。

(2)弹性常数的确定。理论上讲,弹性模量(E)和泊松比(ν)可以通过单向拉伸或压缩试验来测定,剪切模量(G)可以通过薄壁筒扭转试验来测定,体积模量(K)可以通过静水压力试验来测定。且试验结果表明,物体的变形方向总是和加载方向一致,故弹性常数都是大于零的值。

但对于道路材料而言,有些试验是极为困难或无法实施的,所以通常利用拉压试验来测定弹性模量(E)和泊松比(ν),进而利用本构关系换算式来确定剪切模量(G)、体积模量(K)以及拉梅常数(λ、μ)(表5.2)。在前面关于弹性本构理论的论述中,在不同情况下应用了不同的弹性常数,显得有点杂乱,为了便于学习及应用,表5.2简单汇总了一些主要的弹性常数及其换算关系式。

各向同性线弹性体的弹性常数分类及其关系式　　表 5.2

<table>
<tr><th>类　别</th><th>名称及符号</th><th colspan="2">关　系　式</th><th>适用情况</th></tr>
<tr><td rowspan="3">基本参数</td><td>弹性模量或
杨氏模量 E</td><td rowspan="3" colspan="2">$G=\frac{E}{2(1+\nu)}$</td><td rowspan="3">虎克定律
由应力表示应变</td></tr>
<tr><td>剪切模量 G</td></tr>
<tr><td>泊松比 ν</td></tr>
<tr><td rowspan="2">拉梅(Lamé)常数</td><td>λ</td><td>$\lambda=\frac{\nu E}{(1+\nu)(1-2\nu)}$</td><td rowspan="2">$\lambda=\frac{2\nu}{(1-2\nu)}\mu$</td><td rowspan="2">虎克定律
由应变表示应力</td></tr>
<tr><td>μ</td><td>$\mu=G=\frac{E}{2(1+\nu)}$</td></tr>
<tr><td>体积参数</td><td>体积模量 K</td><td colspan="2">$K=\frac{E}{3(1-2\nu)}$</td><td>体积膨胀系数</td></tr>
</table>

(3)热弹性问题。物体有时候会受到温度变化的影响,出现热胀冷缩变形,引起附加张胀(dilatation),产生热应变和热应力,为热弹性问题。这种变形一般认为是线性的,并沿着正应变方向。与一般线弹性相比,在温度变化 $\Delta T=T-T_0$ 的作用下,热弹性问题附加了一个温度应变,简单表述为:

$$\varepsilon_{ij}=D_{ijkl}\sigma_{kl}+\alpha(T-T_0)\delta_{ij}$$

式中:D_{ijkl}——弹性刚度张量;

α——热胀系数;

δ_{ij}——Kronecker 函数。

§5.4　屈服及经典塑性本构理论

当物体的内应力大于其弹性极限时,即当 $\sigma>\sigma_s$ 时(图 5.1),构成物体的材料进入了塑性状态,此时应力与应变不再具有一一对应的弹性关系,可认为材料发生了屈服,也就是说弹性极限 σ_s 是材料发生屈服与否的分界点,因此 σ_s 也称为屈服应力。一般而言,材料的塑性表征有两个特点:永久变形和极限应力,其中极限应力主要是指理论上的弹性极限 σ_s 和工程上的强度极限 R_T,如图 5.1 所示。由于土工材料一般不具有明显的弹性极限,所以工程力学在研究材料的屈服特性时,通常是基于弹性极限 σ_s 而拓展到强度极限 R_T 的,或者合二为一泛称为屈服应力。研究材料的屈服及塑性本构特性,一般采用的是屈服应力。

在简单应力状态下,屈服应力可由简单拉压试验来确定(图 5.1),但对于复杂应力状态,确定屈服界限就不那么简单了。那么,在一般意义上,材料到底是在什么样的条件下发生屈服的、屈服后的塑性变形又是如何流动的,亦即是何时屈服和如何屈服的问题,这便是塑性本构理论需要探讨的“塑性屈服准则(criteria)”和“塑性流动规则(rule)”问题。为了解答这些问题,本节将依次介绍屈服函数与 π 平面、四大经典屈服准则、塑性流动规则和塑性本构理论的其他分析方法,以期得到一些启示。

5.4.1　屈服函数与 π 平面

物体在荷载作用下发生屈服时,其应力状态通常是比较复杂的,即便是土工材料的真三轴试验、或薄壁筒有内压力的拉压扭转试验,也远远不能全面反映其真实的应力状态。可见,试验分析尽管是必须的,但仍然是十分有限的。同时,对于理论分析而言,也要求给出屈服条件的解析式,从而形成普遍适用的理论分析体系。这就需要在试验的基础上,建立屈服条件的分析理论。

为了研究材料的屈服条件,首先设定一个加载面。由于物体在屈服前是一个逐渐加载的过程,当加载达到某种程度时才会发生屈服,在这个加载过程中,物体内的应力状态可用 6 个独立的应力分量来描述,如微单元正六面体分析法。6 个应力分量对应 6 个应力矢量($\sigma_x,\sigma_y,\sigma_z,\tau_{xy},\tau_{yz},\tau_{zx}$),构成六维应力空间,在这个抽象的应力空间里,6 个应力矢量便形成了一个包络面,此包络面即为加载面,其数学表达式即为加载面函数。

当物体发生屈服时,即产生了塑性应变ε_{ij}^p,故加载面函数在广义上可以表示为$f(\sigma_{ij},\varepsilon_{ij}^p,\alpha)$,其中:$\varepsilon_{ij}^p$为塑性应变张量,$\alpha$ 为应力强化参数,并定义:

当$f(\sigma_{ij},\varepsilon_{ij}^p,\alpha)<0$ 时,为弹性区域,此时$\varepsilon_{ij}^p=0$;

当$f(\sigma_{ij},\varepsilon_{ij}^p,\alpha)=0$ 时,为弹塑性边界,此时$\varepsilon_{ij}^p=0$,并存在 $d\varepsilon_{ij}^p>0$;

当$f(\sigma_{ij},\varepsilon_{ij}^p,\alpha)>0$ 时,为塑性区域,此时$\varepsilon_{ij}^p>0$。

显然,屈服条件便是加载面函数等于零时的应力状态,即$\varepsilon_{ij}^p=0$,有:

$$f(\sigma_{ij},\varepsilon_{ij}^p,\alpha)=0 \text{ 即 } f(\sigma_{ij},\alpha)=0 \quad \text{或} \quad f(\sigma_{ij})=k_1(\alpha) \tag{5.13}$$

式中:$k_1(\alpha)$——应力强化函数。

此时材料发生屈服,故式(5.13)也称为屈服函数或屈服面。屈服面上的任意一点(称为应力点),都表示一个屈服应力状态,如简单拉伸试验的屈服应力σ_s,仅为屈服面上的一个点。

事实上,在物体内任意一点,必有三个互相垂直的主应力,它们的方向就是主方向,也就是说任意一点的应力状态都可以用主应力来表示。因此,为了简化研究屈服条件,可通过坐标轴的旋转,用三个主应力($\sigma_1,\sigma_2,\sigma_3$)来分析屈服函数。因而,可以取三个主应力轴为坐标轴,改写式(5.13)为:

$$f(\sigma_1,\sigma_2,\sigma_3,\alpha)=0 \quad 或 \quad f(\sigma_1,\sigma_2,\sigma_3)=k_2(\alpha) \tag{5.14}$$

其中,$k_2(\alpha)$为应力强化函数。同时,前面章节已经讲过,任意一点的应力状态可用应力张量表示为:$\sigma_{ij}=s_{ij}+\bar{\sigma}\delta_{ij}$,应力张量等于应力偏量和应力球张量(平均应力)之和。应力球张量仅引起材料的体积变化,而不会引起材料的屈服,只有应力偏量才会引起材料的屈服。所以,可以认为屈服函数中只包含了应力偏量s_{ij},即:

$$f(s_{ij},\alpha)=0 \quad 或 \quad f(s_{ij})=k_3(\alpha) \tag{5.15}$$

其中,$k_3(\alpha)$为应力强化函数。通过式(5.15),屈服函数演化为应力偏量的函数,而且可以在三个主应力($\sigma_1,\sigma_2,\sigma_3$)所构成的空间即主应力空间里讨论屈服函数。主应力空间是一个三维空间,可以显示屈服函数的几何形状,从而有助于人们直观地认识屈服面。

如图5.7a)所示,在主应力空间里,过原点0和坐标点(1,1,1)作直线0S,则直线0S与三个坐标轴的夹角相等,方向向量为$\vec{n}=(1,1,1)$。由于0S直线与三个坐标轴的夹角相等,所以称为等倾线(trisectrix)。显然,等倾线0S的三个方向余弦相等,为:

$$l=m=n=\frac{1}{\sqrt{3}}$$

以等倾线的方向向量$\vec{n}=(1,1,1)$为法线的平面,定义为偏平面。偏平面的方程为:

$$\sigma_1+\sigma_2+\sigma_3=\sqrt{3}r \tag{5.16}$$

式中:r——偏平面至原点0的距离。

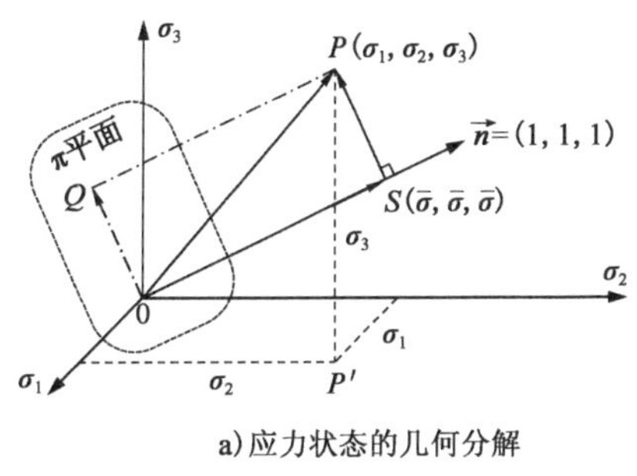

a)应力状态的几何分解

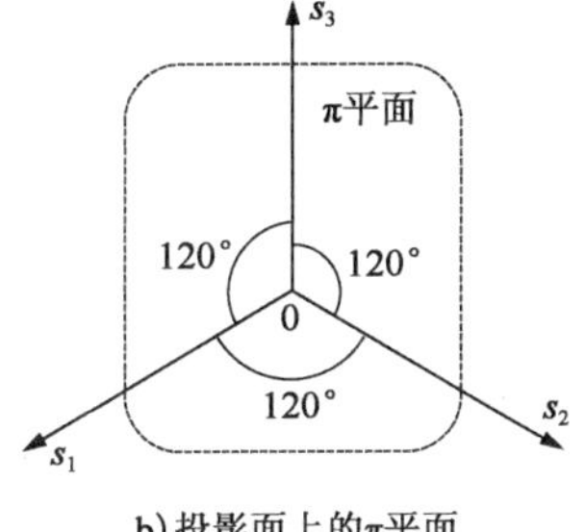

b)投影面上的π平面

图 5.7 π 平面及应力状态的空间几何分析

可见,满足式(5.16)的偏平面有无穷个。取过坐标原点(当 $r=0$ 时)的偏平面定义为 π 平面,亦即 π 平面为过坐标原点的偏平面。以等倾线 0S 为投影线,把偏平面投影到投影面上,如图 5.7b)所示,则三个主应力轴互为 120°夹角,原坐标轴与 π 平面的夹角余弦均为 $\sqrt{2/3}$。且可以证明,此时三个坐标轴表征的是三个主应力偏量(s_1,s_2,s_3),扣除了静水压力即应力球张量。

证明:主应力($\sigma_1,\sigma_2,\sigma_3$)投影在 π 平面上即为主应力偏量($s_1,s_2,s_3$)。

在图 5.7a)所示的主应力空间里,$\overrightarrow{0P}$向量表示了任意一点的应力状态 $P(\sigma_1,\sigma_2,\sigma_3)$,$\overrightarrow{0P}$在等倾线上的投影为$\overrightarrow{0S}$,则$\overrightarrow{SP}$向量垂直于等倾线、平行于 π 平面。因此,任意一点的应力状态都可以采用矢量表达式:$\overrightarrow{0P}=\overrightarrow{0S}+\overrightarrow{SP}$,且与应力张量和应力偏量存在如下等价关系:

$$\sigma_{ij}=\bar{\sigma}\delta_{ij}+s_{ij} \text{等价于} \overrightarrow{0P}=\overrightarrow{0S}+\overrightarrow{SP}$$

式中:$\bar{\sigma}$——平均应力,$\bar{\sigma}=\dfrac{1}{3}(\sigma_1+\sigma_2+\sigma_3)$。

可见,$\overrightarrow{0S}$向量表示了静水压力即应力球张量,$\overrightarrow{SP}$向量表示了应力偏量。同时根据等倾线的定义,在等倾线上有:$\sigma_1=\sigma_2=\sigma_3=\bar{\sigma}$,则 S 点的坐标为($\bar{\sigma},\bar{\sigma},\bar{\sigma}$),从而有:

$$|0S|^2=3\bar{\sigma}^2$$

$$|SP|^2=|0P|^2-|0S|^2=(\sigma_1^2+\sigma_2^2+\sigma_3^2)-3\bar{\sigma}^2=2J_2=3\tau_8^2 \tag{5.17a}$$

式中:J_2——第二应力偏张量不变量;

τ_8——八面体剪应力。

另外，根据应力偏量s_{ij}的矩阵表达式，应力偏量$\overrightarrow{SP}$在空间里的长度为：

$$|SP|^2=(\sigma_1-\bar{\sigma})^2+(\sigma_2-\bar{\sigma})^2+(\sigma_3-\bar{\sigma})^2=2J_2=3\tau_8^2 \tag{5.17b}$$

由此可见，由几何关系得出的式(5.17a)和由矩阵计算得出的式(5.17b)，二者是相等的，从而得证：主应力($\sigma_1,\sigma_2,\sigma_3$)投影在π平面上即为主应力偏量($s_1,s_2,s_3$)。

如图5.7a)所示，在过P点且与等倾线平行的PQ线上，任意点的应力偏量分量相同(即在π平面上的投影值均为0Q)，而静水压力分量不同。在经典塑性理论中，认为塑性屈服只取决于应力偏量，而与静水压力无关。因此，如果P点在屈服面上，那么PQ线上的所有点都在屈服面上，从而在空间里形成了一个柱状的屈服面。将屈服面与π平面的相交线称为屈服曲线，这样便可通过屈服面和屈服曲线，对材料的屈服特性有更为生动地认识。屈服函数具有如下2个重要特点：

- 在π平面上，屈服曲线以坐标原点为中心，以坐标轴为对称轴，是一条封闭的外凸曲线；
- 在主应力空间里，屈服面是以等倾线为轴线，以π平面上的屈服曲线为截面形状的柱面。

5.4.2 四大经典屈服准则(criteria)

材料发生屈服时，在空间里需要达到一定的屈服面，需要满足加载面函数$f(\sigma_{ij},\varepsilon_{ij}^p,\alpha)=0$和$\varepsilon_{ij}^p=0$的条件，即$f(\sigma_{ij},\alpha)=0$。若材料是各向同性的，则加载面函数仅与标量$k_1(\alpha)$有关，此时屈服函数可以改写为：$f(\sigma_{ij})=k_1(\alpha)$。显然，$f(\sigma_{ij})<k_1(\alpha)$定义了弹性区域，$k_1(\alpha)$即为弹性极限或屈服极限，不同的材料具有不同的屈服函数和屈服极限。目前，根据试验结果和分析方法，提出了不同的屈服极限判断准则，称为屈服准则(yield criteria)，主要有四大经典屈服准则：用于金属材料的特瑞斯卡准则和米塞斯准则，用于土工材料的摩尔-库仑准则和德鲁克-普拉格准则。

(1)特瑞斯卡准则(Tresca criteria)

特瑞斯卡准则又称最大剪应力屈服条件，由法国工程师特瑞斯卡(Henri

Tresca,1814—1885 年)于 1864 年提出,认为材料的屈服取决于最大剪应力,当最大剪应力达到某一数值时材料就发生屈服,此时屈服条件式(5.13)可以改写为:

$$\tau_{max} = k_t$$

式中:k_t——剪切弹性极限。

在复杂应力状态下,$\tau_{max} = (\sigma_1 - \sigma_3)/2$,于是上式可表达为:

$$\sigma_1 - \sigma_3 = 2k_t$$

确定常数k_t可以考虑两种方法:一种是采用单向拉伸屈服试验,此时$\sigma_1 = \sigma_s, \sigma_2 = \sigma_3 = 0$,则 $2k_t = \sigma_s$;另一种是采用纯剪切屈服试验,此时$\sigma_1 = \tau_s, \sigma_2 = 0, \sigma_3 = -\tau_s$,则$k_t = \tau_s$。于是有:

$$\sigma_1 - \sigma_3 = \sigma_s$$

$$\sigma_1 - \sigma_3 = 2\tau_s$$

式中:σ_s——拉伸屈服应力;

τ_s——剪切屈服应力。

因此,在 Tresca 屈服准则中,$\sigma_s = 2\tau_s$。当不知道主应力大小的次序时,Tresca 准则的一般表达式为:

$$\left.\begin{aligned} |\sigma_1 - \sigma_2| = \sigma_s \\ |\sigma_2 - \sigma_3| = \sigma_s \\ |\sigma_3 - \sigma_1| = \sigma_s \end{aligned}\right\} \tag{5.18a}$$

或

$$[(\sigma_1 - \sigma_2)^2 - \sigma_s^2][(\sigma_2 - \sigma_3)^2 - \sigma_s^2][(\sigma_3 - \sigma_1)^2 - \sigma_s^2] = 0 \tag{5.18b}$$

或

$$f(\sigma_{ij}) = \mathrm{Sup}\{\sigma_i - \sigma_j - \sigma_s\} = 0 \tag{5.18c}$$

式中:σ_i、σ_j——3 个主应力(i、j = 1、2、3)。

对于式(5.18a)所表示的屈服函数,其中的任一等式都可以在主应力空间里形成平行于等倾线和某一坐标轴的 2 个对称平面,三个等式便构成了一个完美的六棱柱面(图 5.8a)。该六棱柱面在 π 平面上的屈服曲线为正六边形(图 5.10),按主坐标轴在 π 平面上的投影余弦 $\sqrt{2/3}$ 计算或直接利用式(5.17a)计算,可知正六边形的中心点到顶点的距离为 $\sqrt{2/3}\,\sigma_s$;在二维坐标中为斜向45°的六边形(图5.9)。

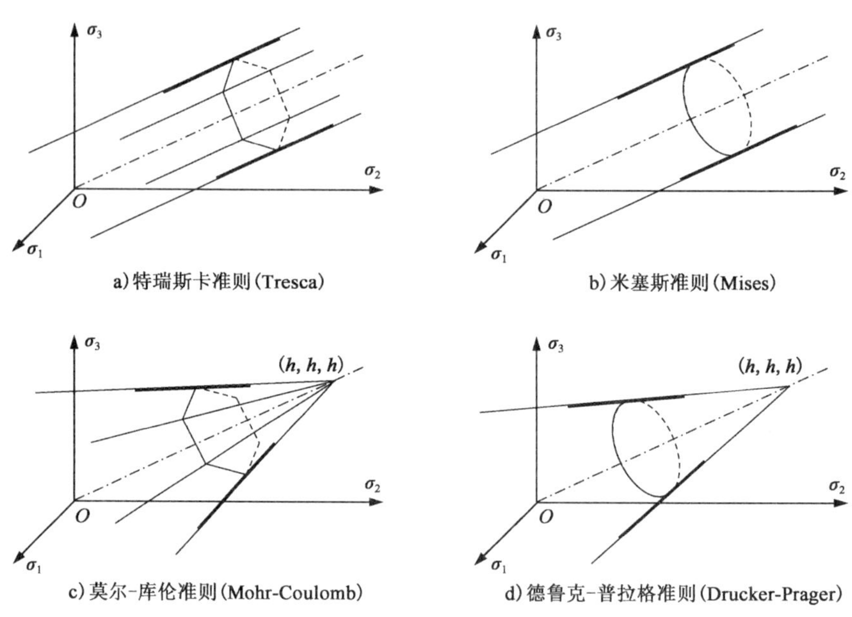

a)特瑞斯卡准则(Tresca)　b)米塞斯准则(Mises)

c)莫尔-库伦准则(Mohr-Coulomb)　d)德鲁克-普拉格准则(Drucker-Prager)

图5.8　四大经典屈服准则在主应力空间里的特征图

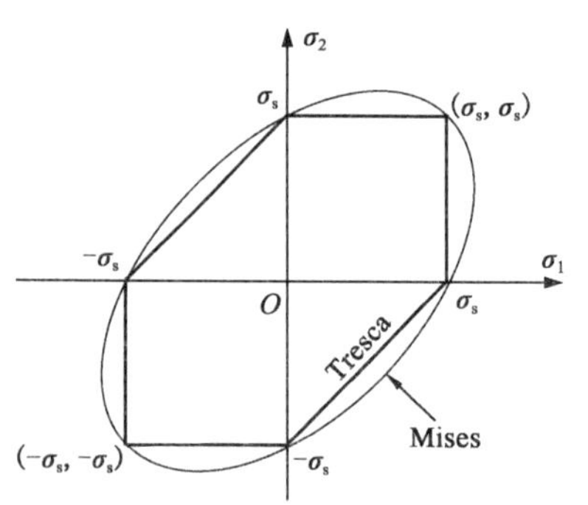

图5.9　特瑞斯卡和米塞斯准则的二维坐标图

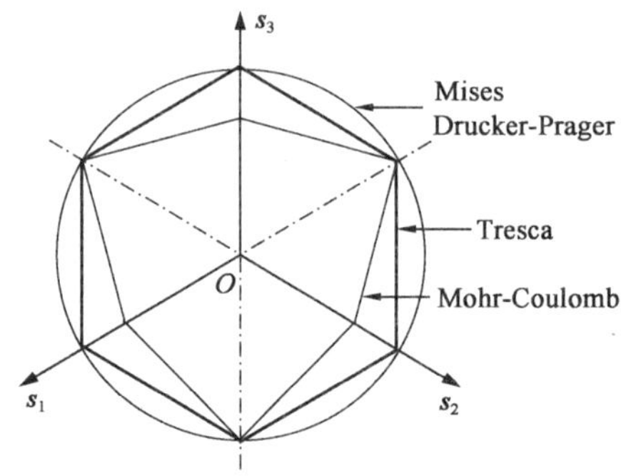

图5.10　四大古典屈服准则在π平面上的特征图

特瑞斯卡准则(Tresca criteria)的优点在于:当主应力大小的次序已知时,表达式简洁明快,使用非常方便;但其缺点也是明显的,当不知道主应力大小的次序时,表达式过于复杂;六棱柱面有6个棱,屈服函数的导数不连续,数学处理上遇到困难;没有考虑中间应力σ_2对屈服的影响。

(2)米赛斯准则(Mises criteria)

米赛斯准则又称畸变能屈服条件,由德国力学教授米赛斯(Richard Von Mises,1883—1953 年)于 1913 年提出。米赛斯认为,既然特瑞斯卡准则在数学处理上遇到一些不便、且没有考虑中间应力σ_2的影响,那么能否近似地采用外接圆柱面代替六棱柱面呢?即在 π 平面上的屈服曲线采用六边形的外接圆形。此时圆的半径(s)为正六边形的中心点到顶点的距离 $\sqrt{2/3}\,\sigma_s$,故圆的方程为:

$$s^2 = \frac{2}{3}\sigma_s^2$$

其中,s 为应力偏量的大小。

根据式(5.17),有$s^2 = 2J_2$,于是得到米赛斯屈服函数为:

$$J_2 = \frac{1}{3}\sigma_s^2$$

同时,根据前面章节关于畸变能的定义及表达式$U_d = \frac{1}{2G}J_2$,上述屈服函数也可写为:

$$J_2 = 2G\,U_d = \frac{1}{3}\sigma_s^2$$

由此可见,米赛斯屈服函数本质上为畸变能函数,反映了应力偏量会引起物体的形状改变乃至屈服,所以米赛斯准则又称畸变能屈服条件。

根据第 2 章所介绍的第二应力偏量不变量,$J_2 = \frac{1}{6}[(\sigma_1-\sigma_2)^2 + (\sigma_2-\sigma_3)^2 + (\sigma_3-\sigma_1)^2]$,并令$\frac{1}{3}\sigma_s^2 = 2G\,U_d = k_m^2$,则米赛斯准则的一般表达式为:

$$J_2 = k_m^2 \tag{5.19a}$$

或

$$(\sigma_1-\sigma_2)^2 + (\sigma_2-\sigma_3)^2 + (\sigma_3-\sigma_1)^2 = 6\,k_m^2 \tag{5.19b}$$

或

$$f(\sigma_{ij}) = \sqrt{J_2} - k_m = 0 \tag{5.19c}$$

式中：k_m——表征材料屈服特征的参数；

J_2——第二应力偏张量不变量。

屈服参数k_m的确定，可以采用两种方法：一种是单向拉伸屈服试验，此时$\sigma_1=\sigma_s,\sigma_2=\sigma_3=0$，则据式（5.19b）有$\sqrt{3}k_m=\sigma_s$；另一种是纯剪切屈服试验，此时$\sigma_1=\tau_s,\sigma_2=0,\sigma_3=-\tau_s$，则有$k_m=\tau_s$。其中，$\sigma_s$为拉伸屈服应力，$\tau_s$为剪切屈服应力。因此，在米赛斯屈服准则中，$\sigma_s=\sqrt{3}\tau_s$。同时也说明，米赛斯屈服参数$k_m$恒等于纯剪切应力状态下的剪切屈服应力$\tau_s$，可以通过薄壁管的扭转试验来确定；且任何一种材料的简单拉压试验都可以用来确定米赛斯屈服参数，即$k_m=\sigma_s/\sqrt{3}$。

由式（5.19）所表示的米赛斯屈服函数，在主应力空间里形成了一个完美的圆柱面（图 5.8b），在 π 平面上的投影即屈服曲线为标准的圆形（图5.10），圆的半径为 $\sqrt{2/3}\,\sigma_s$；在二维坐标中则为斜向 45°的椭圆形（图5.9），其方程式为：$\sigma_1^2-\sigma_1\sigma_2+\sigma_2^2=\sigma_s^2$。

（3）摩尔-库仑准则（Mohr-Coulomb criteria）

摩尔-库仑准则本质上也是最大剪应力屈服条件，类似于特瑞斯卡准则，只是引入了颗粒材料的内摩阻角和内黏聚力，利用法国物理学家库仑（Charles-Augustin de Coulomb，1736—1806 年）的剪切强度理论和德国工程师莫尔（Christian Otto Mohr，1835—1918 年）的应力圆建立了屈服函数，因而称为摩尔-库仑理论或摩尔-库仑屈服准则。摩尔-库仑准则认为材料的屈服取决于最大剪应力，但最大剪应力为内摩阻角和内黏聚力的函数，此时屈服条件式（5.13）可以改写为：

$$\tau_{max}=f(c,\varphi)$$

而在复杂应力状态下：

$$\tau_{max}=\left|\frac{\sigma_i-\sigma_j}{2}\right|$$

根据库仑关于颗粒性材料的剪切强度理论，有：

$$\tau_{max}=f(c,\varphi)=\sigma_n\tan\varphi+c$$

从而有：

$$\left|\frac{\sigma_i - \sigma_j}{2}\right| = \sigma_n \tan\varphi + c \tag{5.20a}$$

式中：σ_n——正应力，即土工直剪盒试验时剪切强度（τ）对应的正应力（σ_n）；

c、φ——材料的内摩阻角、内黏聚力，统称为内在参数（intrinsic parameters）；

i、j——i、$j = 1,2,3$ 且 $i \neq j$，表示对应的主应力。

需要强调的是，摩尔-库仑理论多用于颗粒性材料（granular materials），所以在其屈服准则的讨论中，采用了土力学“以压为正、以拉为负”的记号约定。按照摩尔应力圆中的几何关系（图 5.11a），有：

$$\tau_{\max} = \left|\frac{\sigma_i - \sigma_j}{2}\right| = |AB| + |BC|$$

从而式（5.20a）可表达为：

$$\left|\frac{\sigma_i - \sigma_j}{2}\right| = \frac{\sigma_i + \sigma_j}{2}\sin\varphi + c \cdot \cos\varphi \tag{5.20b}$$

如果存在最大、最小主应力$\sigma_1 > \sigma_3$，则有：

$$f(\sigma_{ij}) = (\sigma_1 - \sigma_3) - (\sigma_1 + \sigma_3)\sin\varphi - 2c \cdot \cos\varphi = 0 \tag{5.20c}$$

或

$$\sigma_1 = \frac{1 + \sin\varphi}{1 - \sin\varphi}\sigma_3 + 2c \cdot \frac{\cos\varphi}{1 - \sin\varphi}$$

$$\sigma_1 = \sigma_3 \tan^2\left(\frac{\pi}{4} + \frac{\varphi}{2}\right) + 2c \cdot \tan\left(\frac{\pi}{4} + \frac{\varphi}{2}\right) \tag{5.20d}$$

从式（5.20b）可以看出，摩尔-库仑准则的屈服面，类似于特瑞斯卡屈服面，差别只在于柱面或锥面。显然，当 $\varphi = 0$ 时，有 $|\sigma_i - \sigma_j| = 2c$，即等同于式（5.18a），此时摩尔-库仑准则变为特瑞斯卡准则；同时也表明由于内摩阻角（φ）的存在，使得屈服面由柱面变为锥面。因此，摩尔-库仑准则的几何特征为：在主应力空间里，为以等倾线为中心轴的六棱锥面（图 5.8c）；在 π 平面上的屈服曲线为等边不等角的六边形（图 5.10），对称于坐标轴，但在拉压方向上不具有对称性。

下面的计算可以证明摩尔-库仑屈服曲线的等边不等角特性。在

图 5.11b)所示的主应力轴角平分面上,根据式(5.20d)可得|OD|和|OE|值(图 5.11b),再利用摩尔-库仑准则的几何特性,计算可得:

$$|OH| = \sqrt{3}c \cdot \cot\varphi$$

$$|OP| = |OD|\cos\angle POD = \frac{2c}{\sqrt{3}} \cdot \tan\left(\frac{\pi}{4} + \frac{\varphi}{2}\right)$$

$$|PD| = |OD|\sin\angle POD = \frac{2\sqrt{2}}{\sqrt{3}}c \cdot \tan\left(\frac{\pi}{4} + \frac{\varphi}{2}\right)$$

$$|PF| = \frac{2\sqrt{2}}{3}c \cdot \tan\left(\frac{\pi}{4} + \frac{\varphi}{2}\right) \cdot \frac{2 + \tan\left(\frac{\pi}{4} + \frac{\varphi}{2}\right)}{1 + 2\tan\left(\frac{\pi}{4} + \frac{\varphi}{2}\right)}$$

从而可得:

$$\frac{|PD|}{|PF|} = \frac{1 + 2\tan\left(\frac{\pi}{4} + \frac{\varphi}{2}\right)}{2 + \tan\left(\frac{\pi}{4} + \frac{\varphi}{2}\right)} = \frac{3 + \sin\varphi}{3 - \sin\varphi}$$

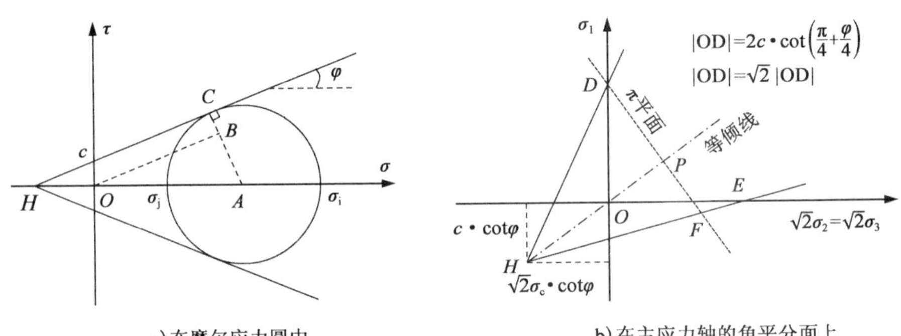

图 5.11　摩尔-库仑准则的几何特性分析

可见,|PD|:|PF|为一恒定值,且|PD| > |PF|,表明颗粒性材料的屈服面随着应力状态的变化,永远以等倾线为中心轴,应力偏量的拉压值按恒定比例而变化,从而证明了屈服曲线的等边不等角特性(图 5.10)。|PD|:|PF|等于恒定值,同时也表明了棱锥的顶角为恒定值,且拉压状态下棱与等倾线的夹角也成对应的恒定比例,可以按照图 5.11b)所示的几何关系求得。

摩尔-库仑准则的屈服面为六棱锥面,与特瑞斯卡准则一样,面临着同样的2个问题:屈服函数的导数不连续,数学处理上遇到困难;没有考虑中间应力σ_2对屈服的影响。

(4)德鲁克-普拉格准则(Drucker-Prager criteria)

为了克服摩尔-库仑准则的一些不足,美国工程师德鲁克(Daniel Charles Drucker,1918—2001年)和德裔美国数学家普拉格(William Prager,1903—1980年)于1952年提出了一个适用于颗粒性材料的屈服条件,称为德鲁克-普拉格准则。该准则是在Mises屈服条件的基础上,增加了一项静水压力(即第一应力不变量),从而使得Mises屈服函数式(5.19c)可以表达为:

$$f(\sigma_{ij}) = \alpha I_1 + \sqrt{J_2} - k_d = 0 \tag{5.21a}$$

式中:α、k_d——表征材料屈服特征的参数;

I_1——第一应力张量不变量;

J_2——第二应力偏量不变量。

在主应力空间里,德鲁克-普拉格屈服函数为:

$$\alpha(\sigma_1+\sigma_2+\sigma_3) + \sqrt{\frac{1}{6}[(\sigma_1-\sigma_2)^2+(\sigma_2-\sigma_3)^2+(\sigma_3-\sigma_1)^2]} = k_d \tag{5.21b}$$

利用简单拉压屈服试验,可以确定参数α、k_d的取值。记σ_t为单轴拉伸屈服应力、σ_c为单轴压缩屈服应力,且“以压为正、以拉为负”,则由式(5.21b)可得:

$$\alpha = \frac{1}{\sqrt{3}} \cdot \frac{\sigma_t - \sigma_c}{\sigma_t + \sigma_c} \qquad k_d = \frac{2}{\sqrt{3}} \cdot \frac{\sigma_t \sigma_c}{\sigma_t + \sigma_c}$$

德鲁克-普拉格准则的主要特点是:对于具有内黏聚力(c)和内摩阻角(φ)的材料,屈服面在主应力空间里是一个圆锥面(图5.8d),顶点坐标值为$h = c \cdot \cot\varphi$;在π平面上的屈服曲线为一圆形(图5.10),其半径相对于摩尔-库仑准则的六边形,分为外接圆、中接圆和内接圆三种情况。因此,参数α、

k_d的取值对应地分为如下三种情况：

- 当德鲁克-普拉格屈服曲线圆外接于摩尔-库仑准则的六边形时

$$\alpha = \frac{2\sin\varphi}{\sqrt{3}(3-\sin\varphi)} \qquad k_d = \frac{6c \cdot \cos\varphi}{\sqrt{3}(3-\sin\varphi)}$$

- 当德鲁克-普拉格屈服曲线圆中接于摩尔-库仑准则的六边形时：

$$\alpha = \frac{2\sin\varphi}{\sqrt{3}(3+\sin\varphi)} \qquad k_d = \frac{6c \cdot \cos\varphi}{\sqrt{3}(3+\sin\varphi)}$$

- 当德鲁克-普拉格屈服曲线圆内接于摩尔-库仑准则的六边形时：

$$\alpha = \frac{\sin\varphi}{\sqrt{9+3\sin^2\varphi}} \qquad k_d = \frac{3c \cdot \cos\varphi}{\sqrt{9+3\sin^2\varphi}}$$

可见，屈服特征参数k_d和α之间具有关系式：$k_d = \alpha \cdot 3c \cdot \cot\varphi$，这是由于圆锥顶点的坐标为$(h,h,h)$且$h = c \cdot \cot\varphi$，所以顶点处有$I_1 = 3c \cdot \cot\varphi$和$J_2 = 0$，从而据式(5.21a)有：$k_d = \alpha I_1 = \alpha \cdot 3c \cdot \cot\varphi$。

5.4.3 塑性流动规则(rule)

在讨论材料的塑性屈服时，一般需要回答“何时屈服”和“如何屈服”两个问题。前面介绍的“屈服准则(criteria)”已经回答了材料何时发生屈服的问题，那么发生屈服后又是如何塑性流动的，便是“塑性流动规则(rule)”问题，回答的是材料“如何屈服”进而发生塑性流动的问题。为了回答“塑性流动规则”问题，弹塑性本构理论引入了加载与卸载、德鲁克公设和塑性应变趋势(增量$d\varepsilon_{ij}^p$的方向)三个概念，以期深化认识材料发生屈服后的塑性流动方向及状态。

(1)加载与卸载。对式(5.13)定义的加载面函数$f(\sigma_{ij},\varepsilon_{ij}^p,\alpha)$，两边求偏导数，则有：

$$df = \frac{\partial f}{\partial \sigma_{ij}} \cdot d\sigma_{ij} + \frac{\partial f}{\partial \varepsilon_{ij}^p} \cdot d\varepsilon_{ij}^p + \frac{\partial f}{\partial \alpha} \cdot d\alpha$$

那么，定义：

当$\frac{\partial f}{\partial \sigma_{ij}} \cdot \mathrm{d}\sigma_{ij} < 0$和$f=0$时，为卸载状态；

当$\frac{\partial f}{\partial \sigma_{ij}} \cdot \mathrm{d}\sigma_{ij} = 0$和$f=0$时，为中立状态；

当$\frac{\partial f}{\partial \sigma_{ij}} \cdot \mathrm{d}\sigma_{ij} > 0$和$f=0$时，为加载状态。

(2)德鲁克公设(Drucker's postulate)。在材料的加载应力-应变图中，如有应力增量$\mathrm{d}\sigma$，则会产生应变增量$\mathrm{d}\varepsilon$，那么$\mathrm{d}\sigma$在$\mathrm{d}\varepsilon$上所做的功为$\mathrm{d}\sigma\mathrm{d}\varepsilon$，当$\mathrm{d}\sigma\mathrm{d}\varepsilon > 0$时，认为材料是稳定的；当$\mathrm{d}\sigma\mathrm{d}\varepsilon < 0$时，认为材料是不稳定的。德鲁克公设认为，对于稳定的材料，下列关系式成立：

$$\mathrm{d}\sigma_{ij}\mathrm{d}\varepsilon_{ij} > 0 \quad 及 \quad \oint(\sigma_{ij} - \sigma_{ij}^{*})\mathrm{d}\varepsilon_{ij} \geqslant 0 \tag{5.22}$$

式中：σ_{ij}^{*}——任一弹性应力状态，且$\forall \sigma_{ij}^{*}$，使得$f(\sigma_{ij}^{*}, \varepsilon_{ij}^{p}, \alpha) = 0$

上述不等式又称材料的稳定性假说。这个假说表明：①对于稳定的材料，在加载过程中，应力增量所做的功恒为正；②在加载与卸载的整个循环中，应力增量所完成的净功恒为非负。由此可见，公设的第一条即为材料稳定的定义，第二条应用了最大功原理。

(3)塑性应变趋势。塑性应变趋势是指应变增量$\mathrm{d}\varepsilon_{ij}^{p}$的发展方向，即矢量$\overrightarrow{\mathrm{d}\varepsilon_{ij}^{p}}$的方向，反映了材料发生屈服后的塑性流动方向。对于屈服面，存在加载面函数$f(\sigma_{ij}, \varepsilon_{ij}^{p}, \alpha) = 0$，则表明增量$\mathrm{d}\varepsilon_{ij}^{p}$也为$f(\sigma_{ij}, \varepsilon_{ij}^{p}, \alpha)$和$\mathrm{d}\sigma_{ij}$的函数；同时，总应变增量($\mathrm{d}\varepsilon_{ij}$)可以表示为弹性应变增量($\mathrm{d}\varepsilon_{ij}^{e}$)与塑性应变增量($\mathrm{d}\varepsilon_{ij}^{p}$)之和，即：$\mathrm{d}\varepsilon_{ij} = \mathrm{d}\varepsilon_{ij}^{e} + \mathrm{d}\varepsilon_{ij}^{p}$。根据最大功原理，在塑性应变($\varepsilon_{ij}^{p}$)区域内，总应力($\sigma_{ij}$)功大于或等于屈服面内的应力($\sigma_{ij}^{*}$)功，即：$\sigma_{ij}\mathrm{d}\varepsilon_{ij}^{p} \geqslant \sigma_{ij}^{*}\mathrm{d}\varepsilon_{ij}^{p}$，亦即：

$$(\sigma_{ij} - \sigma_{ij}^{*})\mathrm{d}\varepsilon_{ij}^{p} \geqslant 0 \tag{5.23}$$

式(5.23)也可以用图5.12中的向量点积$\overrightarrow{\mathrm{EF}} \cdot \overrightarrow{\mathrm{FP}} \geqslant 0$来表示。在图5.12所示的任意应力空间剖面图中，MN为屈服面的任一切面，$\vec{n}$为切面的法向向量，切点F对应的应力状态为σ_{ij}；E表示屈服面内的任一弹性应力状态为

σ_{ij}^*;P 表示从切点 F 出发加载的塑性应变增量$d\varepsilon_{ij}^p$(或应力增量 $d\sigma_{ij}$);α 为矢量$\overrightarrow{EF}$和$\overrightarrow{FP}$的夹角。因此,式(5.23)可表示为:

$$|\overrightarrow{EF}| \cdot |\overrightarrow{FP}| \cos\alpha \geqslant 0$$

可见,夹角 $-\pi/2 \leqslant \alpha \leqslant \pi/2$。由于材料是稳定的,且处于加载状态(不是卸载状态),所以 $d\sigma_{ij}$的方向必然是在屈服面向外方向的,故夹角 α 为锐角($0 \leqslant \alpha \leqslant \pi/2$)。夹角 α 为锐角的论断具有两个重要意义,或可以得出两个重要结论:①屈服面或屈服曲线一定是外凸的;②塑性流动直线 FP 一定与屈服面的外法线 $\vec{n}$ 重合。事实上,只有当夹角 α 为锐角时,对于屈服面内 E 点的任意取值 $E(\sigma_{ij}^*)$,总能保证所有的 E 点都在切面 MN 的同一侧,从而证明屈服面是外凸的,同时也可以保证直线 FP 与法线 $\vec{n}$ 的重合。反过来讲(反证法),如果屈服面是内凹的,那么夹角 α 有可能会是钝角(图 5.13),有悖于上述公设;如果直线 FP 不与法线 $\vec{n}$ 重合,总可以找到一点 E,使得$\overrightarrow{EF}$和$\overrightarrow{FP}$的夹角超过直角,也有悖于上述公设。

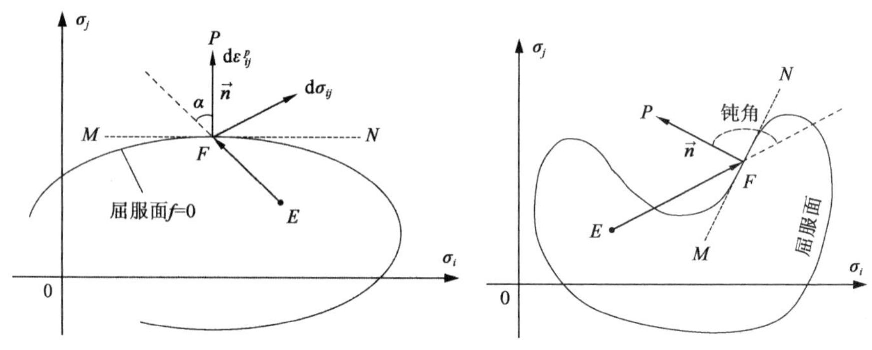

图 5.12　塑性流动规则的图示分析　　　图 5.13　不可能的内凹屈服面

总而言之,当材料发生塑性屈服时,存在屈服函数 $f(\sigma_{ij}, \varepsilon_{ij}^p, \alpha) = 0$,在空间里构成的屈服面一定是外凸的(convex),如前面介绍的四大经典屈服准则;当材料发生塑性屈服后,塑性流动的方向沿着屈服面的外法线方向发展,亦即沿着垂直于屈服面的外方向发展。

§5.5 其他塑性本构理论

研究材料的塑性屈服及屈服条件(屈服准则),是塑性本构理论的一项重要任务,但同时也需要建立塑性阶段的本构方程,以描述塑性应变与应力之间的关系。当受力物体某点的应力状态满足屈服条件进入塑性阶段以后,塑性应力应变关系具有非线性和非唯一性,弹性本构理论已不再适用。描述塑性本构关系的基本理论,目前主要有增量理论、全量理论(形变理论)和塑性势方法(畸变能方法),本节做简要介绍。当然,随着计算机技术的不断发展,必定会衍生出更多更好的理论与方法。

此外,还需要介绍一下"应力路径"的概念。当外荷载变化时,物体内某点的应力也要变化,应力空间中代表一点应力状态的应力点就要移动,应力点移动的轨迹称为应力路径,这一时间过程称为应力历史。同样地,对应的外荷载称为加载路径和加载历史。在弹性阶段,应变可由应力直接用虎克定律求出,而不需要了解这一应力状态是如何达到的,即不必了解其应力历史。但在塑性阶段,应变状态不但与应力状态有关,而且依赖于加载过程,即依赖于应力历史,如单向拉伸试验卸载后的零应力状态。

1. 增量理论

在研究材料进入塑性阶段的本构关系时,需要考虑应力状态和应力历史的影响,有一种理论认为此时的塑性本构关系为应变增量与应力增量之间的关系,这种以增量为基础的塑性本构理论称为增量理论。在线弹性本构理论中,对式(5.12)两边微分,得到:

$$\frac{\mathrm{d}s_{ij}}{\mathrm{d}e_{ij}^{e}}=2G \quad 或 \quad \frac{\mathrm{d}s_x}{\mathrm{d}e_x^{e}}=\frac{\mathrm{d}s_y}{\mathrm{d}e_y^{e}}=\frac{\mathrm{d}s_z}{\mathrm{d}e_z^{e}}=\frac{\mathrm{d}\tau_{xy}}{\mathrm{d}\gamma_{xy}}=\frac{\mathrm{d}\tau_{yz}}{\mathrm{d}\gamma_{yz}}=\frac{\mathrm{d}\tau_{zx}}{\mathrm{d}\gamma_{zx}}=2G$$

可见,在弹性阶段,应力偏量增量与应变偏量增量之比为一常数。由此,在塑性本构理论的增量理论中,结合试验结果,一般认为或假设塑性应变增量与应力偏量之比也为常数,即有:

$$\frac{\mathrm{d}\varepsilon_{ij}^{p}}{s_{ij}}=\mathrm{d}\lambda \quad 或 \quad \frac{\mathrm{d}\varepsilon_x^{p}}{s_x}=\frac{\mathrm{d}\varepsilon_y^{p}}{s_y}=\frac{\mathrm{d}\varepsilon_z^{p}}{s_z}=\frac{\mathrm{d}\gamma_{xy}^{p}}{\tau_{xy}}=\frac{\mathrm{d}\gamma_{yz}^{p}}{\tau_{yz}}=\frac{\mathrm{d}\gamma_{zx}^{p}}{\tau_{zx}}=\mathrm{d}\lambda \qquad (5.24)$$

式中：dλ——非负的标量比例系数，根据加载历史的不同而变化；

上角标 e——表示弹性；

上角标 p——表示塑性。

对于弹塑性体，当某点的应力状态进入塑性状态以后，相应的总应变ε_{ij}为弹性应变ε_{ij}^e和塑性应变ε_{ij}^p两部分之和；又由于体积变化是弹性的，平均应变$\bar{\varepsilon}$的塑性分量等于零，从而有如下增量表达式：

$$\mathrm{d}\varepsilon_{ij}^p=\mathrm{d}\varepsilon_{ij}-\mathrm{d}\varepsilon_{ij}^e=(\mathrm{d}e_{ij}+\mathrm{d}\bar{\varepsilon}\delta_{ij})-(\mathrm{d}e_{ij}^e+\mathrm{d}\bar{\varepsilon}\,\delta_{ij})=\mathrm{d}e_{ij}-\mathrm{d}e_{ij}^e$$

亦即：

$$\mathrm{d}e_{ij}=\mathrm{d}e_{ij}^e+\mathrm{d}\varepsilon_{ij}^p=\frac{1}{2G}\mathrm{d}s_{ij}+\mathrm{d}\lambda s_{ij} \tag{5.25}$$

式(5.25)称为普朗特-罗伊斯方程(Prandtl-Reuss)，表征了总应变增量与应力偏量之间的关系。一般而言，道路材料的弹性应变较小、塑性应变较大，如果忽略弹性应变，则有 $\mathrm{d}\varepsilon_{ij}^p=\mathrm{d}\varepsilon_{ij}$，此时式(5.25)简化为勒维-米塞斯方程(Levy-Mises)：

$$\mathrm{d}e_{ij}=\mathrm{d}\lambda s_{ij}\quad 或\quad \mathrm{d}\varepsilon_{ij}^p=\mathrm{d}\lambda s_{ij} \tag{5.26}$$

式(5.26)左、右两边自乘，得：

$$\mathrm{d}e_{ij}\mathrm{d}e_{ij}=\mathrm{d}\lambda^2 s_{ij}s_{ij}$$

根据第 2 章介绍的等效应力($\underline{\sigma}$)和等效应变($\underline{\varepsilon}$)计算公式，即：

$$\underline{\sigma}=\sqrt{\frac{3}{2}s_{ij}s_{ij}}\quad 和\quad \mathrm{d}\underline{\varepsilon}=\sqrt{\frac{2}{3}\mathrm{d}e_{ij}\mathrm{d}e_{ij}}$$

从而确定 dλ 值为：

$$\mathrm{d}\lambda=\sqrt{\frac{\mathrm{d}e_{ij}\mathrm{d}e_{ij}}{s_{ij}s_{ij}}}=\frac{3\mathrm{d}\underline{\varepsilon}}{2\underline{\sigma}}$$

代入式(5.26)，得：

$$\mathrm{d}\varepsilon_{ij}^p=\frac{3\mathrm{d}\underline{\varepsilon}}{2\underline{\sigma}}s_{ij} \tag{5.27}$$

式(5.25)～式(5.27)即为增量理论的塑性本构方程式。由式(5.27)可知，增量理论的本构方程与虎克定律的 K-G 形式相类似，除含有应变增量外，所不同的是系数部分。同时，由于等效应力和第二应力偏张量不变量存在关

系式$\underline{\sigma}=\sqrt{3J_2}$（见第2章），所以该本构方程也与米塞斯屈服条件相关联。

2. 全量理论

增量理论建立了塑性应变增量的分量与应力偏量之间的关系，如式(5.27)，与增量理论相对应的便是全量理论。全量理论试图直接建立全量形式的、与加载路径无关的本构关系，考虑的是应变分量而不是应变增量的分量，是以比例变形（或比例加载）为基础的理论，所以又称为形变理论。

比例加载通常称为简单加载。只有在简单加载条件下，方可采用全量理论分析本构方程，亦即使用全量理论的充分条件是简单加载定理成立。对此，伊留辛（A. A. Il'yushin）于1948年提出了全量理论应满足以下4个条件：

(1)外荷载按比例单调增长；

(2)材料是不可压缩的，即泊松比$\nu=0.5$；

(3)材料的应力应变曲线具有幂强化形式，即$\sigma=A\varepsilon^n$或$\underline{\sigma}=A\underline{\varepsilon}^n$（$A$、$n$为常数，见本章5.2节）；

(4)满足小变形的各项条件，塑性变形与弹性变形属同一量级。

在以上4个条件中，第一条是基本的，是必要条件；第二条和第三条的采用，只会产生不大的偏差；第四条是常规的，符合三大力学方程的求证条件，如适用于零位移边界条件。

如果加载形式为简单加载，即在加载过程中任一点的各应力分量都按比例单调增长，那么增量本构方程便可以简化为全量本构方程。实际上，若σ_{ij}^0（或s_{ij}^0或$\underline{\sigma}^0$）为t_0时刻的任一非零的参考应力状态，则任意时刻t的应力状态σ_{ij}（或s_{ij}或$\underline{\sigma}$）为：

$$\sigma_{ij}=k\sigma_{ij}^0 \quad 或 \quad s_{ij}=ks_{ij}^0 \quad 或 \quad \underline{\sigma}=k\underline{\sigma}^0$$

式中：k——单调增长的时间参数。

于是式(5.27)演化为：

$$\mathrm{d}\varepsilon_{ij}^p=\frac{3\mathrm{d}\underline{\varepsilon}}{2\underline{\sigma}}s_{ij}=\frac{3\mathrm{d}\underline{\varepsilon}}{2k\underline{\sigma}^0}ks_{ij}^0=\frac{3\mathrm{d}\underline{\varepsilon}}{2\underline{\sigma}^0}s_{ij}^0$$

对上式两边求积分，得：

$$\varepsilon_{ij}^p=\frac{3\underline{\varepsilon}}{2\underline{\sigma}}s_{ij} \tag{5.28a}$$

或展开为：

$$
\left.
\begin{aligned}
\varepsilon_x^p &= \frac{\underline{\varepsilon}}{\underline{\sigma}}\left[\sigma_x - \frac{1}{2}(\sigma_y + \sigma_z)\right] \\
\varepsilon_y^p &= \frac{\underline{\varepsilon}}{\underline{\sigma}}\left[\sigma_y - \frac{1}{2}(\sigma_z + \sigma_x)\right] \\
\varepsilon_z^p &= \frac{\underline{\varepsilon}}{\underline{\sigma}}\left[\sigma_z - \frac{1}{2}(\sigma_x + \sigma_y)\right] \\
\gamma_{xy}^p &= \frac{3\underline{\varepsilon}}{\underline{\sigma}}\tau_{xy} \\
\gamma_{yz}^p &= \frac{3\underline{\varepsilon}}{\underline{\sigma}}\tau_{yz} \\
\gamma_{zx}^p &= \frac{3\underline{\varepsilon}}{\underline{\sigma}}\tau_{zx}
\end{aligned}
\right\} \tag{5.28b}
$$

式(5.28)即为全量理论的本构方程，也称为亨基-伊留辛方程(Hencky-Il'yushin)，表明塑性应变ε_{ij}^p仅为瞬时应力状态的函数。同时，全量理论还有一个重要的实证结果是：在简单加载或偏离简单加载不大的情况下，可以用简单拉压曲线 σ-ε 来代替$\underline{\sigma}$-$\underline{\varepsilon}$曲线，从而大大简化试验过程。

尽管全量理论没有考虑加载路径的影响，一般来说是不正确的，但从实用的观点来看，大量的工程问题与比例加载相差不大，用全量理论解决实际问题仍可以取得令人满意的结果，故在一定范围内仍然得到应用。从目前的情况来看，在研究道路材料的本构特性时，一般还是较多采用了增量理论。

3. 塑性势的概念

塑性势对应于弹性本构理论中的弹性势，以塑性势能函数研究本构关系，最终考察的仍然是塑性应变增量，本质上也是增量理论，故在此仅做概念性介绍。如本章 5.3.1 介绍，弹性应变能 $U(\sigma_{ij})$ 为正定的势函数，所以也称为弹性势，且有弹性应变表达式：

$$\varepsilon_{ij} = \frac{\partial U(\sigma_{ij})}{\partial \sigma_{ij}}$$

上式说明，在弹性阶段，一点处的应变状态可由弹性势 $U(\sigma_{ij})$ 对σ_{ij}的偏导数得到。与此相对应，在塑性本构阶段，类似地可以引进塑性势函数 $P(\sigma_{ij})$，并从 $P(\sigma_{ij})$ 对 σ_{ij} 的偏导数求出塑性应变增量 $d\varepsilon_{ij}^{p}$，从而定义：

$$d\varepsilon_{ij}^{p} = d\lambda \frac{\partial P}{\partial \sigma_{ij}} \tag{5.29}$$

现在需要证明式(5.29)等同式(5.24)，即等同于增量理论的表达式。事实上，塑性势是就是畸变能屈服函数（米塞斯准则），以主应力表示为：

$$P(\sigma_{ij}) = f(\sigma_{ij}) = J_2 = \frac{1}{6}[(\sigma_1-\sigma_2)^2+(\sigma_2-\sigma_3)^2+(\sigma_3-\sigma_1)^2]$$

对 σ_1 求偏导数：

$$\frac{\partial P}{\partial \sigma_1} = \frac{1}{6}[2(\sigma_1-\sigma_2)-2(\sigma_3-\sigma_1)] = \frac{1}{3}[3\sigma_1-(\sigma_1+\sigma_3+\sigma_1)] = \sigma_1-\bar{\sigma} = s_1$$

同理，有：

$$\frac{\partial P}{\partial \sigma_2} = \sigma_2-\bar{\sigma} = s_2 \qquad \frac{\partial P}{\partial \sigma_3} = \sigma_3-\bar{\sigma} = s_3$$

可见：

$$\frac{d\varepsilon_1^p}{s_1} = \frac{d\varepsilon_2^p}{s_2} = \frac{d\varepsilon_3^p}{s_3} = d\lambda \quad 或 \quad d\varepsilon_{ij}^{p} = d\lambda s_{ij} \tag{5.30}$$

对照分析式(5.30)和式(5.24)，可以发现二者是等同的。因而可以认为：塑性势函数 $P(\sigma_{ij})$ 就是屈服函数 $f(\sigma_{ij})$，塑性势函数 $P(\sigma_{ij})$ 与屈服函数 $f(\sigma_{ij})$ 重合，这就意味着屈服面上任一点只有唯一的外法线，塑性应变增量 $d\varepsilon_{ij}^{p}$ 与屈服面上任一点的外法线方向一致。

§5.6 应力强化特性

在本章5.2节低碳钢拉压试验中，已简要介绍了应力强化的试验特性，并预先告知了应力强化具有等向强化、运动强化和混合强化三种类型。如图5.14a)所示的简单拉伸应力应变试验曲线，由原点 O 出发加载至弹性极限 A 点，对应的屈服应力为 σ_s；继续加载沿ABC曲线进行，在 B 点卸载至应力为零的 D 点，此时产生回弹应变 ε^e 和塑性应变 ε^p；然后由 D 点重新加载至 B

点，产生了新的屈服应力σ_B，显然$\sigma_B > \sigma_s$。材料的这种随后的屈服应力σ_B大于最初的屈服应力σ_s的力学特性，称为应力强化特性，且称σ_s为初始屈服应力，σ_B为后继屈服应力。相应地，在应力空间中，由初始屈服应力形成的屈服面为初始屈服条件，由后继屈服应力形成的屈服面为后继屈服条件。

分析应力强化最简单的流变模型便是"弹塑性固体模型"（详见第4章4.3节），如图5.14b）所示即为其中之一。对图示流变模型进行加载和卸载试验，得到应力应变关系为直线OA、AB和BD组成的折线［图5.14b），在B点卸载］，显然初始屈服应力$\sigma_s = f$。当$\sigma > f$时，AB直线的方程为：

$$(\sigma - f) = E_2\left(\varepsilon - \frac{f}{E_1 + E_2}\right)$$

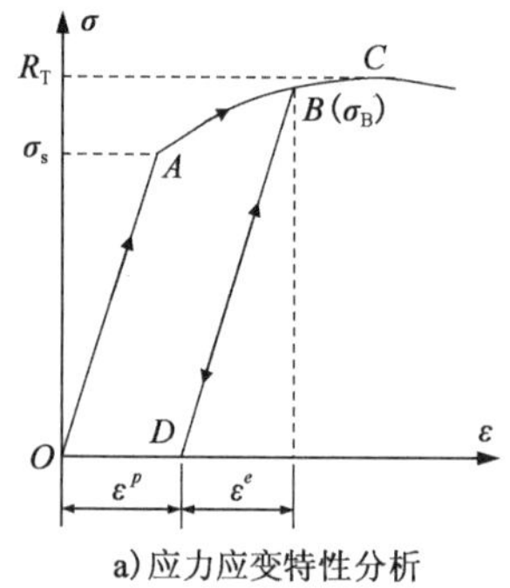

a）应力应变特性分析

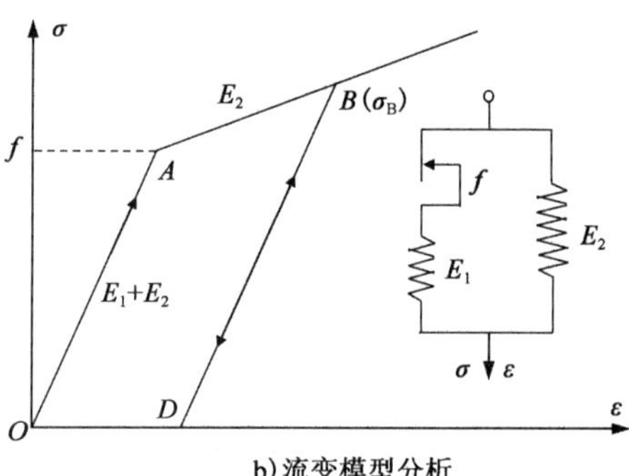

b）流变模型分析

图5.14 应力强化特性分析

由于直线DB//OA，故DB直线的方程为：

$$\sigma = (E_1 + E_2)(\varepsilon - \varepsilon^p)$$

式中：ε^p——塑性应变，$\varepsilon^p = |OD|$（图5.14b）；

f——流变模型的塑性极限，亦即$f = \sigma_s$为初始屈服应力。

直线AB和DB相交于B点，B点为卸载点，因此联立解上两式，可得卸载点B对应的后继屈服应力σ_B为：

$$\sigma_B = f + \frac{E_2(E_1 + E_2)}{E_1}\varepsilon^p$$

由此可见，$\sigma_B > f$亦即$\sigma_B > \sigma_s$，表明弹塑性固体模型具有应力强化特性；后继屈服应力σ_B为塑性应变ε^p的函数，即$\sigma_B = f(\varepsilon^p)$。注意：借助于"初始"

和“后继”的概念，此处ε^p应为初始塑性应变。

在本章5.4.1和5.4.3中，已经分别定义了加载面函数和加载与卸载的函数分析式，并认为加载面函数等于零的应力状态便是屈服条件。事实上，由应力强化的试验结果可知(图5.14a)，当加载达到初始屈服应力σ_s后继续加载、卸载后再重新加载达到后继屈服应力σ_B时，在应力空间里，应力路径经历了初始屈服面和后继屈服面两个屈服面，亦即应力强化，此时屈服函数的一般表达式仍为：

$$f(\sigma_{ij},\alpha)=0 \quad 或 \quad f(\sigma_{ij})=k(\alpha) \tag{5.31}$$

式中：$k(\alpha)$——应力强化函数。

研究应力强化的变化规律，就是想知道屈服函数发生了什么变化，体现在π平面中就是屈服曲线的形状、位置和大小问题。如果材料是给定的，那么屈服曲线的形状也是一定的；发生应力强化时，屈服曲线最大可能的变化便是位置和大小。例如对于理想弹塑性材料而言(如圣维南流变模型)，就不存在应力强化问题，屈服曲线的形状、位置和大小均保持不变，也就是说后继屈服面与初始屈服面重合。应力强化问题比较复杂，为了认识后继屈服面，通常把应力强化分为等向强化和运动强化两种模型，但试验结果又往往是介于二者之间的，所以又提出了混合强化模型，这三种应力强化模型的屈服面变化特征见表5.3。

三种应力强化模型的屈服面变化特征　　表5.3

应力强化模型	是否考虑鲍辛格效应	屈服面的几何特性变化		
		形状	位置	大小
等向强化	不考虑	×	×	√
运动强化	考虑	×	√	×
混合强化	部分考虑	×	√	√

注：× 没变化；√ 有变化。

(1)等向强化(isotropic hardening)

等向强化模型假设拉伸时的后继屈服应力和压缩时的后继屈服应力相等。这样，在塑性变形过程中，后继屈服面均匀扩大(图5.15)，后继屈服函数只与应力状态σ_{ij}和标量强化参数 α 有关,即式(5.31)中的 α 和 $k(\alpha)$ 为常数。在单向拉伸或压缩条件下,式(5.31)可写为:

$$f(\sigma,\alpha)=|\sigma|-\sigma_s-\alpha=0$$

在复杂应力状态下,若记初始屈服条件为$f_0(\sigma_{ij})$,则式(5.31)可写为:

$$f(\sigma_{ij},\alpha)=f_0(\sigma_{ij})-\alpha=0$$

如果初始屈服条件$f_0(\sigma_{ij})$采用米塞斯准则,则有:

$$\sqrt{3J_2}-\sigma_s-\alpha=0$$

可见,在 π 平面内,对于有应力强化的米塞斯屈服圆,圆上任一点 P 扩展(强化)到了 P' 点(图 5.15),圆的半径由初始的 $|OP|=\sqrt{2/3}\,\sigma_s$ 变为 $|OP'|$,半径增大,但圆心位置未变,后继屈服曲线为一系列的同心圆,半径大小由 α 决定。若采用的是特瑞斯卡屈服条件,则后继屈服曲线为一系列的同心正六边形。

(2)运动强化(kinematic hardening)

运动强化模型假设在塑性变形过程中,后继屈服面只在空间平移,而没有形状和大小的变化(图 5.15),后继屈服函数只与应力状态σ_{ij}和决定屈服曲线中心位置的矢量参数α_{ij}有关,即有一般表达式:

$$f(\sigma_{ij}-\alpha_{ij})=k(\alpha)$$

矢量参数α_{ij}隐含了后继屈服曲线的中心坐标在 π 平面内的新位置,与塑性应变ε_{ij}^P有关,通常考虑为线性强化模式,则有:

$$\alpha_{ij}=c\varepsilon_{ij}^P$$

式中:c——常数。

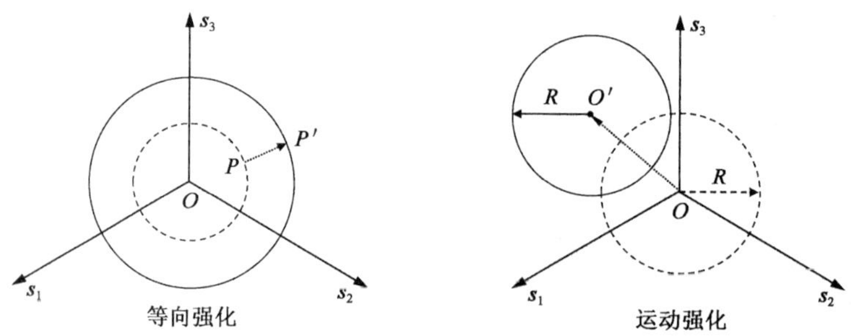

图 5.15 有应力强化时屈服曲线的几何特性变化

以米塞斯准则为例，在 π 平面内，初始屈服圆的圆心位置为原点 O，发生应力强化后，圆心位置平移到了 O' 点，半径仍为 $R=\sqrt{2/3}\sigma_s$（图 5.15），形成一个后继屈服圆。表明屈服面的形状和大小没有变化，但位置发生了平移。如果是特瑞斯卡屈服条件，在 π 平面内则是正六边形的平移。

(3)混合强化(mixed hardening)

混合强化模型为等向强化和运动强化的混合形式，即出现应力强化时，屈服面既有位置的移动，也有几何尺寸的改变（表 5.3）。有些文献指出，多数材料的应力强化试验数据更符合混合强化模型，但本书作者的三轴试验结果表明，常温沥青混合料具有运动强化之试验特性（详见第 8 章 8.6 节）。

需要说明的是，等向强化模型在数学处理上比较简便，但其缺点是没有考虑鲍辛格(Bauschinger)效应，如果实际加载路径没有明显反复（例如单调加载），则可以采用这种强化模型，比如对金属材料的拉压试验研究，大多可以采用等向强化模型。运动强化模型的优点就是较好地反映了鲍辛格效应，在承受反复荷载作用时比较符合实际，比如对于颗粒性材料的反复拉压试验，压缩屈服强度提高多少，反向的拉伸屈服强度就会减少多少，表现出典型的鲍辛格效应和运动强化特性。

§5.7 循环激励效应

物体有时候要承受重复荷载的作用，并在使用过程中出现一些特别的力学特性，如汽车荷载反复作用，使得沥青路面会出现车辙变形和疲劳裂缝等。在流变学中，按照“激励”与“响应”的基本概念，把这种反复或重复作用的荷载，称为循环激励荷载（或循环激励），物体或材料所表现出来的这种特别的力学特性即为循环激励效应。路面材料在多数情况下需要考虑循环激励作用下的力学响应，以充分反映材料乃至结构的使用性能。

在力学试验中，重复加载和循环加载往往是“加载和卸载”的若干次反复，但二者在内涵上或本质上是有区别的。重复加载(repeated loading)是较大荷载水平下的有限次数的加卸载，加载幅度（如应力水平）也可以不尽相同，如逐级加卸载试验；而循环加载(cyclic loading)则是在较小荷载水平下的较多次数的加卸载,加载幅度一般为等值,如疲劳试验。本节内容中的一些提法,将不会刻意区别重复加载和循环加载的内涵,而是统一取用了循环激励的概念,以期总体上认识循环激励效应。

当考虑循环激励时,有时加卸载次数很少、加载水平可以达到屈服极限,物体直接进入塑性状态;有时尽管加载水平较小,但多次加卸载后物体也会产生永久变形,并伴随有回弹变形,表现为弹塑性特性。所以,暂且把循环激励效应这部分内容也纳入弹塑性特性中加以简单介绍,主要内容有:循环激励方式、等应力水平效应、材料的硬化与软化和疲劳特性。

5.7.1 循环激励方式

循环激励可分为重复加载(repeated loading)和循环加载(cyclic loading)两种方式。重复加载对应于较大的荷载水平和较少的加卸载次数,循环加载对应于较小的荷载水平和较多的加卸载次数。循环激励是一种试验加载方式,固体材料通常采用齿形波、正弦波、矩形波和脉冲波等。齿形波和正弦波是连续加载的,矩形波和脉冲波是间歇加载的。研究循环激励效应多采用齿形波,研究复数模量 E^* 多采用正弦波(属于黏弹性范畴,见第6章)。

为了研究循环激励效应,力学试验需要拥有一台智能压力机,具备电液伺服控制的功能,方可实现某种设定的循环激励加卸载,通常所用到的工程压力机一般不具有这种功能。目前,国际上普遍采用的是美国 MTS 和 INSTRON 智能压力机,其他类似设备可能只有部分功能和谨慎的精度及稳定性。力学试验的加载控制方法主要有两种:控制应变法和控制应力法,试验时应选择其一。通常情况下,选择的是控制应变法(或控制位移法),这样有利于试验操作的安全保护和一些力学量的直接应用。常用的四种循环激励方式为周期性加载,见图5.16,并简述如下:

- 齿形波循环激励:为加载速率($\dot{\sigma}$ 或 $\dot{\varepsilon}$)和荷载水平(σ_0或ε_0)的两参数加载,以设定的控制速率加载,达到一定的荷载水平时,再以相同的速率卸载,这样的加卸载方式重复若干次,即为齿形波循环激励模式(图5.16a),卸载后的荷载状态也可以是非负的。

- 正弦波循环激励:为加载频率(ω)和荷载幅度(σ_0或ε_0)的两参数加载,以激励模式 $\sigma(t) = \sigma_0 \sin 2\pi\omega t$ 或 $\varepsilon(t) = \varepsilon_0 \sin 2\pi\omega t$ 进行加卸载(图 5.16b),非负卸载即为半正矢加载模式。
- 矩形波循环激励:为荷载幅度(σ_0或ε_0)、受荷时长(t_1)和间歇时长(t_r)的三参数加载(图 5.16c)。
- 脉冲波循环激励:为荷载幅度(σ_0或ε_0)、脉冲形式(A)和间歇时长(t_r)的三参数加载(图 5.16d)。

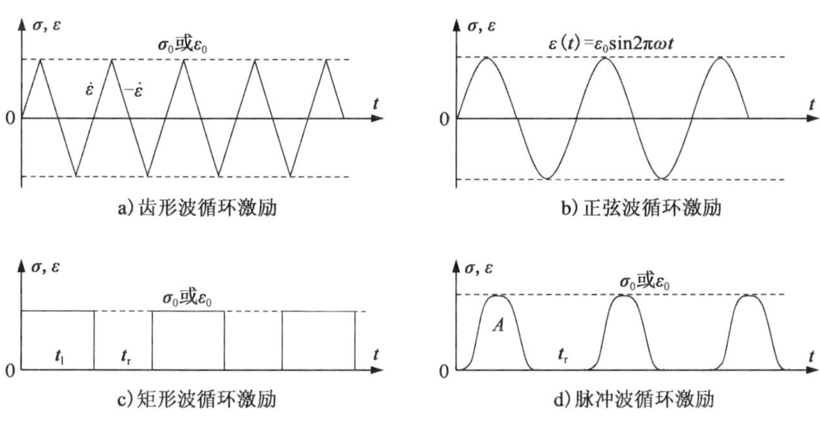

图 5.16 固体材料常用的四种循环激励方式

5.7.2 等应力水平效应

等应力水平效应就是在恒定应力水平下循环激励加载时,材料的应力应变关系所具有的试验特性。等应力水平效应通常归纳为三种试验现象,即扣环现象、闭圈现象和叠线现象。等应力水平试验一般采用如图 5.16a)所示的齿形波循环激励,取应力水平小于屈服应力,即$\sigma_0 < \sigma_s$,在$[-\sigma_0, \sigma_0]$内进行周期性加卸载,此时等应力水平为σ_0,且为小应力水平。这种循环激励条件下的试验特性,在应力应变坐标中会出现扣环、闭圈和叠线三种现象(图 5.17),是为等应力水平效应。

需要说明的是,对于道路材料而言,抗压强度一般远大于抗拉强度,所以在进行等应力水平循环激励试验时,宜取压应力水平大于拉应力水平,即$\sigma_0^c > \sigma_0^t$(其中$\sigma_0^c < \sigma_s^c$,$\sigma_0^t < \sigma_s^t$,σ_s^c为抗压屈服极限,σ_s^t为抗拉屈服极限),在

$[-\sigma_0^t, \sigma_0^c]$内进行周期性加卸载，考察循环激励效应。等应力水平效应的三种试验现象如图 5.17 所示，并简述如下：

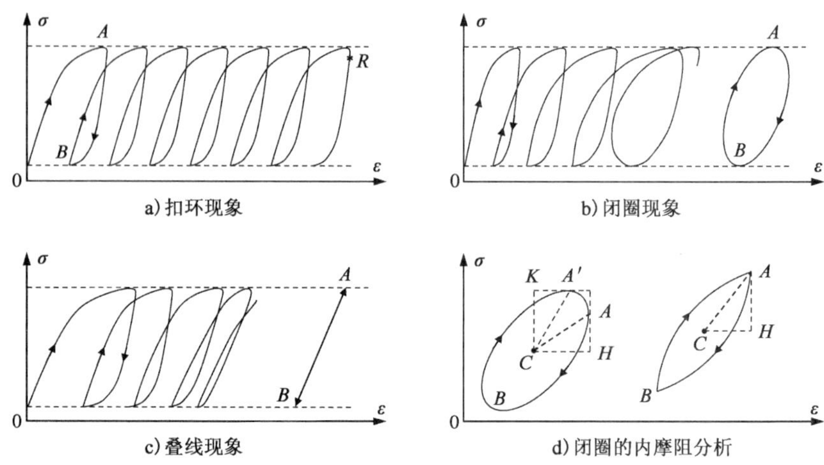

图 5.17　等应力水平效应的三种试验特性

- 扣环现象：按照给定的循环激励方式，在完成一次周期的加载和卸载之后，应力应变的试验特性呈传统曲线状 OAB（图 5.17a）；在随后的每个加卸载周期内，这个曲线形状基本上保持不变，从而形成犹如链环相扣的应力应变曲线；但随着激励次数的增加，材料终究会出现破坏点 R。
- 闭圈现象：随着激励次数的增加，应力应变的加载曲线与上一周期的卸载曲线所形成的交叉圈逐渐增大，最终形成比较完美的闭合圈（图 5.17b）。闭合圈的形状可以描述材料的弹黏塑性，当闭合圈的端头为尖角时（如图 5.17d 中的 A 点和 B 点），则为塑性特性，并无黏性影响；当闭合圈的端头为圆角$\overset{\frown}{AA'}$时，则反映了黏性。如果 A 点和 A'点逐步重合，那么材料逐渐丧失黏性，主要表现为弹塑性性质，可用第 4 章图 4.6d）所示的“弹塑性固体模型”分析之。尖角式闭合圈的面积大小（或俗语胖瘦），则反映了塑性成分的大小，如内摩阻系数 f 反映了塑性极限。
- 叠线现象：随着激励次数的增加，应力应变的卸载曲线与加载曲线逐渐闭合，逐步形成扁平细长的尖角式闭合圈，直至加卸载曲线叠合，最终形成一条直线，如图5.17c)中的直线AB。此时加载与卸载可沿原路径往返，表现为典型的线弹性特性，可用虎克定律描述。

塑性内摩阻系数(coefficient of interior friction)

材料塑性的本质是其内部分子(或晶相)或颗粒之间相对于初始位置的错位与滑移，错位与滑移的矢量和即为塑性变形，而发生变形所需克服的阻力即为内摩阻力，也就是流变模型中的塑性极限f(第4章)。因此，可提出一个可以表征材料塑性极限的内摩阻系数f(coefficient of interior friction)，定义为：

$$f=\frac{\Delta W}{W}$$

式中：ΔW——相邻两个循环圈的面积差，表征了一个循环周期内的热能耗散；

W——三角形CAH的面积(图5.17d)，表征了一个循环周期内的弹性应变能。

在循环激励效应的闭圈现象中(图5.17d)，记C为循环闭合圈的形心，A点和A'点为闭合圈应力方向和应变方向上的切点，则按能量功原理，面积$S_{CAA'}$表示黏性的大小，面积S_{CAH}或$S_{CA'K}$表示塑性的大小(二者的差值很小)。为了研究内摩阻系数f，在尖角式闭合圈中(图5.17d中的右图)，令$|CH|=a$，且两个相邻循环闭合圈之间存在一个可以试验确定的增量$|\Delta a|$，E为弹性模量，则有：

$$W=\frac{1}{2}a(\sigma_A-\sigma_C)=\frac{1}{2}Ea^2$$

事实上，两个相邻循环闭合圈之间存在一个由增量$|\Delta a|$所引起的能量差，表现为热能耗散量：

$$\Delta W=\frac{1}{2}E(a+|\Delta a|)^2-\frac{1}{2}Ea^2=\frac{1}{2}E(2a|\Delta a|+|\Delta a|^2)$$

如果黏性极小可以忽略不计，则略去上式中的增量高次项，可得到：

$$f=2\frac{|\Delta a|}{a}$$

5.7.3 材料的硬化与软化

一般情况下，当循环激励的应变水平$|\varepsilon_0|$(或应力水平$|\sigma_0|$)比较大的时

候,材料会在激励过程中出现应力(或应变)和刚度逐渐增大或减小的变化,刚度模量 E 的增大为材料的硬化(cyclic hardening),刚度模量 E 的减小为材料的软化(cyclic softening)(表5.4)。尽管材料的硬化和应力强化在英语中为同一个单词 hardening,但二者是有外延区别的,应力强化考察的是屈服应力的变化,而材料硬化涉及的范畴更广泛一些,既可以是屈服应力,也可以是循环激励条件下刚度模量的增大。

材料的硬化与软化特性分析　　表5.4

循环激励条件	给定应变水平 $\|\varepsilon_0\|$	给定应力水平 $\|\sigma_0\|$
材料硬化	对应的应力值大于前序循环的应力值,即 $\sigma_i > \sigma_{i-1}$, $E_i = \frac{\sigma_i}{\varepsilon_0}, E_{i-1} = \frac{\sigma_{i-1}}{\varepsilon_0}$ 则有:$E_i > E_{i-1}$	对应的应变值小于前序循环的应变值,即 $\varepsilon_i < \varepsilon_{i-1}$, $E_i = \frac{\sigma_0}{\varepsilon_i}, E_{i-1} = \frac{\sigma_0}{\varepsilon_{i-1}}$ 则有:$E_i > E_{i-1}$
材料软化	对应的应力值小于前序循环的应力值,即 $\sigma_i < \sigma_{i-1}$, $E_i = \frac{\sigma_i}{\varepsilon_0}, E_{i-1} = \frac{\sigma_{i-1}}{\varepsilon_0}$ 则有:$E_i < E_{i-1}$	对应的应变值大于前序循环的应变值,即 $\varepsilon_i > \varepsilon_{i-1}$, $E_i = \frac{\sigma_0}{\varepsilon_i}, E_{i-1} = \frac{\sigma_0}{\varepsilon_{i-1}}$ 则有:$E_i < E_{i-1}$

注:i 为循环激励次数,E 为材料的刚度模量。

循环激励时,通常设定激励水平($|\varepsilon_0|$或$|\sigma_0|$)和激励方式(图5.16a),每一个循环周期内的激励水平即为常数,从而在应力和应变坐标或时间坐标里,材料的硬化与软化有如图5.18所示的试验特性,基本释义为:

- 材料硬化:在给定应变水平$|\varepsilon_0|$的条件下,随着循环激励次数(或时间 t)的增加,与应变ε_0对应的应力值逐渐增大并趋于稳定;同样,在给定应力水平$|\sigma_0|$的条件下,随着循环激励次数(或时间 t)的增加,与应力σ_0对应的应变值逐渐减小并趋于稳定。这两种情况均反映了材料刚度模量的增大并趋于稳定(表5.4),为材料的硬化(图5.18a)。
- 材料软化:与材料的硬化成相反的情况,随着循环激励次数(或时间 t)的增加,材料的刚度模量逐渐减小并趋于稳定(表5.4),为材料的软化(图5.18b)。

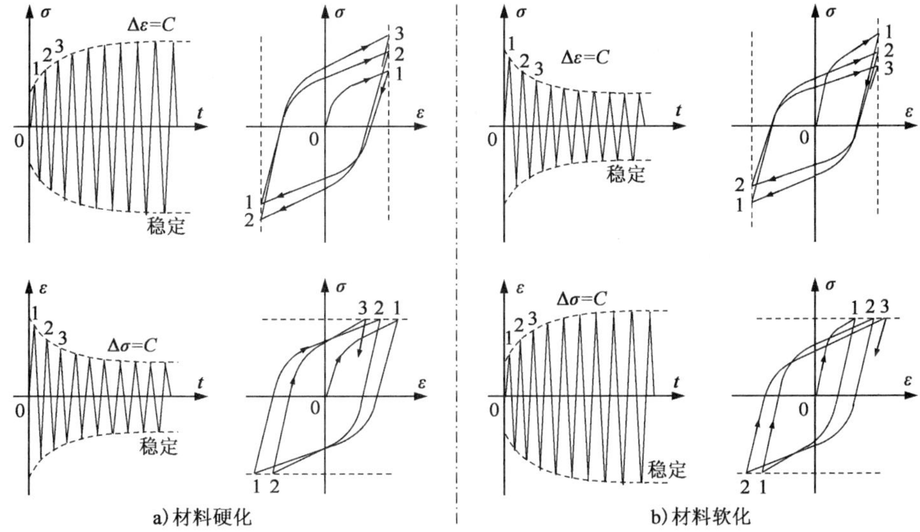

图 5.18　材料硬化与软化的试验特性

5.7.4　材料的疲劳特性

在研究材料的强度特性或破坏特性时，工程力学通常认为屈服应力就是破坏强度。但是，还有另外一种破坏情况与循环激励有关，那就是疲劳破坏。尽管循环激励的应变水平$|\varepsilon_0|$（或应力水平$|\sigma_0|$）较小，但由于循环激励次数较大（一般在10^4次以上），材料内部结构受到损伤，最终也会导致材料的破坏，这种强度破坏依赖于循环激励次数的力学特性，称为材料的疲劳特性。疲劳破坏时对应的激励次数称为疲劳寿命N_f，对应的应变水平或应力水平称为疲劳强度ε_f或σ_f。例如，路面结构不仅承受着车辆荷载的极重作用，而且也承受着车辆荷载的重复作用，这种重复作用的车辆荷载会对路面产生疲劳损伤乃至破坏。

事实上，随着循环激励次数的增加，材料的疲劳特性本质上表现为材料的软化（图 5.18b），综合反映了弹性性能的降低和塑性性能的提高，即刚度模量的减小，所以疲劳破坏仍然为弹塑性破坏。开展疲劳试验时，可以选择控制应变法（试验控制$|\varepsilon_0|$），也可以选择控制应力法（试验控制$|\sigma_0|$）。以控制应力法为例，当设定不同的应力水平$\sigma_i > \sigma_{i+1}$（$i = 1, 2, \cdots\cdots, k$）时，则对

应的疲劳寿命为$N_i < N_{i+1}$，这样在应力水平σ_0和激励次数 n 的坐标里，可得到一条理论上的疲劳强度曲线，曲线为疲劳强度与疲劳寿命的函数，即$\sigma_f = f(N_f)$，如图 5.19 所示的曲线 FG。显然，当$\sigma_i < \sigma_f$时，材料的疲劳损伤状态处于曲线 FG 下方，不会发生疲劳破坏；当$\sigma_i \geqslant \sigma_f$时，材料会发生疲劳破坏；当$\sigma_i < \sigma_f^s$（稳定值）时，无论激励次数有多大，材料在理论上永远不会发生疲劳破坏，具有无限寿命。

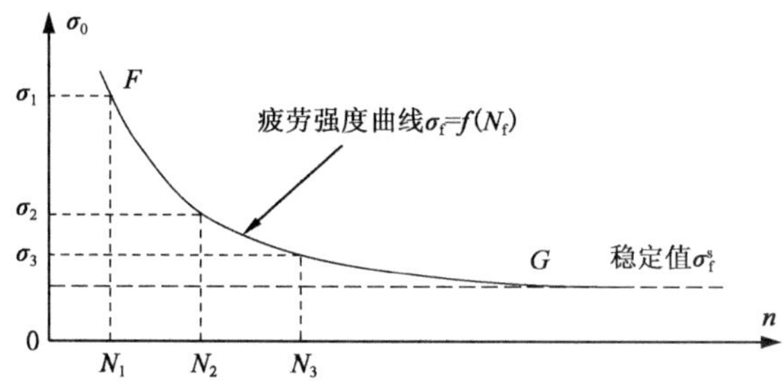

图 5.19　材料的疲劳强度曲线

这样，材料全景式的破坏特性为：在单轴试验的应力应变坐标中，材料的破坏对应于一点（$\varepsilon_{max}, \sigma_{max}$）；在疲劳试验的应力水平和激励次数坐标中，材料的破坏对应于一条曲线（图 5.19）；在主应力空间里，材料的破坏对应于一个屈服面（图 5.8）。

疲劳特性的分析理论，最基本最常用的是迈纳（Milton. A. Miner）于 1945 年提出的线性累积损伤理论，简称迈纳规则（Miner's Rule）。该理论认为，材料的疲劳破坏是由于荷载的反复作用，在其内部造成累积损伤引起的，主要有两点假设：①低于疲劳强度稳定值σ_f^s的应力不导致材料损伤；②对应于不同激励水平的加载次序对疲劳累积损伤没有任何影响。设任一循环激励水平σ_i对应的疲劳寿命为N_i，当σ_i作用了n_i次（$n_i < N_i$）时，疲劳损伤量为$D = n_i / N_i$，那么当有 k 个不同激励水平时，总的线性累积损伤量为：

$$D = \sum_{i=1}^{k} \frac{n_i}{N_i}$$

多数情况下，上式中的 $D = 0.7 \sim 2.2$；当材料发生疲劳破坏时，认为累积损伤量达到了 100%，亦即 $D = 1$。因此，定义了一个临界疲劳损伤量$D_{cr} = 1$，作为疲劳破坏的判断准则。

为了研究如图 5.19 所示的疲劳曲线方程$\sigma_f = f(N_f)$，需要对试验结果进行统计分析，建立激励水平$|\varepsilon_0|$或$|\sigma_0|$（此时亦即疲劳强度ε_f或σ_f）与疲劳寿命N_f的统计关系式，从而建立材料的疲劳方程。根据材料的不同和研究方法的不同，有不同的疲劳方程，但不管是控制应变法$|\varepsilon_0|$，还是控制应力法$|\sigma_0|$，最常用的疲劳方程主要有两种形式：指数函数式和幂函数式，且多数情况下以对数形式应用。以控制应力法（不同$|\sigma_0|$水平下的疲劳试验）为例，这两种疲劳方程的表达式如下：

指数函数式 $$N_f = Ae^{-a\sigma_0}$$

幂函数式 $$N_f = B\left(\frac{1}{\sigma_0}\right)^b$$

或改写为对数式：

$$\sigma_0 = a_1 - a_2 \cdot \lg N_f \quad 和 \quad \lg N_f = b_1 - b_2 \cdot \lg\sigma_0$$

式中，A、a、a_1、a_2、B、b、b_1、$b_2 > 0$，均为与材料有关的试验常数，实际上只有两个独立参数。

同样，对于控制应变法疲劳试验，在不同的$|\varepsilon_0|$水平下，也可以得到类似的疲劳方程。通过试验结果的统计分析，如果确定了上述试验常数，那么就可以确定对应于某个激励水平下的疲劳寿命；反过来讲，如果设定了某一疲劳寿命，那么也可以确定相应的疲劳强度。

复习思考题

1. 对于钢筋的大变形加载卸载图，试说明弹塑性特点，并用弹塑性流变模型分析之。

2. 试设计一个试验方法，分析道路材料的弹性和弹塑性？

3. 试分别用摩尔应力圆和应变圆法、微单元体对角线变量分析法，在纯剪切条件下，证明弹性模量 E、剪切模量 G 和泊松比 ν 的关系式式(5.6)存在。

4. 在 xyz 坐标系中，证明：①弹性体的体积应变$\varepsilon_v = \varepsilon_x + \varepsilon_y + \varepsilon_z$；②不可

压缩时的泊松比 ν =0.5。

5. 当材料不可压缩时，即泊松比 ν =0.5 时，试证明等效应力和等效应变满足关系式：$\underline{\sigma} = E\underline{\varepsilon}$。

6. 试推导平均应力与平均应变、应力偏量与应变偏量之间的关系式：$\bar{\sigma} = E\bar{\varepsilon}, s_{ij} = 2Ge_{ij}$。

7. 哪一个简单的流变模型可以模拟 Bauschinger 效应与运动强化，试分析之。

8. 利用流变模型理论，认识材料的弹性极限或塑性极限、屈服极限、强度极限、应力强化。

9. 从材料的匀质性、各向同性、正交对称出发，认识线弹性的弹性常数及独立弹性常数(公式书写)。

10. 应力张量 = 应力偏张量 + 应力球张量，即：$\sigma_{ij} = s_{ij} + 1/3\ I_1$，试解释材料的强度破坏和体积变化。

11. 绘图说明何为等倾线和 π 平面？并分析应力张量在应力空间和 π 平面内的分解。

12. 从加载面函数到屈服函数，在主应力空间里和 π 平面内认识四大经典屈服准则。

13. 如何论证屈服曲线的外凸特性？

14. 以图 5.8 为例，谈谈你是如何认识柱面型屈服面和锥面型屈服面的区别的？

15. 试用“弹塑性固体模型”解释应力强化特性，并介绍应力强化的种类及在 π 平面内的特征。

16. 弹性应变能的定义、意义及分解(以应变能表征应力应变关系)。

17. 试说明何为畸变能及其物理意义，并推导下式：

$$U_{\mathrm{d}} = \frac{1}{2}s_{ij}e_{ij} = \frac{1}{2G}J_2 = \frac{3}{4G}\tau_8^2$$

18. 在循环激励中，如何认识等应力水平效应、材料的硬化与软化和疲劳特性？

19. 比较分析 Tresca 屈服条件和 Mises 屈服条件在单向拉伸和纯剪切试

验时的异同点。

20. 从点线面角度,如何理解材料的强度破坏?并解释疲劳强度。

本章参考文献

[1] 徐芝纶. 弹性力学[M]. 第4版,上、下册. 北京:高等教育出版社,2006.

[2] 徐秉业,陈森灿. 塑性理论简明教程[M]. 北京:清华大学出版社,1981.

[3] 徐秉业. 简明弹塑性力学[M]. 北京:高等教育出版社,2011.

[4] 王仁,熊祝华,黄文彬. 塑性力学基础[M]. 北京:科学出版社,1982.

[5] 杨桂通. 弹塑性力学引论[M]. 北京:清华大学出版社,2004.

[6] 薛守义. 弹塑性力学[M]. 北京:中国建材工业出版社,2005.

[7] 陈明祥. 弹塑性力学[M]. 北京:科学出版社,2007.

[8] 俞茂宏. 强度理论新体系[M]. 西安:西安交通大学出版社,1992.

[9] YU Mao-hong. Advances in strength theories for materials under complex stress state in the 20th Century [J]. Applied Mechanics Reviews,2002,55(3):169-218.

[10] FUNG Y C. Foundation of solid mechanics [M]. Englewood Cliffs:Prentice-Hall,1965.

[11] KACHANOV L M. Foundation of the theory of plasticity [M]. Amsterdam:North Holland Publishing Company,1971.

[12] MASE G E. Theory and problems of continuum mechanics[M]. New York:McGraw-Hill Book Company,1970.

[13] HALPHEN B,SALENCON J. Elasto-plasticité [M]. Paris:Presse de l'Ecole Nationale des Ponts et Chaussées,1987.

[14] LEMAITRE J,CHABOCHE J L. Mécaniques des matériaux solides [M]. Paris:Dunod,1985.

第 6 章　黏弹性分析原理

在经典力学和本构理论中,除了研究物体的弹性、弹塑性、黏塑性外,还有一项重要内容就是黏弹性。物质的黏性及黏塑性流动和弹性及弹塑性分别在第 3 章和第 5 章中做了介绍,现在需要阐述的是黏弹性,亦即黏弹性本构理论。为了研究物体的黏弹性,在工程力学中有一门专门课程——黏弹性力学,介绍了材料和结构的黏弹性力学行为。而道路材料流变学主要研究的是材料的流动变形特性及本构关系,因此,本章结合最基本的黏弹性流变模型,重点掌握黏弹性分析原理,主要内容有:黏弹性的基本力学特性、徐变与松弛、线性黏弹性及叠加原理、线性黏弹性和线弹性的对应性原理、复数模量及时温等效原理等。

§6.1　基本特性分析

弹性、黏性、塑性是材料最基本的力学性质,只是不同材料或材料在不同状态下的弹黏塑性比例不同,所表现出来的力学特性不同而已。对物质的黏性认识首先是从流体开始的,后来发现这种黏性现象或特性对固体材料也有同样的体现。固体材料的黏性一般不会独立存在,而是耦合于弹性和塑性之中。黏性耦合于弹性之中即为黏弹性,黏性耦合于塑性之中即为黏塑性。多数情况下,物体在塑性屈服之前都具有黏弹性,其本构特性会表现出明显地对时间的依赖性,即应力应变为时间的函数,如徐变与松弛,且对温度比较敏感。黏性物质达到屈服破坏时,即为黏塑性破坏。

下面通过介绍黏弹性的基本试验特性、特殊函数的引用和本构方程的分析方法,初步认识黏弹性的分析原理。

6.1.1　黏弹性试验特性

根据牛顿黏性定律($\sigma = \eta\dot{\varepsilon}$)，一切黏性物质(黏性、黏塑性和黏弹性)的本构特性必然依赖于激励速率，是时间的函数；同时大量的试验研究表明，黏弹性物质具有明显的徐变与松弛试验现象，本构特性受到温度的影响较大，对温度很是敏感。事实上，温度主要影响了物质的黏度，从而也就影响了力学特性。激励速率是一个力学原理上的力学参数，温度只是一个重要的影响因素。

黏弹性材料的力学行为随时间(t)和温度(T)的变化特性，如图6.1所示。在试验温度恒定的条件下，变化不同的加载应变速率($\dot{\varepsilon}$)，则加载控制应变为$\varepsilon(t) = \dot{\varepsilon}t$，当达到相同的应变水平$\varepsilon_0$时，由于应变速率不同，所需的时间也不同，如以速率$\dot{\varepsilon}_1$、$\dot{\varepsilon}_2$、$\dot{\varepsilon}_3$加载到达$\varepsilon_0$所需的时间分别为$t_1$、$t_2$、$t_3$，这时对应的应力分别为$\sigma_1$、$\sigma_2$、$\sigma_3$，如图6.1a)所示，表明应力随应变速率的加快或激励时间的变短而增大。

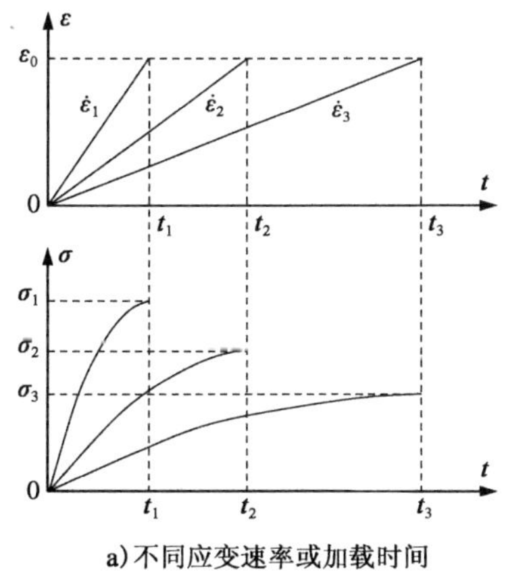

a)不同应变速率或加载时间

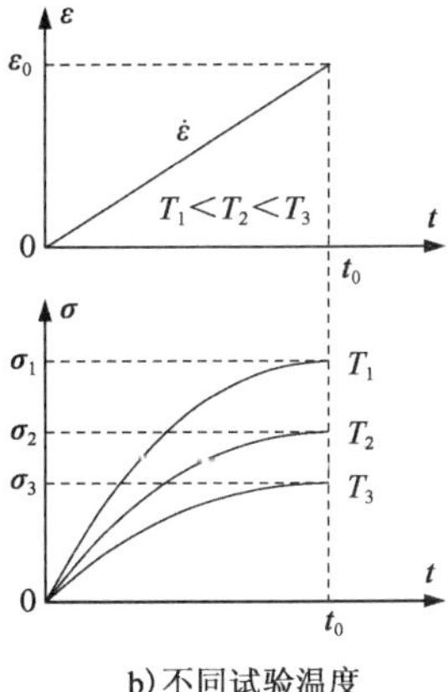

b)不同试验温度

图6.1　激励时间与温度对黏弹性材料力学响应的影响

当激励速率($\dot{\varepsilon}$)恒定时，加载方式为单一的简单加载，即控制应变为$\varepsilon(t) = \dot{\varepsilon}t$，直至达到应变水平$\varepsilon_0$；若取不同试验温度$T_1 < T_2 < T_3$，则对应的应力分别为$\sigma_1 > \sigma_2 > \sigma_3$，如图6.1b)所示，表明黏弹性材料的应力因温度的升高而降低。事实上，试验温度升高相当于加载速率放慢或加载时间延长，试验温度降低相当于加载速率加快或加载时间缩短，这种力学特性称为时温等效特性，详见本章6.5节。

徐变(creep)与松弛(relaxation)是黏弹性的另一种试验现象，是研究材料黏弹性特性的最基本方法，如图6.2所示，徐变是在恒定应力水平下，应变随时间增大的试验现象；松弛是在恒定应变水平下，应力随时间而衰减的试验现象。弹性材料在恒定激励作用下，其响应也为一个恒定值，不随时间而变化。只有黏弹性材料，由于黏滞效应的存在，才具有徐变与松弛特性。

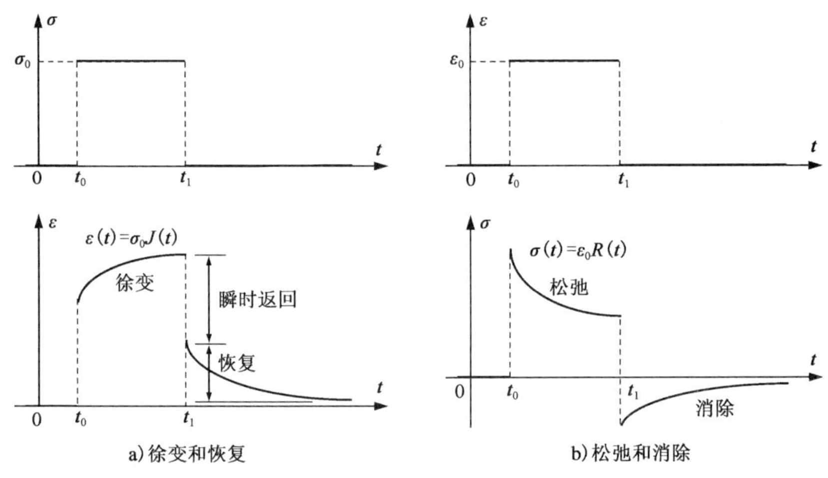

图6.2　徐变与松弛(恢复与消除)试验现象

(1)徐变和恢复(creep and recovery)，如图6.2a)所示。当时间$t<t_0$时，黏弹性体处于静置状态；在$t=t_0$时刻，如果突然加载一恒定应力σ_0，则对应的应变也会突然发生瞬时弹性阶跃；如果加载并保持恒定应力σ_0至$t=t_1$时刻，那么在时间段$t_0 \leqslant t \leqslant t_1$内，应变会随时间而增大，这种力学行为称为应变徐变，简称徐变；在$t=t_1$时刻，突然卸载至应力为零，此时应变会瞬时返回一部分，而剩余部分则随时间($t>t_1$)逐渐恢复而趋于零，这种力学行为称为应变恢复，简称恢复。

(2)松弛和消除(relaxation and effacement)，如图6.2b)所示。当时间$t<t_0$时，黏弹性体处于静置状态；在$t=t_0$时刻，突然加载一恒定应变ε_0，对应的应力也会突然发生瞬时弹性阶跃；如果加载并保持应变ε_0恒定至时刻$t=$

t_1,那么在时间段$t_0 \leqslant t \leqslant t_1$内,应力会随时间而衰减,这种力学行为称为应力松弛,简称松弛;在 $t = t_1$ 时刻,突然卸载至应变为零,此时由于黏性滞后效应,物体需要反向受力以满足应变为零的条件,这时反向应力会随时间($t > t_1$)逐渐消除而趋于零,称为应力消除,简称消除。

可见,如果材料是黏弹性的,那么它的力学行为与加载时间有关,并受温度影响很大,且具有徐变和松弛试验现象。总而言之,黏弹性物质具有以下一些基本特性:

- 对加载速率的依赖性,本构特性是时间的函数;
- 对温度的敏感性,本构特性受温度的影响明显;
- 具有徐变与松弛试验特性。

或者说,具有上述基本特性的物质必然是黏弹性物质,如沥青混合料。

此外,在黏弹性本构理论分析中,一般认为材料是线性黏弹性的。如果材料是线性黏弹性的,那么它除了具有上述基本特性外,还服从线性叠加原理、对应性原理和复数模量原理,并具有时温等效特性。这些原理和特性的分析,便构成了黏弹性分析的基本原理。

6.1.2 黏弹性分析基础

黏弹性分析的主要方法是基于试验特性的理论分析。试验分析,主要考察应力应变对加载速率的依赖性和对温度的敏感性,研究徐变与松弛特性。理论分析利用流变模型建立微分型本构方程,分析徐变函数与松弛函数,应用线性叠加原理及遗传积分,建立积分型本构方程,并进一步研究黏弹性的动态性能、时间温度效应和对应性特性。黏弹性分析时,需要强调一些基本概念和基础知识,有时也会用到两个特殊函数,现分别介绍如下。

(1)两个常用的特殊函数

在黏弹性分析中,常常要用到两个特殊函数,即:单位阶跃函数和单位脉冲函数,分别记为$H(t)$和$\delta(t)$,它们的几何特性如图6.3所示。单位阶跃函数$H(t)$也称为Heaviside函数,定义为:

$$H(t)=\begin{cases}0 & \text{当}\ t<t_0\ \text{和}\ t>t_1\ \text{时}\\ 1 & \text{当}\ t_0\leqslant t\leqslant t_1\ \text{时}\end{cases}$$

单位脉冲函数 $\delta(t)$ 满足以下两个条件，定义为：

$$\delta(t)=\begin{cases}0 & 当 t\neq t_0 时\\ 1 & 当 t=t_0 时\end{cases}$$

$$\int_{-\infty}^{\infty}\delta(t)\,\mathrm{d}t=1$$

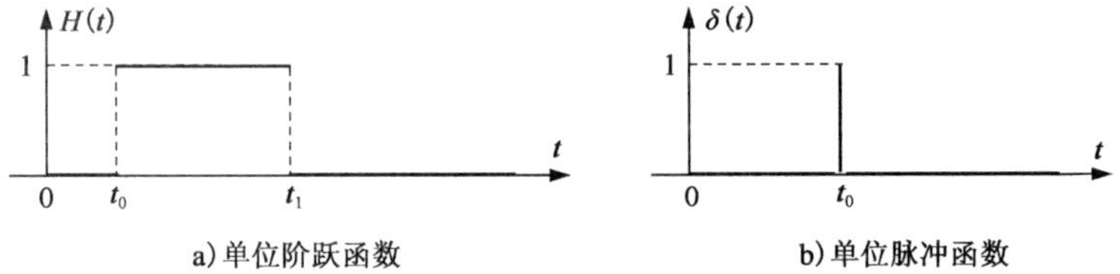

a) 单位阶跃函数　b) 单位脉冲函数

图 6.3　单位阶跃函数和单位脉冲函数的几何特性

(2) 黏弹性本构关系的形式

黏弹性本构关系建立了应力-应变-时间的关系，即 $\sigma(t)$-$\varepsilon(t)$ 关系，主要有**微分型本构关系**和**积分型本构关系**两类。微分型本构关系是基于流变模型理论(第 4 章)而建立的 $\sigma(t)$-$\varepsilon(t)$ 数学函数关系式，如式(6.1)；而积分型本构关系则是微分型本构关系的延伸和拓展，在微分型本构关系的基础上，应用徐变函数和松弛函数，由线性叠加原理推演为遗传积分，进而得到积分型本构关系，如后续式(6.14)。

微分型本构关系和积分型本构关系在本质上是一致的，是同一种力学性质的两种不同表达形式。微分型本构关系的数学表达式直接与流变模型相关联，在求解某些问题时比较直观方便，在黏弹性理论的基本分析中得到了广泛的应用。但为了更好地描述材料在外荷载作用后的记忆过程，便于考虑材料老化和温度影响等因素，往往采用了积分型本构关系。

(3) 黏弹性模型的本构方程

最基本的黏弹性分析应用了流变模型理论，从而建立微分型本构方程。黏性元件(黏壶)和弹性元件(弹簧)是构成黏弹性的基本力学元件，通过不同数量的黏壶和弹簧的串并联组合，可以形成不同的黏弹性流变模型。尽管分析模型不同，但其黏弹性的基本性质是一致的。常用的黏弹性流变模型主要有 4 个：麦克斯韦尔模型、开尔文模型、泽纳模型和伯格斯模型(见第 4 章

4.2 节),其本构方程为:

$$\left.\begin{aligned}&\text{麦克斯韦尔模型(Maxwell)} && \dot{\varepsilon}=\frac{\dot{\sigma}}{E}+\frac{\sigma}{\eta}\\&\text{开尔文模型(Kelvin)} && \sigma=E\varepsilon+\eta\dot{\varepsilon}\\&\text{泽纳模型(Zener)} && \dot{\sigma}+\frac{E_2}{\eta}\sigma=(E_1+E_2)\dot{\varepsilon}+\frac{E_1E_2}{\eta}\varepsilon\\&\text{伯格斯模型(Burgers)} && \sigma+p_1\dot{\sigma}+p_2\ddot{\sigma}=q_1\dot{\varepsilon}+q_2\ddot{\varepsilon}\end{aligned}\right\}\tag{6.1}$$

其中:

$$p_1=\frac{\eta_1}{E_1}+\frac{\eta_1+\eta_2}{E_2}\quad p_2=\frac{\eta_1\eta_2}{E_1E_2}\quad q_1=\eta_1, q_2=\frac{\eta_1\eta_2}{E_2}$$

对照黏弹性流变模型的组成结构(见第4章图4.4),分析上述本构方程发现,若黏弹性模型中有 n 个黏壶,那么本构方程必然为 n 阶微分方程,且本构方程的通式可记为:

$$p_0\sigma+p_1\dot{\sigma}+p_2\ddot{\sigma}+\cdots=q_0\varepsilon+q_1\dot{\varepsilon}+q_2\ddot{\varepsilon}+\cdots\tag{6.2a}$$

或

$$(p_0+p_1\partial_t+p_2\partial_t^2+\cdots)\sigma=(q_0+q_1\partial_t+q_2\partial_t^2+\cdots)\varepsilon\tag{6.2b}$$

式中:p_i、q_i——模型参数,均表示材料常数,$i=0,1,2,\cdots$;

∂_t^n——表示对时间 t 的 n 阶导数,$n=1,2,3,\cdots$。

(4)徐变函数与松弛函数

流变模型理论的应用,不仅可以建立微分型本构方程,而且可以进一步分析徐变函数与松弛函数。为了应用数学手段,方便描述黏弹性特性,针对徐变与松弛的数学表达,引入 Heaviside 函数,即单位阶跃函数 $H(t)$。这样结合上述徐变与松弛的试验分析(图6.2),激励及响应可表示为:

$$\text{徐变}\begin{cases}\text{激励} & \sigma(t)=\sigma_0[H(t-t_0)-H(t-t_1)]\\\text{响应} & \varepsilon(t)=\sigma_0[J(t_0,t)-J(t_1,t)]\end{cases}$$

$$\text{松弛}\begin{cases}\text{激励} & \varepsilon(t)=\varepsilon_0[H(t-t_0)-H(t-t_1)]\\\text{响应} & \sigma(t)=\varepsilon_0[R(t_0,t)-R(t_1,t)]\end{cases}$$

式中:$H(t)$——Heaviside 函数,即单位阶跃函数;

$J(t)$——徐变函数或徐变柔量;

$R(t)$——松弛函数或松弛模量。

徐变与松弛是黏弹性的标志性试验特性，徐变函数和松弛函数在积分型本构方程的建立及其他黏弹性分析中得到了广泛应用（见后续第6.3节）。

§6.2　徐变函数与松弛函数

黏弹性本构理论的研究与弹塑性不同，弹塑性本构理论的突出特点是对屈服应力的考察，而黏弹性本构理论则是对流动时间的追踪，研究的是应力-应变-时间的关系。由于徐变与松弛是黏弹性特性的重要标志，且是时间的显函数，所以在黏弹性理论中专门定义和应用了徐变函数 $J(t)$ 和松弛函数 $R(t)$，作为黏弹性分析的基础要素。徐变与松弛从根本上集中反映了应变和应力随时间的变化规律，因而在黏弹性理论中具有十分重要的基础性意义。

黏弹性往往介于弹性固体和黏性流体之间。由弹性元件（弹簧）所表示的线弹性固体，服从虎克定律 $\sigma = E\varepsilon$，不具有徐变与松弛特性，或称徐变函数和松弛函数为常数 $1/E$ 和 E；由黏性元件（黏壶）所表示的线性黏性流体，服从牛顿黏性定律 $\sigma = \eta\dot{\varepsilon}$，具有比较特别的徐变与松弛特性。给黏性元件施加一个恒定应力$\sigma_0 H(t)$，则徐变方程为 $\varepsilon(t) = \sigma_0 t/\eta$，徐变为直线变化，呈稳态流动，徐变函数 $J(t) = t/\eta$；当施加一个恒定应变$\varepsilon_0 H(t)$时，由牛顿定律可得应力 $\sigma(t) = \eta\,\varepsilon_0\delta(t)$，可以理解为：$t = t_0$时刻的应变脉冲为应变速率无穷大，相应地应力也为无穷大，而后应力瞬间变为零，实际上无穷大的应力值是不存在的，也不可能使黏壶瞬间产生有限应变$\varepsilon_0 H(t)$，表明黏壶不具有标准意义上的应力松弛，用 $\eta\delta(t)$ 表达松弛函数仅是个记号而已。

弹簧和黏壶为力学元件，其徐变与松弛分析简单直观。对于由两个以上元件组成的黏弹性模型，徐变函数 $J(t)$ 和松弛函数 $R(t)$ 的解析，则根据模型中元件的数量不同，解析的难易程度也不同，尤其是黏性元件的多少，直接决定了本构方程的微分阶次。黏弹性本构方程的建立，一般采用简单模型分析法、拉普拉斯（Laplace）变换法和微分算子法三种方法，进而分析徐变函数与松弛函数。

6.2.1　简单模型解析法

对于简单的黏弹性流变模型,如 Maxwell 模型和 Kelvin 模型,可以采用简单的数学方法,一般为直接代入法,便可解析其本构方程,获得式(6.1),进而求得徐变函数与松弛函数。

(1)Maxwell 模型的徐变与松弛

麦克斯韦尔(Maxwell)模型为 1 个黏壶和 1 个弹簧串联,本构方程为:

$$\dot{\varepsilon}=\frac{\dot{\sigma}}{E}+\frac{\sigma}{\eta}$$

①徐变:令 $\sigma=\sigma_0=$常数,即在恒定应力σ_0作用下,Maxwell 模型的本构方程为:

$$\dot{\varepsilon}=\frac{\sigma_0}{\eta}$$

解此微分方程,得:

$$\varepsilon(t)=\frac{\sigma_0}{\eta}t+C$$

边界条件:当 $t=0$ 时,弹簧瞬时工作,有 $\varepsilon(t=0)=\sigma_0/E=C$。

从而有徐变方程:

$$\varepsilon(t)=\frac{\sigma_0}{\eta}t+\frac{\sigma_0}{E}=\sigma_0\left(\frac{1}{\eta}t+\frac{1}{E}\right)=\sigma_0 J(t)$$

徐变函数为:

$$J(t)=\frac{1}{\eta}t+\frac{1}{E}$$

②松弛:令 $\varepsilon=\varepsilon_0=$常数,即在恒定应变$\varepsilon_0$作用下,Maxwell 模型的本构方程为:

$$\frac{\dot{\sigma}}{E}+\frac{\sigma}{\eta}=0$$

解此微分方程,得:

$$\sigma(t)=C\mathrm{e}^{-\frac{E}{\eta}t}$$

边界条件:当 $t=0$ 时,弹簧瞬时工作,有 $\sigma(t=0)=E\,\varepsilon_0=C$。

从而有松弛方程：

$$\sigma(t)=E\,\varepsilon_0 e^{-\frac{E}{\eta}t}=\varepsilon_0 E e^{-\frac{E}{\eta}t}=\varepsilon_0 R(t)$$

松弛函数为：

$$R(t)=E e^{-\frac{E}{\eta}t}$$

(2) Kelvin 模型的徐变与松弛

开尔文(Kelvin)模型为 1 个黏壶和 1 个弹簧并联，本构方程为：

$$\sigma=\eta\dot{\varepsilon}+E\varepsilon$$

①徐变：令 $\sigma=\sigma_0=$ 常数，即在恒定应力σ_0作用下，Kelvin 模型的本构方程为：

$$\dot{\varepsilon}+\frac{E}{\eta}\varepsilon=\frac{\sigma_0}{\eta}$$

解此微分方程，得：

$$\varepsilon(t)=\frac{\sigma_0}{E}+C e^{-\frac{E}{\eta}t}$$

边界条件：当 $t=0$ 时，瞬时没有应变，$\varepsilon=0$，则有 $C=-\sigma_0/E$。

从而有徐变方程：

$$\varepsilon(t)=\frac{\sigma_0}{E}\left(1-e^{-\frac{E}{\eta}t}\right)=\sigma_0 J(t)$$

徐变函数为：

$$J(t)=\frac{1}{E}\left(1-e^{-\frac{E}{\eta}t}\right)$$

②松弛：松弛试验需要给定阶跃应变$\varepsilon_0 H(t)$，但由于黏壶与弹簧的并联作用，实际上是不可能瞬间产生应变$\varepsilon_0 H(t)$的，所以 Kelvin 模型的松弛方程不存在。此时应力为常数，$\sigma=E\varepsilon_0 H(t)+\eta\varepsilon_0\delta(t)$。

6.2.2 Laplace 变换解析法

对于一些力学元件较多的黏弹性模型，其本构方程及徐变与松弛函数的求解相对比较复杂，这时为了简化运算，通常采用拉普拉斯变换(Laplace transform)方法和微分算子运算方法。

Laplace 变换是为了简化计算而建立的实变量函数和复变量函数之间的一种函数变换。对一个实变量函数做拉普拉斯变换,并在复数域中做各种运算,再将运算结果做拉普拉斯反变换来求得实数域中的相应结果,往往比直接在实数域中求出同样的结果在计算上容易得多。拉普拉斯变换的这种运算步骤对于求解线性微分方程尤为有效,它可把微分方程化为容易求解的代数方程来处理,从而使计算简化。

设实变量函数为$f(t)$,称为实函数,通过 Laplace 变换后变为复变量函数$\tilde{f}(s)$,称为像函数,记为$\tilde{f}(s)=\mathscr{L}[f(t)]$,那么拉普拉斯变换定义为实函数$f(t)$的像函数$\tilde{f}(s)$,为:

$$\tilde{f}(s)=\mathscr{L}[f(t)]=\int_0^{\infty}e^{-st}f(t)\,\mathrm{d}t$$

式中:s——复变量,$s=\alpha+i\omega$。

拉普拉斯逆变换(inverse Laplace transform)也称反变换,定义为:

$$f(t)=\mathscr{L}^{-1}[\tilde{f}(s)]=\frac{1}{2\pi i}\int_{\alpha-i\infty}^{\alpha+i\infty}e^{-st}\tilde{f}(s)\,\mathrm{d}s$$

有关拉普拉斯变换和逆变换的数学定理、性质和常用变换公式,请参阅复变量函数教程,对拉普拉斯变换的应用通常直接采用其定理和公式。在黏弹性分析中,常常会遇到应力导数和应变导数,通过 Laplace 变换后,应力和应力导数、应变和应变导数有如下关系式:

$$\tilde{\dot{\sigma}}=s\tilde{\sigma}(s)\quad \tilde{\ddot{\sigma}}=s^2\tilde{\sigma}(s),\cdots\text{和}\tilde{\dot{\varepsilon}}=s\tilde{\varepsilon}(s),\tilde{\ddot{\varepsilon}}=s^2\tilde{\varepsilon}(s),\cdots$$

下面以普瓦汀(Poynting-Thomson)模型为例,说明 Laplace 变换的应用。普瓦汀模型由 1 个开尔文模型和 1 个弹簧串联组成(见第 4 章 4.2 节),如图 6.4所示,为 3 参量模型又称**标准黏弹性固体**。

为了分析方便,将普瓦汀模型分为两部分,如图 6.4a)所示,编号 1 为单独弹簧部分,编号 2 为开尔文模型部分,则普瓦汀模型的基本方程为:

$$\varepsilon=\varepsilon_1+\varepsilon_2\quad \sigma=\sigma_1=\sigma_2$$

$$\sigma=E_1\varepsilon_1$$

$$\sigma=E_2\varepsilon_2+\eta_2\dot{\varepsilon}_2$$

作 Laplace 变换，得：

$$\tilde{\varepsilon}=\tilde{\varepsilon}_1+\tilde{\varepsilon}_2$$

$$\tilde{\sigma}=E_1\tilde{\varepsilon}_1$$

$$\tilde{\sigma}=E_2\tilde{\varepsilon}_2+\eta_2 s\tilde{\varepsilon}_2=(E_2+\eta_2 s)\tilde{\varepsilon}_2$$

由此可得：

$$\tilde{\varepsilon}=\tilde{\varepsilon}_1+\tilde{\varepsilon}_2=\frac{\tilde{\sigma}}{E_1}+\frac{\tilde{\sigma}}{E_2+\eta_2 s}$$

然后作 Laplace 逆变换，得到普瓦汀（Poynting-Thomson）模型的本构方程，可写为：

$$\sigma+p_1\dot{\sigma}=q_0\varepsilon+q_1\dot{\varepsilon}$$

式中，$p_1=\dfrac{\eta_2}{E_1+E_2}$；$q_0=\dfrac{E_1E_2}{E_1+E_2}$；$q_1=\dfrac{E_1\eta_2}{E_1+E_2}$。

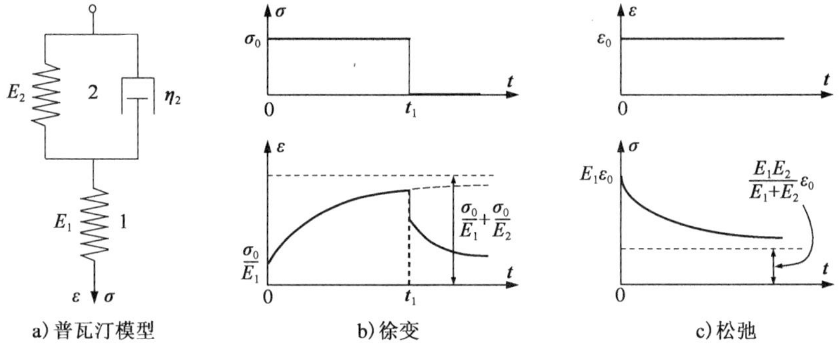

a）普瓦汀模型　　b）徐变　　c）松弛

图 6.4　3 参量的普瓦汀模型及徐变与松弛特性

①徐变：令 $\sigma=\sigma_0$ = 常数，则 $\tilde{\sigma}=\sigma_0/s$，$\tilde{\dot{\sigma}}=s\tilde{\sigma}=\sigma_0$，代入上述本构方程的 Laplace 变换式，得：

$$\frac{\sigma_0}{s}+p_1\sigma_0=q_0\tilde{\varepsilon}+q_1 s\tilde{\varepsilon}$$

从而有：

$$\tilde{\varepsilon}(s)=\frac{\sigma_0}{s}\left(\frac{1+p_1 s}{q_0+q_1 s}\right)=\frac{\sigma_0}{q_1}\left[\frac{1}{s\left(s+\dfrac{q_0}{q_1}\right)}+\frac{p_1}{s+\dfrac{q_0}{q_1}}\right]$$

上式代数式的整理,是为了便于公式查表进行逆变换。将上述 $\tilde{\varepsilon}(s)$ 逆变换,即得到徐变方程:

$$\varepsilon(t)=\frac{\sigma_0}{E_1}+\frac{\sigma_0}{E_2}\left(1-e^{-\frac{E_2}{\eta_2}t}\right)=\sigma_0 J(t)$$

徐变函数为:

$$J(t)=\frac{1}{E_1}+\frac{1}{E_2}\left(1-e^{-\frac{E_2}{\eta_2}t}\right)$$

②松弛:令 $\varepsilon=\varepsilon_0=$ 常数,则 $\tilde{\varepsilon}=\varepsilon_0/s$, $\tilde{\dot{\varepsilon}}=s\tilde{\varepsilon}=\varepsilon_0$,代入上述本构方程的 Laplace 变换式,得:

$$\tilde{\sigma}+p_1 s\tilde{\sigma}=\frac{q_0\varepsilon_0}{s}+q_1\varepsilon_0$$

或

$$\tilde{\sigma}(s)=\frac{\varepsilon_0}{s}\left(\frac{q_0+q_1 s}{1+p_1 s}\right)=\frac{\varepsilon_0}{p_1}\left(\frac{q_1-p_1 q_0}{1/p_1+s}+\frac{p_1 q_0}{s}\right)$$

查表取上式 $\tilde{\sigma}(s)$ 的逆变换,得到松弛方程:

$$\sigma(t)=E_1\varepsilon_0-\frac{E_1^2\varepsilon_0}{E_1+E_2}\left(1-e^{-\frac{E_1+E_2}{\eta_2}t}\right)=\varepsilon_0 R(t)$$

松弛函数为:

$$R(t)=E_1-\frac{E_1^2}{E_1+E_2}\left(1-e^{-\frac{E_1+E_2}{\eta_2}t}\right)$$

6.2.3 微分算子解析法

黏弹性本构方程的解析,有时也可采用微分算子分析法,使得运算更为简单快捷。但这种方法仅限于对本构方程的求解,而对于徐变函数和松弛函数的解析,还得应用 Laplace 变换。微分算子的应用,有助于更好地理解微分型本构关系中算子的性质,微分算子记为 ∂_t^k,表示对变量 t 的 k 阶导数,如:

$$\frac{d}{dt}=\partial_t,\frac{d^2}{dt^2}=\partial_t^2,\cdots,\frac{d^k}{dt^k}=\partial_t^k$$

现以伯格斯(Burgers)模型为例,说明微分算子在本构方程解析中的应

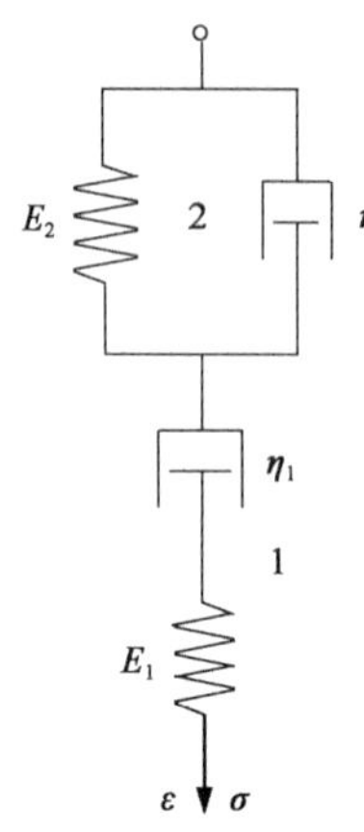

图 6.5　Burgers 模型

用。如图 6.5 所示,伯格斯模型由 1 个麦克斯韦尔模型和 1 个开尔文模型串联组成。为了分析方便,把麦克斯韦尔模型编号为 1,应力和应变记为σ_1和ε_1;开尔文模型编号为 2,应力和应变记为σ_2和ε_2。伯格斯模型的基本方程为:

$$\sigma = \sigma_1 = \sigma_2, \varepsilon = \varepsilon_1 + \varepsilon_2$$

$$\dot{\varepsilon}_1 = \frac{\dot{\sigma}}{E_1} + \frac{\sigma}{\eta_1}$$

$$\sigma = E_2\varepsilon_2 + \eta_2\dot{\varepsilon}_2$$

应用微分算子,上述后两式可写为:

$$\partial_t\varepsilon_1 = \frac{\partial_t\sigma}{E_1} + \frac{\sigma}{\eta_1} = \left(\frac{\partial_t}{E_1} + \frac{1}{\eta_1}\right)\sigma$$

$$\sigma = E_2\varepsilon_2 + \eta_2\partial_t\varepsilon_2 = (E_2 + \eta_2\partial_t)\varepsilon_2$$

解得ε_1和ε_2,代入 $\varepsilon = \varepsilon_1 + \varepsilon_2$中,可得:

$$\varepsilon = \left(\frac{1}{E_1} + \frac{1}{\eta_1\partial_t}\right)\sigma + \frac{1}{E_2 + \eta_2\partial_t}\sigma = \left(\frac{1}{E_1} + \frac{1}{\eta_1\partial_t} + \frac{1}{E_2 + \eta_2\partial_t}\right)\sigma$$

或展开为:

$$(E_1E_2\eta_1\partial_t + E_1\eta_1\eta_2\partial_t^2)\varepsilon = (E_1E_2 + E_2\eta_1\partial_t + E_1\eta_1\partial_t + E_1\eta_2\partial_t + \eta_1\eta_2\partial_t^2)\sigma$$

从而得到和式(6.1)一样的表达式:

$$\sigma + \left(\frac{\eta_1}{E_1} + \frac{\eta_1 + \eta_2}{E_2}\right)\dot{\sigma} + \frac{\eta_1\eta_2}{E_1E_2}\ddot{\sigma} = \eta_1\dot{\varepsilon} + \frac{\eta_1\eta_2}{E_2}\ddot{\varepsilon}$$

求解伯格斯(Burgers)模型的徐变函数与松弛函数比较复杂,需要用到 Laplace 变换和逆变换,将在 6.2.4 中作为例子加以介绍。

6.2.4　徐变与松弛函数的一般表达式

上述内容用直接代入法、Laplace 变换法和微分算子法,解析了具体黏弹性模型的微分型本构方程及徐变与松弛函数,下面讨论其一般表达式。

设有一般黏弹性体,它的本构特性可用广义 Maxwell 模型或广义 Kelvin 模型来描述,模型结构由 n 个单元组通过并联或串联组成,如图 6.6 所示,每个单元组的本构方程见式(6.1),那么根据 Maxwell 单元组的并联特性和

Kelvin 单元组的串联特性,应用微分算子解析法,可以得到本构方程为:

广义 Maxwell 模型的本构方程 $\sigma = \sum_{i=1}^{n} \sigma_i = \varepsilon \sum_{i=1}^{n} \frac{\partial_t}{\frac{\partial_t}{E_i} + \frac{1}{\eta_i}}$

广义 Kelvin 模型的本构方程 $\varepsilon = \sum_{i=1}^{n} \varepsilon_i = \sigma \sum_{i=1}^{n} \frac{1}{E_i + \eta_i \partial_t}$

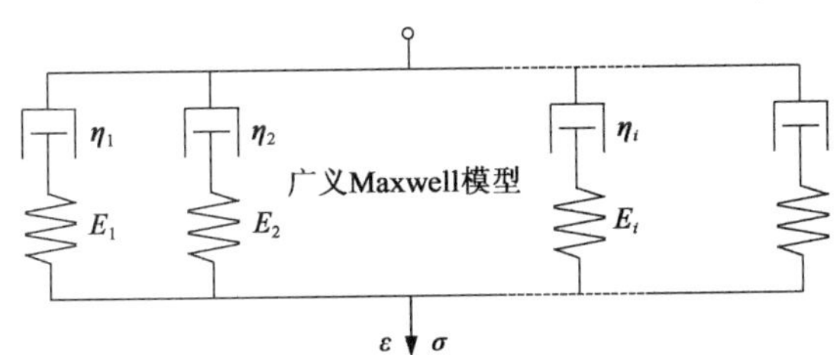

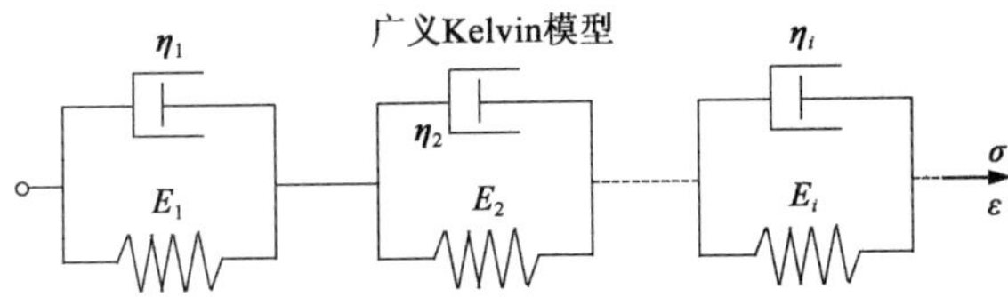

图 6.6 广义 Maxwell 和 Kelvin 模型

将上两式展开并经整理,可得到黏弹性模型的本构方程的一般表达式,即同式(6.2),为:

$$p_0\sigma + p_1\dot{\sigma} + p_2\ddot{\sigma} + \cdots = q_0\varepsilon + q_1\dot{\varepsilon} + q_2\ddot{\varepsilon} + \cdots \tag{6.2b}$$

改写为:

$$\sum_{k=0}^{m} p_k \frac{\mathrm{d}^k\sigma}{\mathrm{d}t^k} = \sum_{k=0}^{n} q_k \frac{\mathrm{d}^k\varepsilon}{\mathrm{d}t^k} \tag{6.2c}$$

或

$$P\sigma = Q\varepsilon \tag{6.2d}$$

式中:n、m——自然数,表示微分的最高阶次,一般 $n \geqslant m$;

p_k、q_k——黏度和弹性模量的函数,表示材料参数,一般取 $p_0 = 1$;

P、Q——微分算子,表达式如下:

$$P = \sum_{k=0}^{m} p_k \frac{\mathrm{d}^k}{\mathrm{d}t^k} = \sum_{k=0}^{m} p_k \partial_t^k \quad Q = \sum_{k=0}^{n} q_k \frac{\mathrm{d}^k}{\mathrm{d}t^k} = \sum_{k=0}^{n} q_k \partial_t^k$$

式(6.2)即为线性黏弹性微分型本构方程的一般表达式。

前面介绍的简单模型的本构关系都是一般表达式(6.2)的特殊情形。例如,式(6.2a)的两边只取第一项时,即为弹簧的应力应变关系式;等式两边只取前两项且令$p_0=1$、$p_1=0$时,便是Kelvin模型的本构方程;等式两边只取前三项且令$p_0=1$、$q_0=0$时,便是Burgers模型的本构方程,如此等等。

对微分方程(6.2c)进行Laplace变换,并满足连续函数的初始条件,得到代数方程:

$$\sum_{k=0}^{m}p_k s^k\tilde{\sigma}(s)=\sum_{k=0}^{n}q_k s^k\tilde{\varepsilon}(s) \tag{6.3a}$$

或

$$\tilde{P}(s)\tilde{\sigma}(s)=\tilde{Q}(s)\tilde{\varepsilon}(s) \tag{6.3b}$$

式中:s——变换参量,$s=\alpha+i\omega$为复变量。

$\tilde{P}$ 和 $\tilde{Q}$ 是 s 的多项式,表示为:

$$\tilde{P}(s)=\sum_{k=0}^{m}p_k s^k \qquad \tilde{Q}(s)=\sum_{k=0}^{n}q_k s^k \tag{6.4}$$

①徐变:令$\sigma(t)=\sigma_0 H(t)$,其中σ_0为常数,则$\tilde{\sigma}(s)=\sigma_0/s$,代入式(6.3b),得:

$$\tilde{\varepsilon}(s)=\frac{\tilde{P}(s)}{\tilde{Q}(s)}\tilde{\sigma}(s)=\frac{\tilde{P}(s)}{\tilde{Q}(s)}\cdot\frac{\sigma_0}{s}=\sigma_0\tilde{J}(s)$$

式中:$\tilde{J}(s)$——徐变函数$J(t)$的象函数,有:

$$\tilde{J}(s)=\frac{\tilde{P}(s)}{\tilde{Q}(s)}\cdot\frac{1}{s} \tag{6.5a}$$

对式(6.5a)作Laplace逆变换,即可得到徐变函数或徐变柔量的一般表达式为:

$$J(t)=L^{-1}[\tilde{J}(s)]=L^{-1}\left[\frac{\tilde{P}(s)}{\tilde{Q}(s)}\cdot\frac{1}{s}\right] \tag{6.5b}$$

②松弛:令$\varepsilon=\varepsilon_0 H(t)$,其中$\varepsilon_0$为常数,则$\tilde{\varepsilon}(s)=\varepsilon_0/s$,代入式(6.3b),得:

$$\tilde{\sigma}(s)=\frac{\tilde{Q}(s)}{\tilde{P}(s)}\tilde{\varepsilon}(s)=\frac{\tilde{Q}(s)}{\tilde{P}(s)}\cdot\frac{\varepsilon_0}{s}=\varepsilon_0\tilde{R}(s)$$

式中：$\tilde{R}(s)$——松弛函数 $R(t)$ 的象函数，有：

$$\tilde{R}(s)=\frac{\tilde{Q}\tilde{Q}(s)}{\tilde{P}(s)}\cdot\frac{1}{s} \tag{6.6a}$$

再经过 Laplace 逆变换，即可得到松弛函数或松弛模量的一般表达式为：

$$R(t)=L^{-1}[\tilde{R}(s)]=L^{-1}\left[\frac{\tilde{Q}(s)}{\tilde{P}(s)}\cdot\frac{1}{s}\right] \tag{6.6b}$$

显然，由式(6.5a)和式(6.6a)可以得到：

$$\tilde{J}(s)\tilde{R}(s)=\frac{1}{s^2} \tag{6.7}$$

式(6.7)表明了徐变函数和松弛函数在 Laplace 空间里的数学关系，$1/s^2$ 的逆变换即为时间 t。从而对式(6.7)作 Laplace 逆变换，可得到徐变函数和松弛函数的关系式：

$$\int_0^t J(t-\tau)R(\tau)\mathrm{d}\tau=t \quad 或 \quad \int_0^t J(\tau)R(t-\tau)\mathrm{d}\tau=t \tag{6.8}$$

［**例 6.1**］ 求 Burgers 模型的徐变函数。

对式(6.1)中 Burgers 模型的本构方程作 Laplace 变换，得：

$$(1+p_1s+p_2s^2)\tilde{\sigma}=(q_1s+q_2s^2)\tilde{\varepsilon}$$

即有：$\tilde{P}=1+p_1s+p_2s^2$ 和 $\tilde{Q}=q_1s+q_2s^2$，代入式(6.5a)，得徐变函数的象函数为：

$$\tilde{J}(s)=\frac{\tilde{P}(s)}{\tilde{Q}(s)}\cdot\frac{1}{s}=\frac{1+p_1s+p_2s^2}{s(q_1s+q_2s^2)}$$

为了查表取逆变换函数，整理上式为：

$$\tilde{J}(s)=\frac{1}{q_2}\left[\frac{1}{s^2\left(\frac{q_1}{q_2}+s\right)}\right]+\frac{p_1}{q_2}\left[\frac{1}{s\left(\frac{q_1}{q_2}+s\right)}\right]+\frac{p_2}{q_2}\left[\frac{1}{\frac{q_1}{q_2}+s}\right]$$

作逆变换后，有：

$$J(t)=\frac{t}{q_1}-\frac{q_2}{q_1^2}\left(1-e^{-\frac{q_1}{q_2}t}\right)+\frac{p_1}{q_1}\left(1-e^{-\frac{q_1}{q_2}t}\right)+\frac{p_2}{q_2}e^{-\frac{q_1}{q_2}t}$$

将式(6.1)中有关 Burgers 模型本构方程的材料参数代入上式，并经整理得到徐变函数为：

黏弹性元件及常用组合模型的本构特性分析函数

表 6.1

黏弹性模型		弹性固体	黏性流体	Maxwell模型	Kelvin模型	Poynting-Thomson模型	Burgers模型
本构方程		$\sigma = q_0\varepsilon$ $q_0 = E$	$\sigma = q_1\dot{\varepsilon}$ $q_1 = \eta$	$\sigma + p_1\dot{\sigma} = q_1\dot{\varepsilon}$ $p_1 = \eta/E$ $q_1 = \eta$	$\sigma = q_0\varepsilon + q_1\dot{\varepsilon}$ $q_0 = E$ $q_1 = \eta$	$\sigma + p_1\dot{\sigma} = q_0\varepsilon + q_1\dot{\varepsilon}(q_1 > p_1q_0)$ $p_1 = \frac{\eta_2}{E_1 + E_2}, q_0 = \frac{E_1E_2}{E_1 + E_2},$ $q_1 = \frac{E_1\eta_2}{E_1 + E_2}$	$\sigma + p_1\dot{\sigma} + p_2\ddot{\sigma} = q_1\dot{\varepsilon} + q_2\ddot{\varepsilon}$ $p_1 = \frac{\eta_1}{E_1} + \frac{\eta_1 + \eta_2}{E_2}, q_1 = \eta_1$ $p_2 = \frac{\eta_1\eta_2}{E_1E_2}, q_2 = \frac{\eta_1\eta_2}{E_2}$
微分算子		$P = 1$ $Q = E$	$P = 1$ $Q = \eta\frac{\partial}{\partial t}$	$P = 1 + p_1\frac{\partial}{\partial t}$ $Q = \eta\frac{\partial}{\partial t}$	$P = 1$ $Q = E + \eta\frac{\partial}{\partial t}$	$P = 1 + p_1\frac{\partial}{\partial t}$ $Q = q_0 + q_1\frac{\partial}{\partial t}$	$P = 1 + p_1\frac{\partial}{\partial t} + p_2\frac{\partial^2}{\partial t^2}$ $Q = q_1\frac{\partial}{\partial t} + q_2\frac{\partial^2}{\partial t^2}$
徐变柔量 $J(t)$		$\frac{1}{E}$	$\frac{t}{\eta}$	$\frac{1}{E} + \frac{t}{\eta}$	$\frac{1}{E}\left(1 - e^{-\frac{E}{\eta}t}\right)$	$\frac{1}{E_1} + \frac{1}{E_2}\left(1 - e^{-\frac{E_2}{\eta_2}t}\right)$	$\left(\frac{1}{E_1} + \frac{t}{\eta_1}\right) + \frac{1}{E_2}\left(1 - e^{-\frac{E_2}{\eta_2}t}\right)$
松弛模量 $R(t)$		E	$\eta\delta(t)$	$E e^{-\frac{t}{\tau}}$ $\tau = \eta/E$	$E + \eta\delta(t)$	$E_1 - \frac{E_1^2}{E_1 + E_2}\left(1 - e^{-\frac{E_1 + E_2}{\eta_2}t}\right)$	$\frac{1}{\sqrt{p_1^2 - 4p_2}}[(q_1 - \alpha q_2)e^{-\alpha t} - (q_1 - \beta q_2)e^{-\beta t}]$ $\left.\begin{matrix}\alpha\\ \beta\end{matrix}\right\} = \frac{1}{2p_2}(p_1 \pm \sqrt{p_1^2 - 4p_2})$
复数柔量 J^*	实部 J_1	$\frac{1}{E}$	0	$\frac{1}{E}$	$\frac{E}{E^2 + \eta^2\omega^2}$	$\frac{q_0 + p_1q_1\omega^2}{q_0^2 + q_1^2\omega^2}$	$\frac{1}{E_1} + \frac{E_2}{E_2^2 + \eta_2^2\omega^2}$
	虚部 J_2	0	$\frac{1}{\eta\omega}$	$\frac{1}{\eta\omega}$	$\frac{\eta\omega}{E^2 + \eta^2\omega^2}$	$\frac{(q_1 - p_1q_0)\omega}{q_0^2 + q_1^2\omega^2}$	$\frac{1}{\eta_2\omega} + \frac{\eta_2\omega}{E_2^2 + \eta_2^2\omega^2}$
复数模量 R^*	实部 R_1	E	0	$\frac{E\eta^2\omega^2}{E^2 + \eta^2\omega^2}$	E	$\frac{q_0 + p_1q_1\omega^2}{1 + p_1^2\omega^2}$	$\frac{p_1q_1\omega^2 - q_2\omega^2(1 - p_2\omega^2)}{p_1^2\omega^2 + (1 - p_2\omega^2)^2}$
	虚部 R_2	0	$\eta\omega$	$\frac{E^2\eta\omega}{E^2 + \eta^2\omega^2}$	$\eta\omega$	$\frac{(q_1 - p_1q_0)\omega}{1 + p_1^2\omega^2}$	$\frac{p_1q_2\omega^3 + q_1\omega(1 - p_2\omega^2)}{p_1^2\omega^2 + (1 - p_2\omega^2)^2}$

$$J(t)=\left(\frac{1}{E_1}+\frac{t}{\eta_1}\right)+\frac{1}{E_2}\left(1-e^{-\frac{E_2}{\eta_2}t}\right)$$

可见,Burgers 模型的徐变函数为 Maxwell 模型和 Kelvin 模型的两部分之和,反映了其串联结构。同理,也可以求解 Burgers 模型的松弛函数,此处不再赘述,其表达式见表 6.1。同时,黏弹性元件及常用组合模型的徐变函数 $J(t)$ 和松弛函数 $R(t)$ 也列于表 6.1 中。

总而言之,如果对黏弹性体施加一个阶跃应力$\sigma_0 H(t)$,则相应地有应变徐变 $\varepsilon(t)=\sigma_0 J(t)$,其中$\sigma_0$为常数,$J(t)$称为徐变函数或徐变柔量;如果对黏弹性体施加一个阶跃应变$\varepsilon_0 H(t)$,则相应地有应力松弛 $\sigma(t)=\varepsilon_0 R(t)$,其中$\varepsilon_0$为常数,$R(t)$称为松弛函数或松弛模量。徐变函数与松弛函数的建立,是黏弹性分析的基础,有助于求解黏弹性的积分型本构方程。

§6.3　线性叠加原理

利用黏弹性流变模型理论,可以建立微分型本构方程,求解徐变函数(柔量)和松弛函数(模量),反映了黏弹性的本质特性。事实上,黏弹性体在外力作用下,其应力和应变都是随时间而发生流动变化的,是时间(t)的函数,徐变和松弛便是最本质的黏弹性表征方式,从根本上回答了物性随时间而发生流动变化的问题。为了探讨普遍意义上的黏弹性,还需要建立积分型本构方程。因此,本节利用一般的或抽象的徐变函数 $J(t)$ 和松弛函数$R(t)$,分析线性黏弹性的叠加原理,从而通过遗传积分建立积分型本构方程。

6.3.1　线性黏弹性的定义

由于黏弹性材料力学行为总是与激励时间(t)有关,所以其应力和应变是时间的函数,这种考虑时间的应力和应变,即为应力历史和应变历史,这个历史过程记为时间$[-\infty, t]$的函数。前面所介绍的黏弹性流变模型都是线性的,但作为数学函数解析法,应给出线性黏弹性的基本定义及描述。

设黏弹性体在外力作用下,任一时刻 t 的应变历史 $\varepsilon(t)$ 取决于直至该时刻的应力历史 $\sigma(t)$,那么应变历史和应力历史之间的函数关系可表示为:

$$\varepsilon(t)=F^{t}_{-\infty}[\sigma(\tau)] \tag{6.9}$$

如果式(6.9)所表示的函数对应式是线性的,那么材料便是线性黏弹性的。

也就是说,当总激励为若干个单元激励之和时,总响应也为各单元激励所激发的单元响应之和,即为线性黏弹性。譬如,设有 n 个应力历史$\sigma_1(t)$,$\sigma_2(t)$,…,$\sigma_n(t)$及其对应的应变历史$\varepsilon_1(t)$,$\varepsilon_2(t)$,…,$\varepsilon_n(t)$,当总应力历史为 n 个应力历史的任意线性组合时,总应变历史也为 n 个应变历史的线性组合,此时认为材料是线性黏弹性的,数学表达式为:

$$\left.\begin{aligned}&\text{激励}\quad \sigma(t)=\lambda_1\sigma_1(t)+\lambda_2\sigma_2(t)+\cdots+\lambda_n\sigma_n(t)\\&\text{响应}\quad \varepsilon(t)=\lambda_1\varepsilon_1(t)+\lambda_2\varepsilon_2(t)+\cdots+\lambda_n\varepsilon_n(t)\end{aligned}\right\} \tag{6.10}$$

式中:λ_i——$\lambda_i\in\mathbf{R}$,其中 $i=1、2、\cdots、n$ 为分析编号。

[**例6.2**] 对 Maxwell 模型施加应力激励$\sigma(t)=\lambda_1\sigma_1(t)+\lambda_2\sigma_2(t)$,则由其本构方程可得应变响应为:

$$\begin{aligned}\dot{\varepsilon}&=\frac{\lambda_1\dot{\sigma}_1+\lambda_2\dot{\sigma}_2}{E}+\frac{\lambda_1\sigma_1+\lambda_2\sigma_2}{\eta}=\lambda_1\left(\frac{\dot{\sigma}_1}{E}+\frac{\sigma_1}{\eta}\right)+\lambda_2\left(\frac{\dot{\sigma}_2}{E}+\frac{\sigma_2}{\eta}\right)\\&=\lambda_1\varepsilon_1(t)+\lambda_2\varepsilon_2(t)\end{aligned}$$

显然,应变响应为对应于应力激励$\sigma_i(t)$的应变$\varepsilon_i(t)$的线性之和,且响应的线性组合系数对应地等于激励的线性组合系数(λ_i),材料是线性黏弹性的。

因此,满足式(6.10)条件的材料为线性黏弹性体。

同样,式(6.10)也可以反过来分析,如果设定激励为应变历史$\varepsilon_i(t)$,响应为应力历史$\sigma_i(t)$,那么线性黏弹性体也一定具有同样的线性性质。

事实上,式(6.10)已经隐含应用了应力叠加方法和应变叠加方法,是下面要介绍的 Boltzmann 叠加原理和遗传积分的基础与实质。

6.3.2 Boltzmann 叠加原理

一般来说,Boltzmann 叠加原理描述的是线性黏弹性的应力叠加和应变叠加问题,从而优化了应力历史和应变历史关系的数学表达。据线性黏弹性的定义,如果材料是线性黏弹性的,那么其本构特性符合式(6.10)所示的基

本条件。将式(6.10)的激励条件代入式(6.9),可得:

$$\begin{aligned}\varepsilon(t) &= F^{t}_{-\infty}[\lambda_1\sigma_1(\tau)+\lambda_2\sigma_2(\tau)+\cdots+\lambda_n\sigma_n(\tau)]\\ &= \lambda_1 F^{t}_{-\infty}\sigma_1(\tau)+\lambda_2 F^{t}_{-\infty}\sigma_2(\tau)+\cdots+\lambda_n F^{t}_{-\infty}\sigma_n(\tau)\\ &= \lambda_1\varepsilon_1(t)+\lambda_2\varepsilon_2(t)+\cdots+\lambda_n\varepsilon_n(t)\end{aligned} \tag{6.11}$$

式中:τ——描述时间的变量。

式(6.11)即为 Boltzmann 叠加原理,描述为:当应力激励为$\lambda_i\sigma_i(t)$的线性组合或叠加$\sum_1^n\lambda_i\sigma_i(t)$时,应变响应为对应于$\lambda_i\sigma_i(t)$的$\lambda_i\varepsilon_i(t)$的线性组合或叠加$\sum_1^n\lambda_i\varepsilon_i(t)$。也就是说,各单元激励的线性组合所产生的响应,等于各单元激励所产生的响应的线性组合。

数学上的这种线性叠加方法,是由奥地利物理学家和哲学家玻尔兹曼(Ludwig Eduard Boltzmann,1844—1906 年)提出的,故称为 Boltzmann 线性叠加原理,简称叠加原理。线性黏弹性特性服从 Boltzmann 叠加原理。

在应用 Boltzmann 叠加原理时,所考察的应力历史和应变历史都是时间的函数,而这个标志性的时间函数,就是前面讨论过的徐变函数 $J(t)$ 和松弛函数 $R(t)$。当应力 $\sigma(t)=\sigma_0 H(t)$时,应变响应为:

$$\varepsilon(t)=J(t)\sigma_0$$

黏弹性体的受荷过程虽然一般比较复杂,但可以看作是许多应力的叠加。例如,在图 6.7a)中,若在τ_1时刻有附加应力$\Delta\sigma_1$作用,则它所产生的应变值为:

$$\Delta\varepsilon_1=J(t-\tau_1)\Delta\sigma_1$$

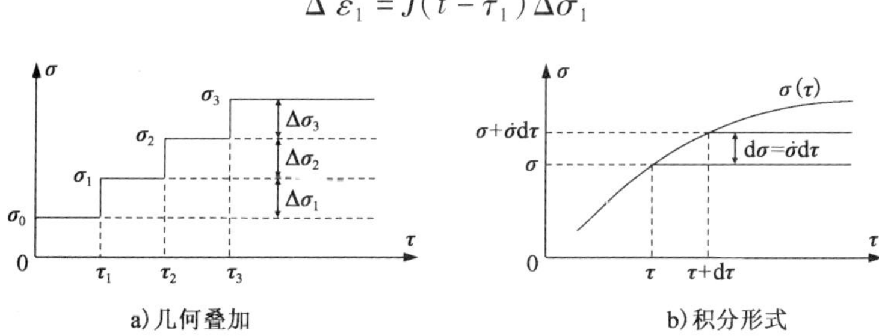

a)几何叠加　　b)积分形式

图6.7　叠加原理的分析计算示意图

因此,在τ_1以后的某时刻 t,由叠加原理可知,在σ_0和$\Delta\sigma_1$共同作用下的

应变值为这两个应力分别产生的应变之和,即:

$$\varepsilon(t)=J(t)\sigma_0+J(t-\tau_1)\Delta\sigma_1$$

类似地,若有 n 个应力增量顺次在τ_i时刻分别作用于黏弹性体,则在τ_n以后的某时刻 t,总应变响应为:

$$\varepsilon(t)=\sigma_0 J(t)+\sum_{i=1}^{n}\Delta\sigma_i J(t-\tau_i) \tag{6.12}$$

同理,利用松弛函数 $R(t)$,也可得到总应力响应为:

$$\sigma(t)=\varepsilon_0 R(t)+\sum_{i=1}^{n}\Delta\varepsilon_i R(t-\tau_i) \tag{6.13}$$

式(6.12)和式(6.13)便是 Boltzmann 叠加原理在黏弹性分析中的具体表达式。

6.3.3 遗传积分

在黏弹性理论中,Boltzmann 线性叠加原理的积分表达式,通常称之为遗传积分(hereditary integrals)。数学上本没有遗传积分之说,只是在研究黏弹性时需要考虑应力历史和应变历史,形象地引入了时间历程的效应,考虑 t 时刻的应力和应变在$[-\infty,t]$时段内的继承和累积效果,故专门针对黏弹性提出了遗传积分的概念,有时也称之为继承积分。

简言之,式(6.12)和式(6.13)叠加原理的积分形式,即为遗传积分。

以式(6.12)为例,如果所施加的应力 $\sigma(\tau)$是连续可导函数,那么 $\Delta\sigma_i$可用 $\mathrm{d}\sigma$ 表示,且有 $\mathrm{d}\sigma=\dot{\sigma}\mathrm{d}\tau$(图 6.7b),这样 $\sigma(\tau)$便可以分解成$\sigma_0 H(t)$和无数个微应力量 $\mathrm{d}\sigma(\tau)H(t-\tau)$,总效用为分解后的各单元量的叠加组合效果,从而式(6.12)的遗传积分形式为:

$$\varepsilon(t)=\sigma_0 J(t)+\int_{-\infty}^{t}J(t-\tau)\dot{\sigma}\mathrm{d}\tau=\sigma_0 J(t)+\int_{-\infty}^{t}J(t-\tau)\frac{\mathrm{d}\sigma}{\mathrm{d}\tau}\mathrm{d}\tau$$

一般地,在数学处理上,当 $t<0$ 时,黏弹性体处于静置状态,上式积分的下限可取零,从而有:

$$\varepsilon(t)=\sigma_0 J(t)+\int_{0}^{t}J(t-\tau)\frac{\mathrm{d}\sigma}{\mathrm{d}\tau}\mathrm{d}\tau \tag{6.14a}$$

有时为了分析研究的需要,也可对上式进行分部积分,得:

$$\varepsilon(t)=\sigma_0 J(t)+\sigma(\tau)J(t-\tau)\Big|_0^t-\int_0^t\sigma(\tau)\frac{\mathrm{d}J(t-\tau)}{\mathrm{d}\tau}\mathrm{d}\tau$$

即：

$$\varepsilon(t)=\sigma(t)J(0)-\int_{-\infty}^t\sigma(\tau)\frac{\mathrm{d}J(t-\tau)}{\mathrm{d}\tau}\mathrm{d}\tau \tag{6.14b}$$

需要注意的是，在遗传积分的书写中，有一个双时间变量 t 和 τ，都是时间变量，但 t 强调的是整个时间历程，而 τ 表示的是某个时刻的变化，不要在应用徐变函数和应力历史时混淆。

式(6.14)即为以徐变函数表征的积分型本构方程。

同理，利用式(6.13)，可以得到以松弛函数表征的积分型本构方程，如下：

$$\sigma(t)=\varepsilon_0 R(t)+\int_0^t R(t-\tau)\frac{\mathrm{d}\varepsilon}{\mathrm{d}\tau}\mathrm{d}\tau \tag{6.15a}$$

和

$$\sigma(t)=\varepsilon(t)R(0)-\int_0^t\varepsilon(\tau)\frac{\mathrm{d}R(t-\tau)}{\mathrm{d}\tau}\mathrm{d}\tau \tag{6.15b}$$

另外，有时也可应用斯蒂尔杰斯(Stieltjes)卷积来表达黏弹性本构方程，简单书写为：$\varepsilon(t)=J(t)\otimes\sigma(t)$ 和 $\sigma(t)=R(t)\otimes\varepsilon(t)$，需要深入学习的读者可参阅黏弹性力学相关教材。

§6.4 复数模量及柔量

复数模量和复数柔量是线性黏弹性的另一种表达形式，为动态黏弹性(dynamic viscoelasticity)问题，而前面讲到的徐变与松弛是时间的函数，属于准静态黏弹性(quasi static viscoelasticity)或静态问题。在实际工程中许多材料都承受着动荷载的作用，如车辆荷载对路面材料的交替作用，这种交替动荷载在黏弹性分析中通常采用振荡试验来实现加载，激励即为振荡荷载，一般为正弦波。动态黏弹性分析的基本特点是小变形、线性特性、时间滞后(相位差)和复数方法等，其重要参量是复数模量和复数柔量，且通过复数模量和复数柔量也可以建立黏弹性微分型本构方程，更好地认识材料的黏弹性力学行为。

6.4.1 动态黏弹性的力学行为

动态黏弹性描述的是,黏弹性体受到振荡荷载作用时(一般为正弦波)所表现出的力学行为或特性,其力学性质往往介于弹性固体和黏性流体之间。如前所述,由弹性元件(弹簧)所表示的线弹性固体服从虎克定律 $\sigma = E\varepsilon$,由黏性元件(黏壶)所表示的线性黏性流体服从牛顿黏性定律 $\sigma = \eta\dot{\varepsilon}$,而黏弹性则介于二者之间。为了研究黏弹性的动态力学行为,设振动试验施加的激励为 $\varepsilon(t) = \varepsilon_0\sin\omega t$,其中$\varepsilon_0$为振幅、$\omega$ 为角速度,则 $\dot{\varepsilon}(t) = \omega\,\varepsilon_0\cos\omega t$,那么对于弹性元件和黏性元件分别有:

$$\text{弹性元件}\begin{cases}\text{激励} & \varepsilon(t) = \varepsilon_0\sin\omega t \\ \text{响应} & \sigma(t) = E\varepsilon = E\varepsilon_0\sin\omega t\end{cases}$$

$$\text{黏性元件}\begin{cases}\text{激励} & \varepsilon(t) = \varepsilon_0\sin\omega t \\ \text{响应} & \sigma(t) = \eta\dot{\varepsilon} = \eta\omega\,\varepsilon_0\cos\omega t = \eta\omega\,\varepsilon_0\sin\left(\dfrac{\pi}{2} - \omega t\right)\end{cases}$$

可见,线弹性的应力和应变随时间的变化步调是一致的,没有时间滞后,不存在相位角差,只是振幅不同而已,如图 6.8a)所示;而线黏性的应力和应变之间不仅振幅不同,更重要的是有时间滞后,存在 $\pi/2$ 的相位角差,如图 6.8b)所示。

对于一般的黏弹性体而言,在振荡激励 $\varepsilon(t) = \varepsilon_0\sin\omega t$ 的作用下,应力和应变之间通常会有时间滞后现象,存在相位角差(δ),且 $0 < \delta < \pi/2$。现以 Maxwell 模型说明之。

Maxwell 模型的本构方程为:

$$\dot{\varepsilon} = \frac{\dot{\sigma}}{E} + \frac{\sigma}{\eta}$$

为了简化计算,设激励为振荡应力 $\sigma(t) = \sigma_0\sin\omega t$,则 $\dot{\sigma}(t) = \omega\,\sigma_0\cos\omega t$,代入上式,得:

$$\dot{\varepsilon}(t) = \frac{\omega\,\sigma_0}{E}\cos\omega t + \frac{\sigma_0}{\eta}\sin\omega t = \frac{\sigma_0}{\eta}\left(\frac{\eta\omega}{E}\cos\omega t + \sin\omega t\right)$$

令 $\tan\delta = \eta\omega / E$,则 $\cos\delta = E / \sqrt{\eta^2\omega^2 + E^2}$,则由上式可得:

$$\dot{\varepsilon}(t) = \frac{\sigma_0}{\eta}(\tan\delta\cos\omega t + \sin\omega t) = \frac{\sigma_0}{\eta\cos\delta}(\sin\delta\cos\omega t + \cos\delta\sin\omega t)$$

$$= \frac{\sigma_0\sqrt{\eta^2\omega^2 + E^2}}{\eta E}\sin(\omega t + \delta)$$

从而有:

$$\varepsilon(t) = \frac{\sigma_0\sqrt{\eta^2\omega^2 + E^2}}{\eta\omega E}\cos(\omega t + \delta) + C = \frac{\sigma_0\sqrt{\eta^2\omega^2 + E^2}}{\eta\omega E}\sin\left(\frac{\pi}{2} - \omega t - \delta\right) + C$$

式中:C——积分常数;

δ——相位角差。

可见,Maxwell 模型的应变响应 $\varepsilon(t)$ 与应力激励 $\sigma(t)$ 之间存在一个 $0 < \delta < \pi/2$ 的相位角差。

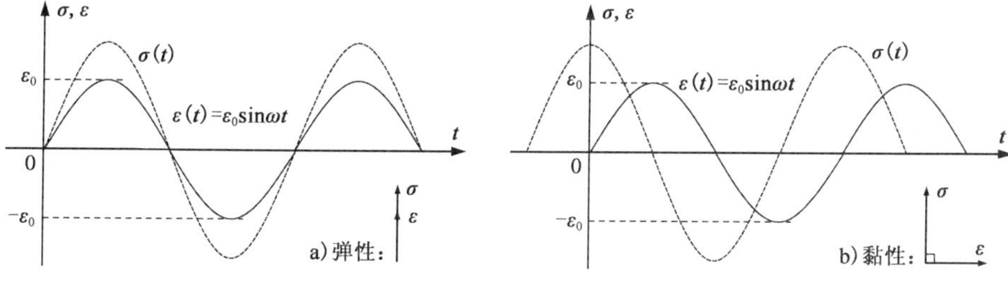

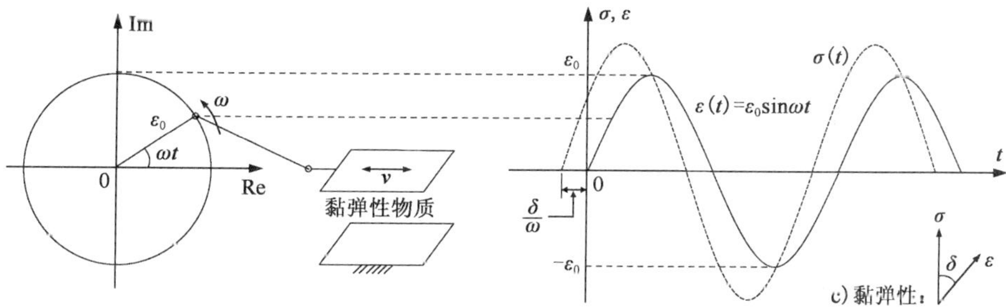

图 6.8　弹性和黏性及黏弹性的动态特性分析

为了研究黏弹性的这种动态力学特性,通常采用振荡激励试验,以复数形式耦合材料的弹性和黏性,振荡激励相当于这一复数在虚轴上的投影,即振荡激励为复数的虚部。在图 6.8c)左侧所示的试验装置中,当转臂以角速

度 ω 旋转时,连杆机构带动剪切板,产生振荡激励,使黏弹性物质受到周期性往返剪切。如果这个振荡激励为应变,那么在实轴(Re)与虚轴(Im)的复数坐标系中,应变在虚轴上的投影便是 $\varepsilon(t)=\varepsilon_0\sin\omega t$,从而可以用复数形式来表达应变振荡激励,为:

$$\varepsilon(t)=\mathrm{Im}\{\varepsilon_0 e^{i\omega t}\}=\mathrm{Im}\{\varepsilon_0(\cos\omega t+i\sin\omega t)\}$$

一般来讲,黏弹性的滞后效应通常表现为应变对应力在时间上的滞后,也就是说应力是超前的,应变是滞后的,所以当应变滞后应力的相位角差为 δ 时,即滞后了时间 $t=\delta/\omega$,如图 6.8c)所示。这样的话,上式的响应可表达为:

$$\sigma(t)=\mathrm{Im}\{\sigma_0 e^{i(\omega t+\delta)}\}=\mathrm{Im}\{\sigma_0[\cos(\omega t+\delta)+i\sin(\omega t+\delta)]\}$$

为了表示与实变量的不同,复变量的右上角加 * 以示区别,从而上两式的一般表达式可记为:

$$\left.\begin{aligned}&\text{激励}\quad \varepsilon^*(t)=\varepsilon_0 e^{i\omega t}\\&\text{响应}\quad \sigma^*(t)=\sigma^* e^{i\omega t}=\sigma_0 e^{i(\omega t+\delta)}\end{aligned}\right\}\tag{6.16a}$$

同理,可以反过来分析,如果振荡激励为应力 $\sigma^*(t)$,那么应变滞后应力一个相位角差 δ,则有:

$$\left.\begin{aligned}&\text{激励}\quad \sigma^*(t)=\sigma_0 e^{i\omega t}\\&\text{响应}\quad \varepsilon^*(t)=\varepsilon^* e^{i\omega t}=\varepsilon_0 e^{i(\omega t-\delta)}\end{aligned}\right\}\tag{6.16b}$$

式中:σ^*、ε^*——复应力和复应变,表示用复数表达的应力和应变;

σ_0、ε_0——复应力和复应变的模,亦即振荡激励和响应的振幅;

ω——转动的角速度;

δ——相位角差,$0<\delta<\pi/2$。

6.4.2 复数模量及柔量的解析

如果单纯以准静态方法来研究材料的黏弹性,有些试验是很难或无法实施的,如流体物质的徐变与松弛测试时间会很长、弹性测试很难持续等,这时需要引入动态黏弹性分析方法。静态黏弹性的标志性参量是徐变柔量 $J(t)$ 和松弛模量 $R(t)$,而动态黏弹性的标志性参数则是复数模量和复数柔量。

因此,类似于虎克定律中弹性模量的定义,动态黏弹性分析通常把复应力与复应变的比值定义为**复数模量**(complex modulus),并记为$R^*(i\omega)$。据此定义,由式(6.16)可得复数模量为:

$$R^*(i\omega)=\frac{\sigma^*(t)}{\varepsilon^*(t)}=\frac{\sigma_0}{\varepsilon_0}e^{i\delta}=|R^*|(\cos\delta+i\sin\delta)=R_1(\omega)+iR_2(\omega) \tag{6.17}$$

式中:$|R^*|$——$|R^*|=|R^*(\omega)|$为复数模量$R^*(i\omega)$的模,其表达式为:

$$|R^*|=\frac{\sigma_0}{\varepsilon_0}=\sqrt{R_1^2+R_2^2}$$

δ——振荡激励与响应之间的相位角差($0<\delta<\pi/2$),且有:

$$\tan\delta=\frac{R_2}{R_1}$$

复数模量$R^*(i\omega)$的实部R_1为动态弹性模量或储能模量,反映了弹性能量的储存和释放,表征的是弹性性质;虚部R_2为黏性损失模量或散能模量,反映了黏性能量的损失和耗散,表征的是黏性性质;$\tan\delta$ 称为损失正切或损失因子。弹性部分 R_1 越大,弹性模量越大,材料越接近于固体;黏性部分 R_2 越大,黏性越小,材料越接近于流体。在拉压试验中,复数模量表示为:$E^*(i\omega)=E_1+iE_2$;在剪切试验中,复数模量表示为:$G^*(i\omega)=G_1+iG_2$。

同时,把复应变与复应力的比值定义为**复数柔量**(complex compliance),记为$J^*(i\omega)$,亦即复数模量的倒数:

$$J^*(i\omega)=\frac{1}{R^*(i\omega)}=\frac{\varepsilon^*(t)}{\sigma^*(t)}=\frac{\varepsilon_0}{\sigma_0}e^{-i\delta}=|J^*|(\cos\delta-i\sin\delta) \tag{6.18}$$
$$=J_1(\omega)-iJ_2(\omega)$$

式中:$|J^*|$——$|J^*|=|J^*(\omega)|$为复数柔量$J^*(i\omega)$的模,其表达式为:

$$|J^*|=\frac{\varepsilon_0}{\sigma_0}=\sqrt{J_1^2+J_2^2}$$

类似地,也有 $\tan\delta=J_2/J_1$ 称为损失正切或损失因子,且 $\tan\delta=J_2/J_1=R_2/R_1$,其他字母物理意义同复数模量。复数模量、复数柔量和相位角差之间的几何关系如图 6.9 所示。需要注意的是,按复数模量和复数柔量的定义,见式(6.17)和式(6.18),有下式成立:

$$R^*(i\omega)J^*(i\omega)=1 \tag{6.19}$$

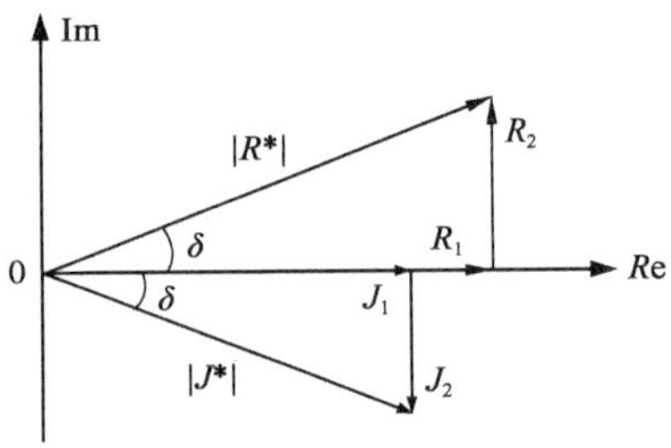

图6.9　复数模量与复数柔量及相位角差的几何关系

式(6.19)表明,复数模量和复数柔量互为倒数,但并不是说复数模量和复数柔量的实部或虚部互为倒数,即:$R_1J_1\neq1$,$R_2J_2\neq1$。

而且,式(6.17)和式(6.18)亦可改写为:$\sigma^*(t)=R^*(i\omega)\varepsilon^*(t)$,$\varepsilon^*(t)=J^*(i\omega)\sigma^*(t)$,即以复数形式表达了一般线性黏弹性的本构关系。事实上,若振荡激励为:$\varepsilon(t)=\varepsilon_0\sin\omega t$,则响应为:$\sigma(t)=\sigma_0\sin(\omega t+\delta)$,展开此式,即有:

$$\sigma(t)=\sigma_0(\sin\omega t\cos\delta+\cos\omega t\sin\delta)=\varepsilon_0R_1\sin\omega t+\varepsilon_0R_2\cos\omega t$$

上式表达了线性黏弹性体的应力应变关系。

通过上述分析可知,对于等温振荡试验,如果设定振荡激励为$\varepsilon(t)=\varepsilon_0\sin\omega t$,即已知振幅($\varepsilon_0$)和振荡频率($\omega/2\pi$),那么便可以测试获得应力响应的振幅($\sigma_0$)和相位角差($\delta$),从而确定复数模量$R^*(i\omega)$及其模$|R^*|$,现列出计算式如下:

动态弹性模量　　$R_1=\dfrac{\sigma_0\cos\delta}{\varepsilon_0}=|R^*|\cos\delta$

黏性损失模量　　$R_2=\dfrac{\sigma_0\sin\delta}{\varepsilon_0}=|R^*|\sin\delta$

动态弹性柔量　　$J_1=\dfrac{\varepsilon_0\cos\delta}{\sigma_0}=|J^*|\cos\delta$

黏性损失柔量　　$J_2=\dfrac{\varepsilon_0\sin\delta}{\sigma_0}=|J^*|\sin\delta$

另外,由于复数模量和复数柔量互为倒数,见式(6.19),所以若知其一,便可换算得到另一个，有：

$$R_1+iR_2=\frac{1}{J_1-iJ_2}=\frac{J_1+iJ_2}{J_1^2+J_2^2}=\frac{J_1}{J_1^2+J_2^2}+i\frac{J_2}{J_1^2+J_2^2}$$

即：

$$R_1=\frac{J_1}{J_1^2+J_2^2}\qquad R_2=\frac{J_2}{J_1^2+J_2^2}$$

同理可得，由模量表达的柔量计算式为：

$$J_1=\frac{R_1}{R_1^2+R_2^2}\qquad J_2=\frac{R_2}{R_1^2+R_2^2}$$

最后需要强调的是，在具体的流变试验分析中，一般设定了振荡激励 $\varepsilon(t)=\varepsilon_0e^{i\omega t}$ 或 $\sigma(t)=\sigma_0e^{i\omega t}$，即已知了 ε_0 或 σ_0 和 ω（其中，振幅 ε_0 或 σ_0 为实数），需要测定的是对应的振荡响应 $\sigma(t)=\sigma^*e^{i\omega t}$ 或 $\varepsilon(t)=\varepsilon^*e^{i\omega t}$。所以，根据激励与响应的表达式（6.16）和复数模量及柔量的定义式（6.17）和式（6.18），通常把复数模量和复数柔量的定义式表述为：

$$R^*(i\omega)=\frac{\sigma^*}{\varepsilon_0}=\frac{\sigma_0}{\varepsilon^*}=\frac{\sigma_0}{\varepsilon_0}e^{i\delta}\quad J^*(i\omega)=\frac{\varepsilon^*}{\sigma_0}=\frac{\varepsilon_0}{\sigma^*}=\frac{\sigma_0}{\varepsilon_0}e^{-i\delta}\tag{6.20}$$

现举例如下，以说明对于具体的黏弹性模型，复数模量 $R^*(i\omega)$ 和复数柔量 $J^*(i\omega)$ 的求解方法。

［**例6.3**］　对于 Kelvin 模型，其本构方程为：

$$\sigma=E\varepsilon+\eta\dot{\varepsilon}$$

若有激励 $\varepsilon(t)=\varepsilon_0\sin\omega t=\varepsilon_0e^{i\omega t}$，则有响应 $\sigma(t)=\sigma_0\sin(\omega t+\delta)=\sigma^*e^{i\omega t}$，代入本构方程，得：

$$\sigma^*e^{i\omega t}=E\varepsilon_0e^{i\omega t}+\eta\varepsilon_0(i\omega)e^{i\omega t}$$

从而有：

$$\sigma^*=(E+i\eta\omega)\varepsilon_0$$

由式（6.20）得复数模量为：

$$R^*(i\omega)=\frac{\sigma^*(t)}{\varepsilon_0}=E+i\eta\omega$$

也可以反过来求得复数柔量 $J^*(i\omega)$。

[**例 6.4**]　对于 Maxwell 模型,其本构方程为:

$$\dot{\varepsilon}=\frac{\dot{\sigma}}{E}+\frac{\sigma}{\eta}$$

若有激励 $\sigma(t)=\sigma_0\sin\omega t=\sigma_0 e^{i\omega t}$,则有响应 $\varepsilon(t)=\varepsilon_0\sin(\omega t-\delta)=\varepsilon^* e^{i\omega t}$,代入本构方程,得:

$$\varepsilon^*(i\omega)e^{i\omega t}=\frac{\sigma_0(i\omega)e^{i\omega t}}{E}+\frac{\sigma_0 e^{i\omega t}}{\eta}$$

从而有:

$$\varepsilon^*=\left(\frac{1}{E}+\frac{1}{i\eta\omega}\right)\sigma_0$$

由式(6.20)得复数模量为:

$$R^*(i\omega)=\frac{\sigma_0}{\varepsilon^*(t)}=\frac{1}{\dfrac{1}{E}+\dfrac{1}{i\eta\omega}}=\frac{E\,\eta^2\omega^2}{E^2+\eta^2\omega^2}+i\,\frac{E^2\eta\omega}{E^2+\eta^2\omega^2}$$

同理,也可以反过来求得复数柔量 $J^*(i\omega)$。

6.4.3　黏弹性函数之间的关系

黏弹性函数是指表征材料黏弹性的特征函数,有两大类:①准静态时的徐变函数 $J(t)$ 和松弛函数 $R(t)$,简称**静态函数**;②动态时的复数模量 $R^*(i\omega)$ 和复数柔量 $J^*(i\omega)$,简称**动态函数**。徐变函数又称徐变柔量,松弛函数又称松弛模量,而复数模量和复数柔量又是频率 ω 的函数,故它们在本质上都是时间的函数。由于这四个函数是黏弹性的主要标志,能够从本质上描述材料的黏弹性,所以有时也称为黏弹性体的材料函数,并贯穿于黏弹性分析的始终。显然,时间和复变量之间存在某种内在联系,可用 Laplace 变换实现转换,所以这两类模量或柔量之间是存在函数关系的,可以实现动态函数与静态函数之间的转换。

在前面第 6.2 节的 6.2.4 目中,应用 Laplace 变换,得到了线性黏弹性微分型本构方程和徐变与松弛函数的一般表达式,见式(6.3)、式(6.5)~式(6.7),现重新列出如下:

线性黏弹性本构方程　　$\tilde{P}(s)\tilde{\sigma}(s)=\tilde{Q}(s)\tilde{\varepsilon}(s)$　　(a)

徐变函数 $$\tilde{J}(s)=\frac{\tilde{P}(s)}{\tilde{Q}(s)}\cdot\frac{1}{s} \tag{b}$$

松弛函数 $$\tilde{R}(s)=\frac{\tilde{Q}(s)}{\tilde{P}(s)}\cdot\frac{1}{s} \tag{c}$$

徐变与松弛函数的关系 $$\tilde{J}(s)\tilde{R}(s)=\frac{1}{s^2} \tag{d}$$

对某一线性黏弹性体,设有激励 $\varepsilon(t)=\varepsilon_0 e^{i\omega t}$,则有响应 $\sigma(t)=\sigma^* e^{i\omega t}$,Laplace 变换后,可得:

$$\tilde{\varepsilon}(s)=\varepsilon_0\frac{1}{s-i\omega}\qquad \tilde{\sigma}(s)=\sigma^*\frac{1}{s-i\omega}$$

将上式代入式(a),有:

$$\tilde{P}(s)\sigma^*\frac{1}{s-i\omega}=\tilde{Q}(s)\varepsilon_0\frac{1}{s-i\omega}$$

即:

$$\sigma^*=\frac{\tilde{Q}(s)}{\tilde{P}(s)}\varepsilon_0$$

则由式(6.20)可得复数模量,并应用关系式(c),有:

$$R^*(i\omega)=\frac{\sigma^*}{\varepsilon_0}=\frac{\tilde{Q}(s)}{\tilde{P}(s)}=s\tilde{R}(s)$$

式中,$s=\alpha+i\omega$ 为复变量,令 $\alpha=0$(Laplace 变换的一种特例),则有:

$$R^*(i\omega)=i\omega\tilde{R}(i\omega) \tag{6.21}$$

同理可得:

$$J^*(i\omega)=i\omega\tilde{J}(i\omega) \tag{6.22}$$

式(6.21)和式(6.22)即为黏弹性动态函数和静态函数之间的相互关系。如果松弛函数 $R(t)$ 为已知,则可通过 Laplace 变换得 $\tilde{R}(i\omega)$,进而求得动态模量 $R^*(i\omega)$。反之,可应用已知的复数模量 $R^*(i\omega)$,求得松弛函数的变换值 $\tilde{R}(i\omega)$,反变换后得到松弛函数 $R(t)$。利用式(6.21)和式(6.22)以及式(6.19)和式(d),可以完全实现四个黏弹性函数之间的互换互算,直观的相互关系见图6.10。

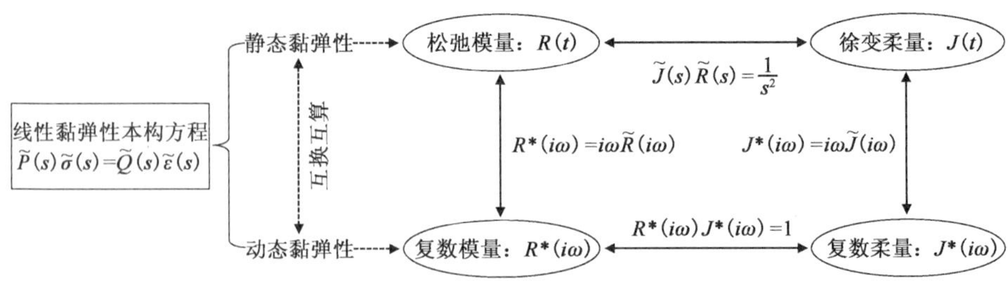

图6.10　线性黏弹性函数之间的相互关系

黏弹性函数之间的相互关系也可以采用积分形式。例如，将式(6.21)进一步展开，可写为：

$$
\begin{aligned}
R_1+iR_2 &= i\omega\tilde{R}(i\omega) = i\omega\int_0^{\infty}R(t)\,e^{-i\omega t}\mathrm{d}t \\
&= i\omega\int_0^{\infty}R(t)(\cos\omega t-i\sin\omega t)\mathrm{d}t \\
&= \omega\int_0^{\infty}R(t)\sin\omega t\mathrm{d}t+i\omega\int_0^{\infty}R(t)\cos\omega t\mathrm{d}t
\end{aligned}
$$

比较实部与虚部，有：

$$
R_1=\omega\int_0^{\infty}R(t)\sin\omega t\mathrm{d}t \qquad R_2=i\omega\int_0^{\infty}R(t)\cos\omega t\mathrm{d}t
$$

同理，对复数柔量也有：

$$
J_1=\omega\int_0^{\infty}J(t)\sin\omega t\mathrm{d}t \qquad J_2=-i\omega\int_0^{\infty}J(t)\cos\omega t\mathrm{d}t
$$

由此可见，线性黏弹性的动态函数和静态函数也可以用积分形式联系起来。通常情况下，一般黏弹性体的材料函数是可以相互变换计算的。

§6.5　时温等效原理

前面关于黏弹性本构关系及其力学行为的分析中，没有考虑温度的影响，研究的是等温状况。但黏弹性物质由于黏性的存在，其流变特性受到温度影响不容忽视，所以黏弹性分析一定需要考虑温度因素。黏弹性体的力学特性，不仅在力学原理上取决于激励速率，而且在本质上借以黏度同时也依赖于温度，是黏度随温度发生了很大变化。激励速率在静态黏弹性分析中可

直接表示为时间的函数,在动态黏弹性分析中可表示为角速度或振荡频率的函数,它们都是时间变量。这样,在黏弹性分析中,除了考虑静态和动态特性外,还需要引入时间和温度因素,且二者对黏弹性具有相同的作用效果,温度升高相当于长时间加载和短时间流变,温度降低相当于短时间加载和长时间流变,为时间与温度的等效作用,简称时温等效。

6.5.1　时间与温度的等效作用

温度对于黏弹性而言,是一个十分重要的影响因素。如果温度变化很大,它首先改变黏弹性物质的物理形态和力学性态。在如图 6.11 所示的刚度模量与温度的半对数坐标中,随着温度升高,黏弹性物质从坚硬固体逐渐转变为黏性流体,转变过程通常划分为 4 种物理形态:玻璃态、黏弹态、橡胶态、流动态,其中有一个重要的温度节点——玻璃化温度(T_g)。不同黏弹性物质随温度变化都会有类似的物理形态转变,只是弹性模量、黏度系数和玻璃化温度的数值会不同,所覆盖的温度域的大小会不同。

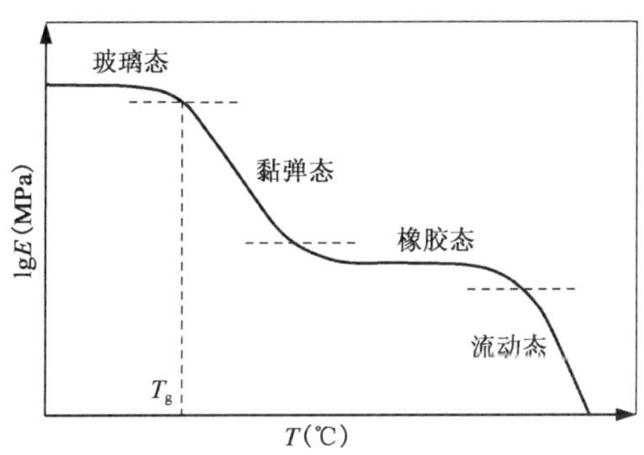

图 6.11　黏弹性体在全温度域内的一般形态

黏弹性分析所考察的物质通常处于黏弹态。黏弹性体的力学特性往往介于弹性固体和黏性流体之间,弹性参数(E)和黏性参数即黏度(η)受温度(T)的影响十分敏感,是温度的函数,可记为 $E(T)$ 或 E_T 和 $\eta(T)$ 或 η_T,同时结合前述关于黏弹性的静态和动态分析,其流变参数也是时间(t)的函数,如速率、角速度和振荡频率等,因而,材料的黏弹性便是时间和温度的函数,记为 $F(t,T)$。

研究表明,时间和温度对黏弹性体的作用具有等效性,即升高温度相当于长时间加载,降低温度相当于短时间加载,或较高温度时的快速徐变与松弛,称为**时温等效**。也就是说,改变时间尺度和改变温度尺度是等效的,这样有利于在有限的试验条件范围内研究更为广阔的流变特性,如较难实施的低温试验可用高频振荡试验代替,徐变试验可用提高温度的办法在较短时间内完成,等等。

为了直观明了地初步认识黏弹性的时温等效特性,以最简单的 Maxwell 模型在不同温度下的徐变特性来作一般分析。设在不同温度T_1、T_2、T_3下($T_3>T_2>T_1$),施加荷载$\sigma(t)=\sigma_0 H(t)$,对 Maxwell 模型进行徐变试验,考察达到相同应变水平(ε_c)时所需要的时间,即考察:到达等效徐变量时,不同温度条件下对应的徐变时间。Maxwell 模型的徐变方程为:

$$\varepsilon(t)=\sigma_0\left(\frac{1}{\eta}t+\frac{1}{E}\right)$$

在不同温度T_1、T_2、T_3下对应的应变徐变如图 6.12 所示。令$\varepsilon(t)=\varepsilon_c$,即当徐变量为相同或等效值$\varepsilon_c$时,不同温度下徐变需要的时间历程分别为:

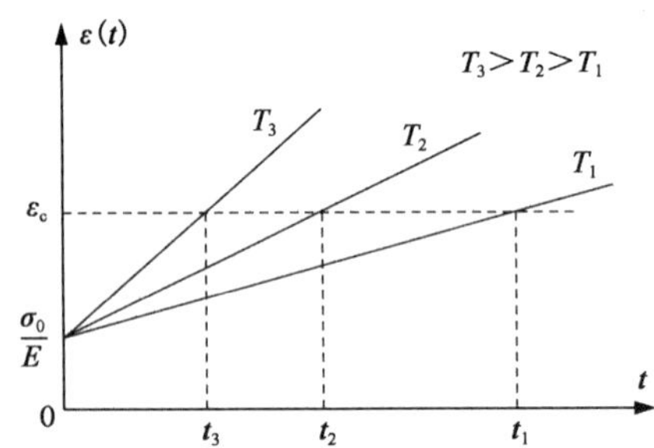

图 6.12 基于 Maxwell 徐变的时温等效分析

$$t_1=\eta_1\frac{\varepsilon_c}{\sigma_0}-\frac{\eta_1}{E_1}=\eta_1\frac{\varepsilon_c}{\sigma_0}-\tau_d \quad 或 \quad t_1-\tau_d=\eta_1\frac{\varepsilon_c}{\sigma_0}$$

$$t_2-\tau_d=\eta_2\frac{\varepsilon_c}{\sigma_0}$$

$$t_3-\tau_d=\eta_3\frac{\varepsilon_c}{\sigma_0}$$

式中,E 和 η 的下标为对应的温度,如E_1和η_1为温度T_1时的模量和黏度;

$\tau_d = \eta / E$ 为延滞时间或延迟时间,为物性常数。

温度越低,黏度越大,徐变时间越长。由此可见,当$T_3 > T_2 > T_1$时,徐变时间$t_3 < t_2 < t_1$,这就表明,当徐变达到等效徐变量ε_c时,温度较低时需要较长的徐变时间,温度较高时需要较短的徐变时间,反映了时温等效特性。

如果在图 6.12 中的时间轴上平移一个时间物性常数τ_d,且记不同温度时对应等效徐变量ε_c的徐变时间为τ_1、τ_2、τ_3,则有:$\tau_1 = t_1 - \tau_d$,$\tau_2 = t_2 - \tau_d$,$\tau_3 = t_3 - \tau_d$,那么由上述分析式,可得:

$$\frac{\tau_1}{\eta_1} = \frac{\tau_2}{\eta_2} = \frac{\tau_3}{\eta_3} = \frac{\varepsilon_c}{\sigma_0} = \text{常数}$$

上式即为不同温度下徐变时间与黏度的比例关系,只与黏性有关,而与弹性无关。若记任意时间和温度时的黏弹性函数为 $F(t,T)$,则设定一个基准时间(τ)和基准温度(T_r)时的基准参考函数,可表示为 $F(\tau, T_r)$,此时有通用表达式:

$$\frac{t}{\eta_T} = \frac{\tau}{\eta_r}$$

式中:η_T、η_r——对应于任意温度 T 和基准温度T_r的黏度。

事实上,根据分子热力学理论,任意黏弹性材料在一般的测试范围内,上述关系式几乎都存在。因此,在黏弹性的时温等效分析中,一般令:

$$\alpha_T = \frac{t}{\tau} = \frac{\eta_T}{\eta_r} \tag{6.23}$$

称α_T为时温等效的**移位因子**。显然,α_T为温度的函数,存在有$\alpha_T(T)$,具体应用中通常以对数坐标表达,即:$\lg t = \lg\tau + \lg\alpha_T$。这样,黏弹性函数可写为:

$$F(t,T) = F(\tau, T_r) = F(\alpha_T\tau, T) = F(t/\alpha_T, T_r) \tag{6.24a}$$

或

$$F(t,T) = \mathscr{L}(\lg\tau + \lg\alpha_T, T) = \mathscr{L}(\lg t - \lg\alpha_T, T_r) \tag{6.24b}$$

式中,$\mathscr{L}$ 为变量取对数值的函数符号。式(6.24)表示黏弹性时温等效的一般函数式,可用来分别描述黏弹性的四个特征函数,即徐变柔量 $J(t)$、松弛模量 $R(t)$、复数模量$R^*(i\omega)$和复数柔量$J^*(i\omega)$。

6.5.2 时温等效的移位因子α_T

利用移位因子α_T的时温等效换算，广泛应用于黏弹性的特征函数分析，以期在更加宽广的时间域和温度域内认识黏弹性特征参数的变化规律。分析坐标通常采用双对数坐标系，如图 6.13 所示，横坐标为时间的对数 $\lg t$，纵坐标为复数模量的对数 $\lg|R^*|$。

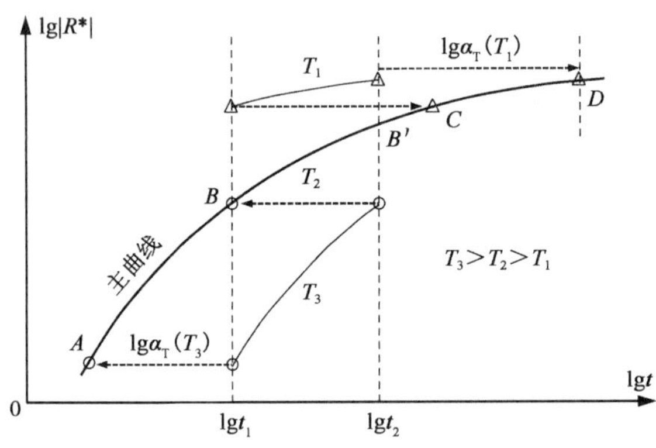

图 6.13 移位因子α_T的移位特性分析

一般情况下，力学试验是在一定的可操作条件下实现的，选择合适的试验温度和振荡频率（时间）。在图 6.13 中，测试复数模量R^*的振荡试验选择了不同的振荡频率，换算为时间区间$[t_1, t_2]$，设定 3 个试验温度T_1、T_2、T_3($T_3 > T_2 > T_1$)，试验可获得复数模量R^*随时间变化的等温曲线，用温度编号为T_1、T_2（图中曲线 BB′）、T_3。令基准温度$T_r = T_2$，亦即参考曲线为 BB′，则按照时温等效原理，温度T_1、T_3时的试验曲线可以通过移位因子 $\lg \alpha_T(T)$沿时间轴平移，并与参考曲线T_2一起，共同形成宽域时间内的**主曲线**，如图 6.13 中的 ABCD 曲线。以曲线T_1为例，由于$T_1 < T_2$，故有$\eta_{T1} > \eta_{Tr}$，$\alpha_T(T_1) > 1$，从而 $\lg\alpha_T(T_1) > 0$，表明T_1曲线沿时间轴正方向移动，移动到图 6.13 中主曲线的 CD 位置，移动量为 $\lg\alpha_T(T_1)$。同理，T_3曲线的 $\lg\alpha_T(T_3) < 0$，沿时间轴负方向移动，移动到图 6.13 中主曲线的 AB 位置，移动量为 $\lg\alpha_T(T_3)$。

关于时温等效移位因子α_T的取值，分析计算公式有很多，最常用的有 WLF 公式和 Arrhénius 公式。

(1) WLF 公式

WLF 公式由 M. L. Williams、R. F. Landel 和 J. D. Ferry 三位学者于 1955 年共同提出,并以三人姓名的首字母命名。WLF 公式是高分子物理中一个非常重要的经验公式,根据自由体积理论,某温度下高分子材料的实际体积等于高分子本身的固有体积与自由体积之和,物质的黏度与自由体积分数具有指数关系,而不同温度下的黏度比即为移位因子α_T,见式(6.23)。基于此,当以玻璃化温度T_g为基准温度时,WLF 公式有关系式:

$$\lg\alpha_T = \frac{-C_1(T-T_g)}{C_2+(T-T_g)}$$

式中:C_1、C_2——材料常数,一般有$C_1C_2=900$;

T——摄氏温度。

研究表明,WLF 公式通常适用于(T_g,T_g+100℃)温度范围内,且当以玻璃化温度T_g作为基准温度时,C_1和C_2具有近似的普适常数值(大量试验值的平均值):$C_1=17.44$,$C_2=51.6$。

除玻璃化温度T_g外,对所有高分子材料均还可以找到一个对应的特征参考温度T_r,此时,可得到对应的另一组参数:$C_1=8.86$,$C_2=101.6$。当选择T_r作为参考温度时,WLF 公式为:

$$\lg\alpha_T = \frac{-8.86(T-T_r)}{101.6+(T-T_r)} \tag{6.25}$$

这便是常用的 WLF 公式。

(2) Arrhénius 公式

Arrhénius 中文翻译为阿黑纽斯或阿伦尼乌斯。Arrhénius 公式是由瑞典科学家阿黑纽斯(Svante August Arrhénius,1859—1927 年)在 1889 年所创立的化学反应速率公式,即化学反应速率常数与温度之间符合指数关系式,是化学反应所遵循的一个重要经验公式。利用 Arrhénius 公式,可以得到两个不同温度下的反应速率常数比,为:

$$\ln\frac{k_2}{k_1} = \frac{E_a}{R}\left(\frac{1}{T_1}-\frac{1}{T_2}\right)$$

式中:k_1、k_2——温度T_1和T_2时的化学反应速率;

R——摩尔气体常数，$R = 8.314\mathrm{J} \cdot (\mathrm{mol} \cdot \mathrm{K})^{-1}$；

E_a——材料的活化能，量纲为 $\mathrm{J} \cdot \mathrm{mol}^{-1}$；

T_1、T_2——开尔文温度。

上述化学反应的速率比，可以描述为反应时间比，则由式(6.23)便可以得到时温等效的移位因子 $\lg\alpha_T$。若取基准温度为T_r，那么在任意温度 T 时，时温等效移位因子的 Arrhénius 公式可写为：

$$\lg\alpha_T = \frac{E_a}{R}\left(\frac{1}{T} - \frac{1}{T_r}\right) \tag{6.26a}$$

在实际应用中，有些黏弹性物质的活化能测试是十分困难或粗糙的，所以首先需要通过试验确定 $\lg\alpha_T$和 T 的关系，然后才能进行时温等效换算。令$C_0 = E_a/R$，则有：

$$\lg\alpha_T = C_0\left(\frac{1}{T} - \frac{1}{T_r}\right) \tag{6.26b}$$

通过不同温度下的徐变或松弛试验（如图 6.12 所示的徐变试验分析），利用时温等效原理，测试每个温度下相对于基准温度的移位因子，一般可以通过回归分析得到：

$$\lg\alpha_T = A - B \cdot T \tag{6.27}$$

式中：A、B——试验常数，A、$B > 0$。

对式(6.26b)和式(6.27)进行数值拟合分析，即可得到C_0值。显然，C_0是材料的固有参数，为一恒定值，故可用式(6.26b)计算移位因子。

§6.6 对应性原理

对应性是指求解线性黏弹性边值问题的数学表达式和线弹性的表达式具有对应关系或相似之处，使得黏弹性问题的求解可以参照线弹性的方法展开，问题的求解变得简洁明了，这种把线性黏弹性边值问题和线弹性问题对应起来的原理和方法，称为**对应性原理**(correspondence principle)。在这个对应关系中，黏弹性边值问题的解析是以 Laplace 变换的形式出现的。

工程问题的求解是基于三大力学方程的，即平衡方程、几何方程和物理

方程(本构方程),其中黏弹性和弹性边值问题的主要区别在于物性方面,它们有各自的本构方程。从对应性原理来说,弹性材料的应力应变关系是黏弹性的一种特殊情形。

认识对应性原理,首先考虑一维应力与应变状态,应用最简单的流变模型来分析。线弹性固体为虎克体,服从虎克定律 $\sigma = E\varepsilon$,在 σ-ε 图中为过原点的一条直线;线性黏性流体为牛顿体,服从牛顿定律 $\sigma = \eta\dot{\varepsilon}$,在流变图中也为过原点的一条直线。显然二者在表达形式上具有对应性,均为过各自坐标系原点的一条直线,如图 6.14a)所示。有意思的是,对于线性黏弹性的 Maxwell 模型和 Kelvin 模型,应力与应变通过 Laplace 变换,在 $\tilde{\sigma}$-$\tilde{\varepsilon}$ 坐标系中也同样具有过原点的直线关系,只是直线的斜率不同而已,如图 6.14b)所示。Maxwell 模型的本构方程为:

$$\dot{\varepsilon} = \frac{\dot{\sigma}}{E} + \frac{\sigma}{\eta}$$

作 Laplace 变换,得:

$$s\,\tilde{\varepsilon} = \frac{s}{E}\tilde{\sigma} + \frac{1}{\eta}\tilde{\sigma} = \left(\frac{s}{E} + \frac{1}{\eta}\right)\tilde{\sigma}$$

从而有:

$$\tilde{\sigma} = \frac{E\eta s}{E + \eta s}\tilde{\varepsilon}$$

同理,对于 Kelvin 模型,有:$\tilde{\sigma} = (E + \eta s)\,\tilde{\varepsilon}$。

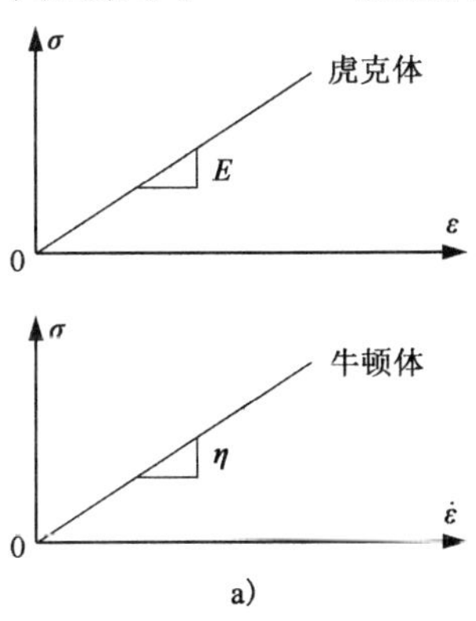

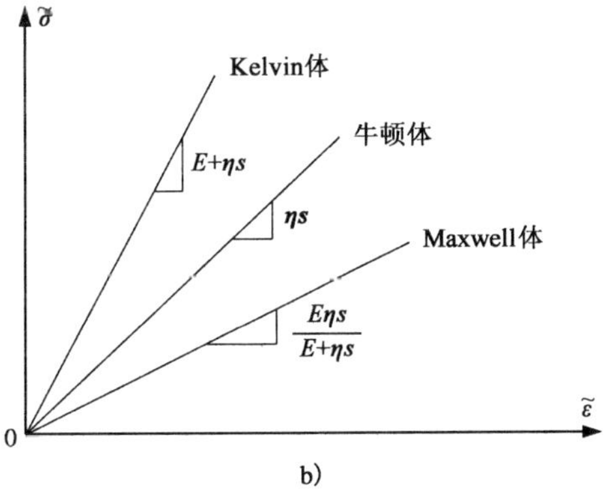

图 6.14 对应性原理的简单实例分析

可见,上两式在 $\tilde{\sigma}$-$\tilde{\varepsilon}$ 坐标系中均为过原点的直线。

事实上,根据线性黏弹性微分型本构方程的一般表达式(6.2)和式(6.3),进行 Laplace 变换后的通用表达式为:$\tilde{P}(s)\tilde{\sigma}(s)=\tilde{Q}(s)\tilde{\varepsilon}(s)$,应力应变关系都可以表示为:

$$\tilde{\sigma}(s)=\frac{\tilde{Q}(s)}{\tilde{P}(s)}\tilde{\varepsilon}(s)$$

即表示 Laplace 变换后的应力应变关系为线性关系,与线弹性具有对应性。

对于三维应力与应变状态情况,从第 2 章的应力与应变分析可知,一点的应力状态与应变状态可用张量来描述,应力张量与应变张量都可以分解为球张量和偏张量两部分。球张量反映了各向同性材料的体积改变,偏张量反映了等体积的形状畸变。应力与应变张量的分解表达式为:

$$\sigma_{ij}=\frac{1}{3}\sigma_{kk}\delta_{ij}+\alpha_{ij} \quad 和 \quad \varepsilon_{ij}=\frac{1}{3}\varepsilon_{kk}\delta_{ij}+e_{ij} \qquad (i,j=1,2,3)$$

式中:δ_{ij}——克罗内克(Kronecker)符号;

σ_{kk}、ε_{kk}——体积应力和体积应变,见第 5 章 5.3 节;

α_{ij}——应力偏量的分量,同第 2 章中的s_{ij},此处采用α_{ij}以区别 Laplace 变换的复变量 s;

e_{ij}——应变偏量的分量。

各向同性的线性黏弹性体在外力作用下的变形,也会发生体积改变和形状畸变,而且这两种情形下的黏弹性特性及效应可以分别考虑。按照黏弹性力学理论,把黏弹性的本构方程分为体积改变部分和形状畸变部分,并由本构方程的一般表达式(6.2)和式(6.3),可得这两部分的本构方程,分别为:

体积改变部分 $\qquad P^{v}\sigma_{ii}=Q^{v}\varepsilon_{ii}$

形状畸变部分 $\qquad P^{d}\alpha_{ij}=Q^{d}e_{ij}$

进行 Laplace 变换后,有:

体积改变部分 $\qquad \tilde{P}^{v}(s)\tilde{\sigma}_{ii}=\tilde{Q}^{v}(s)\tilde{\varepsilon}_{ii}$

形状畸变部分 $\tilde{P}^d(s)\,\tilde{\alpha}_{ij} = \tilde{Q}^d(s)\,\tilde{e}_{ij}$

式中：P^v、Q^v——对应于体积改变部分的材料参数，角标 v 表示 volumetric；

P^d、Q^d——对应于形状畸变部分的材料参数，角标 d 表示 distorted 和 deviational。

字母上加"～"者均为 Laplace 变换值，如$\tilde{\alpha}_{ij}$为应力偏量α_{ij}的 Laplace 变换值。

从而利用上式可以解析黏弹性体的弹性模量 $\tilde{E}(s)$、剪切模量 $\tilde{G}(s)$、体积模量 $\tilde{K}(s)$和泊松比 $\tilde{\nu}(s)$ 4 个材料常数（表 6.2），为应用对应性原理求解黏弹性边值问题提供基本力学参数。

设给定物体的体积为 V，体积界面为 B，体力为F_i，有作用于界面B_σ上的面力T_i和作用于界面B_u上的位移Δ_i，则该物体在等温和准静态（不计惯性）条件下的弹性问题或黏弹性问题的求解表达式见表 6.2。如果物体是线弹性的，则可建立表 6.2 左列诸式；如果物体是线性黏弹性的，则可通过 Laplace 变换后建立表 6.2 右列诸式。在流变学及本构定律研究中，本构方程和材料参数的对应性更为重要。

弹性和黏弹性边值问题的对应关系 表 6.2

边值条件	线弹性边值问题的表达式	线性黏弹性边值问题的变换式
1. 平衡方程	$\sigma_{ij,j} + F_i = 0$	$\tilde{\sigma}_{ij,j} + \tilde{F}_i = 0$
2. 几何方程	$\varepsilon_{ij} = \frac{1}{2}(u_{i,j} + u_{j,i}) \quad x_k \in V$	$\tilde{\varepsilon}_{ij} = \frac{1}{2}(\tilde{u}_{i,j} + \tilde{u}_{j,i}) \quad x_k \in V$
3. 本构方程	$s_{ij} = 2Ge_{ij}$ $\sigma_{ii} = 3K\varepsilon_{ii}$	$\tilde{\alpha}_{ij} = 2G\tilde{e}_{ij} = 2s\tilde{G}(s)\tilde{e}_{ij}$ $\tilde{\sigma}_{ii} = 3K\tilde{\varepsilon}_{ii} = 3s\tilde{K}(s)\tilde{\varepsilon}_{ii}$ 或 $\tilde{\alpha}_{ij} = \frac{\tilde{Q}^d}{\tilde{P}^d}\tilde{e}_{ij}$ $\tilde{\sigma}_{ii} = \frac{\tilde{Q}^v}{\tilde{P}^v}\tilde{\varepsilon}_{ii}$
4. 边界条件	$\sigma_{ij}n_j = T_i \quad x_k \in B_\sigma$ $u_i = \Delta_i \quad x_k \in B_u$	$\tilde{\sigma}_{ij}n_j = \tilde{T}_i \quad x_k \in B_\sigma$ $\tilde{u}_i = \tilde{\Delta}_i \quad x_k \in B_u$

续上表

边值条件	线弹性边值问题的表达式	线性黏弹性边值问题的变换式
5. 材料参数	$E=\frac{9GK}{3K+G}$ $G=\frac{1}{2}\frac{s_{ij}}{e_{ij}}$ $K=\frac{1}{3}\frac{\sigma_{ii}}{\varepsilon_{ii}}$ $\nu=\frac{3K-2G}{6K+2G}$	$\tilde{E}(s)=\frac{3\tilde{Q}^{v}\tilde{Q}^{d}}{2\tilde{P}^{d}\tilde{Q}^{v}+\tilde{P}^{v}\tilde{Q}^{d}}$ $\tilde{G}(s)=\frac{1}{2}\frac{\tilde{Q}^{d}}{\tilde{P}^{d}}$ $\tilde{K}(s)=\frac{1}{3}\frac{\tilde{Q}^{v}}{\tilde{P}^{v}}$ $\tilde{\nu}(s)=\frac{\tilde{P}^{d}\tilde{Q}^{v}-\tilde{P}^{v}\tilde{Q}^{d}}{2\tilde{P}^{d}\tilde{Q}^{v}+\tilde{P}^{v}\tilde{Q}^{d}}$

注意,表 6.2 所列的 4 个材料参数中,只有 2 个是独立的,它们是可以互算的。当考虑体积改变和形状畸变时,即可获得体积模量和剪切模量,即已知 K 和 G,从而依据第 5 章表 5.2 所列公式,可得:

$$G=\frac{E}{2(1+\nu)}\qquad K=\frac{E}{3(1-2\nu)}$$

解得弹性模量和泊松比分别为:

$$E=\frac{9GK}{3K+G}\qquad \nu=\frac{3K-2G}{6K+2G}$$

若将三维应力应变分析方法应用于动态黏弹性分析,则有剪切复数模量 $G^*(i\omega)=G_1+iG_2$ 和体积复数模量 $K^*(i\omega)=K_1+iK_2$,从而对应地有本构方程:

$$s_{ij}^*=2G^*(i\omega)e_{ij}^*=2(G_1+iG_2)e_{ij}^*$$

$$\sigma_{ii}^*=3K^*(i\omega)\varepsilon_{ii}^*=3(K_1+iK_2)\varepsilon_{ii}^*$$

显然,线性黏弹性边值问题的解析方程经 Laplace 变换后,形式上与线弹性问题完全相同,它描述了材料常数为 $s\tilde{G}$ 和 $s\tilde{K}$ 的物体、界面 B_σ 处受面力 $\tilde{T}_i$ 和界面 B_u 上有位移 $\tilde{\Delta}_i$、体力为 $\tilde{F}_i$ 的线弹性问题。这种黏弹性问题经 Laplace 变换后与相应弹性问题有相同表达式的解析方法,称为黏弹性和弹性的**对应性原理**。如果能够得到某个弹性问题的解,即求得了含有变换参数 s 的应力 $\tilde{\sigma}_{ij}(x_k,s)$ 和位移 $\tilde{u}_i(x_k,s)$,再通过 Laplace 逆变换便可得到原黏弹性问题的应力 $\sigma_{ij}(x_k,t)$ 和位移 $u_i(x_k,t)$。

[**例 6.5**] 设有一 Kelvin 体悬臂梁(图 6.15),长度为 L,截面惯性矩为

I,端头作用有集中力 P,则线弹性问题的挠度方程为:

$$v=\frac{Px^2}{6EI}(3L-x)$$

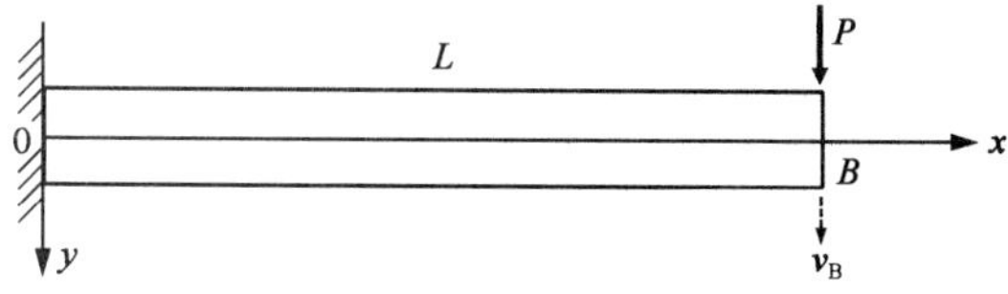

图6.15　黏弹性悬臂梁的挠度分析示例

根据对应性原理,可用表6.2右列中的 $\tilde{E}(s)$ 替换 E,或简单地用 $s\tilde{E}$ 替换 E,则 Kelvin 黏弹性悬臂梁对应的“弹性梁”的挠度方程为:

$$\tilde{v}=\frac{\tilde{P}(s)x^2}{6Is\tilde{E}(s)}(3L-x)$$

由于荷载是突然施加的,且为恒定值,即 $P(t)=H(t)P$,则有 $\tilde{P}(s)=P/s$,同时将 $\tilde{J}(s)\tilde{E}(s)=1/s^2$ 代入上式,得:

$$\tilde{v}=\frac{Px^2}{6Is^2\tilde{E}(s)}(3L-x)=\frac{Px^2}{6I}(3L-x)\tilde{J}(s)$$

Laplace 逆变换后,得:

$$v=\frac{Px^2}{6I}(3L-x)J(t)$$

由于是 Kelvin 体,徐变函数为:

$$J(t)=\frac{1}{E}\left(1-\mathrm{e}^{-\frac{E}{\eta}t}\right)$$

代入挠度方程,即有:

$$v=\frac{Px^2}{6EI}(3L-x)\left(1-e^{-\frac{E}{\eta}t}\right)$$

显然,在悬臂梁的端头 B 点处,即当 $x-L$ 时,悬臂梁有最大挠度值:

$$v_B=\frac{PL^3}{3EI}\left(1-\mathrm{e}^{-\frac{E}{\eta}t}\right)$$

由此可见,黏弹性梁在恒定荷载作用下,梁体内任意一点的竖向位移(挠度)是时间的函数,是线弹性位移和黏弹性徐变的耦合。在突加荷载作用下,黏弹性梁是否具有初始突变位移,取决于黏弹性模型的类型,亦即取决于徐变函数 $J(t)$。例如,若悬臂梁为 Maxwell 体,则在突加荷载作用下,必然具有瞬时弹性挠度,然后才是 Maxwell 体的徐变挠度,也是二者的耦合;若为 kelvin 体,则初始弹性挠度为零。

复习思考题

1. 绘图说明黏弹性的基本试验特性。

2. 分析解释应变徐变及恢复、应力松弛及消除。

3. 试应用一般解析法、Laplace 变换法和微分算子法写出 Maxwell 和 Kelvin 模型的徐变函数和松弛函数。

4. 解析说明线性黏弹性本构方程的微分形式和积分形式。

5. 利用微分型本构方程,推导徐变函数与松弛函数的一般表达式。

6. 说明线性黏弹性的基本特性(定义、叠加原理、遗传积分、服从的原理)。

7. 黏弹性分析时,为什么要考虑静态和动态两种情况?

8. 黏弹性为什么会有时间滞后特性?相位角差为什么会在 $0 \sim \pi/2$ 之间?

9. 试写出复数模量及柔量的分析定义式。

10. 何为黏弹性函数?试写出它们之间的相互关系式。

11. 用简单的黏弹性模型解释时温等效特性,并说明时温等效移位因子 α_T 的分析计算式。

12. 以本构方程和材料参数说明黏弹性与弹性的对应性原理。

本章参考文献

[1] 杨挺青. 粘弹性力学[M]. 武汉:华中理工大学出版社,1990.

[2] 张肖宁. 沥青与沥青混合料的粘弹力学原理及应用[M]. 北京:人民交通出版社,2006.

[3] 刘雄. 岩石流变学概论[M]. 北京:地质出版社,1994.

[4] 张登良. 沥青路面[M]. 北京:人民交通出版社,1998.

[5] MASE G E. Theory and problems of continuum mechanics[M]. New York: McGraw-Hill Book Company,1970.

[6] LEMAITRE J, CHABOCHE J L. Mécaniques des matériaux solides [M]. Paris: Dunod,1985.

[7] SALENCON J. Viscoélasticité [M]. Paris: Presse de l'Ecole Nationale des Ponts et Chaussées,1983.

[8] MANDEL J. Propriétés mécaniques des matériaux[M]. Paris: Eyrolles,1978.

[9] PERSOZ B. Introduction à l'étude de la rhéologie[M]. Paris: Dunod,1960.

第7章　水泥类材料的流变特性

以水泥为凝结料的材料,统称为水泥类材料。水泥类材料一般为混合料,由水泥和砂、碎石等混合而成,形成水泥混合料。水泥是一种水硬性材料,遇水发生水化反应,在水泥混合料中起凝结作用。公路工程中,水泥类材料主要有水泥稳定碎石混合料和水泥混凝土两种,水泥稳定碎石混合料简称水稳碎石,通常用于路面基层的铺筑,水泥混凝土简称混凝土,用于路面水泥板和其他构造物的修筑。本章主要介绍道路水泥的基本属性、新拌水泥混凝土的搅拌流动性、水泥混凝土和水泥稳定碎石混合料的基本力学性质,以期应用流变学原理,通过简单试验方法,分析新拌水泥混凝土所服从的搅拌流动模型,认识水泥混凝土和水泥稳定碎石混合料虽然都属于弹塑性体,但所服从的流变模型或本构特性不同。

§7.1　道路水泥类材料概述

水泥类材料(或水泥混合料)和沥青混合料、石灰类材料一样,都是重要的路面材料,但它们的结构组成特性和强度构成机理却截然不同。沥青混合料以沥青为胶结料,具有黏滞性,对温度十分敏感;水泥混合料以水泥为凝结料,具有水硬性,凝结前发生水化反应。水泥类材料的强度形成在本质上是通过水泥的水化反应而形成的,少量是在空气中硬化形成的;石灰类材料则需要接触空气中的二氧化碳,通过钙的碳酸化反应形成强度。因此,水泥也称为水硬性凝结料,其混合料称为水硬性材料,养生时需要十分强调养生湿度;石灰类材料为气硬性材料,养生时需要充分接触空气。

7.1.1　水泥

水泥主要由石灰石和黏土组成,经磨细和煅烧工艺制备生产的一种水

硬性凝结材料。水泥是由英国人发明的:1756 年,史密顿(John Smeaton)在建造航海灯塔的过程中,发现含有黏土的石灰石,经煅烧处理后,加水制成的砂浆能慢慢硬化,启蒙了水泥制造的知识;在 1796—1822 年间,经历了“罗马水泥”(Roman Cement)到“英国水泥”(British Cement)的研制历程,建立了近代水泥制造的雏形;直至 1824 年,英格兰泥水匠阿斯普丁(Joseph Aspdin)获得了“波特兰水泥”(Portland Cement)专利证书,从而一举成为流芳百世的水泥发明人,并兴办工厂,工业化生产,极大地推进了水泥的工程应用。

水泥的种类及名称有多种,但基本上都是按照其主要水硬性物质名称和用途及性能来划分,具体流程如图 7.1 所示。水泥按其主要水硬性物质名称

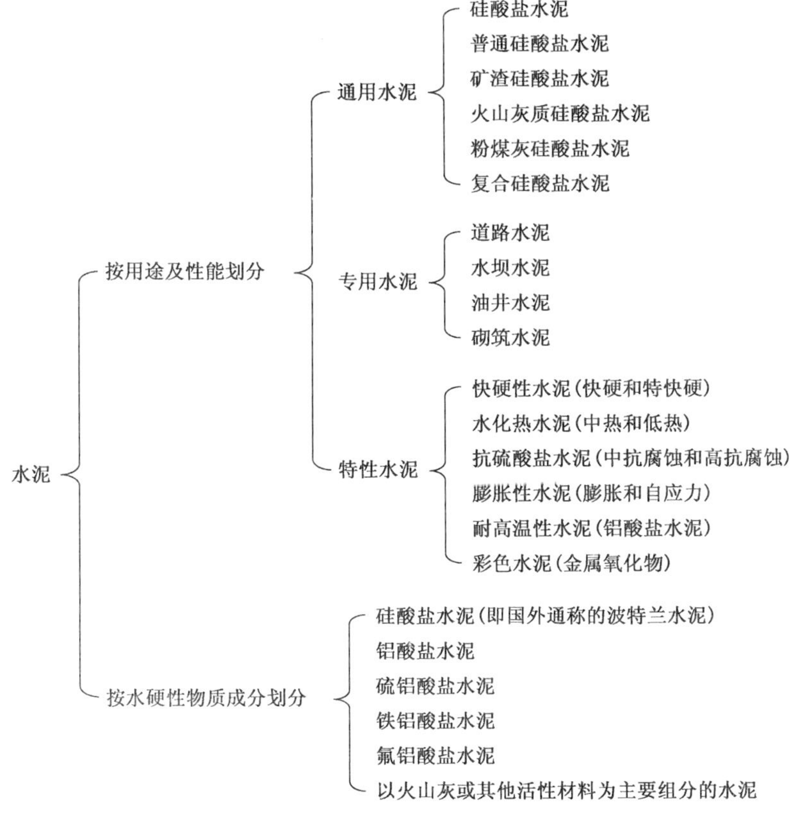

图 7.1 水泥按用途及性能和水硬性物质名称的种类划分

分为：①硅酸盐水泥，即国外通称的波特兰水泥；②铝酸盐水泥；③硫铝酸盐水泥；④铁铝酸盐水泥；⑤氟铝酸盐水泥；⑥以火山灰或潜在水硬性材料及其他活性材料为主要组分的水泥。

水泥按用途及性能分为：①通用水泥，为一般土木建筑工程通常采用的水泥，主要是指硅酸盐水泥、普通硅酸盐水泥、矿渣硅酸盐水泥、火山灰质硅酸盐水泥、粉煤灰硅酸盐水泥和复合硅酸盐水泥；②专用水泥，为具有专门用途的水泥，如G级油井水泥、道路硅酸盐水泥等；③特性水泥，为某种性能比较突出的水泥，如快硬硅酸盐水泥、低热矿渣硅酸盐水泥、膨胀硫铝酸盐水泥等。其中，特性水泥主要指其技术性能具有某种特殊性，具体有：①快硬性水泥，分为快硬和特快硬两类；②水化热水泥，分为中热和低热两类；③抗硫酸盐性水泥，分中抗硫酸盐腐蚀和高抗硫酸盐腐蚀两类；④膨胀性水泥，分为膨胀和自应力两类；⑤耐高温性水泥，主要是铝酸盐水泥，耐高温性以水泥中氧化铝含量分级；⑥彩色水泥（金属氧化物）。

水泥在实际应用中，必须符合一定的技术性能。由于水泥的组成成分中含有多种活性矿物质，从加水拌和到水化、硬化的过程中，水泥会发生较为复杂的化学反应和物理变化，使得水泥浆或膨胀开裂或体积和强度发生变化，从而影响到水泥的工程应用。因此，为了保证水泥类材料的施工作业适应性和水泥构造物的强度稳定性，从化学性能和物理性能两个方面，对水泥的技术性能加以限制和确定其合理取值（表7.1），并提出了水泥标号的分级概念（表7.2）。

水泥的基本技术性能　　表7.1

化学性能（限制含量）	• 氧化镁：游离氧化镁减缓水泥的硬化速率，产生体积膨胀，导致水泥石破坏，安定性不良； • 三氧化二硫：会引起水泥石体积膨胀，安定性不良，导致结构物破坏； • 烧失量：水泥煅烧不佳或受潮后，会导致烧失量增加，影响水泥性能的稳定性； • 不溶物：水泥在盐酸中溶解保留下来的不溶性残留物，会影响水泥的活性； • 碱：水泥中的碱与集料活性物发生化学反应，使混凝土产生膨胀、开裂

续上表

物理性能（合理取值）	• 细度：水泥颗粒越细，水化速率越快，早期强度越高，硬化后的收缩变形大，水泥石易发生裂缝； • 水泥净浆标准稠度：制作水泥净浆，测定标准稠度用水量，用以标定水泥的凝结时间和体积安定性。水泥越细，标准稠度用水量越大； • 凝结时间：以标准稠度用水量制作的水泥净浆，测试从加水开始到失去塑性流动所需的时间，分为初凝时间和终凝时间，直接影响着水泥混凝土的施工和易性、作业时间和强度形成时间； • 体积安定性：以标准稠度用水量制作的水泥净浆试件，测试一定温度下和时间后的变形程度，用以反映水泥浆在凝结硬化过程中体积膨胀的变化量和均匀性，不安定水泥会使构造物膨胀开裂； • 强度：以0.5水灰比、水泥：标准砂＝1∶3配制水泥砂浆，制作成40mm×40mm×160mm的标准试件，标准养生，测试规定龄期（3d、28d）的抗压和抗折强度，用以确定水泥的标号

硅酸盐水泥的强度等级及标号　　表7.2

强度等级	水泥标号	抗压强度（MPa），不低于		抗折强度（MPa），不低于	
		3d	28d	3d	28d
42.5	42.5	17.0	42.5	3.5	6.5
	42.5R	22.0		4.0	
52.5	52.5	23.0	52.5	4.0	7.0
	52.5R	27.0		5.0	
62.5	62.5	28.0	62.5	5.0	8.0
	62.5R	32.0		5.5	

注：水泥标号分为普通型和早强型2个型号，R表示早强型。

水泥生产在煅烧熟料和添加矿化剂时，会产生一些有害的化学成分，如氧化镁、三氧化硫、碱等，需要控制其含量，保证水泥的化学性能，从而保证水泥质量。有害化学成分的存在，会使水泥的活性降低、硬化速率减缓、体积产生膨胀（安定性不良）、水泥石结构遭受破坏，最终导致水泥构造物发生膨胀开裂乃至破坏。

水泥成品由于其物理形态（如细度）和有效化学成分的不同，加水拌制后会表现出不同的凝结时间、不同的体积变化率和不同的力学强度，在生产过程中需要合理控制，以保证水泥的物理性能。水泥的物理性能评价指标主要有细度、凝结时间、体积安定性、强度等，其中，强度又是水泥标号的划分依据,将硅酸盐水泥划分为3个强度等级6个标号(表7.2),以规范水泥的生产与应用。

7.1.2 水泥混凝土

水泥混凝土是由水泥、水、粗集料、细集料按一定比例进行拌和,经成型、养生后得到的一种人造石质材料,简称混凝土。混凝土广泛应用于土木建筑的各行各业,已是工程用量最大的建筑材料之一。

为了保证水泥混凝土具有良好的使用品质,对其生产与应用提出了一些技术要求,这些技术要求即为技术性能,主要包括3个方面:①生产过程中的和易性;②硬化后作为材料的力学性能;③使用过程中的耐久性,详见表7.3,其中:立方体试件的标准抗压强度用来划分混凝土的强度等级,或称混凝土标号,如划分为C7.5、C10、C15……C55、C60共12个等级标号。举例:C30表示混凝土的标准抗压强度不小于30MPa,其余标号类推。而在我国水泥路面设计中,混凝土的强度控制指标为抗弯拉强度,根据交通荷载等级(极重、特重、重、中、轻)的不同,普通混凝土的抗弯拉强度取值为4.0~5.0MPa,大致对应于通常采用的C30、C40和C50水泥混凝土。

水泥混凝土的基本技术性能　　表7.3

和易性	• 坍落度:撤除圆锥筒后新拌混凝土的坍落程度,由美国查普曼(Chapman)提出,坍落度越大表示混凝土拌和料的流动性越大,和易性越好; • 维勃稠度:振动混凝土泥浆布满测试圆盘所需的时间,由瑞典皮纳(V. Bahrner)提出,取名为VB稠度。维勃稠度越大表示混凝土拌和料的流动性越小,和易性越差
力学性能	• 立方体抗压强度f_{cu}:150mm×150mm×150mm的立方体试件,28d龄期的抗压强度,由此标定水泥混凝土的标号; • 长方体轴心抗压强度f_{cp}:150mm×150mm×300mm的长方体试件,28d龄期的轴心抗压强度,$f_{cp}=(0.7\sim0.8)f_{cu}$; • 抗弯拉强度(抗折强度)$f_{cf}$:150mm×150mm×550mm的梁式试件,28d龄期的三分点加载抗弯拉强度,$f_{cf}=(0.05\sim0.1)f_{cu}$; • 劈裂抗拉强度$f_{ts}$:150mm×150mm×150mm的立方体试件,28d龄期的劈裂抗拉强度,$f_{ts}\approx0.9f_{cp}$; • 弹性模量、温度变形和干缩变形

续上表

耐久性	• 抗冻性:冻融循环标准试件的强度比和质量比; • 抗渗性:混凝土不渗水的最大水压力; • 耐磨性:单位面积上的磨耗质量损失量; • 碱-集料反应:集料的碱活性检验

在土木建筑中,水泥混凝土构造物的结构形式往往是墩台、梁柱、薄板等,在进行结构设计计算时,认为混凝土是线弹性体,亦即服从虎克定律。长期的、大量的试验分析和工程应用已经证明了这种性质的有效性,但混凝土必然存在一个屈服极限,故为线性弹塑性体,只是塑性极限的取值大小,需要考虑一个可靠度问题。另外,如何通过试验分析混凝土的非黏性、线弹性及塑性,如何利用流变模型理论来模拟分析混凝土的线性弹塑性性质,也是流变学课程需要面对的课题之一,具体内容详见本章7.3节。

7.1.3 水泥稳定碎石混合料

水泥稳定碎石混合料简称水稳碎石,是一种稳定类材料(混合料)。在道路工程中,以无机结合料为胶结料或凝结料拌制土或粒料而形成的混合料称为稳定类材料,从而使较为松散的土或粒料形成整体性更好、强度更高的材料,是对土或粒料的稳定(stabilized,treated),亦即用无机结合料处理过的材料。常用的无机结合料有水泥、石灰、粉煤灰、矿渣等,常用的粒料一般为碎石混合料。稳定类材料通常用来铺筑路面结构的基层和底基层,所以水泥稳定碎石混合料有时也称为水稳碎石基层。

水泥稳定碎石混合料就是水泥和碎石混合料按一定比例和含水率拌制而成的混合料。在路面工程中,一般取碎石的最大粒径为31.5mm,水泥剂量为3%~6%;碎石混合料由粗集料、细集料、砂和细粉按一定比例配合而成,从而形成具有一定级配的集料,进而形成水泥稳定集料。由于碎石集料的级配组成不同,粒径大小不同的碎石颗粒在混合料中的分布状态也不同,据此结构形态,水泥稳定碎石混合料分为骨架密实型、骨架空隙型、悬浮密实型和均匀密实型4种结构类型,其中:骨架密实型和悬浮密实型是两种最为常用的结构类型。以水稳碎石为基层的半刚性基层沥青路面,目前仍然为路面结构的主要形式。

水泥稳定碎石混合料应用于路面设计时,需要回答2个基本问题:材料的力学性质问题和材料的破坏强度问题。水稳碎石的强度一般以7d龄期的无侧限抗压强度和抗弯拉强度为标准,据交通荷载等级(极重、特重、重、中、轻)和结构层位(基层、底基层)的不同,以抗压强度为设计控制指标,取值1.5~4.5MPa,而抗弯拉强度为设计验算指标。一般来讲,强度越高,水稳碎石越容易产生干缩和温缩裂缝,所以对抗压强度的大小规定了限值。关于水泥稳定碎石的力学性质问题,目前普遍采用的是线弹性模型假设,但仅仅是个假设而已,仍缺乏具体的试验验证和本构特性分析,本章即要介绍这方面的研究成果,认为水泥稳定碎石混合料是具有应力强化的弹塑性材料,详见本章7.4节。

§7.2 新拌水泥混凝土的流动特性

在水泥混凝土材料学中,新拌水泥混凝土是指处于混合搅拌阶段、尚未凝结硬化的水泥混凝土。新拌水泥混凝土的流动特性描述的是混凝土在搅拌生产过程中的流动状态和流变性质,通过流变模型从本质上揭示其搅拌流动特性。在工程技术应用中,拌和流动特性直接关联着混凝土的拌和和易性,或称工作性(英文Workability的直译)。影响和易性的主要因素有:水泥的品质与细度、集料的物化性质、水灰比、用水量、砂率(体积浓度)、外加剂、拌和时间、作业环境的温度与风速等。

关于新拌混凝土和易性的评价,目前采用的是坍落度法和维勃稠度法,仅为工程实用技术方法,而没有从流变学原理上反映其本质特性。但中外学者长期以来对水泥砂浆和新拌混凝土的流变特性多有研究,如黄大能在1983年出版了专著《新拌混凝土的结构和流变特性》、田波等在近年来也开展了新拌混凝土的变速搅拌扭矩测试工作,取得了丰硕成果。此处结合这些现有研究成果,利用流变学模型理论,分析讨论新拌水泥混凝土的搅拌流动特性及所服从的流变模型,从而解释其和易性的力学原理。

在分析新拌混凝土的流动特性之前,首先简要认识一下水泥砂浆的流动特性。水泥砂浆是由水泥、水、粒径小于2mm的细砂拌制而成的一种浆体。

有学者利用转子式黏度仪（第 3 章 3.4 节），试验研究了水泥砂浆的流动特性。由于浆体中含有砂砾，所以盛样筒和转子的间隙、转子的几何尺寸需要稍微大一些，如间隙 2 ~ 4mm、转子半径 10 ~ 20mm、高度 60 ~ 80mm。对于水灰比 $w/c = 0.5$、砂灰比 $s/c = 2.5$ 的水泥砂浆，在 20℃下设定不同的转速，进行了旋转剪切流变试验，发现剪切应力（τ）与剪切速率（D）具有很好的线性正相关关系，且为正截距，表明在流变图 τ-D 中，浆体的搅拌流动特性服从宾汉定律，流动态水泥砂浆为线性黏塑性体，如图 7.2 所示。宾汉体（Bingham body）的流动方程为：

$$\tau = f_{\mathrm{B}} + \eta_{\mathrm{B}} D \tag{7.1}$$

式中：η_B——宾汉（塑性）黏度；

f_{B}——宾汉屈服极限或塑性极限。

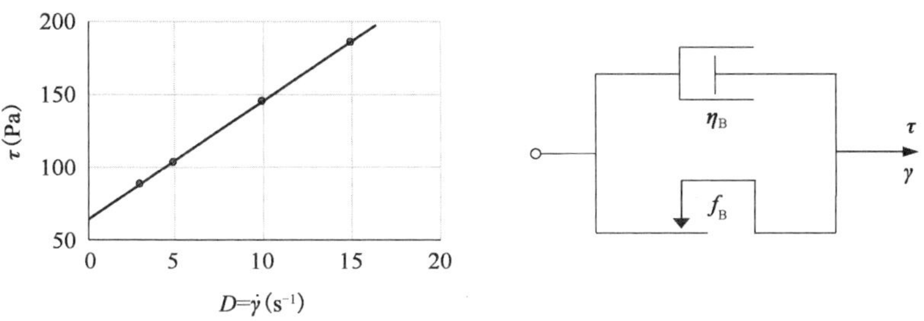

图 7.2　水泥砂浆的搅拌流动性与宾汉流变模型

利用宾汉流动方程，对试验结果进行数值模拟，得到 $f_{\mathrm{B}} = 65\mathrm{Pa}$，$\eta_{\mathrm{B}} = 8\mathrm{Pa \cdot s}$。但由于水泥的水化作用，水泥砂浆会随时间逐渐硬化，从而使得其宾汉屈服极限和宾汉（塑性）黏度也会随水化时间而渐渐增大，试验结果见图 7.3。可见，流动态水泥砂浆的力学性质服从线性黏塑性的宾汉模型，其塑性极限 f_{B} 和塑性黏度 η_{B} 随水化时间会渐渐增大。

新拌水泥混凝土也具有同水泥砂浆一样的搅拌流动性质，在搅拌过程中是线性黏塑性流体，服从宾汉定律，故而新拌混凝土也是一种宾汉体，这样的流变特性已被大量的试验研究所证明。新拌混凝土流变模型的建立，一方面在理论上回答了搅拌流动的力学性质问题，另一方面在生产上可以用来评价搅拌作业的难易程度，即通常所说的和易性问题，前一个问题是后一个问题的理论依据，后一个问题是前一个问题的实际应用。因此，利用宾汉流动方程，可以从力学原理上认识到：新拌混凝土的和易性与塑性极限f_B和塑性黏度η_B相关，两个流变参数共同决定了新拌混凝土的和易性；塑性极限f_B主要反映了搅拌的摩阻力，塑性黏度η_B主要反映了搅拌的黏滞性，二者的数值越大，和易性越差。当然，和易性越差的水泥混凝土越难以搅拌，不利于施工作业操作，不利于保证工程质量。但应注意，在实际应用中，水泥混凝土的和易性需要与其强度和耐久性相匹配，而不是一味地提高和易性。

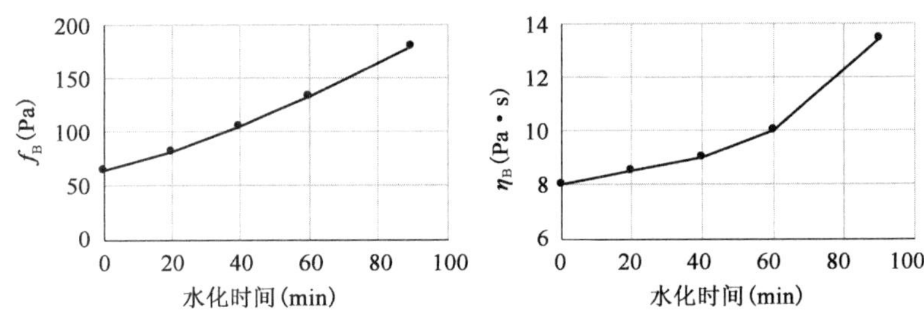

图 7.3　水泥砂浆的f_B值和η_B值随水化时间的变化

为了研究新拌水泥混凝土的流动性，最简单的方法就是按照第 3 章 3.1 节的介绍，建立流变图：横坐标为搅拌速率，纵坐标为搅拌剪切应力、搅拌力（扭矩）或搅拌功率（能量）等，进而分析搅拌流动特性及流变模型。相关研究成果已有很多，此处仅以王超、田波等的试验研究为例，介绍新拌混凝土的变速搅拌扭矩测试结果及分析流动特性。

（1）变速搅拌试验装置

试验时采用改造过的卧式双轴混凝土搅拌机，主要是加装扭矩、转速传感器。搅拌机由三大部分组成：动力系统（电动机、减速器、电控箱等）、搅拌系统（搅拌缸、搅拌叶片等）、测试系统（转速传感器、扭矩传感器、在线数据采集）。搅拌缸的有效直径为 630mm，与混凝土中碎石的最大粒径（31.5mm）比约为 20∶1，远大于固体力学试验中试件最小尺寸与材料最大粒径比4∶1 ~6∶1的要求，可以认为新拌混凝土是匀质的。

（2）变速搅拌试验方案

一切黏性物质的力学特性必然与激励速率有关，因此，为了考察新拌混凝土的搅拌流动特性,绘制流变图,试验变化了9个不同的搅拌速率:$12r \cdot min^{-1}$、$18r \cdot min^{-1}$……$54r \cdot min^{-1}$、$60r \cdot min^{-1}$(数值等差为6),测试了对应的扭矩;用普通42.5水泥、细度模数为2.67的砂和石灰岩碎石配制了5种不同配合比的普通水泥混凝土(表7.4),进行变速搅拌试验,考察不同水灰比和集料粗细程度对搅拌流动性的影响。

试验用5种新拌水泥混凝土的配合比(单位:$kg \cdot m^{-3}$) 表7.4

种类	水泥	水	砂	碎石(mm)			减水剂	引气剂
				4.75~9.5	9.5~19	19~31.5		
配合比1	360	247	814.5	198.1	495.3	297.5	0	0
配合比2	360	247	814.5	198.1	792.5	0	0	0
配合比3	360	247	814.5	990.6	0	0	0	0
配合比4	370	146.15	716	233.5	584	350	4.07	0.13
配合比5	431	168	800	427.7	794.3	0	3.35	0

(3)变速搅拌试验结果

对上述5种不同配合比的新拌混凝土进行变速搅拌试验,设定搅拌转速,记录搅拌扭矩的测试结果,即可绘制"搅拌扭矩-搅拌转速"流变图,如图7.4所示。由此发现,新拌混凝土的搅拌扭矩(M)与搅拌转速(n)之间具有良好的线性相关性,且为正截距正相关,可用下式表示(图7.5):

$$M = F + \lambda n \tag{7.2}$$

式中:M——搅拌扭矩;

F——直线的截距,$F>0$;

λ——直线的斜率,$\lambda>0$;

n——搅拌转速。

由图7.4可知,对于相同水灰比和砂灰比的混凝土(配合比1、配合比2、配合比3),其流变图直线基本上相互平行,表明混凝土具有相同的塑性黏度;随着大粒径碎石含量的减少,直线的截距有所增大,反映了塑性极限的增大。另外,当水灰比和砂灰比有较大变化或有减水剂或引气剂的介入时,新拌混凝土的塑性极限和塑性黏度也会发生明显变化,如砂灰比越大,塑性极限和塑性黏度越小,总体表现为和易性越好。混凝土搅拌的难易程度,直观感觉就是在一定条件下搅拌所耗费的功或扭矩的大小。

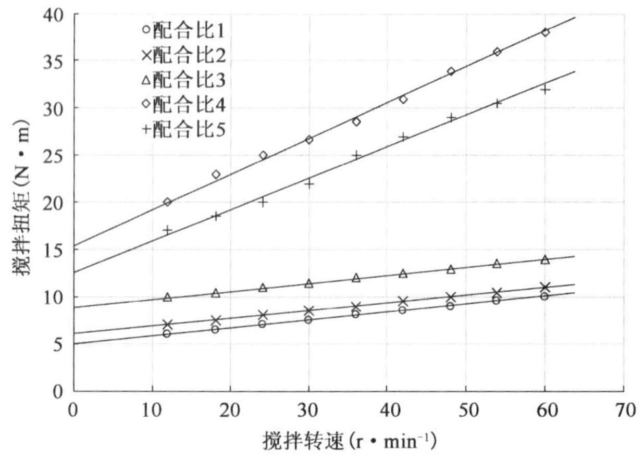

图7.4　新拌水泥混凝土的搅拌试验流变图

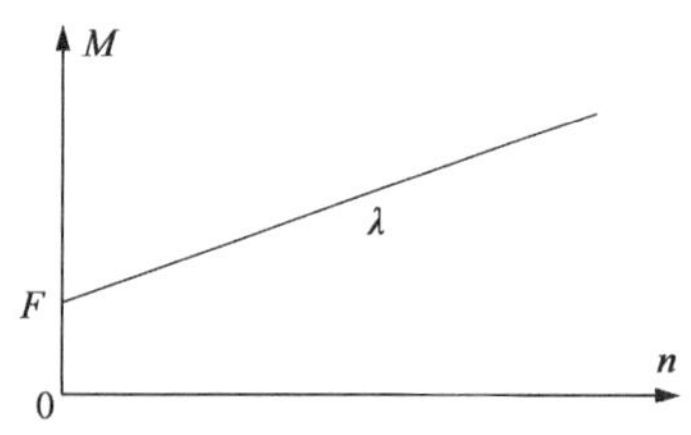

图7.5　新拌混凝土流动特性的模拟分析

(4)新拌混凝土的流变模型

在流变学中,习惯上把剪切应力 τ 和剪切应变速率 D 的坐标图定义为流变图,即 τ-D 图。显然,从物理意义上来讲,剪切应力和搅拌扭矩、剪切应变速率和搅拌转速具有对应关系,所描述的流变特性也具有一致性,只是定量取值存在差别而已。新拌混凝土的流变图(M-n 图)如图7.5所示,搅拌扭矩和搅拌转速为不过坐标原点的直线,其流变特性为典型的线性黏塑性特性,最简单的分析模型便是宾汉模型,由1个黏壶和1个滑块并联组成(图7.2),本构方程见式(7.1)。

对照分析式(7.1)和式(7.2)的物理意义,发现二者具有完全一致的对应性,说明新拌水泥混凝土的流变特性服从宾汉黏塑性模型,模型的直线斜率表示新拌混凝土的搅拌黏度,截距表示搅拌的原始塑性屈服。由于此时式(7.2)中的参数和变量仍然为物理量,不具有完全意义上的力学量纲,所以定义参数:F 为拌和塑性极限(以扭矩功来表征),λ 为拌和黏度,并称 F 和 λ 为拌和流动参数。

总而言之，新拌水泥混凝土的流动性服从最简单的线性黏塑性流变模型——宾汉模型（图7.2），其本构方程及对应参数见表7.5。

新拌混凝土服从宾汉黏塑性流动的本构方程及对应参数　　表7.5

流变模型类别	Bingham 流变模型	新拌混凝土的流变模型
本构方程	$\tau = f_B + \eta_B D$	$M = F + \lambda n$
模型变量	τ——剪切应力（MPa）； D——剪切应变速率（s^{-1}）	M——搅拌扭矩（N·m）； n——搅拌转速（$r \cdot min^{-1}$）
模型参数	f_B——原始内在塑限（MPa）； η_B——动力黏度（$MPa \cdot s^{-1}$）	F——拌和塑限（N·m）； λ——拌和黏度（$J \cdot min \cdot r^{-1}$）

至此，作为道路材料流变学研究工作者，还需要对比和联想的是：既然道路水泥混凝土和沥青混合料都需要进行搅拌或拌和，水泥混凝土的搅拌流动性服从宾汉黏塑性流变模型，那么沥青混合料的拌和流动性又是怎样呢？结论是沥青混合料的拌和也服从宾汉模型（第8章8.3节）。但二者是有区别的，水泥是一种凝结材料，主要特性是水硬性，影响水泥浆黏度的关键因素是水化作用；而沥青是一种胶结材料，主要特性是黏滞性，影响沥青浆黏度的关键因素是沥青种类与拌和温度。至于搅拌或拌和的塑性极限问题，这两种混合材料在机理上应该是大同小异。

§7.3　水泥混凝土的力学性质

水泥混凝土发展至今，已是一种家喻户晓的人工建筑材料，广泛应用于土木工程的各行各业（道路、铁路、房建、水利、码头等）。在工程应用中，水泥混凝土浇筑成墩台、梁、板、柱等结构形式的构件，以发挥其作用。在结构设计与计算中，水泥混凝土普遍假设为线弹性体，事实证明也是正确的，构件的弹性分析与计算也是科学的。水泥混凝土的这种力学性质，用流变学原理来描述便是：水泥混凝土是线性弹塑性的，服从圣维南模型（Saint-Venant Model），即当荷载应力小于屈服应力时，水泥混凝土处于线弹性工作状态。但在材料流变学研究方面，认识水泥混凝土的力学性质时，需要明确三个重要问题:①如何证明弹性及其范围;②为什么黏性可以忽略;③弹性模量如何取值。只有通过力学试验分析才能解答这些问题。事实上,认识任何材料力学性质的唯一途径就是力学试验,该方法论也是流变学研究的一个主要手段,是为实验流变学。下面以简单压缩试验为例,介绍如何通过试验来分析水泥混凝土的力学特性,并对服役若干年后的旧混凝土加以简要介绍。

7.3.1 试件制作

以某一级公路水泥混凝土路面板的实际情况为参照,试验研究配制水泥混凝土试样,目标标号为C30。试件制备采用32.5普通硅酸盐水泥、细度模数为2.5的中砂和粗集料粒径为3~30mm的石灰岩碎石,水灰比为0.43;预制150mm×150mm×150mm的标准立方体试块,标准养生28d后,沿预制块振捣面的侧向钻取Φ100mm×150mm的圆柱体试件(图7.6)。选择振捣面的侧向钻取试样,充分利用试块钢模的侧向刚性约束条件,可优化试件2个顶面的平整度并确保其相互平行。试件在实验室自然静置3个月以上,然后进行压缩试验。较长时间的自然干燥过程,可以认为试件的含水状况基本一致。

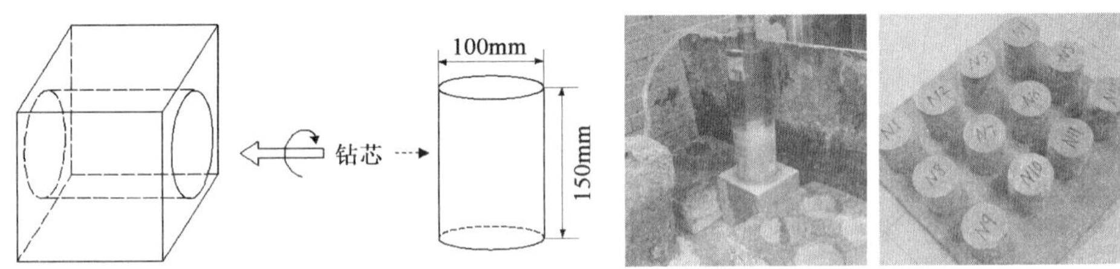

图7.6 水泥混凝土试块成型及其圆柱体试件的钻取

7.3.2 简单压缩试验

简单压缩试验的基本原理就是对圆柱体试件(Φ100mm×150mm)两头施加压力,实现压力和位移测试。试验采用精密型微机控制电子万能试验机,试验机的最大量程为300kN,位移速率可调范围为0.005~250 mm·min^{-1}。为了精确量测试件的轴向变形,试验时在试件中部安置了位移引伸计,标距为100mm,精度为10^{-3}mm。通过电脑软件控制,设定加载方式程序,即可实

施自动操作控制和记录试验数据,如图 7.7 所示。

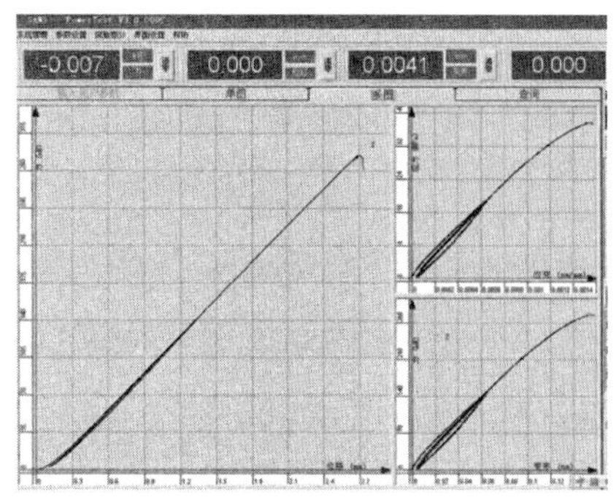

图 7.7 试件与引伸计及试验实况截图

压缩试验采用控制位移法,施加预压力 0.05kN;试件顶面铺以细砂,以减小界面约束。为了考察混凝土的黏性,试验采用简单加载方式,变化了 5 个不同的加载速率($v=0.1\mathrm{mm}\cdot\mathrm{min}^{-1}$、$0.2\mathrm{mm}\cdot\mathrm{min}^{-1}$、$0.3\mathrm{mm}\cdot\mathrm{min}^{-1}$、$0.4\mathrm{mm}\cdot\mathrm{min}^{-1}$、$0.5\mathrm{mm}\cdot\mathrm{min}^{-1}$);为了考察混凝土的弹性,试验采用重复加载卸载方式。对此,试验研究设定了 2 种加载路径:①简单加载至破坏,也即一次性加载至破坏;②重复加载、卸载 5 次后至破坏。试验时,首先进行简单加载,可以获取水泥混凝土试件在一次性加载至破坏时的压力平均值 F_{max},然后进行重复加卸载,取 $F_{max}\cdot 2/3$ 为重复加、卸载的峰值,如图 7.8 所示。试验时的环境温度为 18 ~ 20 ℃。

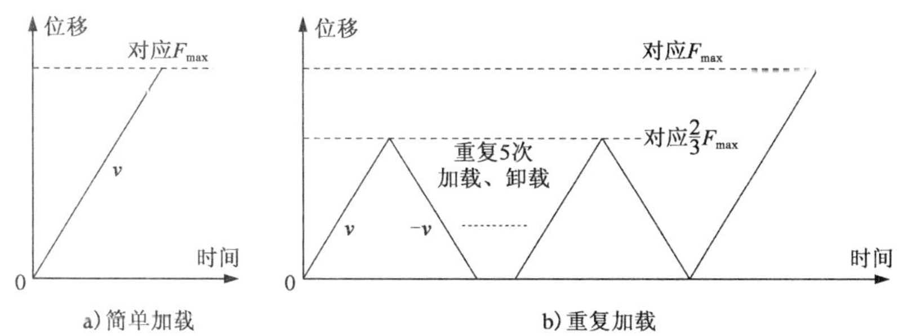

图 7.8 压缩试验所采用的两种加载路径

试验过程中,在任意时刻 t 时,数据采集系统能够自动采集压力机施加给试件的压力(F)和压头的位移(L)、引伸计的位移量(ΔL),此时计算试件

的压应力(σ)和轴向应变(ε)为:

$$\sigma = \frac{F}{A_0}$$

$$\varepsilon = \frac{\Delta L}{L_0}$$

式中:F——试件所受的压力(N);

A_0——试件的受压面积(mm^2);

ΔL——引伸计的位移量(mm);

L_0——引伸计的测量标距(100mm);

σ——压应力(MPa);

ε——轴向应变(%)。

通过数据处理软件,计算各组数据对应的 σ、ε 值,即可绘制试验结果的 σ-ε 曲线图。对于简单加载和重复加载两种加载方式,水泥混凝土典型的应力应变曲线如图 7.9 所示。

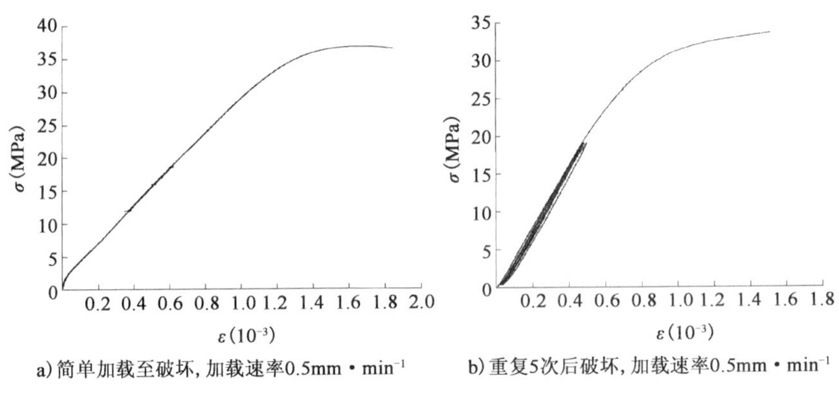

图 7.9　水泥混凝的土应力应变曲线

7.3.3　混凝土的非黏性

一般来讲,考察物质的黏性需要借助于试验结果,通过分析其本构特性,加以认识。目前,关于物质黏性特征的描述,主要有以下 3 点论述,或者说具备以下 3 个条件之一者,即为黏性物质:

(1)对加载速率具有依赖性,为牛顿黏性原理的具体反映。力学指标如

弹性模量 E_c 和极限应力 σ_{max} 会随加载速率 v 的增大而有所增大；

(2)具有徐变与松弛特性，反映了黏弹性性质；

(3)具有能量耗散特性。加载、卸载时，σ-ε 曲线出现闭合圈，会导致黏性能量耗散和弹性能量释放。

简言之，如果材料的力学性质与加载速率有关，或具有明显的徐变与松弛特性或能量耗散特性，那么这种材料一定具有黏性。

水泥混凝土的压缩试验，变化了5个加载速率，分别进行了简单加载和重复加载试验，力学参数分析选取极限应力 σ_{max}、极限应变 ε_{max} 和弹性模量 E_c，试验结果见表7.6。由此可见，混凝土的力学参数随加载速率的变化，不具有明显的增长特性，而是在平均值附近波动变化，考虑到试验误差的必然存在，可以认为其力学性质不随加载速率变化，具有一定的独立性，从而表明水泥混凝土的非黏性性质。

水泥混凝土的力学参数随加载速率的试验取值结果 表7.6

加载速率	简单加载			重复加载		
($mm \cdot min^{-1}$)	σ_{max}(MPa)	ε_{max}(10^{-3})	E_c(10^3MPa)	σ_{max}(MPa)	ε_{max}(10^{-3})	E_c(10^3MPa)
0.1	32.9	2.01	32.2	32.3	1.18	32.6
0.2	34.2*	1.39*	36.7*	33.2	1.22	32.0
0.3	31.7*	1.14*	31.4*	29.4*	1.32*	34.0*
0.4	33.5	1.58	34.2	34.2	1.20	31.5
0.5	36.7*	1.57*	29.9*	33.8*	1.34*	36.4*
平均值	33.8	1.54	32.9	32.6	1.25	33.3

注：* 为平行试验结果的平均值。

同时，在水泥混凝土的重复加载、卸载试验中，σ-ε 试验曲线形成的闭合圈极其细长、宽度微小，基本上是沿原路径循环往返，如图7.9b)所示，表明材料的黏性能量耗散微弱，主要表现为弹性能量释放，说明水泥混凝土的黏性极为微弱，主要表现为弹性性质。此外，也有一些研究表明，水泥混凝土类似于地层中的岩石，短期内的加载不会产生明显的徐变与松弛现象，徐变与松弛是一种长期效应，因此，水泥混凝土的黏性在一般工作状态下可以忽略不计。

总而言之，水泥混凝土在加载速率很小时可能会表现出极为微弱的黏性,而在一般加载速率下主要表现为弹性,总体上认为水泥混凝土是一种弹塑性材料,只有当长期缓慢加载时,才会表现出极为微弱的黏性。因而,通常假设水泥混凝土是一种弹塑性材料,在一般工作状态下是线弹性体。

7.3.4 混凝土的弹性分析

考察材料的弹性,只能通过重复加载、卸载试验,在 σ-ε 图中分析加载、卸载的应力应变路径,如果卸载路径能够"如影随形"地沿着加载路径返回,即反映了材料的弹性性质;如果这个路径为直线,即为线弹性,否则为非线弹性。简单加载试验可用来描述材料直至破坏时的总体应力应变特性,但没有卸载,无法反映弹性,通常作为材料强度分析的基础试验。因此,只有通过重复加载卸载试验,才可以观察到卸载路径的返回情况,考察混凝土的弹性。同时,借助于简单加载试验时不同应力水平或不同应变水平对应的割线模量变化情况,可以考察水泥混凝土的弹性范围。

(1)弹性

通过对水泥混凝土进行大量的重复加载、卸载试验,获得典型的应力应变试验曲线如图7.9b)所示,由图可知:每次加载、卸载时,σ-ε 曲线的卸载路径基本上都可以沿着加载路径返回到原点,反映了材料的弹性性质,且这个路径基本上为一条过原点的直线,所以可认为:水泥混凝土为线弹性材料,即服从虎克弹性定律,有:

$$\sigma = E_c \varepsilon$$

式中:σ——水泥混凝土所承受的荷载应力;

ε——在应力 σ 作用下水泥混凝土发生的应变;

E_c——水泥混凝土的弹性模量。

但应注意,当加载速率较慢时(如 $v=0.1\text{mm}\cdot\text{min}^{-1}$),水泥混凝土的加载、卸载 σ-ε 曲线似呈闭合回路(图7.10),闭合圈十分细长、面积极小,反映了极为微弱的黏性能量耗散。如前所述,这种黏性可以忽略不计,应力应变特性在总体趋势上仍然保持了直线变化路径,近似认为水泥混凝土是线弹性体。

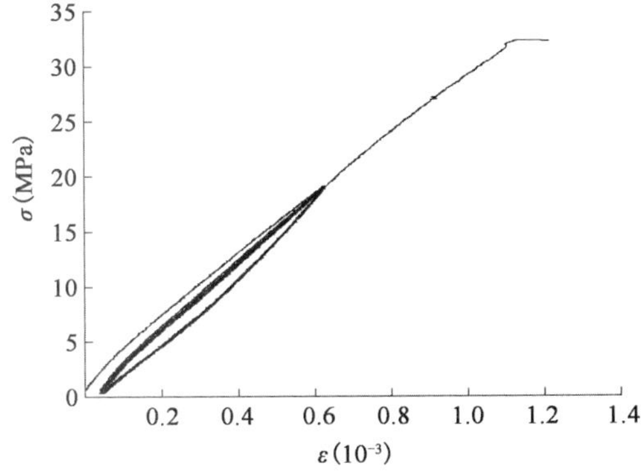

图 7.10 水泥混凝土慢速加载时的加、卸载试验曲线

(2)弹性范围

理论上讲,如果水泥混凝土是线弹性的,那么其弹性模量应该是常数。但试验时,由于存在一些不可克服的试验误差,使得混凝土弹性模量的试验值往往会出现一些波动,因此需要用一定步长的数值分析方法来认识其弹性范围。具体方法是,在简单加载的 σ-ε 曲线上,对应不同的应力水平或应变水平取割线模量(E_s),分析割线模量随应力水平或应变水平变化的收敛情况,收敛点即为线弹性范围的历程终点。

通过对水泥混凝土进行大量的简单加载试验,获得典型的应力应变试验曲线如图 7.9a)所示。为了考察弹性模量随加载水平的变化情况,在水泥混凝土试件的简单加载 σ-ε 曲线上,分别以应力水平(σ_i)和应变水平(ε_i)2 种情况取割线模量(E_s)进行分析。按应力水平取值时,以 0.5MPa 为基点,取步长为5MPa 的应力水平,即以 0.5 ~ 5MPa、0.5 ~ 10MPa、0.5 ~ 15MPa……直线来度量割线模量。同理,按应变水平取值时,以 0.006×10^{-3} 为基点,取步长为 0.2×10^{-3} 的应变水平,即以 0.006 ~ 0.2、0.006 ~ 0.4、0.006 ~ 0.6……直线来度量割线模量。在简单加载的 σ-ε 曲线上,对割线模量 E_s 取值,即有:

$$E_s = \frac{\sigma_i - 0.5}{\varepsilon'_i} \quad 或 \quad E_s = \frac{\sigma'_i}{\varepsilon_i - 0.006}$$

式中:σ_i——控制应力水平,可取 5MPa、10MPa、15MPa 等;

ε_i'——对应于 σ_i 的应变值；

ε_i——控制应变水平，可取 0.2×10^{-3}、0.4×10^{-3}、0.6×10^{-3} 等；

σ_i'——对应于 ε_i 的应力值。

不同加载速率下的取值结果如图7.11所示，为割线模量随应力水平和应变水平的变化情况，由此可以发现：随着加载水平的增加，割线模量总体上为常数或逐渐衰减；在较小加载水平下，混凝土的模量值可能较大；且初期模量较大时，后期衰减也较大；不同试验条件下，无论割线模量如何变化，最终相互之间的交汇区域均在 $80\%\sigma_{max}$ 附近，此时割线模量 $E_s\approx32\times10^3$ MPa，刚好与C30混凝土的弹性模量值 E_c 相一致，且对应的破坏应变也在 1×10^{-3} 附近，反映了混凝土在 $0\sim80\%\sigma_{max}$ 应力范围内的线弹性性质。

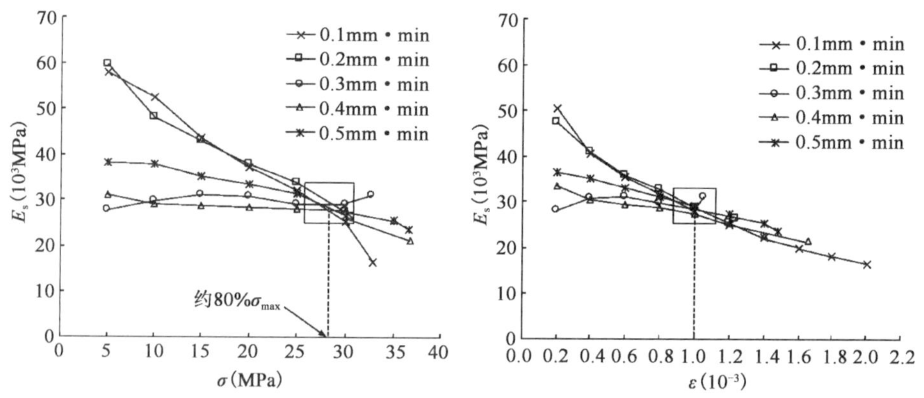

图7.11 割线模量 E_s 随应力水平和应变水平的变化规律

另外，在5个加载速率下（v = 0.1mm · min^{-1}、0.2mm · min^{-1}、0.3mm · min^{-1}、0.4mm · min^{-1}、0.5mm · min^{-1}），简单加载直至破坏的 σ-ε 试验曲线汇总见图7.12（平行试验取平均值），可以发现：不同加载速率下，应力水平在 $0\sim80\%\sigma_{max}$ 范围内，宏观上5个试验曲线的差异较小；再结合前述关于 $80\%\sigma_{max}$ 割线模量可以近似表征弹性模量的论述（标称“80%度量法”），则进一步反映了水泥混凝土的线弹性性质。

综合分析认为，在 σ-ε 曲线上取 $80\%\sigma_{max}$ 的割线模量，可以表征混凝土的弹性模量，即此时 $E_s=E_c$，也就是说，在 $0\sim80\%\sigma_{max}$ 应力范围内，可以认为水泥混凝土是线弹性体，这种方法标称为“80%度量法”。

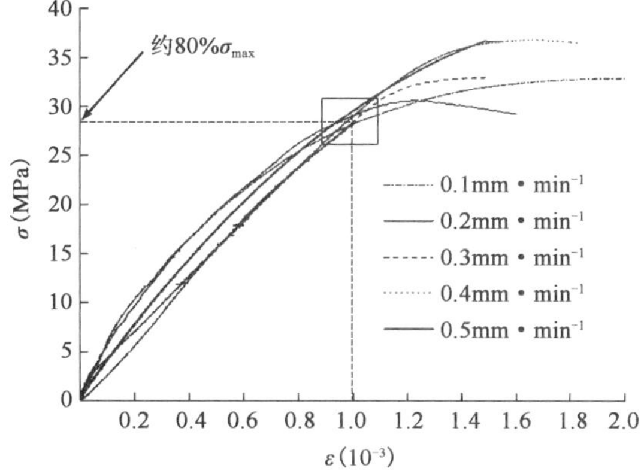

图7.12 水泥混凝土在不同加载速率下的σ-ε曲线

7.3.5 旧混凝土的压缩试验

旧水泥混凝土简称旧混凝土，是指已经服役了若干年的混凝土。试验研究时，在服役了16年的一级公路水泥混凝土路面板上进行钻芯取样，取样位置在车道轮迹带上；路面基层为石灰土碎石，水泥混凝土路面板的原始设计标号为C30，设计板厚为22cm；建成通车时的日平均交通量约4000辆/d，16年后钻芯取样时的交通量约为9500辆/d。芯样经切割打磨获得圆柱体试件（ϕ100mm×150mm），如图7.13a）所示。

a）芯样试件的加工

b）试件的破坏

图7.13 旧水泥混凝土试件加工及压缩破坏形态

针对旧混凝土力学特性的试验研究，目前相关报告仍较少，本书结合研究工作仅做简要介绍，以考察其基本力学特性。需要说明的是：做旧混凝土的力学试验比较困难，尽管可以钻取芯样，但由于服役一定年限后，混凝土内部严重损伤，承载力严重降低，进行压缩试验时试件的完整性极速损坏，引伸计也很难稳定安放，物理量的测试出现明显漂移，试件破坏表现为完全破碎，如图7.13b)所示。

试验时，施加与前述混凝土同样的激励方式（加载方式、加载速率），进行压缩试验，得到旧混凝土典型的 σ-ε 曲线，如图7.14所示，试件的破坏形态如图7.13b)所示。

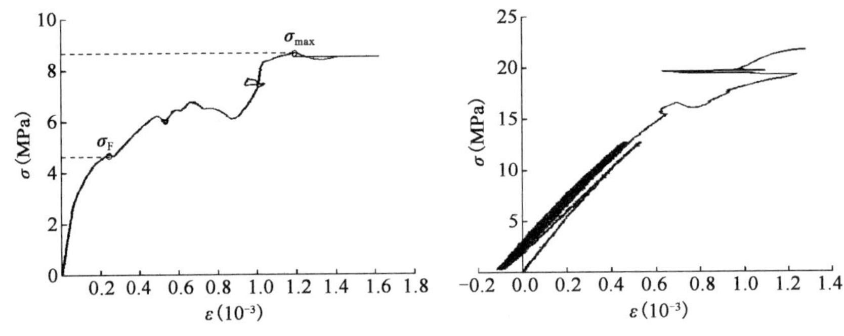

图7.14　旧水泥混凝土的应力应变试验曲线

为了表述的简洁清楚，本书把旧混凝土记为old，相应地把前述实验室配制成型的混凝土称为新混凝土，记为new。通过一定数量的试验研究，考察旧混凝土的试验现象和分析试验结果，可知：

- C30旧水泥混凝土的弹性模量 E_c 和破坏应力 σ_{max} 相对于新混凝土分别衰减了约30%和50%；
- 旧混凝土存在2个屈服应力：裂缝扩展应力（σ_F）和极限破坏应力（$\sigma_{max\text{-}old}$），且有 $\sigma_{max\text{-}old} \approx 2\sigma_F$，见图7.14；事实上，材料的强度理论中只有一个屈服应力，采用2个屈服应力的表述仅仅是为了简明叙述，力学理论中称 σ_F 为初始屈服应力、$\sigma_{max\text{-}old}$ 为后继屈服应力即应力强化；
- 新混凝土只有1个屈服应力：极限破坏应力（$\sigma_{max\text{-}new}$），且有 $\sigma_{max\text{-}new} \approx 2\sigma_{max\text{-}old}$；
- 不管是新或旧混凝土，在第一屈服应力（$\sigma_{max\text{-}new}$ 或 σ_F）的80%范围内，基本上为线弹性。

7.3.6 混凝土的弹塑性模型

根据前面的试验结果分析,可认为:水泥混凝土在破坏应力的 80% 范围内,主要表现为线弹性性质。因此,可建立如图 7.15a)所示的数值模拟(numeric simulation)模型。在 σ-ε 试验曲线上,新混凝土有一个屈服点,而旧混凝土则有两个屈服点(为应力强化特性的直观表述);如果屈服点之前的应力应变路径或本构关系为线弹性,那么适宜用"标准弹塑性模型"或称圣—维南(Saint-Venant)模型来分析。

通过对新旧混凝土的 σ-ε 试验曲线进行模式化分析(图 7.15a),可以认为:新混凝土具有一个屈服点 A,流变模型服从"一元标准弹塑性模型"(图 7.15b);而旧混凝土具有两个屈服点 B 和 C,流变模型服从"二元标准弹塑性模型"(图 7.15c)。分析图 7.15 所示的弹塑性流变模型,分别得到新、旧混凝土的弹性模量和屈服极限,见表 7.7,这些关系式有助于深化认识水泥混凝土的力学性质,为工程应用中的结构设计计算提供理论依据。

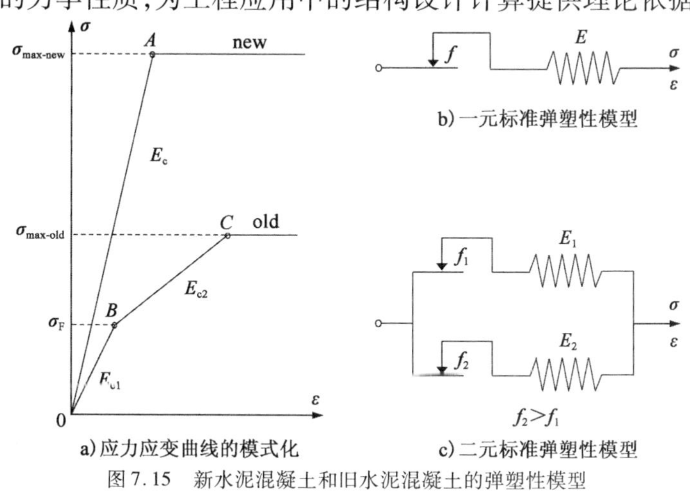

图 7.15 新水泥混凝土和旧水泥混凝土的弹塑性模型

E_1、E_2、E_3-弹性模量;f、f_1、f_2-塑性极限

水泥混凝土的弹塑性模型及其弹性模量和屈服应力 表 7.7

	新水泥混凝土	旧水泥混凝土
流变模型	一元标准弹塑性模型(图 7.15b)	二元标准弹塑性模型(图 7.15c)
弹性模量	$E_c = E_{OA} = E$	$E_{c1} = E_{OB} = E_1 + E_2$, $E_{c2} = E_{BC} = E_2$
屈服应力	$\sigma_{max\text{-}new} = f$	$\sigma_F = (E_2/E_1 + 1) f_1$, $\sigma_{max\text{-}old} = f_1 + f_2$

注:E_{OA}、E_{OB}和 E_{BC}分别为图 7.15a)中直线段 OA、OB 和 BC 的斜率;其他符号见图 7.15a)。

§7.4 水泥稳定碎石的力学性质

稳定类材料的全称为无机结合料稳定类材料，在路面工程中主要有水泥稳定碎石混合料（简称水稳碎石）、石灰粉煤灰稳定碎石混合料（简称二灰碎石）、石灰土、水泥土等。这些材料常用作路面的基层，其刚度介于水泥混凝土和沥青混合料之间，并具有强度增长特性，所以亦称为半刚性基层材料。半刚性基层沥青路面目前仍然是路面结构的主要形式，尤其是以水泥稳定碎石基层居多（简称水稳基层）。如本章7.1节所述，水泥稳定碎石混合料最常用的结构类型为悬浮密实型和骨架密实型。

路面工程中，关于水稳基层的研究，主要集中于路用技术性能方面，如：无侧限抗压强度、干缩开裂、抗冲刷、抗冻融等，而关于黏弹塑性特性方面的研究却寥寥无几。同时，在几种主要的道路材料中，通过试验研究，已知水泥混凝土是线弹塑性体，沥青混合料是黏弹塑性体且会发生黏塑性流动破坏，而半刚性基层材料如水泥稳定碎石的力学性质却未知。鉴于此，长安大学"道路材料流变学"研究团队基于压缩试验，初步开展了水稳碎石混合料的黏弹塑性试验研究，研究认为：水泥稳定碎石的黏性极小，主要表现为弹塑性性质，且服从具有应力强化的弹塑性固体模型。本节即介绍这方面的相关内容。

7.4.1 试验材料及试件制备

水泥稳定碎石混合料由级配碎石和一定量的水泥浆拌和而成，经压实、养生后制备成试件或成型为路面基层。试验用的水泥和碎石材料，参照《公路沥青路面设计规范》（JTG D50—2006），选用32.5R普通硅酸盐水泥；碎石集料由石灰岩矿料配制而成，配制成悬浮密实型和骨架密实型2种结构类型的水稳碎石混合料，最大粒径为31.5mm，水泥剂量为4%。经测试分析，水泥与矿料的各项技术指标均符合《公路沥青路面设计规范》（JTG D50—2006）的要求。

按照《公路工程无机结合料稳定材料试验规程》（JTG E51—2009），通过击实试验确定水泥稳定碎石的最佳含水率和最大干密度，控制98%的压实度振动压实成型了ϕ150mm×150mm标准圆柱体试件（图7.16a），测试7d标

准无侧限抗压强度，结果见表7.8。用于后续力学试验的试件共成型40个试件（悬浮密实型和骨架密实型各20个），保湿养生28d后静置于室内，用于后续力学试验。

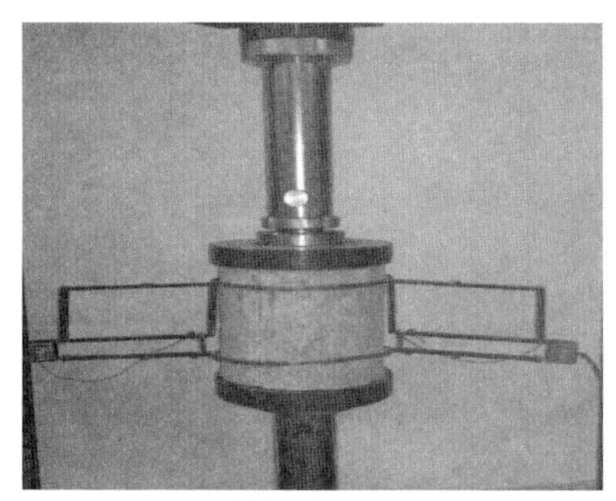

a）试件压缩及引伸计

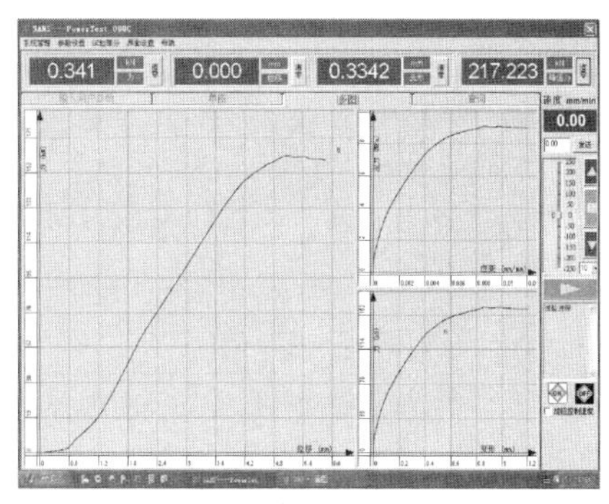

b）压力与变形量试验截图

图7.16　试件与引伸计及试验实况截图

水泥稳定碎石的击实和强度试验结果　　表7.8

材料类型及代号	最佳含水率（%）	最大干密度（$g \cdot cm^{-3}$）	7d无侧限抗压强度（MPa）
悬浮密实 XM	5.7	2.292	5.52
骨架密实 GM	5.2	2.316	7.23

7.4.2　压缩试验概况

试验采用精密型微机控制电子万能试验机，对圆柱体试件两头施加压力实现简单压缩（图7.16a）。该试验机的加载量程为300kN、最小压力分辨值为3N，位移速率可调范围为0.005～250$mm \cdot min^{-1}$。为了精确量测试件的轴向变形，试验时在试件中部安置位移引伸计，标距100mm、量程25mm、精度1.0×10^{-3}mm。通过计算机软件控制，设定加载方式，自动加载和记录试验数据。

针对加载方式的试验方案说明如下：

- 首先需要进行简单压缩试验，采用《公路工程无机结合料稳定材料试验规程》（JTG E51—2009）的标准加载速率1$mm \cdot min^{-1}$，以获取水稳碎石的平均破坏强度σ_{max}和对应的破坏应变ε_{max}；

- 为了考察材料的黏性性质，简单加载时设定了 5 个加载速率（v = 0.5mm · min^{-1}、1.0mm · min^{-1}、1.5mm · min^{-1}、2.0mm · min^{-1}、4.0mm · min^{-1}），一次性加载至破坏；
- 重复加载、卸载、蠕变与松弛、回弹模量试验时，采用《公路工程无机结合料稳定材料试验规程》（JTG E51—2009）的标准加载速率1mm · min^{-1}；
- 重复加载、卸载进行 5 次，加载水平为 $0.5\sigma_{max}$；
- 蠕变试验控制应力水平为 $0.5\sigma_{max}$，时间为 60min，松弛试验控制应变水平为 $0.25\varepsilon_{max}$ 和设定时间为 60min（实际松弛稳定仅为 15min）；
- 回弹模量试验按上述规程要求，连续 5 个应力水平（$0.1\sigma_{max}$、$0.2\sigma_{max}$、$0.3\sigma_{max}$、$0.4\sigma_{max}$、$0.5\sigma_{max}$）逐级加载，每级荷载下静压 1min、静置 0.5min。

试验时施加预压力 0.05kN，试验环境温度为 18 ~ 20 ℃；试件两头要平整干净，需要铺垫细沙以减小界面摩阻力。简单压缩试验的 σ-ε 曲线举例见图 7.16b）。由于水稳基层材料是一种散体性材料，试件成型尺寸也较大，平行试验的测试结果必然会有一定的相对误差（图 7.17）。为了分析试验精度，对不同试件类型在不同加载速率下进行了多次重复压缩试验，计算应力（σ）变异系数随应变（ε）的变化，发现变异系数一般小于 5%，个别点的最大变异系数也仅为 12%，符合《公路工程无机结合料稳定材料试验规程》（JTG E51—2009）对无侧限抗压强度规定的不大于 15% 的要求，认为试验精度是可靠的。这样便可以对大量的试验数据进行整理，如图 7.18 所示。

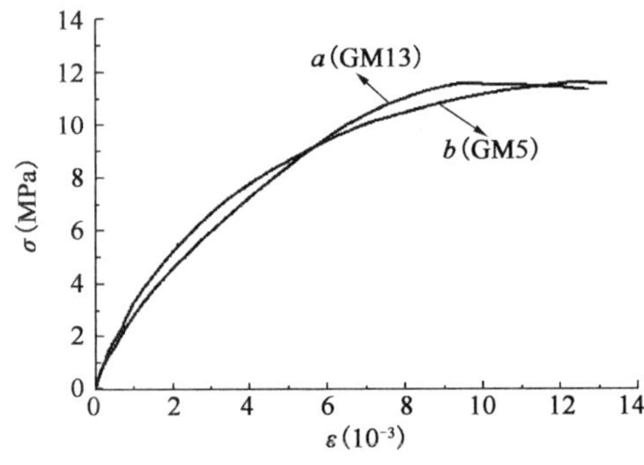

图 7.17　简单压缩的 σ-ε 曲线及相对误差

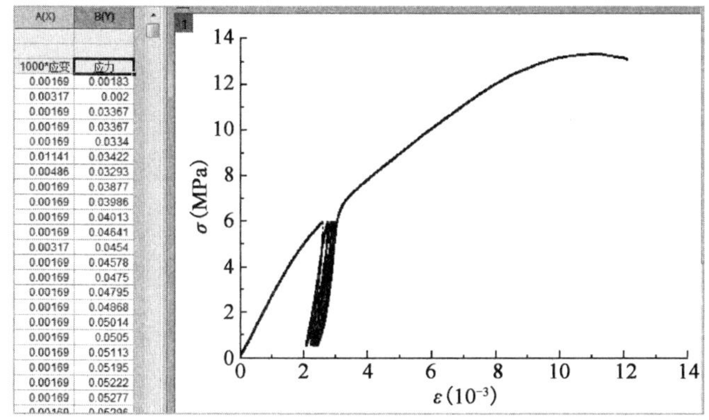

图 7.18 试验数据的处理界面示例

7.4.3 水稳碎石的非黏性

在上一节中(本章 7.3 节)已经介绍了水泥混凝土的非黏性特性,并说明材料的黏性特征表现为 3 个方面:①对加载速率的依赖性;②具有徐变与松弛特性,反映了黏弹性性质;③加载、卸载 σ-ε 曲线出现明显的闭合圈,具有黏性能量耗散特性。温度只是一个十分重要的影响因素,而不是一个力学量,黏性较强的材料受温度的影响较大,通常称为温度敏感性。

为了考察水泥稳定碎石的黏性性质,试验研究针对悬浮密实型(XM)和骨架密实型(GM)2 种结构类型的水稳碎石混合料,结合上述 3 个黏性条件,测试 5 个加载速率下(v = 0.5mm · min^{-1}、1mm · min^{-1}、1.5mm · min^{-1}、2mm · min^{-1}、4 mm · min^{-1}),试件破坏时的极限应力(σ_{max})、极限应变(ε_{max})和回弹模量(G_1),结果见表 7.9;通过蠕变试验与松弛试验,分别获得了 2 种类型水稳碎石的蠕变曲线与松弛曲线,见图 7.19;分析了重复加载、卸载时的 σ-ε 路径特性,见图 7.18。

不同加载速率下水泥稳定碎石的极限应力应变和回弹模量 表 7.9

加载速率	悬浮密实型(XM)			骨架密实型(GM)		
v(mm · min^{-1})	σ_{max}(MPa)	ε_{max}(10^{-3})	G_1(MPa)	σ_{max}(MPa)	ε_{max}(10^{-3})	G_1(MPa)
0.5	10.0	7.46	2456	11.4	9.91	3168
1.0	10.0	7.49	2432	11.7	10.01	3173
1.5	9.9	7.93	2363	11.8	9.59	2984

续上表

加载速率 $v(\mathrm{mm\cdot min^{-1}})$	悬浮密实型(XM)			骨架密实型(GM)		
	σ_{max}(MPa)	$\varepsilon_{max}(10^{-3})$	G_1(MPa)	σ_{max}(MPa)	$\varepsilon_{max}(10^{-3})$	G_1(MPa)
2.0	10.0	8.07	2320	11.2	8.98	2937
4.0	9.8	8.13	2421	11.5	9.09	3100
平均	9.9	7.82	2398	11.5	9.52	3072

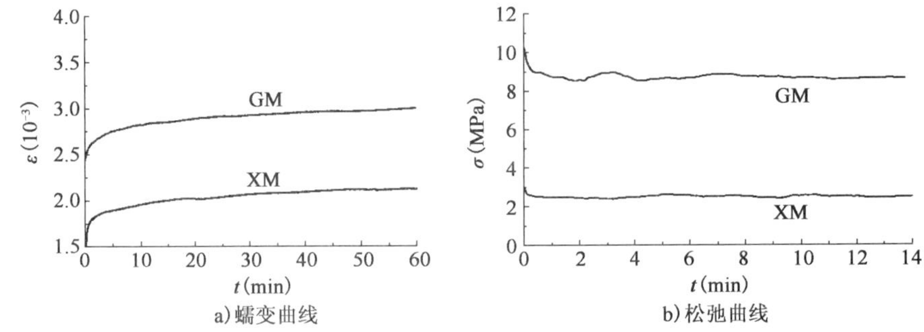

图 7.19 悬浮密实型和骨架密实型水稳碎石的蠕变曲线和松弛曲线

分析表 7.9 数据可知,随着加载速率的增大,2 种水稳碎石的极限应力、极限应变和回弹模量并不呈规律性增长变化,而是在某一数值附近上下波动。若取这一数值为平均值,则这 3 个力学指标的最大相对误差依次为 2.6%、5.7% 和 4.4%,波动差值很小或为试验误差,反映了水稳碎石的力学性质对加载速率的独立性,从而说明了其非黏性性质。同时在路用技术性能方面,骨架密实型水稳碎石的强度、刚度和抗开裂变形能力比悬浮密实型要大,路用性能要好,前者比后者提高了 16% ~28%。

其次,考察图 7.19 发现,水稳碎石的蠕变与松弛试验特性并不明显,变化极为微弱,且 2 种水稳碎石的变化曲线基本上相互平行。蠕变迁移应变约 0.3×10^{-3},蠕变稳定阶段的蠕变速率约 $3.3\times10^{-4}\mathrm{mm\cdot min^{-1}}$,变形量很小,变形速率极其缓慢;松弛在前 1min 基本完成了衰减,最大衰减量约 12%,随后处于稳定,应力衰减量很小,说明水稳碎石的黏性极其微弱。

最后,从图 7.18 可以看出,水泥稳定碎石在加载和卸载时,所形成的σ-ε路径轨迹虽有微弱应变增加,但并不具有明显的闭合圈,几乎没有黏性能量耗散,表明水稳碎石的黏性并不显著,不像常温沥青混合料具有明显的加卸

载闭合圈。

由此可见，水泥稳定碎石总体上不具有黏性（或黏性极弱），应属于弹塑性性质，但属于哪一种弹塑性，仍需要进一步分析讨论（见下面“水稳碎石的弹塑性”）。

7.4.4 水稳碎石的弹塑性

在力学试验中，材料的弹性是指重复加载、卸载时应力应变能够沿原路径往返，塑性是指出现了永久变形或屈服应力。对于水泥稳定碎石混合料，通过重复加卸载试验（图7.20），可以发现：除了初次卸载后产生约2.04×10^{-3}的永久变形（ε_p）外，随后永久变形的增量（$\Delta\varepsilon_p$）会随着加卸载次数渐次由大到小有微量增加，约为$0.14\times10^{-3}\sim0.05\times10^{-3}$，对于一个散体性材料的大变形而言，这个增加量是很小的，似为损伤增量或为系统误差；同时，5次重复加卸载基本上可以沿原路径往返且路径为直线（如图7.20中的直线AB），表现出明显的线弹性。此时，本构方程可描述为：

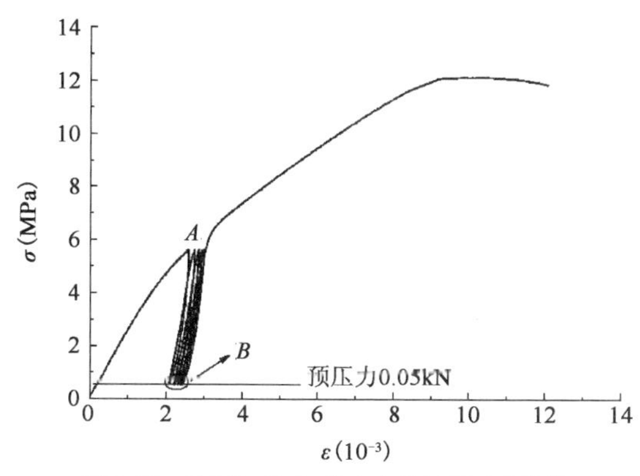

图7.20 重复加载、卸载5次的压缩试验曲线

$$\sigma=G_0[\varepsilon-(\varepsilon_p+\Delta\varepsilon_p)]$$

式中：G_0——重复加载、卸载的回弹模量或认为是初始弹性模量；

ε_p——初次卸载后产生的永久变形，$\varepsilon_p=f(\sigma_0)$为开始卸载时的应力水平$\sigma_0$的函数；

$\Delta\varepsilon_p$——每次卸载后永久变形的增量，数值极小，根据计算精度可以不考虑，此时上式简化为：

$$\sigma = G_0(\varepsilon - \varepsilon_p) \tag{7.3}$$

另外，对 5 次重复加卸载的 σ-ε 往返路径直线 AB（图 7.20）的斜率取值，斜率即为重复加卸载的弹性模量 G_0，取值结果见表 7.10，其最大相对误差仅为 3.7%，说明初始弹性模量的试验取值具有很好的稳定性。此时，纵观水泥稳定碎石的 σ-ε 曲线（图 7.20），由曲线上的 A 点卸载到 B 点，会产生明显的永久变形 ε_p，再由 B 点加载到 A 点时，按式（7.3）本构特性，当 ε 逐次增大时，会出现新的屈服应力，并在 σ-ε 曲线上的任意一点卸载和加载都会出现同样性质的永久变形和屈服应力，且这个屈服应力随加载应力水平的增大而增大，充分反映了材料的弹塑性性质及应力强化特性。

水泥稳定碎石 5 次重复加卸载的弹性模量测试值 表 7.10

水泥稳定碎石类型	G_0（MPa）					
	第 1 次	第 2 次	第 3 次	第 4 次	第 5 次	平均值
悬浮密实型（XM）	5412	5399	5326	5224	5093	5291
骨架密实型（GM）	6084	6018	5876	5760	5677	5883

从弹塑性的基本单元分析来看，这种初次卸载后具有明显的永久变形，重复加载后又可以沿卸载路径返回的特性，显然属于应力强化特性，可以用最简单的“有应力强化的弹塑性固体模型”来分析（图 7.21），在第 4 章 4.3 节中已经介绍了该流变模型。分析该弹塑性固体模型的本构特性图 7.21，有应力强化值σ'_y，即$\sigma'_y > \sigma_y$，本构方程为：

$$\sigma_y = f$$

$$\sigma'_y > \sigma_y$$

$$K_1 = K_3 = E_1$$

$$K_2 = \frac{E_1 E_2}{E_1 + E_2}$$

式中：σ_y、σ'_y——屈服应力、强化应力；

K_1、K_2、K_3——加载和卸载时模型的弹性模量；

其他为模型的力学参数。

综合上述分析，水泥稳定碎石的应力应变特性具有两个基本特征：①服从有应力强化的弹塑性固体模型；②应力应变曲线是有一定曲率的连续曲

线。满足这样两个基本特征的流变模型,在宏观分析方面便是广义 Saint-Venant 模型,如图 7.22 所示,其中 PS 为卸载路径直线;当并联单元模型的个数 $n \to \infty$ 时,该广义模型的 σ-ε 曲线即可成为连续光滑曲线,且具有应力强化特性,其本构方程及分析参数为:

$$\sigma_y = \sum_{i=1}^{n} f_i$$

$$K_i = \sum_{i=1}^{n} E_i - \sum_{i=1}^{i-1} E_i$$

$$(\sigma - \sigma_{i-1}) = K_i(\varepsilon - \varepsilon_{i-1})$$

$$\left(\sigma - \sum_{i=1}^{i-1} f_i\right) = K_i\left(\varepsilon - \sum_{i=1}^{i-1} \frac{f_i}{K_i}\right)$$

式中:σ_y——屈服应力,代表曲线的转折点;

K_i——曲线分段直线的斜率,代表弹性模量;

E_i、f_i——任一模型单元的弹性模量、塑性极限;

i——$i>0$ 为自然数。

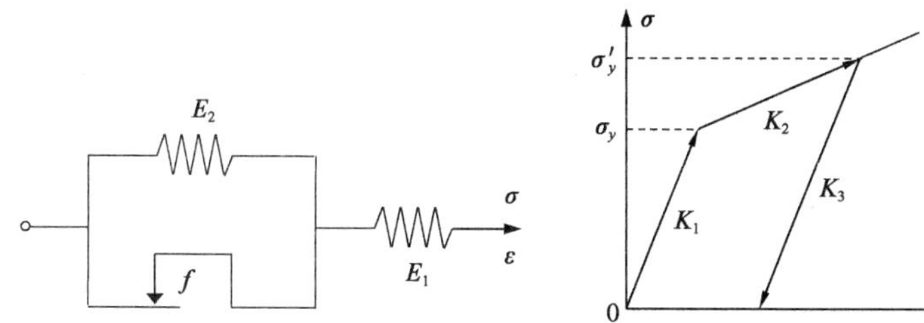

图 7.21 有应力强化的弹塑性固体模型及其本构特性

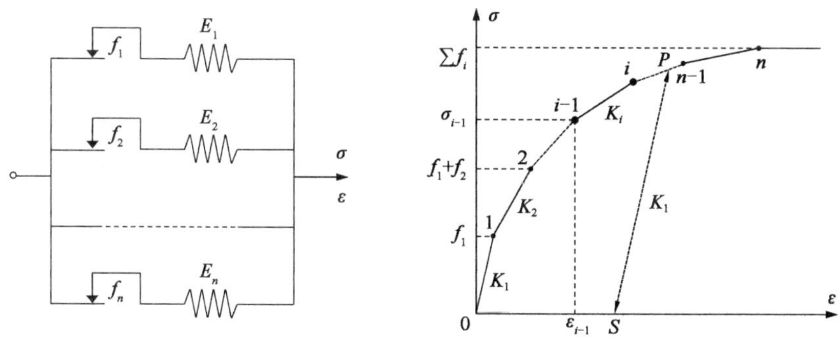

图 7.22 广义圣维南模型及其本构特性

分析上述弹塑性流变模型(图7.21和图7.22)的加载、卸载特性,并结合5次重复加载、卸载的试验特性(图7.20),可以发现:重复加载、卸载的回弹模量对应于流变模型卸载时的弹性模量,亦即表征了水泥稳定碎石的初始弹性模量(G_0),在有应力强化的弹塑性模型理论中必然有 $K_1 = G_0$,数值见表7.10。

可见,在几种主要的路面材料中,水泥稳定碎石混合料的力学性质既不同于水泥混凝土,也不同于沥青混合料。尽管水泥稳定碎石和水泥混凝土同属弹塑性材料,但水泥混凝土为线性弹塑性体,服从标准圣维南模型,而水泥稳定碎石的力学性质为具有应力强化的弹塑性固体;沥青混合料则在常温工作状态时为黏弹塑性体,强度特性表现为黏塑性。

7.4.5 本构特性的数值模拟

流变模型可以从本质上认识材料的力学性质和力学行为,但对于土工材料而言,往往不可能以一个统一模型来全面反映其力学特性,更不可能得到解析解,尤其是广义流变模型,从而难以实现工程技术应用。因此,为了能够给工程结构计算提供实用的数值方法,需要构建可靠可行的本构方程。

由于水泥稳定碎石混合料的黏性可以忽略不计,所以可以将不同加载速率、各标准试验和加卸载试验的所有应力应变曲线作归一化处理,见图7.23中的实线(悬浮密实型和骨架密实型各为12条试验曲线的平均值)。在区间[$0,\sigma_{max}$]和[$0,\varepsilon_{max}$]内,应力应变曲线函数 $\sigma = f(\varepsilon)$ 为过原点的单调上凸增函数曲线,其中 σ_{max} 和 ε_{max} 为试验确定的极限应力和极限应变。同时,函数 $\sigma = f(\varepsilon)$ 及其一阶导数(亦即刚度模量)在理论上应满足如下边界条件:

本构函数 $\sigma = f(\varepsilon \to 0) = 0, \sigma = f(\varepsilon \to \varepsilon_{max}) = \sigma_{max}$

刚度模量 $\sigma' = f'(\varepsilon \to 0) = G_0, \sigma' = f'(\varepsilon \to \varepsilon_{max}$ 或 $\sigma \to \sigma_{max}) = 0$

基于上述边界条件,研究首先采用了土力学中常用的邓肯-张(Duncan-Chang)双曲线模型见式(7.4),同时构建了指数函数分析模型见式(7.5)。

通过大量的函数推演和数值试算分析,发现这些模型中满足初始弹性模量值(G_0)的数值模拟误差很大,相关系数为0.76~0.95且主要为低值,直观表现为模拟曲线和试验曲线偏离很大。其他一些本构模型要么不能满足边界条件,要么初始弹性模量值不存在。

$$\sigma = \frac{\varepsilon}{a + b\varepsilon} \tag{7.4}$$

$$\sigma = \sigma_{max}\left(1 - e^{-\lambda\frac{\varepsilon}{\varepsilon_{max}-\varepsilon}}\right) \tag{7.5}$$

式中:a、b——$1/a = G_0$,$1/b = \sigma_{max}$,b值分析时考虑$\varepsilon \to \infty$条件;

λ——$\lambda\frac{\sigma_{max}}{\varepsilon_{max}} = G_0$,$\lambda > 1$。

因此,数值模拟研究在剖析本构模型方程和开展大量试算分析的基础上,对邓肯-张模型进行了改进,构建了如下改进型本构模型:

$$\sigma = \frac{\ln(1+\varepsilon)}{\frac{\alpha}{G_y} + \beta\ln(1+\varepsilon)} \quad (\alpha,\beta > 0) \tag{7.6}$$

$$\sigma' = \frac{\frac{\alpha}{G_y}}{(1+\varepsilon)\left[\frac{\alpha}{G_y} + \beta\ln(1+\varepsilon)\right]^2} \tag{7.7}$$

式中:G_y——$G_y = \sigma_{max}/\varepsilon_{max}$为极限破坏时的割线模量;

β——理论上$\varepsilon \to \infty$时,$\beta = 1/\sigma_{max}$。

显然,式(7.6)能够满足全部边界条件,但力学试验的实际情况是不可能有$\varepsilon \to \infty$的,而是止于破坏$\varepsilon \to \varepsilon_{max}$,因此$\beta$值需要通过数值模拟确定。由式(7.7)可得,$\sigma' = f'(\varepsilon \to 0) = G_0$即等于初始弹性模量,有:

$$G_y = \alpha G_0 \tag{7.8}$$

由此可见,初始弹性模量G_0应是极限破坏割线模量G_y的$1/\alpha$倍,可知$0 < \alpha < 1$。数值模拟计算时采用了表7.10中的G_0平均值和表7.9中的σ_{max}、ε_{max}平均值,即可计算得到α值(表7.11)。已知α值,待定β值,进行数值模拟计算,结果见表7.11和图7.23。然后把ε_{max}代入式(7.6)中,计算σ_{max}值,

进行验算,分析误差(表7.11)。可见数值模拟的相关系数大于0.97,且σ_{max}值的验算值相对于试验测试值的误差很小,具有很好的一致性,表明改进型邓肯-张本构模型具有很好的有效性。

水泥稳定碎石本构特性的数值模拟计算结果 表7.11

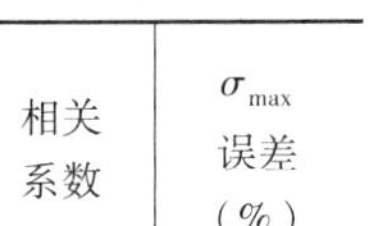

材料类型	试验值			计算值		模拟值	相关系数	σ_{max}误差(%)
	G_0(MPa)	ε_{max}(10^{-3})	σ_{max}(MPa)	α	σ_{max}(MPa)	β		
悬浮密实(XM)	5291	7.82	9.9	0.2406	9.84	0.0143	0.9740	-0.61
骨架密实(GM)	5883	9.52	11.5	0.2071	11.70	0.0126	0.9857	1.74

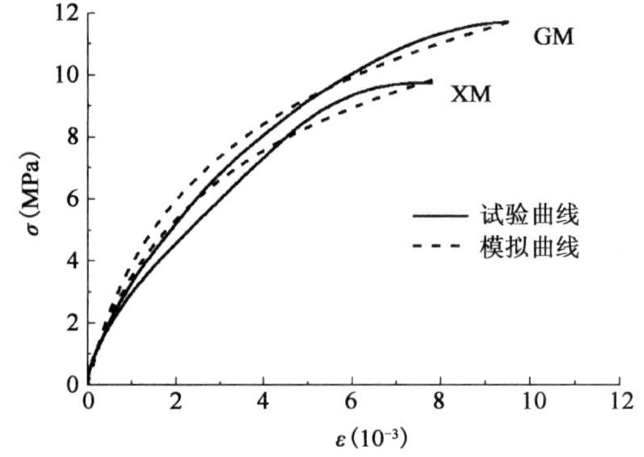

图7.23 水泥稳定碎石压缩曲线的数值模拟

在实际应用中,σ_{max}和ε_{max}通过试验确定,α、β已通过数值模拟确定(表7.11),则可确定不同类型水泥稳定碎石的本构方程,用于工程技术应用中材料力学参数的确定和进行结构力学计算。

另外,也可以根据加载、卸载应力强化的永久变形来考察模型的有效性,如设定不同的应力水平σ_0进行加载、卸载试验,由式(7.6)计算得到总应变,然后根据应力强化本构方程式(7.3)计算水泥稳定碎石混合料的永久变形(ε_p),从而进行永久变形的复核验算。该部分研究仍需要大量的试验数据样本,将作为下一步的扩展研究内容。

总而言之,水泥稳定碎石混合料的黏性很小,它的力学性质和水泥混凝土一样,同属弹塑性性质。水泥混凝土为线弹性体,在0~80%σ_{max}范围内服

从标准 Saint-Venant 模型；而水泥稳定碎石为具有应力强化的弹塑性固体，流变特性服从广义 Saint-Venant 模型，应力应变本构特性可采用改进型邓肯-张模型进行数值模拟，具有很好的相关性和有效性。水泥稳定碎石在不同应力水平下的应力强化特性和屈服破坏特性，是需要进一步努力的研究方向。

深入认识路面材料的力学性质，对优化路面结构设计具有十分重要的意义，例如在不同的变形阶段，沥青混合料是黏弹塑性体，会发生黏塑性破坏；水泥混凝土是线弹性体，会发生弹塑性破坏；水泥稳定碎石是具有应力强化的弹塑性固体，破坏特性有待研究。这些道路材料的力学性质确定以后，有利于结构计算中选取合理的计算模型和力学参数，更加科学地认识路面结构的工作特性和变形特性。

复习思考题

1. 试介绍道路水泥类材料的种类、用途及基本技术性能。

2. 什么是和易性？工程技术上如何评价新拌混凝土的和易性？影响和易性的因素有哪些？

3. 试用流变学原理，分析新拌混凝土的搅拌流动特性，并说明和易性的本质属性(或力学性质)。

4. 试写出新拌水泥混凝土的搅拌流变特性所服从的流变模型及本构方程，并解释塑性极限和塑性黏度的物理力学意义。

5. 如何通过试验手段分析水泥混凝土的黏性和弹性？

6. 为什么说水泥混凝土的力学性质为线性弹塑性，可以用标准弹塑性模型来分析？

7. 试分析旧水泥混凝土的力学性质及流变模型。

8. 为什么说水泥稳定碎石的黏性可以忽略？

9. 为什么说水泥稳定碎石的力学性质为具有应力强化的弹塑性固体？如何用流变模型分析之？

10. 水泥稳定碎石和水泥混凝上都是弹塑性材料，二者有何不同？

11. 数值模拟分析和数值回归分析，二者有何不同？

12. 如何数值模拟分析水泥稳定碎石的本构特性?

本章参考文献

[1] 中华人民共和国标准. 通用硅酸盐水泥:GB 175—2007[S]. 北京:中国标准出版社,2008.

[2] 中华人民共和国标准. 道路硅酸盐水泥:GB 13693—2017[S]. 北京:中国标准出版社,2017.

[3] 中华人民共和国行业标准. 公路水泥混凝土路面设计规范:JTG D40—2002[S]. 北京:人民交通出版社,2002.

[4] 中华人民共和国行业标准. 公路沥青路面设计规范:JTG D50—2006[S]. 北京:人民交通出版社,2006.

[5] 中华人民共和国行业标准. 公路工程水泥及水泥混凝土试验规程:JTG E30—2005[S]. 北京:人民交通出版社,2005.

[6] 中华人民共和国行业标准. 公路工程无机结合料稳定材料试验规程:JTG E51—2009[S]. 北京:人民交通出版社,2009.

[7] 严家伋. 道路建筑材料[M]. 北京:人民交通出版社,1996.

[8] 朱张校. 工程材料[M]. 北京:清华大学出版社,2001.

[9] 周氐,康清梁,童保全. 现代钢筋混凝土基本理论[M]. 上海:上海交通大学出版社,1989.

[10] 申爱琴. 道路工程材料[M]. 北京:人民交通出版社,2010.

[11] 黄大能,沈威. 新拌混凝土的结构和流变特征[M]. 北京:中国建筑工业出版社,1983.

[12] 李立寒,张南鹭. 道路建筑材料[M]. 上海:同济大学出版社,1999.

[13] 过镇海. 混凝土的强度和变形[M]. 北京:清华大学出版社,1997.

[14] 刘雄. 岩石流变学概论[M]. 北京:地质出版社,1994.

[15] MANDEL J. Propriétés mécaniques des matériaux[M]. Paris:Editions Eyrolles,1978.

[16] DESAI C S,SIRIWARDANE H J. Constitutive laws for engineering materi-

als[M]. New Jersey:Prentice-Hall,1984.

[17] 延西利,樊延刚,李新波,等. 水泥路面板芯样的压缩试验及流变特性[J]. 中国公路学报,2014,27(9):1-9.

[18] 延西利,许金华,梁春雨,等. 水泥稳定碎石基层的弹塑性特性[J]. 中国公路学报,2019,32(1):29-36.

[19] 延西利,田辉黎,延喜乐,等. 沥青混合料的变速拌和功率测试与拌和流变模型[J]. 交通运输工程学报,2016,16(3):1-7.

[20] 王超,田波,孙涛,等. 建立新拌水泥混凝土流变模型的试验方法[J]. 公路,2014(1):210-214.

[21] 谢和平,鞠杨,黎立云. 基于能量耗散与释放原理的岩石强度与整体破坏准则[J]. 岩石力学与工程学报,2005,24(17):3003-3010.

[22] 何利军,孔令伟. 土的应力-应变关系的一种描述模式[J]. 工程地质学报,2010,18(6):900-905.

[23] BISCHOFF P H,PERRY S H. Compressive behaviour of concrete at high strain rate [J]. Materials and Structures,1991,24(6):425-450.

[24] POPOVICS S. A numerical approach to the complete stress-strain curve of concrete [J]. Cement and Concrete research,1973,3(5):583-599.

[25] BARISIC I,DIMTER S,RUKAVINA T. Elastic properties of cement-stabilized mixes with steel slag[J]. International Journal of Pavement Engineering,2016,17(9):753-762.

第 8 章　沥青类材料的流变特性

以沥青为胶结料的材料，统称为沥青类材料，主要是指沥青、沥青胶浆、沥青砂浆和沥青混合料。本章重点介绍沥青和沥青混合料的流变特性。从材料的属性、类别、组成等特性出发，认识沥青类材料的逻辑概念；通过动力黏度分析，认识沥青流体所服从的流变模型，及其在不同温度和变形量下的基本力学性质；通过变速拌和试验分析，研究高温流动态沥青混合料的拌和流动特性，并利用流变模型理论定义拌和和易性指数；通过分析沥青混合料的三相体系和压实特性，研究沥青混合料的颗粒性及其强度构成 c-φ 值；最后介绍常温工作态沥青混合料的流变特性及其在不同激励次数和变形量下的基本力学性质。

§8.1　道路沥青类材料概述

道路沥青类材料是指应用于道路工程中的沥青技术类材料，主要包括沥青和沥青混合料。沥青类材料的力学性质和使用性能受到沥青品质的影响很大，或者说沥青品质在很大程度上决定了沥青类材料的力学性质和技术性能，如沥青的种类和用量、沥青的温度敏感性等。沥青类材料在工程应用中通常以混合料的形式出现，沥青混合料的质量控制和力学性质在很大程度上取决于沥青品质。因此，道路沥青类材料的研究一般都集中在沥青和沥青混合料两个方面。

沥青类材料往往组成复杂、种类繁多，应用广泛，从而使得其名词概念或技术术语也较多，时常会发生诸如对“沥青混合料”和“沥青混凝土”二者概念混淆的情况。为了梳理道路沥青类材料的基本概念，结合目前我国对外学术交流不断深入的形势，现列出如下一些英文词汇，以助读者：

bitumen——英式或欧式英语中的沥青,其含义为沥青的本义;

asphalt——美式英语中的沥青,其含义更接近于沥青质的本义;

bituminous materials——沥青类材料;

bituminous binder——沥青胶结料,即通常所说的沥青胶浆或沥青;

bituminous mixture,asphalt mixture——沥青混合料;

bituminous concrete,asphalt concrete——沥青混凝土。

沥青的来源比较丰富,从大的方面来讲,沥青按产源类别分为石油沥青、天然沥青(岩沥青、湖沥青)和焦油沥青三类。沥青主要应用于公路路面的铺筑,只有少量用于建筑防水、防渗和防腐等。在使用过程中,沥青多以普通沥青、液化沥青、乳化沥青、改性沥青等应用形态出现。

石油沥青在三大产源沥青中所占比例最大,其产量和使用量约占各类沥青总量的95%以上,是一种主要的沥青产品。石油沥青按原油基属的分类不同,分为石蜡基沥青、中间基沥青、环烷基沥青,一般通过工业蒸馏法、氧吹法、溶剂脱沥青法等进行石油沥青冶炼。石油沥青的基本组成和结构特性如下:

(1)沥青的化学元素

沥青是由多种复杂的碳氢化合物及氧、硫、氮的衍生物所组成的混合物,即主要含有C、H、O、S、N 5种元素,各元素所占份额大致为,C元素占80% ~ 87%,H元素占10% ~ 15%,O + S + N元素不超过3%。

(2)沥青的化学组分

按照国际上通用的沥青4组分化学分析法,沥青的化学组分划分为:饱和分(saturates)、芳香分(aromatics)、树脂(resins)、沥青质(asphaltenes)。

(3)沥青的胶体结构

按现代胶体学说,认为沥青是一种胶体分散系,分为溶胶结构(sol)、溶-凝胶(sol-gel)结构、凝胶结构(gel)三种胶体结构,关联着沥青的流动特性。通常认为:固体微粒的沥青质是分散相,液态的饱和分和芳香分是分散介质,过渡性的树脂起保护物质的作用,使分散相很好地胶溶在分散介质中。

沥青在工程应用中,多数情况是以沥青混合料的形态出现的。沥青混合料由沥青和集料按一定比例和工艺拌和而成,是一种具有空间网络结构的多相分散体系,也称松散介质体系,通俗讲是一种颗粒性材料(granular material)。颗粒性材料应满足以下4个基本条件:

(1)由许多颗粒组成;

(2)颗粒自身的强度远远大于颗粒间的联结强度;

(3)外力作用下,颗粒间会发生错位与移动;

(4)强度构成为 c-φ 值(其中 c 为内黏聚力,φ 为内摩阻角)。

目前,关于颗粒性沥青混合料的结构组成类型分析,大致有两种方法:嵌挤密实法和多尺度图分法。嵌挤密实法认为,沥青混合料的强度构成特性基本上服从2个原则:嵌挤原则和密实原则。根据"嵌挤成分"和"密实成分"在结构组成中所占的比例不同,从而形成了3种典型的结构类型:悬浮密实结构,骨架空隙结构,骨架密实结构,如图8.1所示。

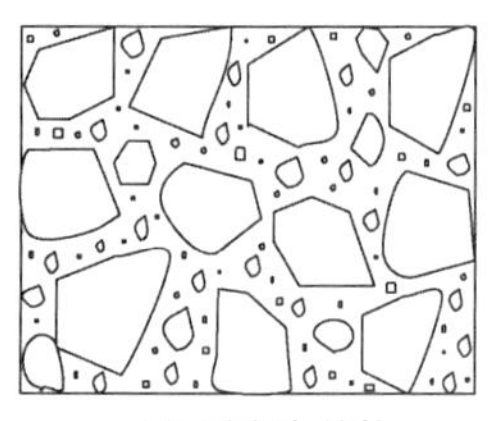

a)悬浮密实结构

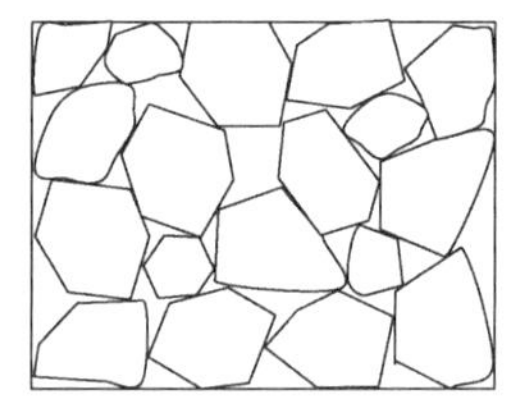

b)骨架空隙结构

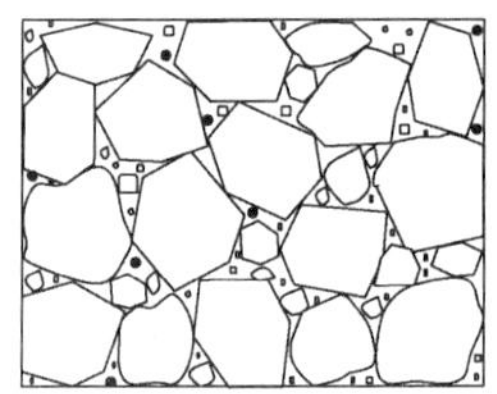

c)骨架密实结构

图8.1 基于嵌挤与密实原则的沥青混合料3种结构类型

多尺度图分法认为,沥青混合料中的沥青胶结料和集料的粒度组成(如细砂、粗骨料),在沥青混合料的结构组成和力学行为中发挥的作用也不尽相同,沥青混合料的结构组成可用多尺度图像分析法(multiple scale imaging analysis,简称多尺度图分法)来认识,通过CT扫描技术区分3个尺度的图像:沥青混合料尺度(mixture scale),沥青砂浆尺度(mortar scale),沥青胶浆尺度(mastic scale),如图8.2所示。

嵌挤密实法和多尺度图分法,有助于直观形象地认识沥青混合料的结构组成特性,对深化认识沥青混合料的拌和流动特性、压实特性、强度构成特性、常温工作态的流变特性和工程技术应用特性,具有重要意义。目前常用的沥青混合料类型主要有:

- AC——沥青混凝土,主要是悬浮密实结构;

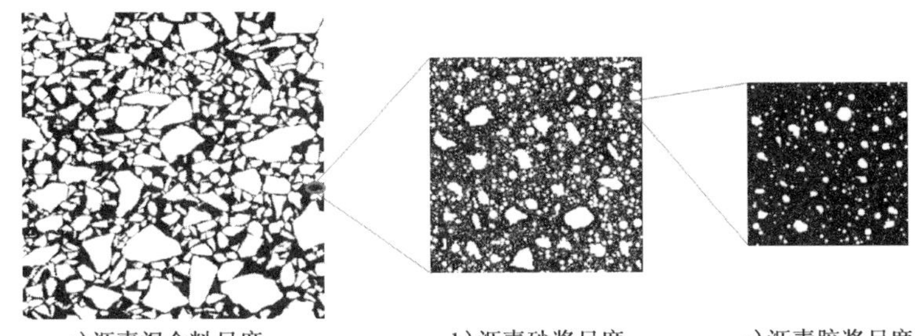

图 8.2　沥青混合料的多尺度图分法

- SMA——沥青玛蹄脂碎石混合料(原英文含义:沥青浆碎石混合料),主要是骨架密实结构;
- OGFC——开级配沥青磨耗层,主要是骨架空隙结构,空隙率≥17%;
- ATB——沥青稳定碎石,主要是骨架空隙结构,骨架空隙介于 AC 和 OGFC 之间;
- 贯入式沥青混合料、沥青表处如沥青稀浆封层或微表处 VBC(改性沥青稀浆封层),等。

这些沥青混合料由于其结构组成特性不同,其强度构成 c-φ 值会表现出具有差别化的比例,c-φ 值会出现"此消彼长"的现象,如沥青用量的增加,会适度提高沥青胶浆的 c 值,但由于沥青的润滑作用则会降低集料间的摩阻力即 φ 值。c-φ 值始终伴随着沥青混合料的整个寿命周期,直接影响着沥青混合料的拌和、压实、强度构成和其他流变特性。

§8.2　沥青的流变性质

沥青是一种十分重要的路面材料,其物理形态和力学性质受到温度的影响很大,又是一种典型的温敏性材料。从沥青路面的工作环境看,在夏季高温季节,路表温度可达 60 ~ 70℃,在冬季寒冷季节通常为 -10 ~ -20℃,甚至在极寒地区降到 -40 ~ -50℃;从沥青混合料的生产制备及至路面成型看,混合料的温度经历拌和温度(160 ~ 180℃)向成型温度(50 ~ 60℃)的转变过程中,其物理形态也由高温流动态转变为常温工作态,转变的本质原因在于沥青由流体逐渐变为固体,最终形成沥青路面的工作状态;从沥青自身的生产、运输、再加工等方面看，一般也要求温度达到120℃左右，以保证其流动性。

可见，沥青从工厂生产到工程应用覆盖了很大的温度范围，其物理形态和力学性质也发生了根本性的变化，这为考察沥青的流变特性带来极大的不便。关于沥青的流变特性，国内外学者开展了大量研究，已有大量文献资料，本书对此不再赘述。本书重点从沥青的工程技术特性、高温时的纯黏性流动、常温时的弹黏性特性和流变特性的区域划分等方面加以简要介绍，以期读者对沥青的流变特性有一个基本认识。

8.2.1 沥青的工程技术特性

沥青的工程技术特性主要是指5个方面的性能：黏滞性、黏附性、延展性、感温性、耐久性，基本上反映了沥青的技术应用特性。黏滞性描述的是沥青的黏性性质，遵循了流变学原理，通常采用黏度指标；黏附性是一个界面相互作用问题，主要是指沥青在石质矿料表面的黏结附着效果；延展性最直观、最形象的描述就是沥青的延度，由于沥青在一定温度下具有显著的黏韧性，在外力作用下会发生很大的拉伸舒展变形，与固体材料的简短变形有很大不同；感温性亦称温敏性，是沥青的技术性能和力学特性随温度的变化程度，变化越大说明感温性越强，如针入度和黏度；耐久性反映的是沥青的抗老化性能，主要是指沥青在光照、氧气、温度交替变化作用下自身诸多性质的变化，变化越小说明其耐久性越好。

例如，沥青通常采用的工程技术指标有：针入度、软化点、延度、密度、含蜡量、老化试验、动力黏度、针入度指数、黏温曲线等，其中最主要的是三大指标（针入度、软化点、延度）及其老化性能变化。随着试验温度 T 的变化，沥青会发生如下一些变化：

动力黏度 η　　$\lg\eta = b_1 - a_1 T$

针入度 P　　$\lg P = b_2 + a_2 T$

劲度模量 S　　$\lg S = b_3 - a_3 T$

密度 γ　　$\gamma = b_4 - a_4 T$

式中：T——试验温度；

a_i、b_i——$a_i>0$、$b_i>0$ 为试验结果的回归常数，a_i反映了沥青的感温性（$i=1$、2、3、4……）。

事实上，当沥青的温度为环球法软化点 T_{BA} 时，针入度在 600 ~ 1000（0.1mm）之间，通常取其平均值 800 用于数值分析。25℃时的针入就是通常所说的沥青标号的针入度，用 P_{25}表示。沥青的针入度与温度的关系式$\lg P=b_2+a_2T$ 的示意图见图 8.3，且存在如下关系式：

$$a_2=\frac{\lg P_1-\lg P_2}{T_1-T_2}=\frac{1}{50}\times\frac{20-PI}{10+PI}$$

式中：PI——沥青的针入度指数（Penetration Index）；

P_1——对应试验温度 $T_1=T_{BA}$（环球法软化点）的针入度值，取 $P_1=800$；

P_2——试验温度 $T_2=25$℃的实测针入度值，$P_2=P_{25}$。

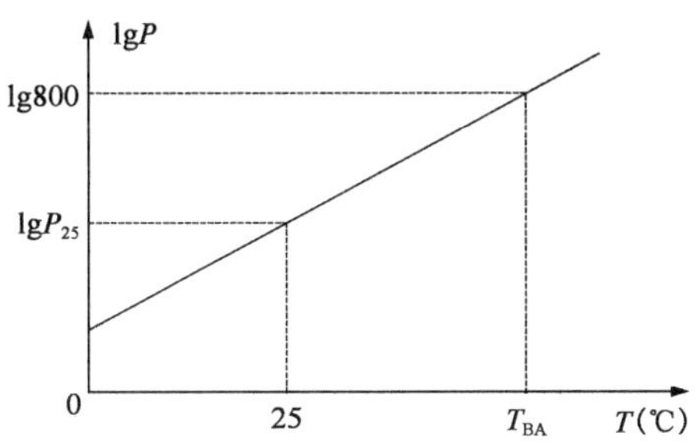

图 8.3 沥青针入度与试验温度的关系

从而在研究和分析沥青的工程技术性能时，通常会引入如下一些概念及公式：

沥青的针入度指数 $PI=\dfrac{20-500a_2}{1+50a_2}$

沥青的当量软化点 $T_{800}=\dfrac{\lg 800-b_2}{a_2}$

沥青的当量脆点 $T_{1.2}=\dfrac{\lg 1.2-b_2}{a_2}$

沥青的塑性温度范围 $\Delta T=T_{800}-T_{1.2}$

此外，对沥青进行老化试验，如压力老化试验 PAV、旋转薄膜烘箱加热试验 RTFOT 等,通过对老化前后的上述技术指标进行对照分析,可以进一步考察沥青的抗老化性能。

8.2.2 高温流体沥青的黏性性质

在较大的温度范围内(如 -10 ~ 180℃),沥青的物理形态和力学性质会有很大的差别。沥青在低温时为具有一定脆性的弹性固体,在常温时为黏弹性体,在高温流动态时为牛顿体(见后续流变性质的区域划分)。与水泥混凝土、水泥稳定碎石混合料等其他路面材料相比,沥青在工程应用中的最大技术特点就是具有黏滞性。因此,首先需要探讨一下沥青的黏性及黏度。

一般情况下,当温度达到 80℃时,沥青即可变为易于作业的流体。流体沥青的黏度测试通常采用旋转黏度计,并通过绘制流变图(注:流变图为剪切应力 τ 与剪切速率 D 的坐标图,即 τ-D 图),分析其流动变形特性。现对橡胶沥青、SBS 改性沥青、基质沥青、Evotherm 温拌沥青和 ACMP 温拌沥青(常规技术指标见表 8.1)进行旋转剪切试验,采用布洛克菲尔德黏度计(Brookfield),选用不同的转子、变化不同的转速,在不同温度下测试了这些沥青的布氏黏度,绘制了流变图,如图 8.4 所示。由流变图可以看出:

(1)流体沥青在 τ-D 图中,所有试验结果都具有很好的线性相关性,且基本上都过坐标原点,表明沥青的力学性质服从牛顿黏性定律 $\sigma = \eta\dot{\varepsilon}$,沥青为牛顿体;

(2)对于牛顿体而言,图中每一条直线的斜率即表示了该温度下沥青的黏度 η;

(3)随着温度的升高,流变图中直线的斜率减小,说明沥青的黏度 η 随温度 T 的升高而减小,且在半对数坐标系 $\lg\eta$-T 中大致具有线性关系(图 8.5);

(4)与基质沥青相比,橡胶沥青和 SBS 改性沥青具有较高的黏度,表面活性剂的 Evotherm 温拌沥青的黏度没有变化,降黏型的 ACMP 温拌沥青的黏度较小,反映了沥青种类和性质的影响(图 8.5 和图 8.6)。

另外,也有研究表明,对于聚合物改性沥青,上述牛顿定律不成立,也即高温流动态时聚合物改性沥青在流变图中并非是直线,其斜率即黏度会随剪切速率增加而减小或波动,表现出一定的伪塑性。目前,对于这样的认识,需要应用更加精密的流变仪,拓展试验研究,进一步加以验证。

沥青常规技术指标的测试结果　　表 8.1

技术指标		橡胶沥青	SBS 改性沥青	基质沥青	Evotherm 温拌沥青	ACMP 温拌沥青
针入度(25℃,100g,5s)(0.1mm)	25℃	61.2	74.2	70.6	71.4	—
	15℃	—	—	—	—	83.2
延度(cm)	15℃	60.9	—	>150	—	—
	10℃	—	—	82.6	40.8	135.5
	5℃	—	36.7	—	—	—
软化点(℃)		68.7	68.4	48.0	47.9	43.8
密 度(15℃)(g·cm^{-3})		1.004	1.101	1.031	1.028	1.023

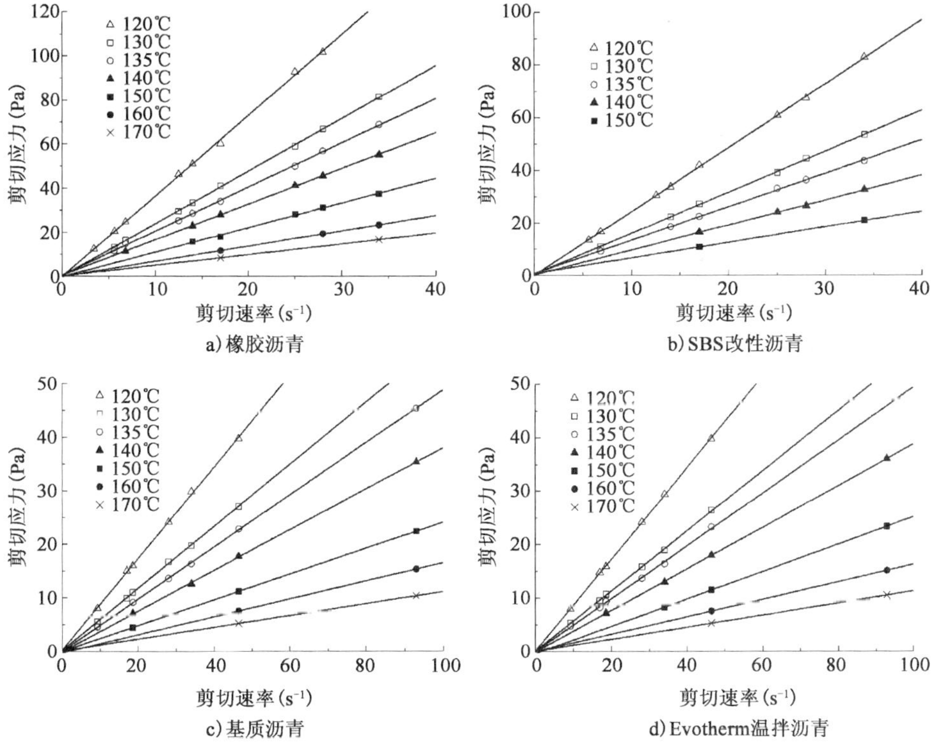

a)橡胶沥青

b)SBS改性沥青

c)基质沥青

d)Evotherm温拌沥青

图 8.4　不同温度下 4 种不同性质沥青的流变图

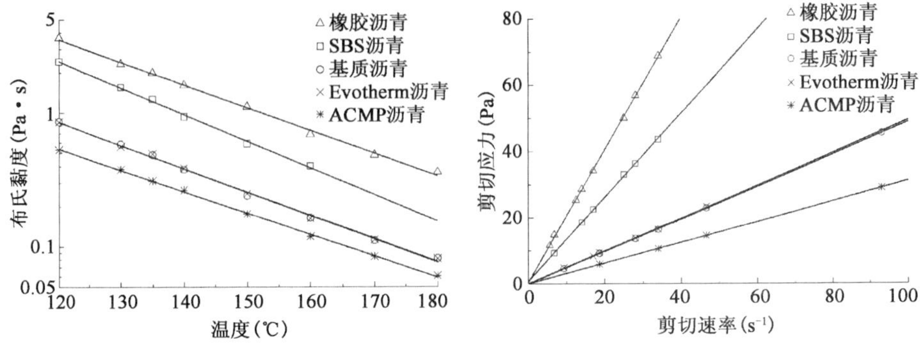

图 8.5　不同沥青的黏温曲线图　　　　图 8.6　不同沥青在 135℃时的流变图对比

8.2.3　常温固体沥青的弹黏性特性

通常情况下,当沥青温度从 5℃逐渐升高到 80℃时,其物理形态也由硬质固体逐渐变为软质固体乃至近黏稠流体。沥青在常温固态时的力学性质为黏弹性,表征黏弹性最简单的流变模型便是 1 个弹簧和 1 个黏壶的串联或并联组合,即 Maxwell 模型和 Kelvin-Voigt 模型。由于 Kelvin-Voigt 模型不具有应力松弛特性,所以一般采用 Maxwell 模型来分析沥青的黏弹性特性,回顾 Maxwell 模型的本构方程如下:

$$\dot{\varepsilon} = \frac{\dot{\sigma}}{E} + \frac{\sigma}{\eta} \tag{8.1}$$

式中:E——弹簧的弹性模量;

η——黏壶的黏性系数。

利用 Maxwell 模型来分析沥青的黏弹性特性,目前常见的试验方法分为 2 种:静态试验法和动态试验法。静态试验是设定加载速率的简单拉压试验,用以考察沥青的劲度模量;动态试验则以余弦波振荡加载,可用动态剪切流变仪法即 DSR 法(Dynamic Shear Rheometer),用以考察沥青的复数模量。

(1)沥青的静态黏弹性解

静态加载试验时,采用控制应变法,设定加载应变速率为 D,则加载应变

为 $\varepsilon(t)=Dt$，加载速率为 $\dot{\varepsilon}=D$，其中 t 为加载时间，如图 8.7 所示。将这些试验条件代入式(8.1)，得到微分方程：

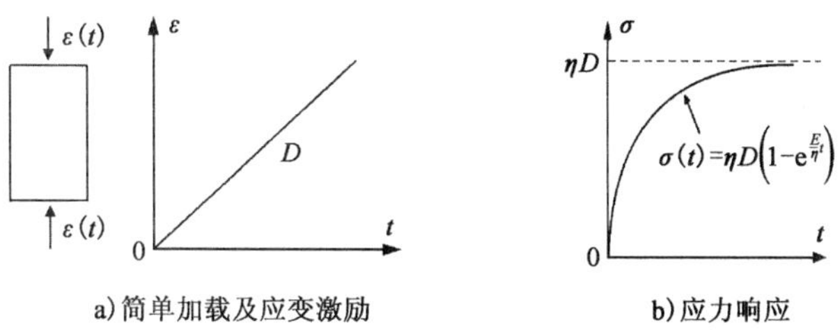

a)简单加载及应变激励　　b)应力响应

图 8.7　控制应变静态加载路径及应力响应示意图

$$\dot{\sigma}+\frac{E}{\eta}\sigma=ED \tag{8.2}$$

解此微分方程，得通解：

$$\sigma(t)=C\mathrm{e}^{-\frac{E}{\eta}t}+\eta D$$

边界条件：$\sigma(t\to0)=0$，则有 $C=-\eta D$。由此得到随时间变化的应力解(图 8.7)，亦即在简单加载应变激励 $\varepsilon(t)=Dt$ 下的应力响应方程：

$$\sigma(t)=\eta D\left(1-\mathrm{e}^{-\frac{E}{\eta}t}\right)=\eta D\left(1-\mathrm{e}^{-\frac{t}{\tau_{\mathrm{r}}}}\right) \tag{8.3}$$

式中：τ_{r}——$\tau_{\mathrm{r}}=\dfrac{\eta}{E}$ 为松弛时间。

劲度模量 $S(t)$ 定义为应力应变曲线上任意一点处的切线模量，即一阶导数：

$$S(t)=\frac{\mathrm{d}\sigma}{\mathrm{d}\varepsilon}=\frac{\frac{\eta D}{\tau_{\mathrm{r}}}\mathrm{e}^{-\frac{t}{\tau_{\mathrm{r}}}}\mathrm{d}t}{D\mathrm{d}t}=\frac{\eta}{\tau_{\mathrm{r}}}\mathrm{e}^{-\frac{t}{\tau_{\mathrm{r}}}}=E\,e^{-\frac{t}{\tau_{\mathrm{r}}}}$$

简化后，劲度模量 $S(t)$ 为：

$$S(t)=E\mathrm{e}^{-\frac{E}{\eta}t} \tag{8.4}$$

同时由式(8.4)可以看出，劲度模量也与力学参数——黏度 η 有关，而黏度又对温度 T 十分敏感，所以通常将劲度模量表示为 $S(t,T)$，即考虑了温度的影响。注意：温度只是一个影响因素，而不是力学参数。

(2)沥青的动态黏弹性解及复数模量

动态加载试验时,同样采用控制应变法,设定加载应变为 $\varepsilon(t)=\varepsilon_0\sin\omega t$,则加载速率为 $\dot{\varepsilon}(t)=\omega\varepsilon_0\cos\omega t$,其中,$\omega$ 为角速率,t 为加载时间。将这些试验条件代入式(8.1),得到微分方程:

$$\dot{\sigma}+\frac{E}{\eta}\sigma-E\omega\varepsilon_0\cos\omega t=0 \tag{8.5}$$

令:$\sigma(t)=A\sin\omega t+B\cos\omega t$,则有 $\dot{\sigma}(t)=A\omega\cos\omega t-B\omega\sin\omega t$,其中,$A$ 和 B 为待定常数。

将上式 $\sigma(t)$ 和 $\dot{\sigma}(t)$ 代入式(8.5)中,得:

$$A\omega\cos\omega t-B\omega\sin\omega t+\frac{E}{\eta}A\sin\omega t+\frac{E}{\eta}B\cos\omega t-E\omega\varepsilon_0\cos\omega t=0$$

或

$$\left(A\omega+\frac{E}{\eta}B-E\omega\varepsilon_0\right)\cos\omega t+\left(\frac{E}{\eta}A-B\omega\right)\sin\omega t=0$$

解方程组:

$$\begin{cases}A\omega+\dfrac{E}{\eta}B-E\omega\varepsilon_0=0\\ \dfrac{E}{\eta}A-B\omega=0\end{cases}$$

得:

$$\begin{cases}A=\dfrac{E\,\eta^2\omega^2\varepsilon_0}{E^2+\eta^2\omega^2}\\ B=\dfrac{E^2\eta\omega\varepsilon_0}{E^2+\eta^2\omega^2}\end{cases}$$

故有应力解:

$$\sigma(t)=\frac{E\,\eta^2\omega^2\varepsilon_0}{E^2+\eta^2\omega^2}\sin\omega t+\frac{E^2\eta\omega\varepsilon_0}{E^2+\eta^2\omega^2}\cos\omega t \tag{8.6}$$

或结合加载应变 $\varepsilon(t)=\varepsilon_0\sin\omega t$ 和 $\dot{\varepsilon}(t)=\omega\varepsilon_0\cos\omega t$,式(8.6)可改写为:

$$\sigma(t)=N_1\varepsilon(t)+N_2\dot{\varepsilon}(t) \tag{8.7}$$

式中,$N_1=\dfrac{E\eta^2\omega^2}{E^2+\eta^2\omega^2}$;$N_2=\dfrac{E^2\eta}{E^2+\eta^2\omega^2}$。

或引入松弛时间$\tau_r=\dfrac{\eta}{E}$,则有:$N_1=\dfrac{E\omega^2\tau_r^2}{1+\omega^2\tau_r^2}$,$N_2=\dfrac{\eta}{1+\omega^2\tau_r^2}$。

由式(8.7)可知,应力流动 $\sigma(t)$是由弹性和黏性两部分组成的。

同理,任意时刻的劲度模量为:

$$S(t)=\frac{\mathrm{d}\sigma}{\mathrm{d}\varepsilon}=\frac{(A\omega\cos\omega t-B\omega\sin\omega t)\mathrm{d}t}{\omega\varepsilon_0\cos\omega t\mathrm{d}t}=\frac{E\eta\omega}{E^2+\eta^2\omega^2}(\eta\omega-E\tan\omega t)$$

事实上,以动态加载来考察劲度模量已不具有任何意义,因为此时应力应变轨迹呈闭合圈且为微小变形,见图8.8。为了研究沥青的刚度,用较大变形的静态加载来考察劲度模量 $S(t)$,用微小变形的动态加载来考察复数模量 $E^*(\omega)$。复数模量的定义及求解,详见第6章6.4节,此处应用复变函数中的卡松变换(Casson transform)和黏弹性力学中的对应性原理,用另一种方法求解 Maxwell 模型的复数模量。

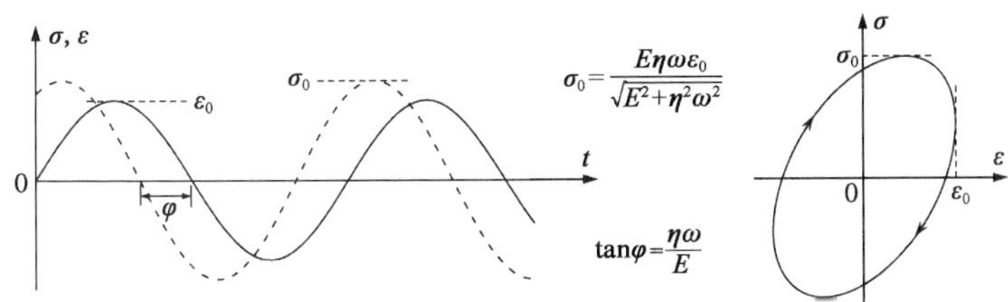

图8.8 正弦振荡激励与响应及应力应变轨迹闭合圈

若实函数$f(t)$的像函数 $\tilde{f}(p)$:$\tilde{f}(p)=\int_0^{\infty}pe^{-pt}f(t)\mathrm{d}t$,其中,$p=i\omega$ 为复数。

据弹性-黏弹性的对应性原理,有:

$$\tilde{\sigma}(p)=E^*(i\omega)\tilde{\varepsilon}(p) \tag{8.8}$$

式中:$E^*(i\omega)$——复数模量。

求 $\varepsilon(t)=\varepsilon_0\sin\omega t$ 和式(8.6)所示 $\sigma(t)$的卡松变换像函数值 $\tilde{\varepsilon}(p)$和

$\tilde{\sigma}(p)$,得:

$$E^*(i\omega)=\frac{\tilde{\sigma}(p)}{\tilde{\varepsilon}(p)}=\frac{B+iA}{\varepsilon_0}=\frac{E\eta^2\omega^2}{E^2+\eta^2\omega^2}+i\frac{E^2\eta\omega}{E^2+\eta^2\omega^2}$$

即复数模量$E^*(i\omega)=E_1(\omega)+iE_2(\omega)$,详见第6章6.4节。

式中:E_1——$E_1=\dfrac{E\eta^2\omega^2}{E^2+\eta^2\omega^2}$,复数实部,代表沥青的弹性部分,表示弹性能量释放;

E_2——$E_2=\dfrac{E^2\eta\omega}{E^2+\eta^2\omega^2}$,复数虚部,代表沥青的黏性部分,表示黏性能量耗散。

同时定义 $\tan\delta=E_2/E_1$,δ 为相位角,使得激励 $\varepsilon(t)=\varepsilon_0\sin\omega t$ 时,响应 $\sigma(t)=\sigma_0\sin(\omega t+\delta)$。

另外,复数模量也等于某个时刻点$(i\omega)$的松弛函数的卡松变换值,即:

$$E^*(\omega)=\tilde{R}(i\omega)$$

式中:R——松弛函数,$R(t)=Ee^{-\frac{E}{\eta}t}$。

对上式松弛函数 $R(t)$进行卡松变换,得 Maxwell 模型的复数模量为:

$$\tilde{R}(i\omega)=\int_0^{\infty}i\omega e^{-i\omega t}Ee^{-\frac{E}{\eta}t}dt=\frac{E\eta^2\omega^2+iE^2\eta\omega}{E^2+\eta^2\omega^2}=E^*(\omega)$$

亦即:$E^*(i\omega)=E_1(\omega)+iE_2(\omega)$,式中 E_1、E_2同前。

8.2.4 沥青的流变性质区划

如前所述,沥青从冶炼、运输、储存到使用涵盖了很大的温度范围,其物理形态从脆性体、硬质体、软质体到黏流体逐渐变化,相应地其力学性质也发生了根本性的变化。首先,流体沥青在总体上为牛顿体,即在流变图中剪切应力随剪切速率为过坐标原点的正斜率直线,或者说黏度为常数,但黏度的这个常数范围受到试验温度的很大限制,如温度较低时,黏度系数只在很小的加载速率下存在,亦即温度较低时,只有在加载速率很小时,沥青方为牛顿体(图8.9)。

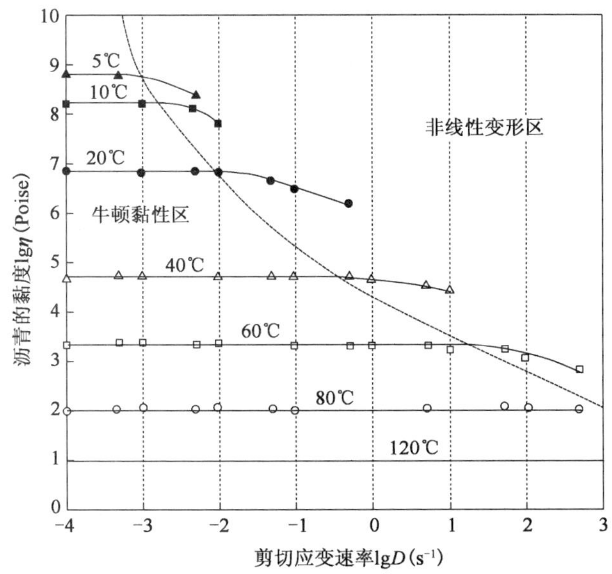

图 8.9 沥青的黏度等温线及牛顿黏性域(10Poise = 1Pa · s)

综合国内外的研究成果,在温度和变形量坐标中,对沥青的流变性质进行区域划分,见图 8.10,可全景式地认识沥青的流变性质,这种划分方法称之为沥青的流变性质区划。划分方法主要根据温度把沥青的物理性状划分为脆性、延展性、流动性 3 个区域;再根据变形量把力学性质划分为弹性、黏弹性、牛顿黏性 3 个区域,见表 8.2。需要说明的是,高温流动态时,沥青的弹性应变极限 ε_e 有时会不存在。

沥青流变性质的区域划分及代表性力学参数 表 8.2

变形量 L	温度 T		
	$T < T_g$	$T_g < T < 80℃$	$T > 80℃$
$L > K_c$	脆性	延展性,非牛顿体	流动性,非牛顿体
$\varepsilon_e < L < K_c$	脆性,非线性黏弹性	延展性,非线性黏弹性	流动性,牛顿黏性流:η
$L < \varepsilon_e$	脆性,弹性固体:E	延展性,线性黏弹性:E^*	流动性,线性黏弹性:E^*

注:ε_e-弹性应变极限;K_c-断裂韧度,发生裂纹扩展时应力强度因子的临界值;T_g-玻化温度;E-弹性模量;E^*-复数模量;η-动力黏度。

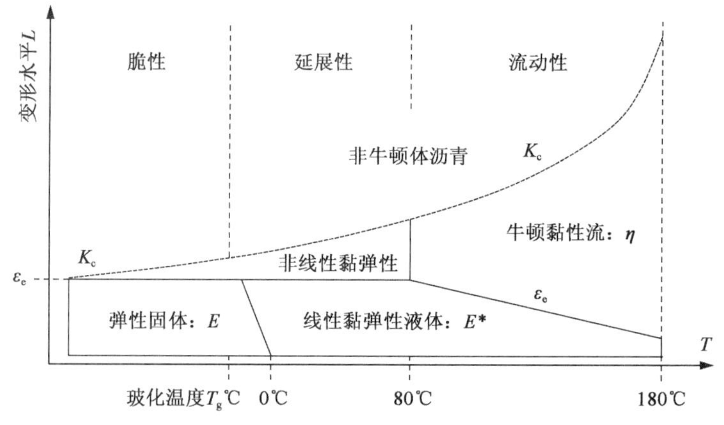

图 8.10　基于温度与变形量的沥青流变性质区域划分

§8.3　沥青混合料的拌和流动性

沥青在使用过程中,一般和碎石材料拌和在一起,制备成沥青混合料,主要用于沥青路面的铺筑。为了保证路面沥青层的铺筑质量,沥青混合料需要在高温状态下进行拌和、摊铺、碾压,整个生产作业过程需要保证其具有一定的塑性流动特性,以保证每个作业工序的可操作性(或称和易性)及至最终的质量控制。同时,研究沥青混合料的拌和流动性,也有助于深化认识沥青混合料的强度构成起源及其演变机理。事实上,由纯塑性内摩阻的碎石和纯牛顿黏性流的沥青拌和而成的沥青混合料,由于细砂和矿粉的存在,在拌和过程中会产生新的物质——沥青砂浆和沥青胶浆(图 8.2),从而形成了粗集料、细集料、沥青砂浆、沥青胶浆和沥青的混合体,相互嵌挤咬合、润滑黏结,共同构成了沥青混合料的强度特性。因此,研究认识沥青混合料的拌和流动特性、进而考察其和易性,对于控制施工质量、深化认识其强度构成特性的演变机理,具有十分重要的现实意义和理论意义。

沥青混合料的拌和流动性分析,主要是回答 2 个问题:一个是拌和流动所服从的流变模型,即认识拌和流动的力学性质问题;另一个是评价拌和作业操作的难易程度,即通常所说的和易性问题。前一个问题是后一个问题的

理论依据，后一个问题是在前一个问题的流变理论基础上，利用相关流动参数来分析拌和的和易性，亦即和易性指数 I_w。和易性指数越大，沥青混合料越容易拌和，有利于施工作业操作，保证路面工程质量。

和易性指数 I_w 的理论定义和试验分析，是一项最新的研究成果。虽然传统技术上较早提出了对沥青混合料拌和和易性的属性要求，但长久以来仍然只是一个抽象的定性概念，而没有形成具体的定量指标。近 20 年来的试验研究，陆陆续续地提出了许多定量评价方法，如力法、扭矩法、能量法或称功率法等，目前使用较好的是拌和功率法，能够提供稳定可靠的试验数据。下面通过介绍变速拌和试验原理、分析变速拌和流变图及流变模型、定义和易性指数 I_w 等方面的内容，认识沥青混合料的拌和流动性。

(1)变速拌和试验原理

为了研究沥青混合料的拌和流动性，最简单的方法就是按照第 3 章 3.1 节的介绍，建立流变图：横坐标为拌和速率，纵坐标为拌和剪切应力、拌和力(扭矩)、或拌和功率(能量)等，进而分析拌和流动变形特性及流变模型。变速拌和试验据此基本原理，实现不同速率下的拌和及其功率测试，从而建立"拌和功率-拌和速率"流变图。

沥青混合料拌和的难易程度，直观感觉就是在一定条件下拌和所耗费的有功功率的大小，耗费功率越大越难以拌和，耗费功率越小越易拌和。这种难易程度的表达也可用拌和扭矩的大小来表征，但在实际操作中发现，扭矩传感器千差万别，价格昂贵，安装复杂，特别是扭矩传感器的标定十分困难，不便于推广应用。因此，基于沥青混合料现有的常规拌和设备而开发的变速拌和试验装置便显得尤为简单实用。

高温沥青混合料在拌和流动时，表现出十分明显的黏性性质。一切黏性物质的力学特性必然与激励速率有关，且具温度敏感性。因此，变速拌和试验装置的研发，必须强调拌和速率和温度控制，并实现混合料拌和的有功功率测试，试验装置主要由变速拌和系统、功率测试系统、数据存储系统组成。

- 变速拌和系统：对常规沥青混合料拌和设备采用了较大功率的三相异

步电动机，通过设置变频变速器实现拌和公转速率的变化，设置数字式拌和速率调节控制面板，调速范围为 15 ~ 55r · min^{-1}。

- 功率测试系统：通过电流、电压、有功功率、无功功率 4 个模块的数字式电量变送器的集成，形成功率测试系统或测试箱，内置闪存芯片，外联 USB 数据接口，并按电工学原理连接到电动机的接线端子，实现拌和功率测试。电量变送器具有优异的可靠性和长期稳定性，测试误差小于 0.25%，工作温度范围为 -5 ~ 55℃，响应时间小于 400ms。
- 数据存储系统：数据存储系统内嵌于功率测试箱中，与功率测试系统相匹配，四通道分别测试电流、电压、有功功率和无功功率，内置 CPU 闪存芯片，采样周期为 1 ~ 240s 可调，存储容量为 8Mbits，USB 数据接口可转存为 Excel 数据格式，工作温度为 0 ~ 50℃。

(2) 变速拌和功率测试结果

从宏观认识来看，影响沥青混合料拌和和易性的主要因素有：拌和温度、沥青种类、沥青用量和级配类型等，其中级配类型是指沥青混凝土 AC、沥青玛蹄脂碎石混合料 SMA、开级配沥青抗滑表层 OGFC 等，沥青种类是指沥青的性质如基质沥青、橡胶沥青、SBS 改性沥青、温拌沥青等。所以针对这些影响因素，在不同拌和温度（140 ~ 180℃）和不同拌和速率（20 ~ 50r · min^{-1}）下进行拌和功率测试，测试的重复再现误差为 0.25%，测试数据稳定可靠，可以用来表征沥青混合料的拌和功率。分析采用的沥青混合料种类及最佳沥青用量见表 8.3，不同沥青混合料的变速拌和功率测试结果见图 8.11。

沥青混合料种类及最佳沥青用量 表 8.3

沥青混合料种类	AC-13	AC-20	SMA-13	OGFC-13	ATB-25
最佳沥青用量（%）	5.0	4.3	6.0	4.6	3.7

由此可见，在流变图“拌和功率-拌和速率”中（图 8.11），沥青混合料的拌和流动性具有很好的几何线性相关性，表现为一条不过坐标原点，斜率和截距均大于零的直线，称为拌和流动的模型直线。显然，模型直线的几何参数（截距和斜率）受混合料组成变量（a，b，ω）和拌和温度（T）的影响，影响效应见式（8.9），并由此得到以下两点重要认识：

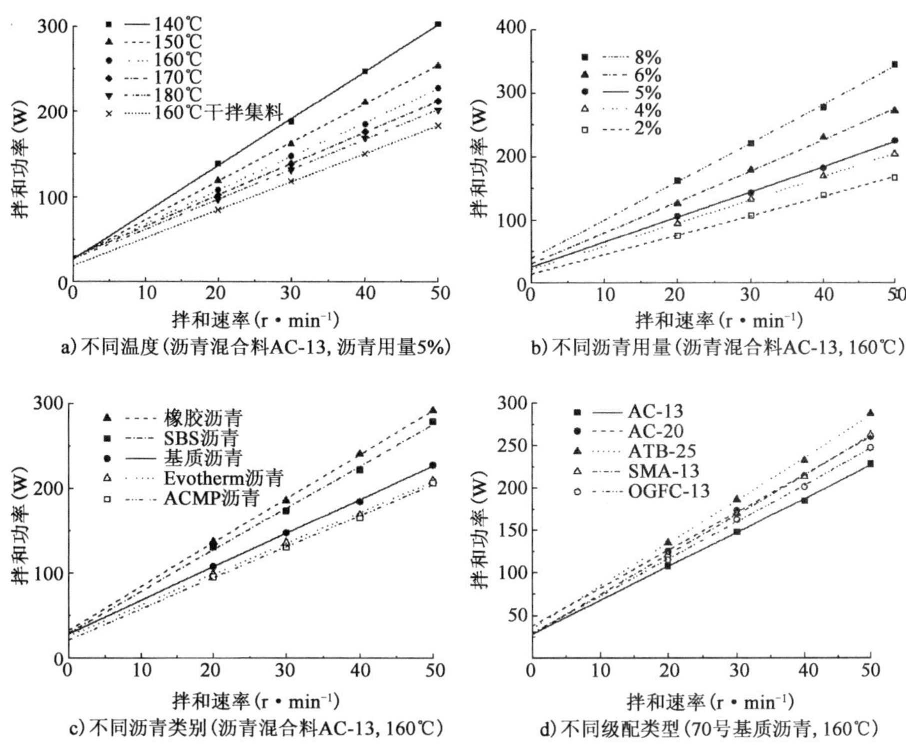

图8.11　不同种类沥青混合料的变速拌和流变图

- 核心点就是沥青混合料的拌和流动特性服从线性关系,可用下式表示,分析示意图如图8.12所示:

$$P(\omega,\ a,\ b,\ T)\ =\ F(\omega,a,b)\ +\ \lambda(\omega,\ b,\ T)V \tag{8.9}$$

或简写为:

$$P =\ F\ +\ \lambda V \tag{8.10}$$

式中:P——拌和功率;

F——拌和模型直线的截距,$F>0$;

λ——直线斜率,$\lambda>0$;

V——拌和速率;

ω——沥青用量;

a——集料的级配类型(a-aggregates);

b——沥青种类(b-bitumen);

T——拌和温度。

- 沥青混合料的组成变量(a、b、ω)和拌和温度(T)对模型直线的影响具体体现为,模型直线的截距 F 受沥青用量、级配类型和沥青种类的影响,即有 $F(\omega、a、b)$,而斜率 λ 则主要受沥青用量、沥青种类和试验温度的影响,即有 $\lambda(\omega、b、T)$,一定程度上反映了沥青混合料强度构成的内在本质。

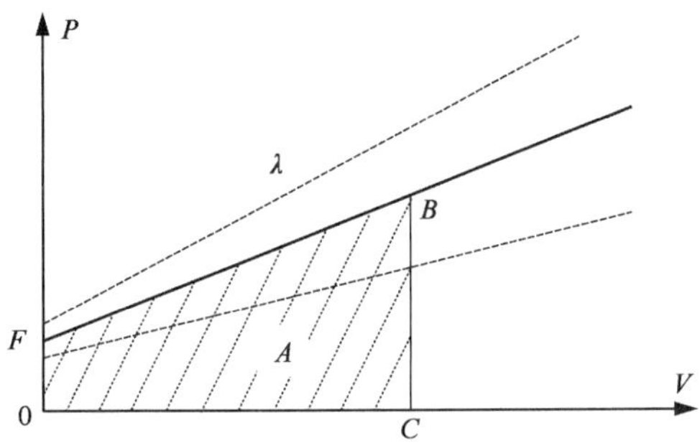

图 8.12 沥青混合料拌和流动特性及和易性指数分析

(3)拌和流动性的流变模型

在流变学中,通常把剪切应力 τ 和剪切应变速率 D 的坐标图定义为流变图,即 τ-D 图。显然,从物理意义上讲,剪切应力与拌和功率、剪切应变速率和拌和速率具有对应关系,所描述的流变特性也具有一致性,只是定量取值存在差别而已。在沥青混合料的拌和流变图(P-V 图)中,如图 8.12 所示,拌和功率与拌和速率为一条不过坐标原点的直线,其流变特性为典型的线性黏塑性特性,最简单的分析模型便是宾汉模型(Bingham model),由 1 个黏壶和 1 个滑块并联组成(图 8.13),本构方程为:

$$\tau = f_B + \eta_B D \tag{8.11}$$

式中:τ——剪切应力;

D——剪切应变速率;

f_B——原始内在塑限;

η_B——动力黏度。

对照分析式(8.10)和式(8.11)的物理意义,发现二者具有完全一致的对

应性，说明沥青混合料的拌和流动特性服从 Bingham 黏塑性模型，模型直线的斜率表示沥青混合料的拌和黏度，截距表示拌和的原始内在塑限。由于此时式(8.10)中的参数和变量仍然为物理量，不具有完全意义上的力学量纲，所以定义 F 为广义拌和塑限(简称拌和塑限)，λ 为广义拌和黏度(简称拌和黏度)，并称 F 和 λ 为拌和流动参数。拌和黏度 λ 具有与沥青相类似的黏温曲线，在半对数坐标系中随温度升高而呈直线衰减的变化规律，见图 8.14。

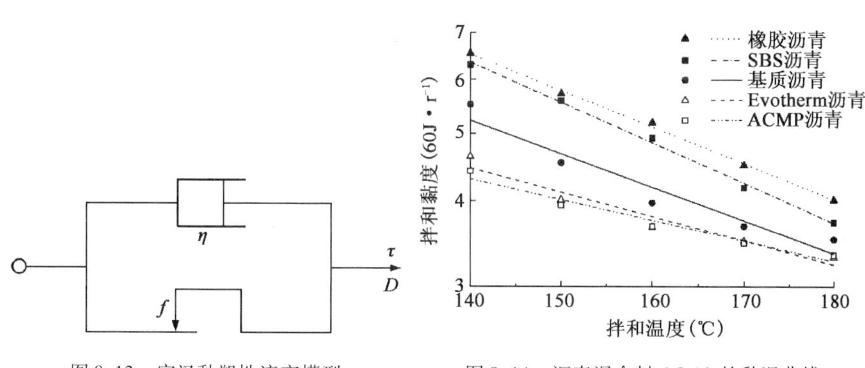

图 8.13 宾汉黏塑性流变模型　　图 8.14 沥青混合料 AC-13 的黏温曲线

总而言之，沥青混合料的拌和流动性服从最简单的线性黏塑性流变模型——宾汉模型(图 8.13)，其本构方程及对应参数见表 8.4，拌和黏度具有与沥青相类似的黏温曲线。

沥青混合料服从宾汉黏塑性流动的本构方程及对应参数　　表 8.4

流变模型类别	Bingham 流变模型	沥青混合料的拌和流变模型
本构方程	$\tau = f_B + \eta_B D$	$P = F + \lambda V$
模型变量	τ——剪切应力(MPa)； D——剪切应变速率(s^{-1})	P——拌和功率(W)； V——拌和速率($r \cdot min^{-1}$)
模型参数	f_B——原始内在塑限(MPa)； η_B——动力黏度($MPa \cdot s^{-1}$)	F——拌和塑限(W)； λ——拌和黏度($60J \cdot r^{-1}$)

注：拌和黏度 λ 的量纲为 $W \cdot (r \cdot min^{-1})^{-1} = 60J \cdot r^{-1}$

(4)拌和和易性指数 I_w

长期以来，沥青混合料的施工和易性只是一个抽象的定性概念，没有一个定量评价指标，仅仅停留在一个宏观属性的要求上，因此，基于黏塑性流变理论，提出和易性指数(I_w)显得十分必要。分析沥青混合料拌和流动性所服从的宾汉模型,2 个模型参数对应两个拌和流动参数,是 2 个关键参数(图 8.11),即拌和黏度(λ)和拌和塑限(F)二者共同决定了沥青混合料的拌和和易性。拌和黏度越小,拌和塑限越小,拌和耗费的功率也越小,和易性也越好,反之亦然。为了综合考察 λ 和 F 对和易性的影响,类似弹性应变能的积分原理,可在 P-V 图中取拌和流动直线对拌和速率坐标轴的积分面积 A 来累计拌和功,如图 8.12 中的面积 OFBC,并定义其倒数的百分率为沥青混合料在一定温度和速率下的拌和和易性指数 I_w,即:

$$I_w = f(\lambda, F) = \frac{1}{A(\lambda, F)} \times 100\% \tag{8.12}$$

分析图 8.11 所示的拌和流变图,可以发现:随着拌和温度的升高,沥青混合料的拌和黏度降低,和易性指数增大,拌和更容易实施;随着沥青用量的增加,沥青与矿粉、细砂结合,形成黏度更大的胶结料,从而使得混合料整体的和易性指数降低,增加了拌和的难度;橡胶沥青和 SBS 改性沥青混合料的黏度较大,和易性较差,而 Evotherm 和 ACMP 温拌沥青混合料的拌和黏度较小,和易性较好;对于不同级配类型的沥青混合料,级配粒径越大,拌和的内摩阻力即拌和塑限和拌和黏度都较大,混合料更难以拌和,和易性较差。从强度构成的演变机理来看,碎石的组成特性决定了内在塑性极限,沥青及其粉砂浆的黏性性质决定了黏性强度即牛顿黏性流强度。

例如,采用橡胶沥青、SBS 改性沥青、70 号基质沥青、Evotherm 温拌沥青和 ACMP 温拌沥青,制备成 AC-13C 型沥青混合料,在不同温度下进行变速拌和功率测试试验,绘制拌和流变图如图 8.11 所示,利用式(8.10)进行数值模拟,得到拌和流动参数值(F,λ)见表 8.5。数值模拟的相关系数基本上等于 1,说明拌和流变模型与试验结果具有很好的相关性。在此基础上,按和易性指数的定义式(8.12),计算分析了其变化规律,见图 8.15。综合分析结果表明:

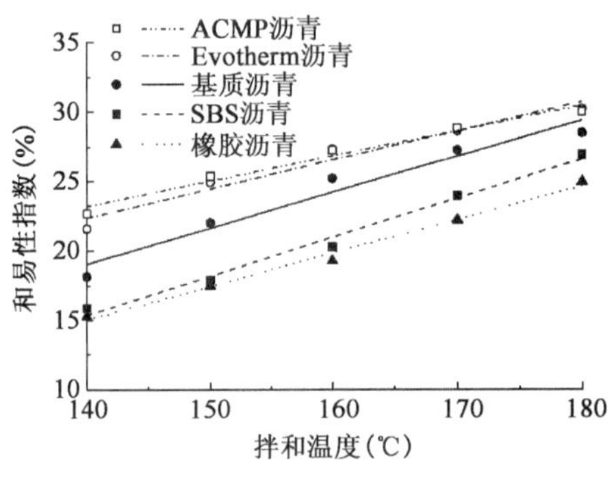

图 8.15 沥青混合料 AC-13 的和易性指数变化

- 拌和塑限 F 值对拌和温度的依赖性很小；
- 拌和黏度 λ 值则对拌和温度十分敏感；
- 黏度较大的橡胶沥青和 SBS 改性沥青，其混合料的黏度较大，和易性较差，而黏度较小的温拌沥青，其混合料则具有更好的和易性。

沥青混合料服从宾汉黏塑性流动本构方程在不同温度下的试验参数示例　　表 8.5

沥青混合料类别	模型参数	拌和温度(℃)				
		140	150	160	170	180
橡胶沥青	F(W)	35.0	33.8	32.4	31.6	33.2
	$\lambda(60\text{J}\cdot\text{r}^{-1})$	6.54	5.72	5.19	4.50	4.01
SBS 沥青	F(W)	31.9	29.0	29.1	33.1	34.0
	$\lambda(60\text{J}\cdot\text{r}^{-1})$	6.30	5.59	4.93	4.18	3.72
基质沥青	F(W)	26.4	27.6	28.3	28.8	26.7
	$\lambda(60\text{J}\cdot\text{r}^{-1})$	5.51	4.54	3.97	3.67	3.51
Evotherm 温拌沥青	F(W)	26.8	24.7	25.8	24.0	24.3
	$\lambda(60\text{J}\cdot\text{r}^{-1})$	4.63	4.01	3.66	3.49	3.31
ACMP 温拌沥青	F(W)	20.2	19.9	21.3	20.3	21.5
	$\lambda(60\text{J}\cdot\text{r}^{-1})$	4.41	3.94	3.67	3.47	3.33

注：拌和黏度 λ 的量纲为 $\text{W}\cdot(\text{r}\cdot\text{min}^{-1})^{-1}=60\text{J}\cdot\text{r}^{-1}$

此外，有些研究中定义的和易性指数为定速条件下扭矩的倒数，虽然为一个定量指标，但单点测试结果误差很大，关键是没有从本质上考虑拌和速率对黏性材料的先天性影响。拌和速率越大，拌和扭矩必然越大，因此，其根本是需要以流变模型为理论依据，引入流动模型参数，考察和易性指数。

§8.4　沥青混合料的压实特性

理论上讲，沥青混合料的拌和、摊铺与压实过程是两个完全相反的过程，是沥青混合料结构稀散化和密集化的两个过程。拌和、摊铺要求沥青混合料具有良好的塑性流动变形或者和易性，其变形主要依赖于沥青粉砂浆（沥青砂浆和沥青胶浆），粗集料则处于滚动摩阻状态；而沥青混合料的压实则要求粗集料颗粒相互之间更加紧密，尽可能地形成致密结构，其变形主要发生在粗集料之间，发生较大的相向位移，此时沥青浆的流动变形却是次要的。下面通过沥青混合料组成结构的三相体系分析、压实变化规律和压实可操作性等 3 个方面，简要介绍沥青混合料的压实特性。

8.4.1 沥青混合料结构三相体系及无量纲参数

沥青混合料由沥青胶结料和级配碎石（或称集料）混合组成，经拌和、摊铺、压实成型为沥青路面，且伴随有一定的空隙率。从沥青混合料的结构组成特性来看，普遍认为：沥青混合料是一种具有空间网络结构的多相分散体系。“分散体系”反映了沥青混合料的颗粒性特征，“多相”则说明混合料通常主要是由空气、沥青、集料三相组成，“网络”描述的是集料骨架和沥青胶浆的空间形态。因此，从宏观上来讲，沥青混合料是一种由空气、沥青、集料组成的三相体系，如图 8.16 所示。

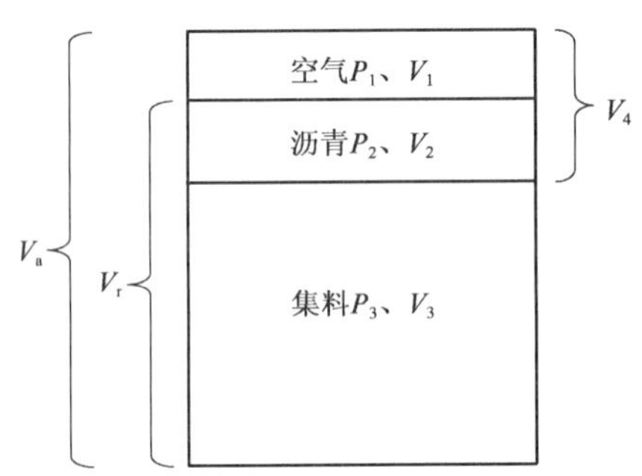

图 8.16　沥青混合料的三相体系

P_1-空气的质量，$P_1=0$；P_2-沥青的质量；P_3-集料的质量；V_1-空气的体积；V_2-沥青的体积；V_3-集料的体积；V_4-剩余体积；V_r-混合料的真体积；V_a-混合料的视体积

关于沥青混合料的三相体系，早在 1992 年年初，延西利在其博士论文中已做过系统论述，并写入 1998 年版的《沥青路面》教材。定义视密度 γ_a（即表观密度）和真密度 γ_r（即理论最大密度）分别为：

$$\gamma_a = \frac{P_2 + P_3}{V_a}$$

$$\gamma_r = \frac{P_2 + P_3}{V_r}$$

根据土力学中关于土的三相体系分析理论，可对沥青混合料定义如下一些重要的无量纲参数（或称量纲为1）：

空隙率　$n = \frac{V_4}{V_a}$

剩余空隙率　$n' = \frac{V_1}{V_a}$

孔隙比　$e = \frac{V_4}{V_3}$

饱和度　$S_r = \frac{V_2}{V_4}$

压实度　$K = \frac{\gamma_a}{\gamma_r} = \frac{V_r}{V_a} = 1 - n'$

油石比 ω　$\omega = \frac{P_2}{P_3}$

可以看出，通常所说的空隙率，其实是指剩余空隙率，在实际使用中易混淆。

由压实度公式知 $K + n' = 100\%$ 成立，说明沥青混合料的压实度（K）和剩余空隙率（n'）二者之间存在一对一的“此消彼长”的互补关系。在这些无量纲参数中，与空隙率相关的参数均可以用来作为评价沥青混合料密实程度的技术指标，如空隙率、剩余空隙率、孔隙比、压实度等，其中最常用的指标是压实度。压实度的大小直接影响着沥青混合料的力学性能，压实度越大，混合料的强度和刚度模量值越大（详见第8章8.5节）。

计算沥青混合料的压实度时，公式 $K = \gamma_a / \gamma_r$ 中的分子项 γ_a 为沥青混合料实体的视密度，通过称重和量测体积获得；而分母项 γ_r 为理论最大密度（当 $n' = 0$ 时），与混合料的组成配合比相关，由下式计算获得：

$$\gamma_r = \frac{100 + \omega}{\omega/\gamma_2 + \sum a_i/\gamma_i}$$

式中：γ_2——沥青的相对密度；

γ_i——第 i 档碎石的相对密度；

a_i——第 i 档碎石的质量百分数。

［**例 8.1**］ 设有沥青混凝土 AC-13，由沥青、四档碎石和矿粉拌和而成，组成材料的相对密度和配合比用量见表 8.6，铺筑成沥青路面后，钻取芯样获得直径 10cm、高 5cm 的圆柱体试件，试件称重 956.5g。此时，沥青混合料的真密度 γ_r 和芯样试件的视密度 γ_a 分别为：

$$\gamma_r = \frac{100+5}{5/1.031 + 22/2.747 + 21/2.740 + 17/2.730 + 36/2.725 + 4/2.700}$$

$$= 2.5336$$

$$\gamma_a = \frac{956.5}{V_a} = \frac{956.5}{5\pi \times 10^2/4} = 2.4357$$

则沥青混合料的压实度为 $K = 2.4357/2.5336 = 96.1\%$。

沥青混凝土 **AC-13** 的材料级配组成示例　　表 8.6

组成材料	沥青	碎石				矿粉
		9.5～13.2（mm）	4.75～9.5（mm）	2.36～4.75（mm）	0.075～2.36（mm）	
相对密度	1.031	2.747	2.740	2.730	2.725	2.700
用量（%）	5	22	21	17	36	4

利用三相体系分析沥青混合料的结构组成及压实特性，能够与土的三相体系相匹配，分析理论严密又科学，工程指标清晰又系统，反映了颗粒性材料的组成特性，具有重要的理论意义和实用价值。然而，我国一直以双面击实 50 次或 75 次的马歇尔理论最大密度 γ_M 为标准，评价现场钻芯取样试件的密度 γ_a，以二者的比值（γ_a/γ_M）评定沥青混合料的压实度，由于 γ_M 是一个人为动态值，所以如果现场压实功大于实验室击实功时，可能会出现 $K > 100\%$ 的情况。而三相体系分析的压实度总是小于 100%，进一步说明三相体系分析沥青混合料的结构形态及压实程度的实用性，概念清晰，理论严谨，应用方便。

8.4.2　压实机理及影响因素

沥青混合料的压实是一个广义的概念，在路面铺筑时通过摊铺碾压来实现，在实验室试验时则通常采用马歇尔击实法、静力压实法、轮碾压实法、旋转压实法等，但不管是哪一种压实方法，在力学原理上都表现为压实功（记为 P）的作用效果，宏观上压实机理可描述为：颗粒性材料的三相体系，在压实功作用下，通过压实排气过程，使得颗粒相互靠近，从而形成结构更为致密的材料。此处压实功是一个广义概念，可以是击实次数、压实应力和旋转次数等压实变量。

对于三相体系分析中的无量纲参数，由于孔隙比 e 能够反映集料的骨架结构特性，压实度 K 能够反映混合料的结构密实程度，所以二者为最常用的压实性能评价指标。因此，通常采用空隙比和压实度随压实功的变化关系即 K-P 和 e-P 曲线（图 8.17）考察沥青混合料的压实性能的变化，具体有如下试验关系式：

$$e = A - B\ln P \qquad (A、B > 0)$$

$$K = K_{\infty}(1 - a\,e^{-bP}) \qquad (a、b > 0)$$

式中：P——广义压实功；

A、B——材料试验的回归常数；

a、b——材料类别参数，$a = (K_{\infty} - K_0)/K_{\infty}$；

K_0——初始压实度，表征沥青混合料在自然堆积状态下的压实度；

K_{∞}——极限最大压实度，通常 $K_{\infty} < 100\%$。

影响沥青混合料压实性能的因素有多种，主要是：压实温度、沥青用量、沥青种类、级配类型、压实功（含压实速度、压实应力、压实方式）等。这些影响因素对压实度和孔隙比的影响见图 8.17，图中的图例号 1、2、3 分别对应不同影响因素的变化情况，如图例号 1 表明：当压实温度较高、或沥青用量较大、或采用温拌沥青、或采用悬浮密实型结构时，沥青混合料更容易压实，具有较好的压实性能。综合现有研究结果，结合图 8.17，可以发现沥青混合料具有如下一些压实变化规律：

- 随着压实功的增加，压实度初期增加很快、后期逐渐变缓；
- 随着压实功的增加，孔隙比迅速衰减，且压实变量不同时，相同级配类配的孔隙比趋于归一；
- 对应不同图例号 1、2、3 的压实条件，沥青混合料的压实性能或压实度具有明显的差异；
- 不管压实变量如何变化，沥青混合料压实度的终极趋势值总是小于极限最大值(K_{∞})。

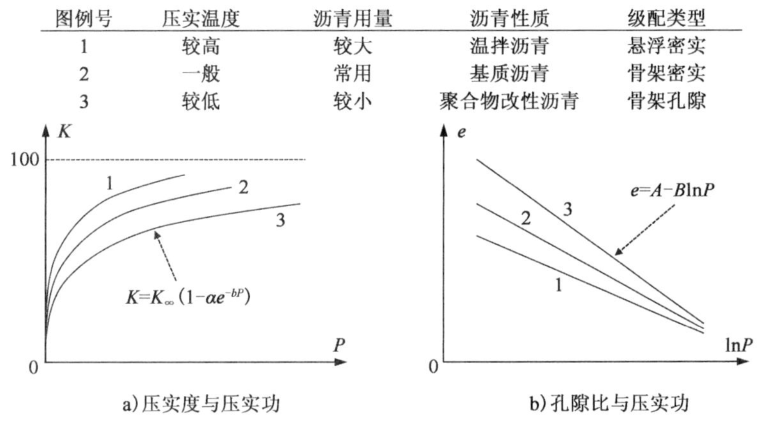

图例号	压实温度	沥青用量	沥青性质	级配类型
1	较高	较大	温拌沥青	悬浮密实
2	一般	常用	基质沥青	骨架密实
3	较低	较小	聚合物改性沥青	骨架孔隙

图 8.17　沥青混合料的压实度和孔隙比随压实功的变化规律及在不同条件下的比较

8.4.3　沥青混合料的可压实性能

不同级配类型的沥青混合料具有不同的孔隙率或压实度。而当沥青混合料的级配类型相同时，压实随压实功的增大也会出现先易后难的现象(图 8.17a)，同时为了保证碎石不被压碎而改变级配，不可能无限度地进行压实，这样便提出了一个压实难易程度的划分问题或可压实区域问题。

在影响沥青混合料压实性能的诸多因素中，如压实温度、沥青用量、沥青种类、级配类型和压实功等，只有沥青用量是三相体系的一个分析变量，因此可以建立压实度与沥青用量的关系，来研究沥青混合料的可压实区域，以期回答多大的压实功是可以实现压实的、或再多大的压实功是不可以实现压实的问题。对前述三相体系分析中的无量纲参数进行数学表达式的转换，可以

得到如下一些重要关系式：

$$n=\frac{e}{1+e}$$

$$n'=\frac{1-S_{\mathrm{r}}}{1+e}e$$

$$S_{\mathrm{r}}=\frac{V_2}{eV_3}=\frac{\gamma_3/\gamma_2}{e}\omega$$

$$K=\frac{V_{\mathrm{r}}}{V_{\mathrm{a}}}=\frac{V_2+V_3}{V_4+V_3}=\frac{1+eS_{\mathrm{r}}}{1+e}=\frac{1+(\gamma_3/\gamma_2)\omega}{1+e}$$

式中：γ_2——沥青的密度；

γ_3——集料整体的真密度，由下式确定：

$$\gamma_3=\frac{1}{\sum a_i/\gamma_i}$$

式中：a_i——第 i 档碎石的质量百分数；

γ_i——第 i 档碎石的相对密度。

由此可见，对于一个给定级配类型的沥青混合料，沥青的密度 γ_2 和集料的密度 γ_3 是已知的，在一定的压实功作用下，压实度 K 和沥青用量 ω 具有线性关系（图 8.18），直线的斜率随压实功的增加而略有增大。在 K-ω 坐标系中，压实功的增加，使得 K-ω 直线朝向压实度增加方向移动。根据 K-ω 直线移动的难易程度，即可把沥青混合料的压实性能划分为可压实域、困难压实域、不可压实域 3 个区域，见图 8.18。事实上，当压实功达到一定程度时，压

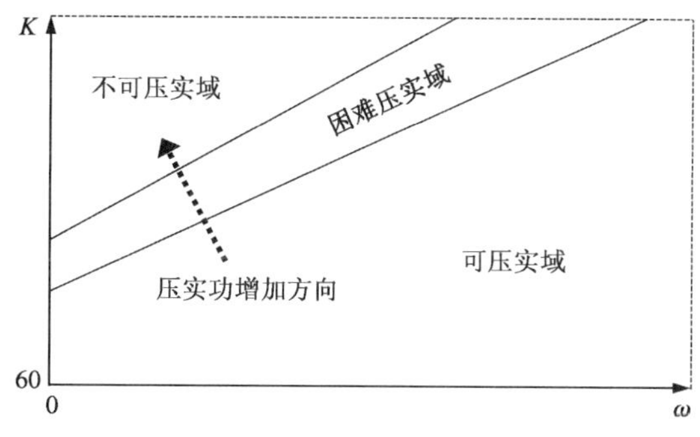

图 8.18　沥青混合料的可压实区域分析

实变形增量很小,压实效果并不明显,此时压实显得比较困难;如果进一步增加压实功,常常会出现碎石破碎和泛白的现象或有碎石破碎的响声,此时部分碎石已经破碎,混合料的级配已经改变,这是不允许发生的情况,正常的压实已是不可能了。这样一个压实作业过程,使得压实由可压实区域进入到不可压实区域,中间还存在一个“压实困难”的过渡区域。

§8.5 沥青混合料的强度构成特性

需要注意的是,强度构成特性并不是强度特性,强度构成特性指的是材料强度构成的起源问题,回答材料的强度是如何构成的,而强度特性指的是材料强度的力学性质问题,回答的是黏弹塑性特性及其影响因素等问题。如前所述,沥青混合料是由沥青和碎石集料组成的一种混合料,其基本力学性质具有明显的二重性:黏滞性和颗粒性。黏滞性材料的力学特性在力学原理上依赖于加载速率,并对试验温度十分敏感,使得应力应变曲线表现出明显不同的数值关系,如极限应力、刚度模量等(见第1章图1.5),因此,在许多力学试验和技术检测中都规定或强调了加载速率和试验温度。颗粒性材料的结构组成特点见第8章8.1节,其强度构成特性具有这样两个特点:

- 强度构成起源于内在参数(intrinsic parameters)c-φ 值,即内黏聚力 c 和内摩阻角 φ;
- 力学参数与压实度和三轴试验的围压具有线性相关性(图8.19)。

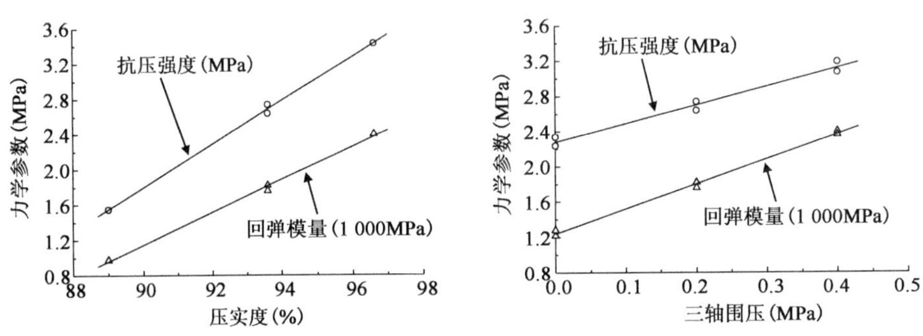

图8.19 沥青混合料的强度和回弹模量随压实度和围压的变化

在常温下对沥青混合料进行三轴试验,变化不同的压实度和三轴围压,测试其抗压强度和回弹模量，试验结果如图8.19所示。试验结果表明，沥青混合料的力学参数与压实度和三轴围压具有很好的线性关系，进一步反映了这种混合料的颗粒性特征。

根据沥青混合料结构组成的颗粒性特性，一般认为，沥青混合料的强度构成起源于两个方面：一方面是由于沥青的存在而产生的内黏聚力；另一方面是由于碎石的存在而产生的内摩阻角。目前，分析沥青混合料的强度构成时，采用的基本理论是摩尔-库仑理论（Mohr-Coulomb），并引入了两个强度参数——内黏聚力 c 和内摩阻角 φ，称为内在参数（intrinsic parameters）c-φ 值，作为其强度理论的分析指标。摩尔-库仑理论的一般表达式为：

$$f(\sigma_{ij})=(\sigma_1-\sigma_3)-(\sigma_1+\sigma_3)\sin\varphi-2c\cdot\cos\varphi=0$$

或

$$\sigma_1=\frac{1+\sin\varphi}{1-\sin\varphi}\sigma_3+2c\frac{\cos\varphi}{1-\sin\varphi} \tag{8.13}$$

式中：σ_1——最大主应力；

σ_3——最小主应力；

σ_{ij}——应力状态张量。

对于沥青、碎石集料及其组成的沥青混合料，理论分析和试验结果表明，沥青为匀质材料，没有颗粒存在，不具有内摩阻的前提，因此只会产生黏结力；干燥的碎石集料不含有黏性物质，不具有黏结性，故只会产生内摩阻力；当把沥青和碎石集料混合到一起时，则同时会产生内黏聚力和内摩阻力，即有：

- 沥青：内黏聚力$c_b\neq0$，内摩阻角$\varphi_b=0$；
- 碎石：内黏聚力$c_a=0$，内摩阻角$\varphi_a\neq0$；
- 沥青混合料：内黏聚力$c_m\neq0$，内摩阻角$\varphi_m\neq0$（注：c_m、φ_m简记为 c、φ，应用于本文）。

但需要注意，沥青混合料的内黏聚力和内摩阻角不等于沥青的内黏聚力和碎石集料的内摩阻角。

从材料的组成比例看，沥青混合料的主体材料为碎石集料，由于碎石颗粒之间的相互嵌挤与咬合，便产生了内摩阻力，显然这种嵌挤与咬合力的大小与碎石的岩性、表面物理特性、颗粒粒径、比面积等因素有关,且沥青的介入会起到一定的润滑作用,降低了这种摩阻力。沥青混合料中的沥青一般分为两种:结构沥青和自由沥青。结构沥青被碎石表面所吸附,形成较强的结合力,把诸多碎石颗粒黏结起来;大部分自由沥青与混合料中的细砂和矿粉相结合,形成黏度比沥青自身黏度更大的沥青砂浆和沥青胶浆(图 8.2),黏结着碎石颗粒,填充了空隙;少量的自由沥青仅起到润滑和填充作用,见图 8.20。由于沥青和沥青砂浆的黏性性质,所以这种黏结、润滑和填充效果必然与温度、沥青种类、沥青用量等因素有关。

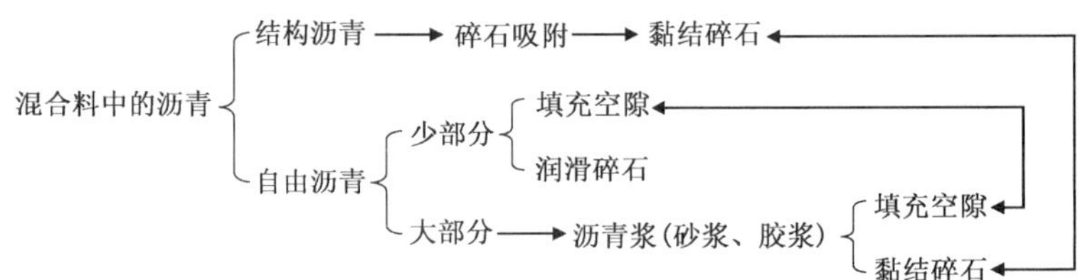

图 8.20　沥青混合料中沥青的存在形态及功效作用

沥青混合料强度构成特性的理论分析,应用了摩尔-库仑强度理论(Mohr-Coulomb),引入了内在参数 c 值和 φ 值两个强度参数,但如何确定 c-φ 值的数值大小,则是同一个问题的另外一个方面。c-φ 值的数值确定,需要将理论准则和试验结果结合起来,理论准则采用摩尔-库仑理论,试验结果可以通过三轴试验、简单拉压试验或大型直剪试验获得,下面分别介绍这三种试验对 c-φ 值的分析确定方法。

(1)三轴试验确定法

三轴试验本身的关键点在于三轴试验腔及其腔内的温度和围压控制,温度采用智能恒温循环器控制,围压最好采用压缩空气来实现,同时应注意在试件外侧必须套上乳胶膜,以防止压缩空气进入试件空隙。在一定的试验条件下,变化不同的三轴试验围压(σ_3),可以测试获得沥青混合料的抗压应力偏张量最大值($\sigma_1-\sigma_3$),即此时的抗压强度值 $R=\sigma_1-\sigma_3$。研究结果表明,抗压强度 R 与三轴围压 σ_3 具有很好的直线关系(图 8.19),表达式如下:

$$R=k\sigma_3+b \qquad (b、k>0) \tag{8.14}$$

式中:k——直线斜率;

b——直线截距。

上述试验常数 b、k 由试验结果唯一确定，为已知值。将式(8.14)和式(8.13)进行对等分析，得：

$$k = \frac{1 + \sin\varphi}{1 - \sin\varphi}$$

$$b = 2c\frac{\cos\varphi}{1 - \sin\varphi}$$

联立解上两式，便可以得到参数 c、φ 的计算公式：

$$\sin\varphi = \frac{k - 1}{k + 1}$$

$$c = \frac{b}{2} \times \frac{1 - \sin\varphi}{\cos\varphi} = \frac{b}{2\sqrt{k}}$$

(2)简单拉压试验确定法

沥青混合料的 c、φ 值一般可通过三轴试验直接获得，但由于三轴试验的仪器设备较为复杂，操作要求较高，使用受到一定程度的限制，所以有时也可通过简单拉压试验确定。简单拉压试验即无侧限拉压试验，试验测定沥青混合料的抗压强度(R)和抗拉强度(r)，利用式(8.13)进行分析换算，或直接利用摩尔圆求解，如图8.21所示。

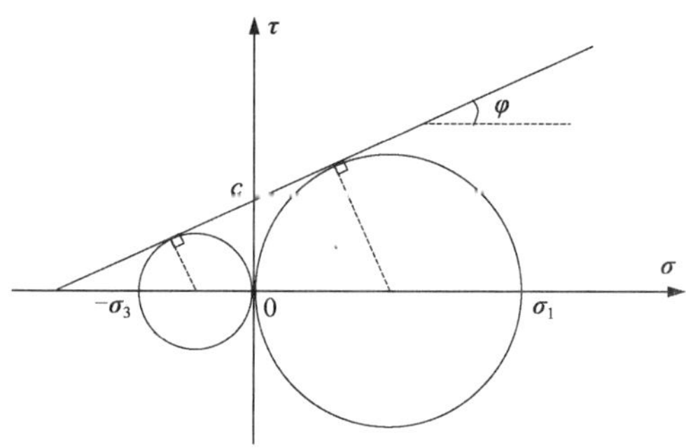

图8.21　简单拉压试验中的摩尔应力圆

$R = \sigma_1, r = -\sigma_3$

当无侧限抗压时，相当于 $\sigma_1 = R$ 和 $\sigma_3 = 0$，代入式(8.13)得：

$$R = \sigma_1 = 2c\frac{\cos\varphi}{1 - \sin\varphi} = 2c \cdot \tan\left(\frac{\pi}{4} + \frac{\varphi}{2}\right)$$

当无侧限抗拉时，相当于 $\sigma_1=0$ 和 $-\sigma_3=r$，代入式(8.13)得：

$$r=-\sigma_3=2c\frac{\cos\varphi}{1+\sin\varphi}=2c\cdot\cot\left(\frac{\pi}{4}+\frac{\varphi}{2}\right)$$

联立解上两式，得：

$$\sin\varphi=\frac{R-r}{R+r}$$

$$c=\frac{1}{2}\sqrt{Rr}$$

由此可见，如果确定了沥青混合料的抗压强度(R)和抗拉强度(r)，那么便可以通过上两式确定其 c、φ 值。需要说明的是，利用拉压试验确定沥青混合料的 c-φ 值，是以一项基本假设为前提的，即：假设了沥青混合料在压缩和拉伸两种应力状态下的内在参数值是相同的。

简单拉压试验相对于三轴试验而言，试验操作要简单得多，在一般试验机上即可实施，易于推广应用，但试验结果的准确性要依赖于试验技术，拉伸试验需要特别注意2个问题：拉伸沥青混合料的拉头问题和试件的偏心受拉问题。通过改进拉头设计，提高试验操作技能，这些问题得以化解。

(3)直剪试验确定法

直剪试验在土力学中是一项十分重要的试验，专门用来研究土的抗剪切强度。直剪试验是直剪盒试验的简称，由上下两个直剪盒组成，在外力作用下，研究直剪盒中的土在直剪界面上的剪切强度，其基本原理与方法见图8.22。直剪试验应用于沥青混合料时，由于混合料的颗粒粒径较大，且为黏滞性材料，所以通常需要一个几何尺寸较大(试件的最小尺寸宜为最大粒径的4~6倍)的直剪盒和一个可以控制试验温度和加载速率的直剪试验装置。通过测定不同正压应力水平(σ)下的抗剪切强度(τ)，在 σ-τ 坐标系中绘制试验结果的库仑直线，从而按照库仑理论获得沥青混合料的 c、φ 值。直剪试验的库仑强度理论如下式：

$$\tau=c+\sigma\cdot\tan\varphi$$

式中：τ——剪切应力；

σ——正压应力。

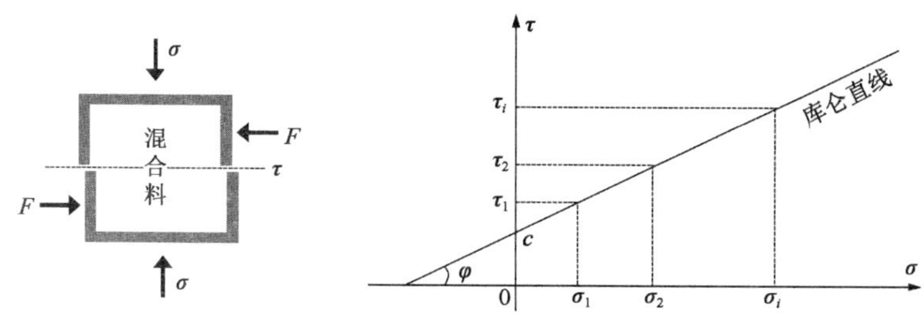

图 8.22　直剪试验原理及试验结果分析的库仑直线

沥青混合料的直剪试验相对于三轴试验和简单拉压试验，在形成 c、φ 值的力学原理上更为直观明了，但在实际操作上可能更不容易实现，比如因剪切挤压而引起的破坏面不均匀问题。沥青混合料发生破坏，显然已进入了塑性状态，由于是黏滞性材料，所以这种破坏的力学性质是一种典型的黏塑性破坏。直剪试验在沥青路面工程中的应用，目前有研究测试了路面结构层的层间抗剪切性能，但并没有开展针对沥青混合料 c、φ 值的系统性试验研究，如不同温度和加载速率下的直剪试验，或许这是我们需要努力的方向。

§8.6　沥青混合料的流动与屈服

如前所述，沥青混合料的基本力学特性具有二重性：颗粒性与黏滞性。颗粒性材料与匀质材料和水硬性胶结材料相比，具有特有的压实性能和明显不同的强度构成特性（分别见本章8.4 节和8.5 节）；而黏滞性则表明材料的黏性成分较大，黏性主导了材料的力学性质，是材料力学性质的主要方面和突出特点。一般来讲，任何材料的力学性质都具有弹黏塑性，只是其中的弹性成分、黏性成分、塑性成分的比例或权重不同而已，从而决定了哪一种成分主导了材料的力学性质和力学行为。如沥青混合料，从材料组成、拌和制备到成型路面，在大多数工作状态下，都表现出十分明显的黏性特性，黏性性质占主导，统称为黏滞性。反过来，由于黏性成分占据主导地位，所以研究沥青混合料的流变性质时，需要强调温度条件，黏滞性材料的力学特性受到温度的影响较大，对温度较为敏感，通常称为温敏性。

除极端气候条件外，沥青路面通常在常温状态下工作，故大多数力学试

验都在 -10～50℃温度范围内进行，尤其是研究沥青混合料流变性质时，一般采用20～25℃的实验室温度。事实上，温度大于50℃的力学试验已很难操作实施，沥青混合料试件变得比较松软，试件安装对混合料的结构形态产生较大干扰，测试精度已很难保证。但车辙试验为行车模拟试验，主要有刚性车辙槽约束和支撑，否则60℃的试件难以装卸。下面主要介绍沥青混合料在常温条件下的应力应变试验特性、黏弹塑性特性、力学特性的区域划分和应力强化特性等内容，以期认识沥青混合料的基本流变性质。

8.6.1 沥青混合料的应力应变试验特性

常温条件下对沥青混合料进行三轴试验或简单拉压试验，采用控制应变法静态加卸载，设定加卸载应变速率均为 $\dot{\varepsilon}=D$，则加载应变路径为：$\varepsilon(t)=Dt$，卸载应变路径为：$\varepsilon(t)=2\varepsilon_{max}-Dt$，其中：$\varepsilon_{max}$为加载至应力最大值时对应的极限应变，$t$ 为加载时间（图8.23a）。试验可以变化不同的加载速率（如 $D_1<D_2<D_3$）或试验温度，试验结果表明，沥青混合料具有如图8.23b）所示的应力应变试验曲线。

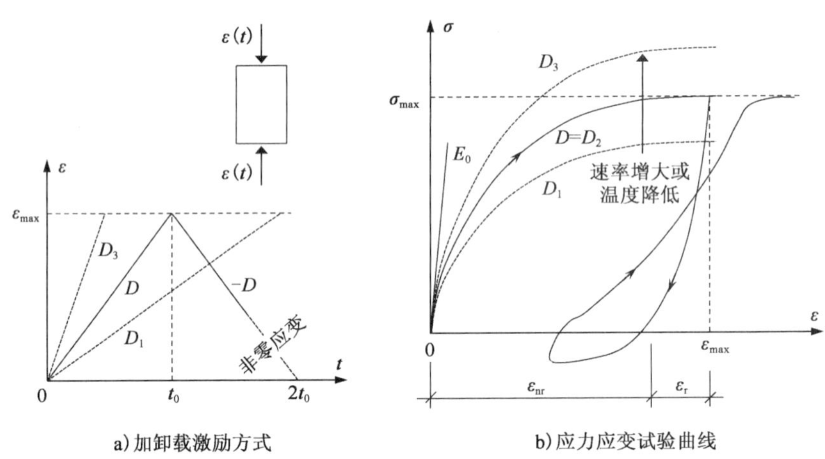

a）加卸载激励方式　　b）应力应变试验曲线

图8.23　常温下沥青混合料的应力应变试验曲线

利用流变学关于黏弹塑性的力学元件及模型组合分析理论，研究如图8.23b）所示的应力应变试验曲线，可发现沥青混合料具有如下一些基本力学特性：

- 存在初始弹性模量 E_0，反映了材料的初始弹性性质；
- 存在极限破坏应力 σ_{max} 及对应的极限破坏应变 ε_{max}，反映了材料的塑性性质；
- 上述弹性参数 E_0 和塑性参数 σ_{max} 均与加载速率相关，加载速率越大，力学参数值越大（如图中加载速率 $D_3 > D_2 > D_1$ 时），反映了材料的黏弹性和黏塑性性质；
- 随着温度的变化，力学参数值也发生了较大变化，反映了材料的温度敏感性，且试验温度的降低，相当于加载速率的增大，具有时温等效特性。

因此，沥青混合料的基本力学性质可描述为：瞬时弹性 + 黏弹性 + 黏塑性的组合，如图 8.24 所示，图中：E、η、f 分别表示弹性模量、黏性系数、塑性极限，并以下标编号区别力学元件在模型中的工作位置如 η_1 和 η_2。一般来说，材料的变形特性可表达为弹性、黏性、塑性变形三者之和，即总应变为：

$$\varepsilon = \varepsilon_e + \varepsilon_v + \varepsilon_p$$

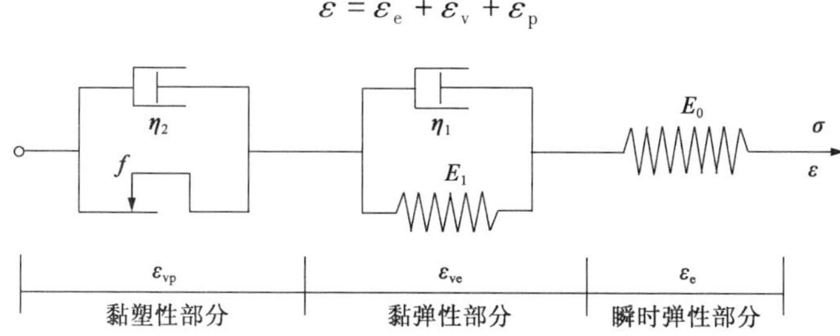

图 8.24　常温下沥青混合料力学性质的基本构成

但由于沥青混合料的弹性、黏性、塑性变形通常不可能单独存在，所以结合图 8.24 的分析模型，上式改写为：

$$\varepsilon = \varepsilon_e + \varepsilon_{ve} + \varepsilon_{vp} \quad 或 \quad \varepsilon = \varepsilon_r + \varepsilon_{nr}$$

式中：ε_e——弹性应变；

ε_v——黏性应变；

ε_p——塑性应变；

ε_{ve}——黏弹性应变；

ε_{vp}——黏塑性应变；

ε_r——可恢复应变；

ε_{nr}——不可恢复应变。

另外，也可以用变形速率来描述沥青混合料的变形特性，如法国国立公共工程学院（Ecole Nationale des Travaux Publics de l'Etat，缩写 ENTPE 或 Ecole TPE）的狄贝南（Hervé Di Benedetto）教授通过大量试验研究和数值模拟计算，认为沥青混合料的力学特性具有显著的黏性且为非线性，对温度十分敏感，其变形应考虑温度效应，以变形速率来描述，总变形速率 D 为以下 4 项之和：

$$D = D^{nv} + D^{v} + D^{T} + D^{gradT}$$

式中：D^{nv}——非黏性或瞬时应变速率；

D^{v}——黏性或时延应变速率；

D^{T}——由温度变化引起的应变速率；

D^{gradT}——由温度梯度引起的应变速率。

8.6.2 沥青混合料的黏弹性分析方法

在适当的温度下，当沥青混合料的变形较小时，图 8.24 所示的本构模型中不会出现塑性变形，亦即模型的黏塑性部分（ε_{vp}）不存在，此时只存在弹性和黏弹性部分，混合料处于黏弹性工作范围内，模型也演变为标准的普瓦汀模型（Poynting-Thomson），该模型与泽纳模型（Zener）等价，其模型结构和本构方程详见第 4 章 4.2 节。

在实体工程应用中，沥青混合料在大多数情况下都处于**小变形**工作状态，一般认为沥青混合料是**线性黏弹性的**。在小变形和线性黏弹性的前提下，沥青混合料具有以下一些力学性质和研究方法：

- 基本流变特性：除了黏性特性外，具有徐变与松弛试验现象，服从玻耳兹曼叠加原理和复数模量原理，具有时温等效特性。
- 常用分析模型：麦克斯韦尔模型（Maxwell）、泽纳模型（Zener）或等价的普瓦汀模型（Poynting-Thomson）、伯格斯模型（Burgers）等；开尔文模型（Kelvin-Voigt）由于不具有松弛特性，所以一般不采用。
- 数学力学手段：线性黏弹性一般具有解析解，但需要准备两个重要的

知识点，即力学原理上采用线弹性和线性黏弹性的对应性原理（Correspondence principle）、数学方法上应用拉普拉斯变换（Laplace transform）和卡松变换（Casson transform）。

- 试验研究方法：静态加载试验，以不同速率加载以考察黏性，并变化试验温度，重点是徐变与松弛试验，通过流变模型的数值模拟，建立徐变与松弛函数，沥青混合料具有如图8.25所示的徐变与松弛试验特性；动态加载试验，研究复数模量及时温等效，进一步研究混合料的弹性能量释放和黏性能量耗散，属于黏弹性力学范畴。

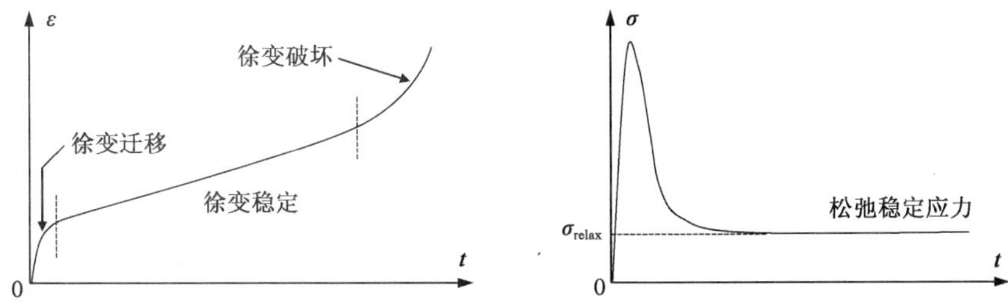

图8.25 沥青混合料的徐变与松弛试验特性

- 数值模拟分析：伯格斯模型（Burgers）为四元件模型，仍可获得解析解，而四元件以上的流变模型则难以获得解析解，所以通常采用数值模拟的方法，但此时需要注意流变参数的选取和边界条件的设定，否则一切计算都是无效的。

8.6.3 沥青混合料的黏塑性分析模型

任何一种道路材料，当激励达到一定程度时，终究会发生破坏，材料处于极限应力状态，此时破坏或极限应力便表征了材料的塑性性质。由于沥青混合料在使用过程中，会发生各种形式的破坏，处于极限应力状态，所以研究沥青混合料的流变性质，需要考察其极限破坏特性，即黏塑性破坏，如图8.24所示。黏滞性材料的破坏，必然是黏塑性破坏，最简单的分析模型便是一个黏壶和一个滑块的并联，形成线性黏塑性的Bingham模型（见第4章4.4节），但也有一些非线性黏塑性模型如Casson模型和Yan模型。

大量的研究结果表明，沥青混合料的黏塑性破坏是非线性的，主要表现

为图 8.24 中黏塑性部分的黏壶是非线性的。目前,材料的黏塑性分析主要有以下 3 个流变模型:

Bingham 模型,本构方程为 $\sigma_{max}=f_B+\eta_B D$

Casson 模型,本构方程为 $\sqrt{\sigma_{max}}=\sqrt{f_C}+\sqrt{\eta_C}\sqrt{D}$

Yan 模型,本构方程为 $\sigma_{max}=f_Y+\eta_Y\ln(D+1)$

式中:f——内在塑限(MPa),下标对应各个模型;

η——黏性系数(MPa·s),下标对应各个模型;

σ_{max}——极限应力(MPa);

D——应变速率(%·s^{-1}),时间单位视研究方法有时可为分钟(min)或小时(h)。

可见,在上述本构方程中,Bingham 模型为线性黏塑性模型,另外两个模型——Casson 模型和 Yan 模型为非线性模型。需要强调的是,在上述流变参数中,国际单位制的时间单位为 s,但以秒为单位的数值计算对沥青混合料不具有区别性,所以通常宜采用 min 或 h 为单位。

例如,23℃时,对沥青混合料进行三轴试验,围压 $\sigma_3=0.2$MPa,控制应变法变化不同的加载速率(0.25%·min^{-1}、1%·min^{-1}、4%·min^{-1}),测试了极限抗压强度 σ_{max}值,此时 σ_{max}取值为最大应力偏张量(试验最大应力值减去围压),数值模拟了上述 3 个本构模型,见图 8.26。同时,为了深化认识沥青混合料的黏塑性性质,在 2 个矩形石片间黏结了沥青薄膜,25℃时测试了沥青与石料的界面剪切强度 τ_{max},变化了不同的加载速率(1mm·min^{-1}、3mm·min^{-1}、5mm·min^{-1}、7mm·min^{-1}、9mm·min^{-1}),并根据试件变形的几何特性换算为剪应变速率(1.2%·h^{-1}、3.6%·h^{-1}、6.0%·h^{-1}、8.4%·h^{-1}、10.8%·h^{-1}),采用同样的方法进行了数值模拟,结果见图 8.27。这些试验结果和数值模拟结果表明,沥青混合料的破坏为黏塑性破坏,破坏时的流变规律总体上都具有 Bingham 模型的流变特点,但由于试验结果在流变图中主要呈现为非线性,故为非线性黏塑性破坏,宜采用非线性的 Casson 模型和 Yan 模型,且 Yan 模型比 Casson 模型具有更好的数值模拟相关性,而线性的 Bingham 模型的数值模拟误差很大。

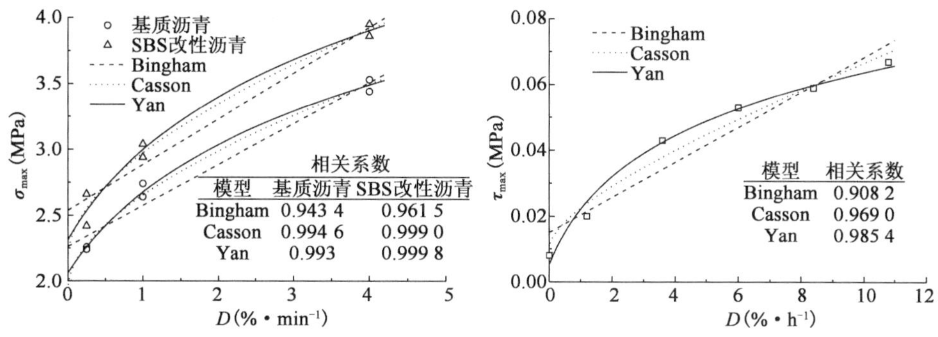

图 8.26 23℃时沥青混合料的黏塑性数值模拟　　图 8.27 25℃沥青与石料界面剪切强度的数值模拟

8.6.4 沥青混合料的流变性质区划

沥青混合料的力学性质总体上表现为弹性、黏弹性和黏塑性，在重复荷载作用下发生疲劳损伤，在路面工程应用中会出现车辙，所有这些力学性质和现象的发生，都概括为流变性质。理论上讲，流变性质属于材料的天然属性或先天性特性，但必须通过力学试验来反映或给出响应。由于材料的流变性质是分阶段和分条件的（图 8.24），所以需要采用不同的试验方法。在试验流变学中，试验方法通常分为静态试验和动态试验 2 类，并结合试验变形量的大小，选择激励方式或加载路径，从而利用流变学理论，反映或描述沥青混合料的流变性质，见图 8.28。

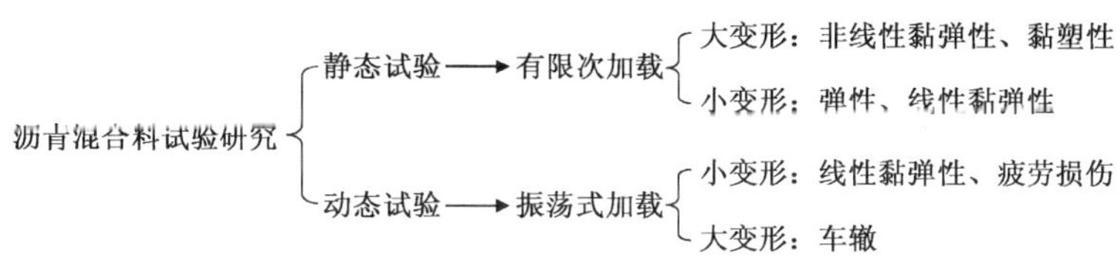

图 8.28 沥青混合料的试验方法及对应的流变性质

显然，静态试验和动态试验首先与加载次数有关，静态试验为有限次的加卸载，而动态试验通常采用激励振荡波如正弦波加卸载，加载次数一般上千次乃至于几十万次；其次与变形量有关，而变形量与温度相关，对应不同的变形量，沥青混合料会表现出不同的流变性质。加载次数、变形量和温度的这种相互关系很是复杂，但为了简捷明快、直观了解沥青混合料的流变性质，

法国狄贝南(Di Benedetto H.)教授基于加载次数 N 和变形量 $|\varepsilon|$(应变水平)坐标系,给出了线性黏弹性、非线性变形、车辙和疲劳的基本区域划分,称为沥青混合料的流变性质区划,区划结果见图 8.29,对深化认识沥青混合料的力学特性和技术性能具有指导意义。该区划方法标出了强度破坏线,在强度破坏线以下即材料完全破坏之前,把沥青混合料的流变性质划分为如下 4 个区域:

- 当加载次数小于 10 次、变形量较大时,为非线性变形;
- 当加载次数小于 500 次、变形量很小时,为线性黏弹性;
- 当变形量较大、加载次数小于 5 万次时,为车辙特性;
- 当变形量较小、加载次数大于 5 万次时,为疲劳特性。

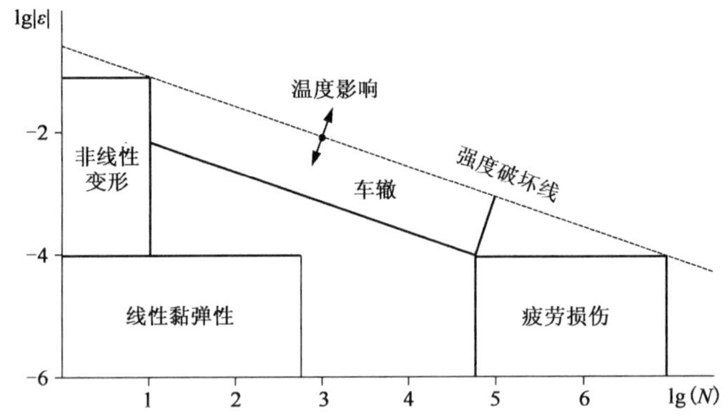

图 8.29　基于激励次数与变形量的沥青混合料流变性质区域划分图

8.6.5　沥青混合料的应力强化特性

在弹塑性力学中,材料的应力强化特性分为等向强化、运动强化和混合强化 3 种类型(见第 5 章 5.5 节)。绝大多数道路材料一般都具有应力强化特性。通过试验研究,分析沥青混合料的抗压强度和抗拉强度的数值关系及变化特性,认为沥青混合料具有应力强化特性,且服从运动强化类型。

例如,在试验温度为 23℃时,对细粒式基质沥青混凝土和 SBS 改性沥青混凝土进行三轴试验,围压 $\sigma_3 = 0$ 和 0.4MPa,设定了 2 种控制应变加载路径:先压后拉(记为 CT)和先拉后压(记为 TC),见图 8.30,分别测试了抗压

强度 R 和抗拉强度 r，试验结果见表 8.7。分析试验数据，发现存在如下关系式：

$$R_{CT} > R_{TC}$$

$$|r_{CT}| < |r_{TC}|$$

$$R_{CT} + |r_{CT}| \approx R_{TC} + |r_{TC}|$$

式中：　R、r——分别为抗压强度、抗拉强度；

下标 CT、TC——分别表示“先压后拉”“先拉后压”。

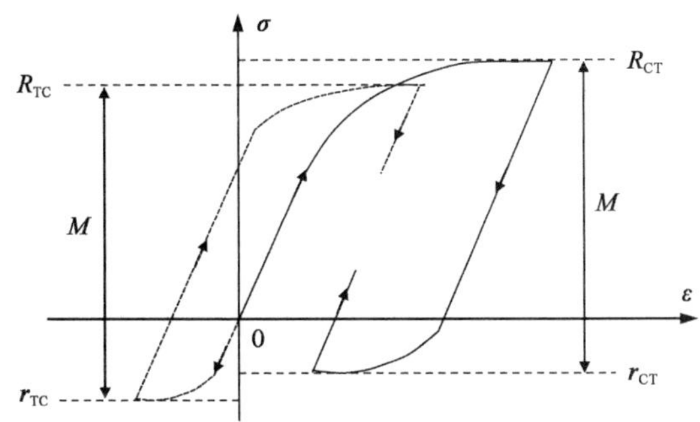

图 8.30　沥青混凝土先压后拉和先拉后压试验的强度分析

细粒式沥青混凝土的抗压和抗拉强度值　　　表 8.7

混合料种类	围压(MPa)	R_{CT}(MPa)	r_{CT}(MPa)	r_{TC}(MPa)	R_{TC}(MPa)
基质沥青混凝土	0	2.29	-0.16	-0.43	2.04
	0.4	3.13	-0.44	-0.66	2.89
SBS 改性沥青混凝土	0	2.62	-0.18	-0.47	2.39
	0.4	3.44	-0.49	-0.74	3.30

由此可见，这种“先压后拉”和“先拉后压”的加载方式，会对沥青混合料产生鲍辛格(Bauschinger)效应，且每次拉压试验或压拉试验的抗压强度和抗拉强度的绝对值之和 M 值大小不变，但应力应变曲线的相对位置发生了变化(图 8.30)，而任何一种材料仅服从一个屈服准则，所以这种强度变化是一个典型的运动强化特性，可用第 4 章 4.3 节介绍的“有应力强化的弹塑性固体模型”分析之。

沥青混合料的运动强化特性表明，沥青混合料在若干次拉压加卸载后，抗压强度和抗拉强度的绝对值之和为常数，说明某一方向上的强度增大(如抗压强度),总是以相反方向上的强度减小(如抗拉强度)来补偿的。在路面工程应用中,随着车辆荷载的作用,路面结构层的抗压强度可能会有所提高,但其抗拉强度则会有所降低,从而使得沥青混合料结构层的抗弯拉性能下降,路面更容易开裂,并在低温收缩和疲劳损伤的综合作用下,极易导致路面病害。

8.6.6 沥青混合料的屈服准则简介

在弹塑性力学中,材料发生破坏都服从一定的屈服准则。沥青混合料的屈服准则,第一次由 Xili Yan(延西利)于 1992 年 4 月在其博士论文(法国 INSA de Lyon 和 Ecole TPE)中提出,并于同年 8 月在比利时布鲁塞尔举行的第 11 届国际流变学大会上作了展示,论文发表于 1994 年《Materials and Structures》学报,收录于欧洲 Greco 组织数据库和 2009 年美国出版的《Modeling of Asphalt Concrete》一书中,迄今为止仍是沥青混合料唯一的一个屈服准则。研究成果是在法国狄贝南(Hervé Di Benedetto)教授的指导下完成的,所以该屈服准则也称为 HDB-Yan 准则,直观描述便是:在 π 平面内为等边三角形,在三个主应力空间里是以等倾线为中心轴的三棱锥面,见图 8.31,图中:C 表示抗压偏张量强度,T 表示抗拉偏张量强度。HDB-Yan 屈服准则的简单描述如下:

假设 1:在主压力空间(σ_1、σ_2、σ_3)里,为外凸锥体,且分为正、负两部分,交界面处连续;

假设 2:各向同性。

屈服准则的特性(图 8.31):

- π 平面内为等边三角形;
- 主应力空间(σ_1、σ_2、σ_3)里为以等倾线 0-0′为中心轴的三棱锥;
- 三棱锥体的锥度与内在参数 c、φ 值相关;
- 松弛时的屈服等价于零加载速率时的屈服,即松弛相当于加载速率 $D=\dot{\varepsilon}\to 0$;
- 各向异性时,三棱锥面相对于 0-0′中心轴倾斜。

繁杂的数理力学推导与表达,请参阅相关文献。此处作为流变学教程,仅给予简单介绍。

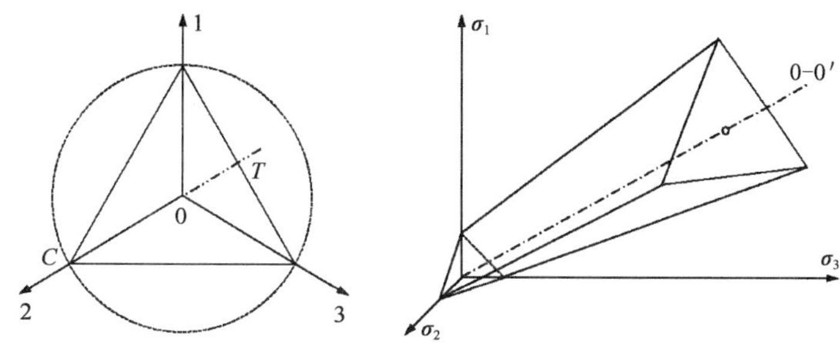

图8.31 沥青混凝土在π平面和空间中的屈服准则图式

总之,从应力应变特性以及变形特性来看,常温沥青混合料总体上具有弹性、黏弹性和黏塑性性质,其流变特性主要表现为:对加载速率(或时间)的依赖性,显著的温度敏感性,具有明显的徐变与松弛试验现象;如果是线性黏弹性的,那么它服从玻耳兹曼叠加原理和复数模量原理,具有时温等效特性;极限应力时,会发生非线性黏塑性破坏,具有运动强化特性,服从 HDB-Yan 屈服准则。

复习思考题

1. 利用流变图分析沥青在高温流动态时的流变特性,说明所服从的流变模型。

2. 结合沥青流变性质的区域划分图,说明如何试验研究沥青的线性黏弹性。

3. 对于常温沥青的线性黏弹性,试解析其在静态激励和正弦波激励下的本构关系。

4. 沥青混合料的拌和流变特性为什么服从宾汉黏塑性模型?写出其本构方程并解释拌和塑性 F 和拌和黏度 λ 的物理力学意义是什么?

5. 从流变学原理谈谈你对和易性指数 I_w 的认识,并说明其影响因素。

6. 利用三相体系分析,如何确定沥青混合料的真密度和视密度?如何定义压实度、孔隙率和孔隙比?

7. 何为颗粒性材料?试说明沥青与集料在混合料强度构成中的作用?

8. 如何试验确定沥青混合料的内在参数 c、φ 值?

9. 如何通过试验研究，认识沥青混合料的黏塑性和黏弹性？

10. 考虑初始弹性模量 E_0，请建立最简单的沥青混合料黏弹性模型，并解析其本构方程。

11. 对上述本构方程，施加以正弦波函数 $\varepsilon(t)=\varepsilon_0\sin\omega t$ 作为激励，请解析复数模量 E^*。

12. 试建立沥青混合料的应力强化模型，描述其屈服准则。

本章参考文献

[1] 张登良. 沥青与沥青混合料[M]. 北京:人民交通出版社,1993.

[2] 张登良. 沥青路面[M]. 北京:人民交通出版社,1998.

[3] ARSHADI A, BAHIA H. Development of an image-based multi-Scale finite element approach to predict mechanical response of asphalt mixtures[J]. Road Materials and Pavement Design, 2015, 16(S2):214-229.

[4] CORTÉ J-F, DI BENEDETTO H. Matériaux routiers bituminous 1[M]. Paris: Lavoisier-Hermès Science Publications, 2004.

[5] DI BENEDETTO H, CORTÉ J-F. Matériaux routiers bituminous 2[M]. Paris: Lavoisier-Hermès Science Publications, 2005.

[6] YAN Xili. Comportement mécanique des enrobés au bitume et au bitume-polymère (Styrelf 13) - Utilisation de l'essai triaxial de révolution[D]. Lyon: Institut National des Sciences Appliquées de Lyon et Ecole Nationale des Travaux Publics de l'Etat, 1992.

[7] DI BENEDETTO H, YAN X. Comportement mécanique des enrobés bitumineux et modélisation de la contrainte maximale[J]. Materials and Structures, 1994, 27(173):539-547.

[8] RICHARD KIM Y. Modeling of asphalt concrete[M]. New York: ASCE Press, 2009.

[9] YAN Xili. Viscosité dynamique du bitume pur à températures relativement basses[R]. Lyon: Ecole Nationale des Travaux Publics de l'Etat, 1998.

[10] 延西利,梁春雨,艾涛,等.基于沥青与石料界面剪切的黏塑性流变模型研究[J].土木工程学报,2014,47(2):136-144.

[11] 延西利,吕嵩巍,常小马.沥青混合料的压实性能研究[J].西安公路交通大学学报,1996,16(1):1-3.

[12] 延西利.沥青混合料的运动强化之实验特性[J].西安公路学院学报,1994,14(2):22-26.

[13] 延西利.沥青混合料强度形成机理的分析研究[J].西安公路学院学报,1994,14(3):1-5.

[14] YAN Xili, LV Songwei. Expérimentation et analyse des paramètres intrinsèques des enrobés bitumineux[C].《Mechanical Tests for Bituminous Materials》,Proceedings of the 5th International RILEM Symposium, Lyon (France),1997.5:329-333.

[15] 延西利,雍黎明,延梦璐,等.ACMP沥青温拌性能的粘温曲线分析[J].中国公路学报,2015,28(8):1-8.

[16] 延西利,田辉黎,延喜乐,等.沥青混合料的变速拌和功率测试与拌和流变模型[J].交通运输工程学报,2016,16(3):1-7.

[17] DI BENEDETTO H, NGUYEN Q. T, SAUZEAT C. Nonlinearity, heating, fatigue and thixotropy during cyclic loading of asphalt mixtures[J]. Road Materials and Pavement Design,2011,12(1):129-158.

[18] MANDEL J. Propriétés mécaniques des matériaux[M]. Paris: Editions Eyrolles,1978.

[19] DESAI C. S. ,SIRIWARDANE H. J. Constitutive laws for engineering materials[M]. New Jersey: Prentice-Hall,1984.

[20] 刘子瑞,徐忠昌.复变函数与积分变换[M].北京:科学出版社,2011.